UNIVERSITY OF NORTH CAROLINA
STUDIES IN THE ROMANCE LANGUAGES AND LITERATURES
Number 64

ANTONIO DE GUEVARA
UNA DÉCADA DE CÉSARES

ANTONIO DE GUEVARA
UNA DÉCADA DE CÉSARES

EDITED

BY

JOSEPH R. JONES

CHAPEL HILL

THE UNIVERSITY OF NORTH CAROLINA PRESS

PRINTED IN SPAIN

DEPÓSITO LEGAL: V. 2.438 - 1966

ARTES GRÁFICAS SOLER, S. A.—VALENCIA, 1966

CONTENTS

	Page
I. Antonio de Guevara's Life and Works	11
II. *Una década de Césares:* Sources	17
Models	18
Guevara as a Translator	20
Guevara and Traditional Rhetoric	25
Letters	27
Character Sketches	30
The *Década*, a Typical Work of the Sixteenth Century	33
Guevara's Original Additions	35
Limited Influence	42
Source Study	44
BIBLIOGRAPHY	55
CRITERION	60
III. Text	61

Pius Discipulus
Magistris Amatis
E. W. KING
L. E. FRASER
A. T. PICKERING
J. H. HERRIOTT

INTRODUCTION

I. ANTONIO DE GUEVARA'S LIFE AND WORKS

Almost nothing can be said with absolute certainty about the youth of Antonio de Guevara.[1] He was probably born in the village of Treceño, around 1481.[2] But neither the place nor the date nor even the names of his parents usually given can be accepted without reservation. A seventeenth century genealogical work says that fray Antonio's grandfather had fourteen children, six of them out of wedlock, and that one of the illegitimate offspring, Juan Beltrán de Guevara, was the father of the future bishop, "que nació en la villa de Trezeño."[3] This would appear

---

[1] For this account, I am using as a basis the two works of René Costes, *Antonio de Guevara. Sa Vie*, Bibliothèque de l'Ecole des Hautes Etudes Hispaniques, Fascicule X, 1 (Paris and Bordeaux, 1925), and *Antonio de Guevara. Son Oeuvre*, Bibliothèque de l'Ecole des Hautes Etudes Hispaniques (Paris and Bordeaux, 1926). Costes often follows Julián de San Pelayo, ed., *Libro que trata de los inventores del arte de marear y de los trabajos de la galera* (Bilbao, 1895), v-clviii. The newest and best biography is J. Gibbs, *Vida de fray Antonio de Guevara* (Valladolid, 1960).

[2] Costes, *Vie*, p. 6. The date is based on Matías de Sobremonte's *Noticias* concerning the convent of St. Francis of Valladolid, where Guevara professed. Deductions from two of Guevara's own letters give the dates 1475 and 1480; this discrepancy and the notoriously inaccurate dates of the letters at present make it impossible to say which is correct.

[3] Pertinent parts of this genealogy were published by the Barón de la Vega de la Hoz and the Marqués de Laurencín in "La patria del obispo de Mondoñedo," *Boletín de la Real Academia de la Historia*, LXV (1914), 118-130. J. Gibbs also published parts of it in "The Birthplace and Family of Fray Antonio de Guevara," *The Modern Language Review*, XLVI (1951), 253-255, and again in his biography, pp. 127-128. The two Spanish scholars reject the genealogy as untrustworthy.

to settle the question, except that fray Antonio always refers to his father as Beltrán. On the other hand, Dr. Fernando de Guevara, whom he frequently mentions as his brother, was the son of Juan Beltrán de Guevara, according to an *información* prepared before his entrance into the Order of Santiago. And so the parentage of fray Antonio, like many other things in his life, remains to be clarified. [4]

At the age of twelve, Antonio's father took him to the court of the Catholic Kings, where his uncle Ladrón was a functionary. Costes supposes that Antonio might well have been a companion of Prince John in his studies with Pedro Mártir. But there is no proof that Guevara was among the prince's associates, and he himself never hints at such a position. Costes also suggests that he may simply have remained at court under the patronage of his uncle; however, Guevara's own brief biography of himself in the prologue to *Menosprecio de corte* gives no support to the idea that he remained at court more than a short time:

> A mí, sereníssimo Príncipe, me truxo don Beltrán de Guevara mi padre de doze años a la corte de los Reyes Católicos, vuestros avuelos y mis señores, a do me crié, crescí y biví algunos tiempos, más acompañado de vicios que no de cuydados... [5]

Antonio entered the Order of St. Francis sometime after the death of Queen Isabel in 1504. He eventually became *guardián* of the monasteries of Arévalo, Soria, and Avila, and held other positions in the order. When the *comunero* rebellion broke out in 1520, he left the monastery to work on the side of the royalists as an intermediary. The importance and extent of his participation are still debated. [6] Guevara officially became preacher of the chapel

---

[4] For Fernando de Guevara's *información*, see La Vega de la Hoz and Laurencín, p. 129. Another Juan Beltrán de Guevara apears in a minute published by Gibbs, *Vida*, p. 112, n. 3, which concludes, "suplicalo el obispo de guadix que es su hermano."

[5] *Menosprecio de corte y alabanza de aldea*, ed. M. Martínez de Burgos (Madrid, 1952), pp. 9-10.

[6] See Paul Mérimée, "Guevara, Santa Cruz et le 'razonamiento de Villabrájima'," *Hommage à Ernest Martinenche: Etudes hispaniques et américaines* (Paris, n. d.), pp. 466-476. Mérimée believes that Guevara probably

royal in 1523, and his rising importance as a churchman is shown in his inquisitorial activities between 1525-29. [7] He was one of four commissioners sent by the Inquisitor General to induce Valencian Moors forcibly baptized during the war of the *germanías* to give up their heathen rites. After the re-conversion of these relapsed *moriscos*, he spent months converting Valencian Moslems, and his success in both cases is attested by letters from the emperor and from the Grand Inquisitor. Later he was appointed *visitador* to look into *morisco* matters in Granada. He was one of the twenty-nine theologians who were gathered to examine the works of Erasmus, and he may also have taken part in the 1529 meeting which discussed the famous witches of Navarre.

In the meanwhile he had become official chronicler, and in 1527 he became bishop of Guadix, of which see he took possession in 1529. In this same year, Guevara's *Relox de príncipes* appeared in print.

Guevara claims that he worked on this book from 1518 to 1524 and that in its rough form it was stolen from the emperor, to whom it had been lent, and was copied and distributed in manuscript. Three pirated editions, all with the title *Libro áureo de Marco Aurelio,* had appeared in 1528 in Portugal, Seville, and "los reynos de Aragón." [8] Costes, however, believes that Guevara winked at these pirated versions: the bishop could claim that he had never intended to publish the Roman emperor's unseemly love-letters which, once they were widely known, he deleted from the "official" version. The *Relox de príncipes* is essentially the *Libro áureo,* heavily padded with anecdotes and moral reflections. The sketchy biographical unity of the *Libro áureo* is destroyed by the additional matter of the *Relox.* As is well known, Guevara

---

worked with some of the important mediators and then later tended to exaggerate his own part. For another explanation, see Joseph Perez, "Le 'Razonamiento' de Villabrágima," *Bulletin Hispanique,* LXVII (1965), 217-224.

[7] See the article by P. Angel Uribe, O. F. M., "Guevara, inquisidor del Santo Oficio," *Archivo ibero-americano,* VI (1946), 185-281, from which this account is taken.

[8] Philip A. Turner, "Antonio de Guevara, *Libro áureo de Marco Aurelio,* Valencia, 1528," *Nueva revista de filología hispánica,* IV (1950), 276-281. Harvard's library has acquired what appears to be a unique copy of the pirated Aragonese edition. According to Turner, it is often superior to the Seville edition.

gave out the *Relox* as a translation of a Greek manuscript which, with the aid of friends, was rendered into Latin and then, by himself alone, into Spanish. He also had at his disposal, he says, the writings of three of Marcus Aurelius' teachers. But Guevara did not allay the skepticism of his contemporaries either by offering to show them the manuscript or by calling to witness any of the friends who helped him translate it. The real sources were Julius Capitolinus and the imagination of the good bishop; and, according to Costes, Guevara was anxious for his little fraud to be recognized for what it was, so that his own authorship would be appreciated. [9]

During the years between his appointment as historian and his departure from Spain for Tunis, Guevara was working on his chronicle, which he often mentions. This work has disappeared, and its very existence was doubted by María Rosa Lida de Malkiel; but one of J. Gibbs' most important findings is the receipt for the manuscript left by fray Antonio. [10] It is now known that portions of the chronicle were incorporated by two later historians in their own works. [11]

In 1535 he embarked with Charles' expedition to Tunis (where he was in charge of the wounded at the siege of La Goleta [12]),

---

[9] In fact, almost no one was deceived. Costes quotes Antonio de Valdés' allusion to the lies contained in the *Marco Aurelio*. To this may be added an earlier reference collected by Menéndez Pelayo in his *Biblioteca de traductores españoles* (Santander, 1952), II, 64: "El verano pasado, viendo publicadas y salidas a luz las obras y epístolas de Marco Aurelio, filósofo, Emperador Romano (son las que forjó el obispo Guevara)..." Not until recently has anyone taken seriously the idea that Guevara may actually have had an authentic work of Marcus Aurelius: "Die Übereinstimmungen, die zwischen den 'Selbstbetrachtungen' des historischen M. A. und den L. A. bestehen, lassen keinen Zweifel darüber, dass G. die Selbstb. gekannt hat." José María Gálvez, *Guevara in England* (Berlin, 1916), p. 22. Compare Costes, *Oeuvre*, p. 41: "Mais on ne peut songer une minute que Guevara ait soupçonné l'existence du manuscrit de Florence: il n'y pas un seul point de contact entre ce manuscrit et le *Libro áureo*..."

[10] Gibbs, *Vida*, p. 98.

[11] J. R. Jones, "Fragments of Antonio de Guevara's Lost Chronicle," *Studies in Philology*, LXIII, 1, January, 1966, pp. 30-50.

[12] Alonso de Santa Cruz, *Crónica del Emperador Carlos V* (Madrid, 1922), III, 260: "De Prelados eclesiásticos fueron con Su Majestad el Obispo de Mondoñedo; el Obispo de Guadix, que iba por Administrador del hospital de la Corte, con cuatro Capellanes españoles por Mayordomos, con más de 250 camas..."

and on the return trip he visited Naples, Rome, and other Italian cities, and saw the Provence campaign of 1536. The following year, Guevara was translated to the see of Mondoñedo, to which he travelled in 1538. Considerable information exists on his administration of this see which is so often associated with his name.[13]

Guevara attended the 1538-39 *cortes*, during which time he preached at the funeral of the empress, Isabel of Portugal. In 1539, ten years after the appearance of the *Relox*, Guevara published five works which he must have been accumulating during the years, or at least since 1536 (in his first will, Guevara ordered his heirs to return to the emperor his salary as chronicler for the years following the return from Tunis, because after that time "nos pusimos a escrevir otras obras").[14]

The *Década* was his second book, to judge from the *argumento* of the *Aviso de privados:* "En el libro que copilamos del buen Marco Aurelio, y en el otro que tradujimos de las vidas de los diez príncipes romanos, y en este que agora habemos compuesto para aviso de cortesanos...".[15] The idea of another book of pagan biography would certainly suggest itself after the success of the *Marco Aurelio*, and the lives of the Roman emperors (whose direct successor was Charles V, according to contemporary historical thought) were still a fertile field. Trajan, after all, was a Spaniard and would appeal to national pride; and Severus Alexander was almost as exemplary a ruler as Marcus Aurelius. Leaving out the biography of Marcus, a decade remained; and although any number of emperors might do, *década* was a classical-sounding and fashionably academic word popular in titles (e. g., *Decades de orbe novo* by Pedro Mártir).[16]

---

[13] P. Lino Canedo, O. F. M., "Fray Antonio de Guevara, obispo de Mondoñedo," *Archivo ibero-americano*, VI (1946), 283-330.

[14] Canedo, "Guevara, obispo de Mondoñedo," p. 318.

[15] *Aviso de privados ó despertador de cortesanos*, ed. A. Alvarez de la Villa, (Paris, n. d.), pp. 48-49.

[16] Spanish editions of the *Década* appeared at Valladolid in 1539, Antwerp in 1544, Brussels in 1544, Alcalá in 1592, and Madrid in 1669. There were two French editions of a translation by Antoine Allegre, both printed at Paris in 1556 and 1567, reprinted in 1800 with the works of Plutarch. Edward Hellowe's English version appeared in 1577. Lino G. Ca-

The *Aviso de privados,* with its advice to courtiers and to court favorites, the *Menosprecio de corte,* which has much in common with the first, and the witty *Arte del marear* followed the *Década.* In 1539 and 1541 the first and second parts of the epistles appeared. These letters comprise what is perhaps the best of Guevara's writing. Guevara's last works are of a religious nature. They are the *Oratorio de religiosos* (1542), about a third of which is material from his profane works, slightly changed, and the *Monte Calvario* (part I, 1542, part II, 1549), which includes some anecdotes from the *Epístolas* and unacknowledged borrowings from Francisco de Osuna's first and third *Abecedario.* [17]

Antonio de Guevara died on April 3, 1545, in Mondoñedo.

---

nedo, "Las obras de Fr. Antonio de Guevara. Ensayo de un catálogo completo de sus ediciones," *Archivo ibero-americano,* VI (1946), 505-506.

[17] P. Fidele M. Ros, O. F. M. Cap., "Guevara auteur ascétique," *Archivo ibero-americano,* VI (1946), 338-404. Father Ros' judgment of Guevara as a "mystic" is harsh; compare the flowery introduction to the edition of the *Oratorio* in *Místicos franciscanos españoles* (Madrid, 1948) II, 3-12, where Fr. Juan Bautista Gomis calls it "un tesoro del saber ascético, crisol donde tantas y tantas almas se purificaron y dispusieron para las ascensiones místicas" (p. 9).

II. UNA DÉCADA DE CÉSARES

Sources

Guevara conscientiously lists his sources for the *Década* (p. 73). The authorities "de los que principalmente aprovechamos" are Cassius Dio Cocceianus, author of a *Roman History* in Greek, Plutarch, Herodian of Antioch, author of a Greek *History of the Roman Empire*, Eutropius, a fourth century Latin writer whose *Breviarium ab Urbe condita* remains, and five of the *Scriptores Historiae Augustae* (called SHA hereafter): Aelius Spartianus, Trebellius Pollio, Aelius Lampridius, Julius Capitolinus, and Flavius Vopiscus. The "Vulpicio" included in the list (and mentioned in Guevara's other works) seems to be a cross between Flavius Vopiscus and Vulcacius Gallicanus, one of the SHA whose writings he does not use. Pindar, as Costes says (*Oeuvre*, p. 77, note 1), could hardly have been consulted for the composition of the *Década*. Whether by "Ygnascio" Guevara meant St. Ignatius of Antioch, seven of whose epistles survive, or some other historian, cannot be said.[18]

As Costes pointed out (*Oeuvre*, p. 77), the sources can practically be reduced to Dio, Herodian, and the SHA. Of the SHA, Vulcacius and Trebellius Pollio are not used; and Vopiscus is used only for the pun on Commodus' name — if, indeed,

---

[18] It should be noted that the printed text reads "julio / capitolino" as if he were two authors. Furthermore, Guevara says of the critical reader, "si el tal tuviere un auctor para accusarnos, ternemos doze para deffendernos." The *doze* may be simply a figure of speech for "many," but there are twelve authorities listed if one counts Julius Capitolinus as two or if one adds the missing member of the SHA, Vulcacius Gallicanus.

Guevara did not think of anything so obvious himself. Plutarch has contributed only part of the preface of his *Apophthegmata*. Eutropius, mentioned only "pour faire nombre," says Costes (*Oeuvre*, p. 77), is actually used briefly for details of Domitian's reign, while it is Pindar and Ygnascio who are added to the list only for effect. There are also a few authors used by Guevara who are not mentioned in this list but who are noted elsewhere: Philostratus, whose *Life of Apollonius of Tyana* has been suggested as a model for the *Libro áureo*, [19] provides details of the education of the people of Gadeira, p. 82, which are extracted from this *Life*. Details of Domitian's death are taken from Suetonius' life of that emperor. Finally, Vegetius' *Epitome Rei Militaris* was used as the authority that Augustus, Trajan, and Hadrian wrote books on military matters. The study given at the end of this introduction identifies the sources for each chapter.

Models

Guevara's models were, according to his own declaration, Plutarch and Suetonius. Plutarch's most famous work is the *Parallel Lives*, forty-six biographies of famous Greeks and Romans issued in pairs, each pair followed by a comparison. [20] Plutarch's object was not historical but ethical: "Heroic gossip is his line — the striking reversal of fortune, the curious anecdote, the apophthegm, the examples of vices and virtues." [21] Suetonius' chief work is his *Vitae Duodecim Caesarum*, from Julius Caesar to Domitian, a collection of biographical facts and anecdotes grouped without chronological concerns. The *Scriptores Historiae Augustae*, one of the main sources of the *Década*, are

---

[19] E. Chassang, *Histoire du roman*, mentioned by Costes, *Oeuvre*, p. 45.
[20] Alonso de Palencia's Spanish translation of the lives was published in 1491. M. Menéndez Pelayo, *Biblioteca de traductores españoles* (Santander, 1953), IV, 21. Juan Fernández de Heredia is also responsible for an early translation.
[21] C. S. Lewis, *English Literature in the Sixteenth Century, excluding Drama* (Oxford, 1954), p. 304.

to be counted as imitators and successors of Suetonius.[22] Their collected works, the Augustan History, is a motley assortment of biographies of the emperors, their heirs, and the claimants to the throne *(Augusti, Caesares,* and *tyranni)* from Hadrian to Numerian. The biographies of the SHA follow Suetonius in the arrangement of facts into categories, the general scheme being ancestry, life before accession, policy and events of reign, personal traits, death, personal appearance, and honors after death. Following Suetonius and other writers, the SHA insert speeches (a respectable and customary procedure), forged letters, decrees, and acclamations. Guevara is therefore justified in saying that he is compiling his book "a immitación de Plutarcho y de Suetonio Tranquilo," even if he follows at a distance.

In her study of Guevara and his works, Mrs. Malkiel states that Guevara is simply continuing, in classical disguise, the "semblanza pintoresca" practiced in Spain by Pérez de Guzmán and Pulgar: "lo que para él cuenta de veras, es el molde de *Generaciones y semblanzas* o de los *Claros varones:* la vida sin historia, soporte de ejemplos morales (o inmorales), de animadas anécdotas, de dichos ingeniosos, de cartas imaginarias."[23] She is doubtless correct in emphasizing the influence of native tradition. But Guevara's sources themselves are often little more than an extended "semblanza pintoresca." Magie, the editor of the SHA, describes their technique thus:

> It was also characteristic of Suetonius that he amplified his biographies by means of gossip, anecdotes, and documents, but nowhere in his *Lives* are these used as freely as in certain of the *vitae* of the *Historia Augusta.* The authors take a peculiar delight in the introduction of material dealing with the personality of their subjects. Not content with including special divisions on personal characteristics, in which are enumerated the individual qualities of an emperor, they devote long sections to details of their private lives... The precedent thus

---

[22] See David Magie, ed., *The Scriptores Historiae Augustae* (N. Y. and London, 1922), I, xv.

[23] María Rosa Lida, "Fray Antonio de Guevara. Edad media y siglo de oro español," *Revista de filología hispánica,* VII (1945), 354.

established was followed by some of the authors of the *Historia Augusta*. The collection contains in all about 150 alleged documents, including 68 letters, 60 speeches and proposals to the people or the senate, and 20 senatorial decrees and acclamations. [24]

Another of the sources, Herodian, offers "a moralizing account of the downward spiral of the empire."

> He is a rhetorician, pompous, repetitive, and derivative. His fabricated speeches in the Thucydidean mode, which were intended to enliven the narrative, generally have the opposite effect... Herodian's biographical approach to this period of imperial history is not too successful; his men on all levels are given a curious sameness of character... [25]

There is nothing in the *Década* which does not have at least a possible origin in the works which Guevara was following; the influence of Pulgar and Pérez de Guzmán might have been felt in his selection of sources rather than in his treatment of the emperors. But this "influence" must also be qualified. Plutarch and the Graeco-Roman historians in general were very popular in the sixteenth century. One has only to remember Amyot or North's translations and their great diffusion. [26]

Guevara as a Translator

How well prepared was Guevara to read and translate the authors whom he lists so complacently?

---

[24] I, xvii, xix-xx.
[25] Edward C. Echols, *Herodian of Antioch's History of the Roman Empire* (Berkeley and Los Angeles, 1961), pp. 6-7.
[26] The similarity between Guevara's method and Plutarch's—however remote—induced E. Clavier, the early nineteenth century editor of Amyot, to include the French translation of the *Década* as a "supplement." E. Clavier, ed. *Les Vies des hommes illustres de Plutarch* (Paris, 1801-1802) X-XII. North, it should be remembered, was the translator of Guevara's *Relox*.

INTRODUCTION   21

Two of his sources, Dio and Herodian, wrote in Greek, but Guevara did not read them in the original — if, indeed, he could read Greek at all. A Greek edition of Dio was not available in print until 1551 (editio princeps of Xiphilinus' epitome of books LXI-LXXX). Guevara was using a Latin translation, in any case. In Dio's account of Trajan's election, Nerva sends Trajan a line from Homer: "May the Danaans by thy shafts requite my tears."[27] Instead of translating this line, Guevara gives, "Phebe tuis telis lacrimas ulciscere nostras."

Herodian was available in Greek after 1503, but Guevara used Poliziano's translation, as the following examples show:[28] "Tenía Cómodo en su cámara un mochacho pequeño y assaz muy hermoso, y llamávase Pugio..." (p. 263). The name *Pugio* is a typical transformation of the Latin word *pusio*, boy, from Poliziano's translation: "Erat autem pusio quidam, infans adhuc..." And a few lines below: "Philocommodus apellaretur..."[29] An even better example is the name *Audencio*, which could only have come from Poliziano. The Greek text says *Adventus*, or *Adventios*, and Stavenhagen, in his edition of Herodian, makes special note of Poliziano's Latin variant form, *Audentius*.[30]

The Latin SHA were not translated into Spanish and could only be read in the original.

In discussing Guevara's inaccuracy with regard to names —a fault cautiously attributed to poorly printed texts— Costes gives the following examples (*Oeuvre*, pp. 85-87) based on the SHA:

(1) The names "Celso y Sobayo" (p. 153 of this edition) are a mistranslation of "Celsus Baiis," or "Celsus (was put to death) at Baiae."

---

[27] Dio 367 (4-5).
[28] Costes, *Oeuvre*, pp. 77-78, contains several errors with regard to available texts and translations. A misprint (1590) is given as the date of Poliziano's translation of Herodian into Latin; it should read 1493. He also states that Nicolaus Leonicenus translated Dio into Italian in 1533. But according to *A Dictionary of Greek and Roman Biography and Mythology* (London, 1873), I, 1030, Leonicenus made a 1526 Latin version. Menéndez Pelayo lists a 1532 Spanish Herodian. *Biblioteca de traductores españoles*, II, 65.
[29] Angeli Politiani *Opera* (Basiliae, 1553), p. 326.
[30] K. Stavenhagen, ed., *Herodianus ab excessu D. Marci libri VIII* (Lipsiae, 1922), p. 128.

(2) The name "Atratinente" (p. 316) is a mistranslation of "Claudium Pompeianum e Terracinensi ... evocavit," "called Claudius Pompeianus from (his estate at) Tarracina."

(3) The name "Etrucio" (p. 318) is a corruption of "Erucio" in the name Erucius Clarus. "Ipse natus est Erucio Claro bis et Severo consulibus, VI idus Apriles." This is rendered, "Nasció Severo en Etrucio, siendo cónsules Claro y Severo, a quatro días andados del mes de abril." It should read, "He himself was born six days before the Ides of April, in the first consulship of Severus and the second of Erucius Clarus."

(4) "su mujer Malia y su hija Escutila tomaron el cuerpo" (p. 317) is the translation of "Corpus ... uxori Manliae Scantillae ac filiae ... est redditum." [31]

(5) Guevara renders "His occisis interemit Servilium et Dulium Silanos cum suis, mox Antium Lupum et Petronios Mamertinum et Suram filiumque Mamertini Antoninum ex sorore sua genitum" as

> Mató assí mesmo a Servilio y a Dulio con toda su parentela, los quales descendían de linage de Silla; y mató a Antio Lupo y a Petronio y a Mamerto con todo su vando, que eran del linage de Mario; y dixo que matava a los sillanos por vengar las injurias que Silla hizo a Mario y que matava a los marianos por vengar las injurias que Silla rescibió de Mario. Avía en Roma un mancebo primo, hijo de hermano de Cómodo, y era muy esforçado; y como dixesse uno acaso a Cómodo que Mamerto Antoniano su primo le parescía en el rostro y le immitava en el esfuerzo, mandó luego matar al que lo dixo y a su primo Antoniano... (p. 237.) [32]

Guevara uses Sylla and Marius as symbols of civil strife literally dozens of times. *Silanos* is therefore understood by him to mean not "of the Silani," but "descendants of Sylla." The opposite side therefore must be the *marianos*, "the descendents of Marius." So "the two Petronii, Mamertinus and Sura" become "Petronio y Mamerto." These passages have been quoted at length because

---

[31] Costes, *Oeuvre*, p. 86, has "Manlia Escutilla."
[32] Costes, *Oeuvre*, p. 87, has "Anitius Lupus."

Costes does not do so. Here are four more examples of translations from the SHA:

(1) "Nació Adriano en Roma a nueve días de hebrero, siendo cónsules Vespasiano Séptimo y Titho Quinto..." (p. 138) The Latin says, "Natus est Romae VIIII kal. Feb. Vespasiano septies et Tito quinquies consulibus..." See above error (3) listed by Costes. Once again the numbers have been confused with the names, and as usual, Guevara wrongly translates the date.

(2) "Compositis in Britannia rebus transgressus in Galliam Alexandrina seditione turbatus, quae nata est ob Apidem, qui cum repertus esset post multos annos, turbas inter populos creavit, apud quem deberet locari..." "After arranging matters in Britain, he crossed over to Gaul, for he was rendered anxious by the news of a riot in Alexandria, which arose on account of Apis...," etc. Apis is the sacred bullock. "Puestas en orden todas las cosas de la Gran Bretaña, supo Adriano como en la Gallia Transalpina, que agora se llama la dulce Francia, se avía levantado una popular sedición ... sobre los términos y pastos de un lugar que se llamava Apim..." (p. 163).

(3) Commodus ordered a man killed because he had read a book "vitam Caligulae continentem." Guevara translates "como un rethórico leyesse en su presencia la vida de Calígula y dixesse en ella que avía sido continente, mandóle despeñar" (p. 259).

(4) "pater libertinus Helvius Successus fuit" becomes "y llamóse su padre Liveotino" (p. 266). The name is probably a misprint for *Livertino*.

The examples could be infinitely multiplied, but I have selected these rather dull ones (some are very spectacular) because they illustrate best that where there is no opportunity to make a better effect by distorting the translation, Guevara plainly mistranslates simple passages. In other cases it may well be argued that his imaginative adaptations make better reading than the dull, if historical, Latin. It is certainly true, as Costes observes, that poor texts, with no capitals, and words abbreviated and run together, would favor errors; but no experienced scholar would make such elementary ones.

Guevara's poor grasp of Latin is apparent in his original writings as well. Several examples of his Latin composition are left.[33] They are a letter (one of the *Epístolas familiares*) and four written opinions which deal with disputed propositions in the works of Erasmus.[34] In addition, there are the epitaph noted by Norden and various phrases, Bible verses, and brief quotations scattered in other works. The opinions, published with errors tactfully indicated by Fr. Uribe, are the most revealing. They are clichés of Church Latin strung together in such a way as to sound exactly like a Latin translation of Guevara:

> p. 263 Quod Roterdamus hoc in loco corruptos esse codices defensat, inanis quoque pro magnis viris est et scandalosa pro parvulis.
>
> p. 264 impropria locucio est apud theologos et plus offendit quam hedificat.
>
> p. 265 dico quod hec proposicio est heretica et scandalosa et obnino debet deleri de doctrina ejus, quia magis favet arrianos quam prodest christianis.
>
> Fateor quod vere et aperte et expresse, libere et simpliciter et sine cavilacionibus intelligantur; probant Christum ese (sic) verum Deum ac Hominem. Et insuper dico quia licet tales tergiversiones non sunt heretice pro viris doctis, sunt tamen nimis scandalose et inutiles pro simplicibus...
>
> p. 266 Circa illam proposicionem: In principio... dico quod est obnino heretica et digna censura, etc.
>
> p. 267 sepe et sepissime (cf. *Epístolas* II, núm. 43 "saepe et saepissime").
>
> hec doctrina Roterdami est obnino inutilis et vana et non caret scrupulo infidelitatis vel fatuitatis.
>
> p. 268 proposicio est heretica et digna mana (sic) censura.

---

[33] Although Norden thought that only his epitaph remained. Oddly enough, Norden quotes from a 1671 Frankfort edition of the letters. Perhaps the Latin letter to the "Abbati Complutensis Ecclesiae" was not in this edition. See Eduard Norden, *Die antike Kunstprosa, vom VI. Jahrhundert v. Chr. bis in die Zeit der Renaissance* (Leipzig, 1898), II, 793.

[34] Uribe, "Guevara, Inquisidor," pp. 263-268. Fr. Uribe thinks that these opinions are autographs.

These phrases are the best proof that Guevara had little Latin, and what he had was of the school variety for which the great writers had contempt.[35]

Guevara and Traditional Rhetoric

Eduard Norden, in his history of adorned prose *(Kunstprosa)* from ancient times to the Renaissance, devotes eleven pages to the discussion of Guevara and the antithetical, parallel-sentence style. Norden believes that the study of "formal Renaissance rhetoric" had been important in Spain since the late fifteenth century and that it can be seen in both theory and practice in Vives, García Matamoros, and other Spanish scholars of the time. Speaking of Guevara's writings, he says, "That he had formed the style, like the contents, on antique models seemed to me a self-evident conclusion. I found it confirmed by the only Latin words which he seems to have left, namely the epitaph which he composed for himself... I found further confirmation in the judgment of contemporaries, who readily place his style on a line with the corresponding ancients..."[36]

Norden cites Vives (who does not mention Guevara's name) and García Matamoros, who praises his eloquence but deplores his *effluentem verborum copiam.* (In the later *De ratione dicendi* García Matamoros warns against abuse of "tropes and schemes," a possible allusion to Guevara.) A. Schott criticizes Guevara's overworked *schemata* and antitheses, as does Nicholás Antonio, who puts *paritas syllabarum* on the list. George Puttenham, in *The Art of English Poesie* (1589), discussing "Antitheton," declares that Isocrates and "the Spaniard who wrote the life of Marcus Aurelius" were a little too full of this figure. (Mrs. Malkiel has added Juan de Robles' reproach that Guevara used *similiter cadens* too often to these more or less contemporary criticisms.)[37]

---

[35] María Rosa Lida, "Fray Antonio de Guevara," p. 350: "...no iba más allá en su don de lenguas de aquel 'poco latín' que, según el doctor Huarte de San Juan, hasta pueden alcanzar las mujeres."

[36] Norden, *Die antike Kunstprosa,* II, 793-794.

[37] M. R. Lida, "Fray Antonio de Guevara," p. 377.

Guevara does not in any way stand alone in his preference for the antithetical style, Norden continues, but simply intensifies in his work a practice common among humanists in all countries. "That the humanists saw in the plentiful use of this oratorical figure the essential requirement of select style is made clear by their preference for Isocrates, who in Antiquity was reputed to be the main representative of the antithetical sentence construction, and for Cicero, in whom the figure in theory and practice played so important a role" (p. 795). Vives translated Isocrates into Latin in 1523, and in *De tradendis discipulis* (1531), he names Isocrates among the first Greek authors to be read in school.

A contemporary mentioned by Norden but not cited is Pedro de Rúa.[38] In his first letter to Guevara, Rúa repeats the unflattering criticism that Guevara's rhetorical figures sound like examples from the fourth book of the *Rhetorica ad Herennium* or Aphthonius' *Progymnasmata*: "...otros al ornato notaban por afectación, otros los matices de las figuras, como son contenciones, distribuciones, exposiciones, artículos, miembros contrarios y otros primores del bien hablar que muy á menudo usa vuestra señoría..." (p. 229). Rúa, a very learned man who made his living teaching Latin and who wrote more Latin than *romance*, according to his own testimony, recognized the source of Guevara's figures. They are straight out of one of the rhetorical textbooks which were in use until the seventeenth century. The *Rhetorica ad Herennium* was a perennially popular one which contains systematic treatment of style and *ornatus*, and it will serve as an example. Book IV contains forty-five figures of speech with examples and nineteen "figures of thought," almost all of which could be copiously illustrated with passages from any of Guevara's works.[39] Rúa's "contenciones, distribuciones" and "artículos" are defined in the *Rhetorica* as follows:

---

[38] Pedro de Rúa, a scholar who had met Guevara in Avila, is the author of three *cartas censorias* reprinted in *Epistolario español*, ed. Eugenio de Ochoa (Madrid, 1850), pp. 229-250. BAE, XIII.

[39] Cicero, *Ad C. Herennium*, trans. Harry Caplan (Cambridge, Mass., and London, 1954), See lv-lviii for analysis of book IV.

(1) *Contentio* (antithesis) occurs when the style is built upon contraries (p. 283).

(2) *Articulus* is a figure in which single words are set apart by pauses in staccato speech (p. 295).

(3) *Distributio* occurs when a certain number of specified roles are assigned among a number of persons or things as in, "The Senate's function is to assist ... the magistracy's is to execute ... the people's is to choose..." [40]

The figures noted by Antonio and Robles are also discussed and illustrated —i. e., isocolon, a figure with members of equal length ("In proelio pare mortem oppetebat, domi filius nuptias conparabat." p. 299), *similiter cadens* and *desinens* ("Perditissima ratio est amorem petere, pudorem fugere, deligere formam, neglegere famam." (p. 301) — as are puns and other devices typical of the bishop's style.

Letters

Not only the prose, with its systematic adornment by means of figures of speech ("ponerlo en estilo," as Guevara says), but also the letters, orations, and descriptions by which he expands the text are examples of rhetorical amplification. Letter writing was of great practical importance in the Middle Ages and was the object of much study; dozens of formularies and hundreds of volumes of model letters have been preserved. But letter-writing as a modern form of literature begins with Petrarch (*De rebus familiaribus*, etc.) and his fifteenth century followers. [41] In Guevara's day the practical, social, and literary aspects of letter-writing were a topic of great interest, and some of the best-known humanists wrote treatises on epistolary composition, Vives and Erasmus among them.

---

[40] Rúa's "exposiciones" may be a misprint for *expolitiones*, iteration; "miembros contrarios" is undoubtedly antithesis.

[41] Among them the most famous scholars of the day. For an interesting list and appraisal, see Juan Luis Vives, *Obras completas* (Madrid, 1948) II, 877-879.

Erasmus' treatise is a compilation from the ancient authorities (many, such as the *Rhetorica ad Herennium,* popular in the Middle Ages), to whom Erasmus constantly refers the reader as if they were readily available.[42] He discusses the letter in general, salutation, addresses, and closes; he then divides letters into four categories, with subdivisions and examples. The categories overlap (a love letter, for example, being *suasoria* rather than *familiaris*). The suasory epistle is composed of an *exordium* (to "capture the benevolence" of the reader) and the *narratio,* or body of the letter, subdivided *(divisio)* and discussed "with variety and copiousness." Objections are to be systematically refuted *(confutatio),* and Erasmus includes a section on proper argument. The letter of course has its *salutatio* and *vale.* The "demonstrative" (descriptive) letter is usually combined with another type; its purpose is to delight, and all the resources of rhetoric are to be used ("conveniet adhibere sermonis varietatem, verborum apparatum, exornationum festivitatem, annominationes, membra, comparia, contraria, verba Poetica"). The judicial letter resembles the judicial oration. The familiar letter is the last category. Erasmus gives nine sorts, which do not include all possibilities. The variety of Guevara's familiar letters is an indication of the range of subjects.

Erasmus' letters, for all their refinements, still rest on the medieval pattern of five parts: *salutatio, exordium, narratio, petitio,* and *conclusio;* and Guevara's letters show the influence of this traditional epistolary style. There are nine letters and seventeen speeches in the *Década.* All but one of the speeches are based on the sources, whereas five of the letters are entirely invented. Since the letter and the speech were thought of as belonging to the same genre, the analysis of one original letter should suffice to show Guevara's method.[43] The *salutatio* is usually in the third person and is careful of titles:

> Mesia Fenicia al sacro senado de Roma, salud y gracia (p. 435).

---

[42] Desiderii Erasmi, *Opera omnia* (Leyden, 1703) I, 345-484.

[43] A letter "is nothing else but an Oration written, conteining the mynde of the Orator or wryter, thereby to give to understand to him or them that be absent, the same that should be declared if they were present..." William Fulwood, *The Enimie of Idleness* (London, 1568), f. 1.

The *exordium* is designed to win the reader's sympathy:

> A varones tan illustres en hazañas y tan graves en doctrinas como sois vosotros, padres conscriptos, cosa os parescerá muy nueva osar una mujer escrevir al sacro senado de Roma, del qual affamado nombre los dioses se espantan y los hombres tiemblan (p. 435).

The *narratio* states the matter of the letter. In the one quoted above, from Mesia to the senate, there is a lengthy *exordium* and then the *narratio* begins with a transition very common in Guevara: "Hablando más en particular." Mesia clearly and forcefully reminds the senate of her history and of the murder of Bassiano; she informs them of the death of the tyrant Macrino and of the election by the army of her grandson Heliogábalo. The *narratio* shows careful divisions and arguments. Then follows a brief, indirect *petitio:*

> Aunque la electión de mi nieto fue por los exércitos hecha y es de creer que fue por los dioses confirmada, ni quiero que rija el imperio ni aun que se firme emperador hasta que por vosotros sea vista y por todo el sacro senado confirmada, porque yo no tengo por emperador al que es obedescido en Asia sino al que aman en Roma (p. 439).

Finally, there is the *conclusio,* in this case a brief one closed with a proverb:

> En quanto yo biviere, trabajaré mucho que sea tal su vida qual le dí la doctrina y criança; y si fuere malo después de yo muerta, no será entonces la culpa mía, que como sabéys, padres conscriptos, no ay culpa que culpe a los ya muertos ni ay disculpa que disculpe a los que son bivos (p. 439).

Educated letter-writers often went back to the epistles of classical authors for inspiration, chiefly to Cicero, Seneca, and Pliny. Guevara himself mentions Seneca's letters, especially in the *Relox,* and he is credited with strengthening the Senecan tradition in England.[44]

---

[44] Elbert N. S. Thompson, *Literary Bypaths of the Renaissance* (New Haven and London, 1924), pp. 91-126 devoted to familiar letters. The

Character Sketches

Of the ten emperors in the *Década,* the SHA give innumerable references to character. See, for example, the rhetorical description of Hadrian: "severus comis, gravis lascivus, cunctator festinans, tenax liberalis, simulator simplex, saevus clemens, et semper in omnibus varius" (Magie edition, I, 46). In the matter of personal description, six emperors are given brief portraits: "He was tall of stature and elegant in appearance; his hair was curled with a comb, and he wore a full beard to cover up the natural blemishes of his face" (I, 79). Antoninus Pius, Commodus, Pertinax, Severus, and Severus Alexander are similarly described. These characterizations *(ethopoiia)* and descriptions *(ekphrasis* or *descriptio)* are ancient rhetorical exercises.[45] *Descriptio* became one of the classified *figurae sentenciarum* of medieval rhetoric; and it appears again in Erasmus' demonstrative letter:[46]

> Si personam describimus, ut Regis, Reginae, Principis, alteriusve, ei cui ea sit ignota, Rhetorum super hac re, notissimas praeceptiones ignorare non oportebit. In Epistola satis erit vultus, totiusque corporis habitum, figuram, gestum, motumque tamquam pictura exprimere: deinde ad animi, fortunaeque commoda veniemus. Quod satis luculenter a Rhetoribus praeceptum, neque cognitu difficile, prudens praetereo.[47]

Golden Epistles, translated in 1577, "exerted wide influence" p. 106. "At once the book won a great popularity not only with letter writers but with all interested in moral philosophy. For the letter as well as for the essay, another model of proven worth had been added to the earlier patterns that Englishmen had always followed. Guevara contributed most, one may suppose, to the strengthening of the Senecan tradition in England, to the use of the letter for didactic and moral purposes" p. 107. Another study which discusses Guevara's influence on English letter writing is *The Complete Letter-writer in English 1568-1800,* by Katherin Gee Hornbeak, in *Smith College Studies in Modern Languages,* XV (1934), nos. 3-4. See pages ix, 35-36, 38.

[45] Charles Sears Baldwin, *Ancient Rhetoric and Poetic* (N. Y., 1924), p. 68, note 6.

[46] Charles Sears Baldwin, *Medieval Rhetoric and Poetic* (N. Y., 1928), p. 305.

[47] Erasmus, *Opera,* I, 454.

INTRODUCTION 31

The description or character sketch, ultimately derived from Theophrastus, became an important literary genre in the seventeenth century, particularly in England and France, and Guevara's skill at the quick portrait has made him an influence in English character development.[48]

Guevara often ignores or changes the description of the emperor given in the source. Severus Alexander is described by Lampridius as graceful, strong, handsome, with brilliant, piercing eyes. Guevara's description, his most complete and systematic, takes from the source only the mention of the eyes:

> Fue Alexandro alto de cuerpo, los cabellos negros y entorcijados, la cara flaca y morena, los ojos grandes y rasgados, la garganta corta y llena, las manos secas y nerviosas, las piernas delgadas y los pies algo estevados, y en complissión cúpole poca cólera y mucha flema, lo qual él mostró después en el discurso de su vida, porque fue en la conversación manso y en la governación piadoso (p. 469).

A notable addition to the description is the "complexion" of the emperor. Many of the character sketches in the *Década*, and in Guevara's other works, include this, but it is never an index to the personality described; it is simply another anecdotal detail. According to dalla Porta's *La fisonomia dell'huomo*, reputed to be the best work on the subject, Guevara's description of Severus Alexander would indicate the following qualities:[49] his thin face, hands and legs, and large eyes plainly show that he is able to withstand fatigue and that he is pertinacious, intelligent, sly, and lecherous. In the first part of dalla Porta's book, where he discusses the signs by which various complexions are recognized, he also describes a type which seems to fit Severus Alexander closely: flesh hot to the touch (Guevara says "tenía el estómago muy cálido," which is not quite the same); body thin; thick, curly black hair; "di color rosso, con alquanta oscurità" (pp. 20-21). But

---

[48] Thompson, *Literary Bypaths*, 6-7. Thompson overlooked the best characters: they are not in the epistles but are in the *Menosprecio* and the *Aviso*.

[49] Gio. Battista dalla Porta, *La fisonomia dell'huomo et la celeste* (Venice, 1652), pp. 242, 246, 304, 329, 434.

this description is of the man in whom the hot temperament prevails, while Guevara expressly tells us that Severus Alexander was of phlegmatic complexion. Some of the other characteristics (especially "sly and lecherous") which are denoted by his appearance are the very opposites of those which Guevara hoped to suggest.

Obviously, Guevara has invented his own sort of physiognomy, although some of the traits which he ascribes to his emperors may be found to correspond to traditional physiognomy.[50] Often Guevara seems to be striving only for a surprising contrast. In this he has the example of the SHA, who describe Commodus, one of the worst emperors, as a very handsome man. Guevara follows this idea and reverses it for the good emperors. Trajan is large, dark, balding, and hook-nosed, although he has a friendly expression ("el mirar amoroso"). The contrast between this physical ugliness and the nobility of his soul is made plain in the remark by Trajan (p. 85), "Conoscieron primero en Roma mi buena vida que no mi mala cara." This is the opposite of Commodus: "no avía en su persona que tachar ni aun en su vida que loar" (p. 222). The physiognomy of Antoninus Pius is similar to Trajan's and to that of Severus Alexander already quoted. He is pale, thin, has hairy hands, prominent eyes, and few teeth, and although he is "colérico-sanguíneo," (p. 188) which means that he should be irate and impulsive, he is calm and judicious.

While Trajan, Antoninus Pius, Commodus, Eragabalus and Severus Alexander present appearances that contrast sharply with their dispositions, Hadrian and Julian are simply unusual looking: Hadrian has a large head with one eye which waters, and Julian is prematurely grey. And finally, Bassianus and his unfortunate brother Geta are depicted as one would expect: Geta is tall, blond, and pleasant, while Bassianus is small, dark *(verdinegro)*, hairy, hoarse, wily, and ill-tempered.

Many minor figures are given brief descriptions which show an unexpected contrast. Cleverness is found in those who are

---

[50] Traditional physiognomy is sufficiently vague to allow for many interpretations. Dalla Porta quotes the often contradictory opinions of the authorities; his book shows how many different signs could indicate the same trait (e. g., lechery).

maimed, cross-eyed, or who stutter. Macrino, for example, is described as "sabio y mañoso" in the life of Bassianus and in Mesia's letter to the senate as small, dark, bow-legged, and cross-eyed. Other devices of characterization fall into patterns. The births of Commodus and Severus show striking similarities. Faustina, mother of Commodus, complains of a "mal preñado" and suffers a "muy peligroso parto"; Commodus' nurses complain that "quando mamava, les mordía las tetas." Severus' mother "tuvo dél muy rezio preñado, y después fue peligroso de parir y muy enojoso de criar."

Guevara's characterizations seem crude and elementary today, but the popularity of the *villano del Danubio*, the three courtesans Lamia, Flora, and Layda, of Faustina and Bohemia (among whom only the *villano* could be esteemed for his doctrine) shows that they were remarkable accomplishments in their own day.

The *Década*, a Typical Work or the Sixteenth Century

The origin of Guevara's style is attributed by Norden, as has been seen, to the new interest in rhetorical study which began to be felt in Spain by the late fifteenth century. This theory is opposed by María Rosa Lida de Malkiel, who believes that it is the culmination of a purely Spanish development which begins with the florid prose of the seventh century preacher, St. Ildefonse of Toledo.[51] According to her theory, Guevara's forms as well as his language fit into essentially medieval patterns: the letters are in the line of the medieval school-letters and of Spanish epistle writers like Valera, Lucena, and Pulgar; the *Década* is a collection of "semblanzas pintorescas" of the sort practiced by Pérez de Guzmán or Pulgar, etc. Her interesting suggestion that the prose style is a descendant of medieval ecclesiastical writing finds some support in K. Polheim's book on the history of rhyming prose, where he discusses the manifestation of *Reimprosa* in Isidore, Martinus of Bracara, SS. Eugene, Braulius, and Ildefonse, and in

---

[51] M. R. Lida, "Fray Antonio de Guevara," p. 354.

Julian of Toledo.[52] In connection with this, C. S. Baldwin also devotes some very interesting pages to medieval preaching, the descendant of pagan occasional oratory.[53] Its style was typified by balance and rhyme ("beloved by occasional orators from Gorgias down" p. 251), and by various kinds of iterations, such as refrain. Certainly, Guevara as a famous preacher must have been influenced by the theories and models of his medieval predecessors.

However, it has already been shown that, in the case of the *Década* at least, the form and content are classical and that many of the rhetorical devices used by Guevara in the *Década* have a demonstrable source in works from which it is derived. The prose is undoubtedly a product of native oratorical tradition and of widespread European traditions of rhetoric and preaching. But there is no reason to assume that Guevara was not familiar with —and influenced by— classical sources of rhetorical theory and practice as well, and both Rúa's pointed criticism and Guevara's prose itself strongly suggest that he was. The instructive example of euphuism (once thought to stem from Guevara's books) shows that whatever its origin, exaggerated use of rhetorical devices flowered once more in sixteenth century England among those who had much greater claim to being "humanists" than Guevara had.[54] This eclectic solution of the problem of the origin of Guevara's style may not satisfy many. But the innumerable possibilities and contingencies make a definitive solution practically impossible.[55] With regard to the form of the *Década* and its letters, speeches, and descriptions, there is no doubt that the medieval Spanish tradition is less important than the classical.

---

[52] Karl Polheim, *Die lateinische Reimprosa* (Berlin, 1925), pp. 293-294. St. Ildefonse's style, he states, occasionally approaches that of the litany.

[53] Baldwin, *Medieval Rhetoric and Poetic*, pp. 229-257.

[54] "Landmann's theory that Guevara is the origin of euphuism has been severely, and I think rightly, criticized... The love of antithesis is common to euphuism and Guevara, but also to many other styles, Hebrew, Latin, and Anglo-Saxon. Full-blown euphuism I take to be a genuinely English variation of 'Renaissance' rhetoric." C. S. Lewis, *English Literature*, pp. 150-151.

[55] Lewis, p. 312: "we are indeed embarrassed by too many ancestors rather than by too few. Those who enquire most learnedly find themselves driven back and back until they reach Gorgias."

It is as unjust to overstress the medieval heritage of Guevara as it is ridiculous to ignore it, if by "medieval" one means a relic from a past age which has no vitality. This, in the case of Guevara, is manifestly absurd, for his popularity would have been impossible if his books had not had a vital appeal which long outlasted the meagre fifty years granted by Mrs. Malkiel. Nevertheless, she is right in saying that the "inercia en lo esencial" predetermined the decline of his works; it also predetermined that of the whole class of moral writings to which his works belong. How many sixteenth century works of "serious" prose are still read in England, France, or Spain?

Nor are Guevara's writings peculiarly Spanish; they share many things in common with the moral works of the English sixteenth century; his reception in Britain is an indication of this fact. The "moral philosophy" cultivated by the humanists and illustrated from Plutarch or Seneca, the image of the pagan philosopher, the endless stream of anecdotes, sentences, rules for living and governing, the cloying rhetoric — all are common among the English prose writers of the time. Lewis' chapter on "Drab" prose (pp. 272-317) is full of astonishing parallels. In France one finds a similar picture, ideologically: "La génération contemporaine de François Ier s'est enthousiasmée surtout pour les idées philosophiques ou morales de l' antiquité... Tous du moins ont en commun ce souci de demander aux Anciens des règles de vie, des leçons pour se conduire, plutôt que pour bien écrire ou bien parler." [56]

The *Década*, then, is neither essentially Spanish nor medieval. In style and matter it fits into the western European picture of the middle 1500's, a period from which many works, and among them Guevara's, survived until the eighteenth century.

Guevara's Original Additions

Costes has noted that Guevara takes every opportunity to emphasize the Spanish element in the sources. I have added that

---

[56] Jean Plattard, *La Renaissance des Lettres en France* (Paris, 1952), p. 217.

the choice of emperors itself was made with Spanish history in mind. Indeed, Guevara's determination to link Roman imperial history to his own contemporary Spain is a guiding principle in the composition of the *Década*. It is manifested in the addition of Spanish archaeology (authentic or otherwise) and of allusions to contemporary Spanish matters disguised as ancient history.

Guevara's archaeology (treated in the notes to the text) is based on popular traditions, ruins, and coins. He knew little about ancient history, his chronology is hopelessly confused, etc.; but the ruins which he discusses are real, and the coins which he mentions were probably real also.[57] The use of archaeology to support or contradict historical authorities was a new science in Guevara's day, and it has been said that Flavius Blondus, an authority often mentioned by Guevara, was the first to do so.[58] Good examples of this effort at archaeological reconstruction are *Trajano*, chapters I (which has little to do with the rest of the work) and XV.

Guevara emphasizes or invents similarities between the good Roman emperors and Charles V. The following episodes are the principal examples of this "modernizing" by alluding to contemporary events.

(1) In chapter XV of Trajan's life, Guevara invents an expedition which is the exact reverse of Charles' Tunisian venture of 1535-36. Trajan goes from Rome to Africa by way of Sicily and then to Spain, just as Charles went from Spain to Rome via Africa and Sicily. According to Guevara, Trajan, on his way to Africa to quell a war between two tributary nations, stops in Sicily: "apenas dexó lugar en la ysla que no por él fuesse personalmente visitado." Among other reforms on the island, "puso paz entre los vandos,

---

[57] Antonio Agustín, *Diálogos de medallas, inscriciones, y otras antiguedades* (Madrid, 1744), p. 447. "...otras semejantes a estas fingio frai Antonio de Gueuara que le embiaron de Roma a declarar. C. Y las medallas del Emperador que el solo declaro, son tambien fingidas? A. Lo que el imprimio, tengolo yo por inuentado, por mostrar su habilidad para fingir historias, o fabulas, y autores, y medallas, y interpretaciones: y podria ser que no le huuiesse el Emperador mostrado algunas medallas, sino que lo finge por su passatiempo."

[58] Carlos Seco Serrano, ed., Fray Prudencio de Sandoval, *Historia de la vida y hechos del emperador Carlos V* (Madrid, 1955), I, xxxvi.

dio muchos dones, aunque no libertades, a los pueblos." He also built some fortifications for combating pirates near the "faro de Mecina" which, alas, are no longer to be seen (and cannot, therefore, be disproven).

The curious reference to *libertades* is from the following passage: "Preguntado Trajano por qué a los sículos no dio libertades como las dava a los otros reynos, respondió, 'Porque la servidumbre los conserva y la libertad los destruye'." This may of course be only an opportunity created by Guevara to display his own theories of government; but it may well be a reference to the Sicilian rebellions which had been harshly supressed by the Spanish government. Sicily was an important base for Charles' war against Mediterranean pirates, and as such had to be preserved under imperial rule.[59] The misgoverned Sicilians rebelled soon after the death of Charles' grandfather (1516) and attempted unsuccessfully to set up a republican government.

A very interesting sidelight on the 1516 rebellion is recorded by Sandoval (I, 85 of Seco Serrano edition): "El dotor don Fernando de Guevara, hermano de fray Antonio de Guevara, obispo de Mondoñedo y coronista del emperador, juez de la gran Corte, tuvo dicha que saquearon su ropa, pero no pudieron haber su persona, y de ahí a pocos días se embarcó en una nao vizcaína y se vino a España." Antonio de Guevara therefore had some interest in Sicily before his presumed stop at the island with Charles' entourage on the journey from Tunis to Rome. In 1523 another rebellion, with the goal of setting up a kingdom under the protection of France, was also put down.[60]

---

[59] On p. 83, of the *Década*, Guevara recounts the apochryphal salvation of Cadiz from pirates through the efforts of Trajan. This parallels the unceasing war against the pirates of the Mediterranean which fills so much of Charles' history and which was the cause of the Tunis expedition.

[60] In 1538, the year before the publication of the *Década,* Sicily was once again in the news when soldiers stationed at the fortress of La Goleta mutinied and were carried to Sicily by Bernardino de Mendoza, who promised that there they would be paid. When the promise was not kept, they began plundering the island. After several months the mutineers were caught by trickery and were hanged or deported. This it not properly a rebellion, but it might have called Guevara's attention to Sicily once more. Sandoval's accounts of the rebellions are found in I, 84-87, of the mutiny in III, 54-56.

There are other parallels between Charles' visit to Sicily and Trajan's. Charles landed at the western end of Sicily in late August of 1535. He spent time in Palermo, where he held a parliament, and in Messina and visited many of the towns in between (Trajan "apenas dexó lugar," etc.). He spent his spare time examining monuments, libraries, and the customs of the people. He issued a decree aimed at the correction of abuses in the judicial system and at the suppression of the numerous bandits ("halló Trajano muchas cosas que reparar en los muros y muchas más que emmendar en las costumbres"). [61]

Trajan left Sicily in the spring, according to Guevara, and landed at the place where ancient Carthage once stood. He built a castle (which was destroyed later by pirates) before the plague forced him to retire to Bona, where he met the chiefs of the rebels and settled their problems. Charles' armada landed at the "cabo de Cartago" (Sandoval II, 499); they disembarked, skirmishing with Moors hidden in the ruins of Carthage (II, 500). They occupied various strongholds, such as the tower which was said to have been the fortress of Carthage: "Vino a ser alojamiento del ejército imperial la gran Cartago, señora de Africa y de la mayor parte de España, émula de Roma por 120 años, donde tantos y tan famosos capitanes murieron" (II, 501). Sickness broke out among the soldiers for lack of good food and water (II, 511, 529), and Andrea Doria was sent to capture Bona, where Charles ordered a fortress to be built. [62] Trajan, of course, was never in Bona, but Julius Caesar made it the capital of proconsular Numidia, and it has various ruins from classical times.

(2) Among the studies of Antoninus Pius is one which does not occur in the sources:

> ...diose mucho a la cosmographía más que a otra sciencia, y presciávase él mucho de platicar con los que venían de estrañas naciones, para que supiessen como sabía él

---

[61] Isidoro La Lumia, *La Sicilia sotto Carlo V imperatore* (Palermo, 1862), pp. 257-270 Charles' stay in Sicily; 271-2 decree; 315-16 his speech to parliament.

[62] *Enciclopedia universal ilustrada europeo-americana* (Espasa-Calpe: Madrid and Barcelona, 1930), VIII, 1564.

también todas las particularidades de aquella tierra por su cosmographía como ellos sabían por vista (p. 187).

The emperor who was fond of cosmography was Charles V, not Antoninus Pius. Charles retained the *cosmógrafo mayor* Alonso de Santa Cruz in 1539 in order to be able to study cosmography and astronomy.[63]

(3) In reply to an invented letter of Severus Alexander, Artaxerxes answers that all things may become private property except kingdoms, which are common to all princes: "el derecho de los quales está no en los que los heredan sino en los que los ganan." A prince must not be content with his lot, but must get what he can even at the cost of constantly venturing his life. This Machiavellian idea applies well to Francis I's notorious land-grabbing. During the period of the Tunisian expedition, Francis' covetousness caused fresh trouble. In 1536, Charles inherited Milan, and when Francis could not persuade Charles to cede it to a French prince, he sent the French admiral to Savoy —the duke of Savoy being an ally of Charles— to provoke the emperor. The emperor made preparations to enter France, which he invaded in the early summer of 1536, remaining until late September. The campaign was inconclusive and was "the first grave military reverse of his career."[64] Guevara is strengthening the parallel between defeats of Severus Alexander and of Charles by means of the apochryphal letters.

(4) There is another reference to contemporary events in the life of Hadrian, ch. X, where Guevara greatly expands a meagre Latin sentence ("Britaniam petiit, in qua multa correxit...") to five lines on British customs:

> Luego que entró en Bretaña, se informó muy por menudo de todas las leyes que tenían y de todas las costumbres que guardavan, y vistas y examinadas todas, algunas les aprovó y otras les quitó; en especial les quitó que un marido no pudiesse tener dos mugeres, ni una muger siete maridos.

---

[63] Alfred Morel-Fatio, *Historiographie de Charles-Quint* (Paris, 1913), pp. 100-101.
[64] Royall Tyler, *The emperor Charles the Fifth* (London, 1956), p. 66.

This custom is mentioned in the *Relox de príncipes,* book II, chapter III:

> César dize en sus *Comentarios* que en la Gran Bretaña (la qual agora se llama Inglaterra) tenían los bretones en costumbre de casarse una muger con cinco maridos, la qual bestialidad de ninguna nación se lee en los tiempos passados, porque si tener un hombre muchas mugeres es cosa escandalosa, por ventura una muger tener muchos maridos, ¿no sería cosa escandalosa y vergonçosa? [65]

Henry VIII began the divorce proceedings against Catherine of Aragon, Charles' aunt, in 1527, two years before the *Relox* appeared. Although the passage is from a chapter on ancient marriage customs, the poligamy of the Britons may have had a double meaning not wasted on readers of the *Relox* in 1529. But it is more than likely that its inclusion in the new context was made with current events in mind. Catherine died in 1536, "habiendo padecido tres años de martirio," as Sandoval says (III, 7), and Ana Bolena, as she became known in Spanish proverbial sayings, was beheaded in May of 1536. The first part of the "British custom" of two wives (not mentioned in Caesar) undoubtedly refers to Henry's divorce from Catherine. The exaggerated rephrasing of Caesar ("siete maridos") may be a reference to Anne Boleyn and the affairs "con un su hermano de ella y otros adulterios" (Sandoval III, 7) which had given Caesar a prophetic twist.

(5) The apochryphal laws included in the *Década* are often a medium for Guevara's own ideas. [66] On p. 175, for example, he mixes among Hadrian's real reforms several invented ones:

> Mandó que ninguna muger fuesse osada de curar con palabras, ni tampoco fuesse osado algún hombre de curar con medecinas compuestas, sino que curassen con simples yervas.

---

[65] Caesar, *De bello gallico,* book V, ch. IV "Wives are held in common among ten or twelve, especially among brothers and fathers and sons..."

[66] This was noticed by Costes, *Oeuvre,* p. 83. Costes did not suspect the extent to which Guevara was adding such original material.

INTRODUCTION

Compare with the epistle to Dr. Melgar: [67]

> ...se levantó en la provincia de Aclaya otra muger médica, la cual comenzó a curar con ensalmos o palabras... fué condenada por decreto del Senado a apedrear, diciendo que los dioses y naturaleza no habían puesto el remedio de las enfermedades en las palabras, sino en las yerbas y piedras.
>
> De loar es la medicina cuando yo viere que el médico que a mí me cura se aprovecha más de las medicinas simples que crió naturaleza, que no de las compuestas que inventó Ypocrás...

A similar law is found on p. 451.

There is a series of laws concerning marriage (p. 451) which is very similar to parts of a letter to mosén Puche (I, 363-370). The law prescribes that only equals should marry: "mercader con mercader, platero con platero, escudero con escudero y rústico con rústico." The letter states a similar precept in slightly different words: "Caballero con caballero, mercader con mercader, escudero con escudero y labrador con labrador." According to "law," any woman taken in adultery with a relative or with a friend of her husband's should go unpunished if she could prove that the husband had first brought the friend to the house. In the letter (I, 373), wives are advised not to go apart even with relatives, for fear of gossip: "Si al marido le siguiere alguna infamia de haver llevado a su amigo a casa, y haver hecho con su muger que le conozca, quéxese de sí mismo..." (I, 387.)

Many of the laws are rather general and are in a category with the moralizations and admonitions scattered throughout the work. Hadrian's laws against excessive luxuries (175), or Antoninus Pius' laws against government waste and dishonesty (209) are examples. Others are Guevara's own recommendations of a more specific nature, aimed at contemporary abuses. Racing in the streets (175), excessive wine drinking, expensive weddings, too many beggars (209-210) are among these.

---

[67] *Libro primero de las epístolas familiares,* ed. José María de Cossío (Madrid, 1950-1952), I, 345-346.

LIMITED INFLUENCE

Carlos Clavería's doubt as to whether or not Mexía knew Guevara's *Década* may be resolved with an affirmative answer.[68] There are several passages in Mexía's *Historia imperial* which are plainly references to Guevara's work:[69]

(1) With regard to the relationship of Trajan and Nerva, Trajan "no solamente no tenia deudo con el, pero era Español, y estrangero de Roma y de Italia" (p. 96ª). See *Década*, Trajano, ch. III-IV, and other places. (2) "Por lo qual yo cierto no puedo entender con que autoridad lo hizo el que escriuio que Trajano auia nacido en Cadiz" (p. 97ᵇ). This is an allusion to the *Década*, p. 81.[70] (3) "Esta ciudad de Italica... en que tiempo se aya perdido, o donde aya sido, no lo he podido alcançar hasta agora..." (p. 97ᵇ). See *Década*, p. 76. (4) "Fue Adriano alto de cuerpo, y de buen gesto, traia la barba, y cabello crecido, y preciauase dello..." (p. 110ª). See *Década* p. 138.

The prologue to Mexía's *Silva de varia lección* contains —perhaps only a coincidence—the episode of Artaxerxes and the handful of water found in Guevara's prologue.[71] There are other parallels in subject matter, although Mexía does not take anything directly from Guevara. It is of course possible that the *Década* and the epistles may have suggested these topics to Mexía. Mexía's chapter on Eragabalus' vices (I, 423-432) and the fight between the "bodegoneros" and Christians (I, 473) are examples of these similarities.

Mexía's history was translated into English by William Traheron (1604) and later was "corrected, amplified and continued" by Edward Grimestone.[72] Grimestone, presumably in his work

---

[68] In the *Historia general de las literaturas hispánicas*, II, p. 456.
[69] Pedro Mexía, *Historia imperial y cesárea* (Madrid, 1655).
[70] Costes suspected that this was a reference to Guevara. "Pedro Mexía, chroniste de Charles-Quint," *Bulletin hispanique*, XXII (1920), 14.
[71] *Silva de varia lección*, ed. Justo García Soriano (Madrid, 1933), I, 6, 7-8.
[72] *The Imperiall Historie: or the Lives of the Emperours, from Ivlivs Caesar, the First Fovnder of the Roman Monarchy, unto the Present Yeere.* (London, 1623).

of embellishment, added two passages from the *Década* to Mexía's description of Trajan:

> Traian was bigge of stature, of a swarth complexion, and had thin hair on his head and beard; and likewise had a hook nose, great broad shoulders, and long hands; and, aboue all, had a very louing aspect with his eyes. He was born the one and twentith day of May, in the second yeer of the Raign of the Emperor Nero (p. 115).

The other passage is the "canonization" of Severus, which is too long to quote (pp. 148-149).

Both John Garrett Underhill and Martin Hume, in their investigations of Anglo-Spanish literary relations, devote much space to Guevara and his influence.[73] Neither apparently found any traces of the *Década's* influence, but there is a curious similarity between the *Década* and one of Sir Thomas Elyot's books. In 1541, Elyot published his *The Image of Governance*, a life of Severus Alexander. It contains a preface which tells how he borrowed from a Neapolitan gentleman a Greek manuscript containing the life of Severus Alexander. The owner reclaimed the manuscript before the translation was finished, so Elyot filled in the gaps with material from other authors. Toward the end of the book there is another mysterious source mentioned but unnamed. The most recent writer on Elyot is very puzzled by all of this, although Underhill noted in 1899 that *The Image of Governance* resembled the *Libro áureo*.[74] The obviously Guevarian form of the *Image* and the source material common to the *Image* and to the life of Severus Alexander in the *Década* suggest that Elyot knew the *Década* in its Spanish form. Elyot however translates directly from the sources without elaborating the translated passages, and his additions are original. The

---

[73] John Garrett Underhill, *Spanish Literature in the England of the Tudors* (New York, 1899). Martin Hume, *Spanish Influence on English Literature* (Philadelphia and London, 1905).

[74] Underhill, *Spanish Literature in the England of the Tudors*, p. 82, n. 1. The book on Elyot referred to is Stanford E. Lehmberg, *Sir Thomas Elyot, Tudor Humanist* (Austin, 1960), 177-178. Guevara is not mentioned in the book.

similarities, though probably due to the widespread influence of Guevara's books, are not the result of imitation.

Source Study

The editions of the source works used are listed below with their abbreviations:

PRINCIPAL SOURCES

(1) Cassius Dio Cocceianus, *Dio's Roman History*, trans. Earnest Cary (London and N. Y., 1925). The Loeb Classical Library. Abbreviated: Dio. The page numbers refer to volume VIII.

(2) Herodian of Antioch, *History of the Roman Empire*, trans. Edward C. Echols (Berkeley and Los Angeles, 1961). Abbreviated: Her.

(3) *The Scriptores Historiae Augustae*, trans. David Magie (London and N. Y., 1922), 3 vols. The Loeb Classical Library. The life of each emperor is identified by an abreviation of his name; these abbreviations are found at III, 453. For convenience, they are here repeated with the author of each life and with volume and page references:

H   Hadrian (Aelius Spartianus), I, 3-81.
AP   Antoninus Pius (Julius Capitolinus), I, 101-131.
MA   M. Aurelius Antoninus (Julius Capitolinus), I, 133-205.
C   Commodus (Aelius Lampridius), I, 265-313.
HP   Pertinax (Julius Capitolinus), I, 315-347.
DJ   Didius Julianus (Aelius Spartianus), I, 349-369.
S   Septimius Severus (Aelius Spartianus), I, 371-429.
Cc   Caracalla (Aelius Spartianus), II, 3-31.
OM   Opellius Macrinus (Julius Capitolinus), II, 49-81.
E   Elagabalus (Aelius Lampridius), II, 105-177.
SA   Severus Alexander (Aelius Lampridius), II, 179-313.
T   Tacitus (Flavius Vopiscus of Syracuse), III, 295-333.

INTRODUCTION 45

SECONDARY SOURCES

(4) Eutropius, *Suétone, Les Ecrivains de l'histoire auguste, Eutrope, Sextus Rufus*, avec la traduction en français, ed. M. Nizard (Paris, 1876), 817-874. Abbreviated: Eutropius.

(5) Plutarch, *Plutarch's Essays and Miscellanies*, ed. H. H. Clough and W. W. Goodwin (Boston and N. Y., 1909), 5 vols. The only work closely followed is the *Regum et imperatorum apophthegmata*; it will be called Plutarch, *Apophthegmata*.

(6) Philostratus, *The Life of Apollonius of Tyana*, trans. F. C. Conybeare (London and N. Y., 1912), 2 vols. The Loeb Classical Library. Abbreviated: Philostratus, *Apollonius*.

(7) Suetonius, *The Lives of the Caesars*, trans. J. C. Rolfe (London and N. Y., 1914), 2 vols. The Loeb Classical Library. Abbreviated: Suetonius.

(8) Vegetius, *Ammien Marcellin, Jornandès, Frontin (Les Stratagèmes), Végèce, Modestius*, avec la traduction en français, ed. M. Nizard (Paris, 1869), 657-811. Abbreviated: Vegetius.

For the principal sources, I have given the page number of the edition used, and in parentheses, the line number of the sections indicated, although none of these editions has printed line numbers. The traditional division of classical works into book, chapter, and paragraph proved unwieldy and at times ambiguous (where two sets of divisions are in use, as in Eutropius). In secondary sources, I have given both the traditional reference and a page reference in parentheses, indicating the edition used: e. g., Eutropius VII, 23 (Nizard. 856).[75]

---

[75] Principal additions are noted but not located by page and line. See J. R. Jones, *Antonio de Guevara's* UNA DÉCADA DE CÉSARES (Madison, 1962), lvii-lxix.

Prólogo, p. 61   The offerings are from Plutarch, *Apophthegmata*, from the preface (Clough and Goodwin, I, 185).

Trajano

I, p. 75   See notes.

II, p. 78   Philostratus, *Apollonius*, book IV, ch. XLVII and book V, ch. IV (Conybeare 463, 471). The *estudio* of Cádiz is from the source; the rest is added.

III, p. 84   See notes.

IIII, p. 87   See notes.

V, p. 89   Eutropius VII, 23 and VIII, 1 (Nizard 856, 857); Suetonius II, 385; Dio 361 (2-7), 361 (25)—363 (1), 363 (3-6), 365 (3-5, 20-24), 367 (1-5, 14-24).

VI, p. 92   Dio 367 (24)—369 (4). Oath, Emiliano from source; the rest is added.

VII, p. 94   Dio 369 (31)—371 (33), 373 (7-10). Trajan's reply added.

VIII, p. 95   Dio 371 (16-18), 393 (15-18). Forum and coliseum from sources; the rest is added.

IX, p. 97   Dio 373 (1-7), 376 (1-7). Sex, amusements, food from sources; the rest is added.

X, p. 98   Dio 369 (25-30), 373 (15-25), 375 (17)—377 (18). Mirto and Mirtha added.

XI, p. 102   Dio 377 (18)—379 (20). Widow from unknown source. See note. Decébalo's son and Trajan's justice added.

XII, p. 105   Dio 379 (21-31), 381 (12)—383 (20), 387 (22-25). Decébalo's son added.

48   UNA DÉCADA DE CÉSARES

XIII, p. 108   Dio 383 (31)—385 (12), 385 (25)—387 (8), 387 (27)—389 (8). Treasure and bridge from sources; the rest is added.

XIIII, p. 111   Dio 389 (12-20), 391 (1-2), 393 (7-8, 12-1̄6̄). Embassies, triumph, constructions, and column from sources; the rest is added.

XV, p. 114   See notes.

XVI, p. 120   Dio 393 (19)—395 (5), 397 (24-28), 401 (8-11, 15-25, 31). War and army from sources; the rest is added.

XVII, p. 123   Dio 401 (12-15, 26-30), 405 (4)—409 (19).

X̌VIII, p. 127   Dio 409 (20)—411 (14), 413 (3-11), 413 (20)—415 (4), 415 (8-9).

XIX, p. 130   Dio 415 (15)—417 (5), 417 (12-17), 417 (22)—419 (16).

XX, p. 133   Dio 419 (22)—423 (8), 423 (18-27), 449 (17-21).

Adriano

I, p. 137   H 3 (1)—5 (9). Pastimes, character added.

II, p. 140   H 5 (9-10), 79 (17-21); Dio 429 (9-23), 431 (14-28), 433 (16-23), 443 (18-29), 445 (11-12). Character added.

III, p. 143   H 5 (10-17), 7 (4-6, 10-15, 29-31), 9 (1-2).

IIII, p. 145   H 9 (4-10), 9 (28)—11 (12).

V, p. 147   H 11 (12)—13 (2), 13 (12)—15 (10), 19 (6, 10-12).

VI, p. 150   H 15 (11)—17 (17), 17 (24)—19 (10); Dio 427 (10-13).

VII, p. 152   H 17 (17-21), 19 (3-5, 15-19, 20-24), 21 (1-4), 21 (13)—23 (7), 23 (7-14), 23 (17)—25 (2). Taxes added.

VIII, p. 155   H 25 (2-20, 24-26), 27 (1-2, 5-7, 16-18); Dio 437 (24-30), 437 (32)—439 (4). Consuls and toothache added.

IX, p. 159   H 31 (10)—33 (26). Book possibly from Vegetius, book I, ch. VIII (Nizard, 664).

X, p. 162   H 35 (1)—37 (7), 37 (14)—39 (19); Dio 443 (29)—445 (4). British customs and laws added.

XI, p. 165	H 39 (19)—41 (14), 43 (1)—45 (8). Athens and Sicily added.
XII, p. 169	H 45 (1)—51 (29); Dio 445 (19)—447 (8).
XIII, p. 171	Dio 433 (23-25, 28), 435 (1-4), 437 (24-27); H 51 (29)—53 (2), 53 (9-12, 15-19, 22-32), 55 (4-9, 15-19). Character added.
XIIII, p. 174	H 55 (20)—57 (18), 59 (21)—61 (15), 63 (4-9), 65 (8-9), 67 (19-20), 67 (25)—69 (6); Dio 447 (18-21). Sumptuary and other laws added.
XV, p. 177	H 63 (12-17). Only first sentence and anecdote of grey-haired petitioner are taken from sources; other witticisms are original.
XVI, p. 178	H 65 (12-30), 67 (3-6, 17-18, 23-24), 69 (11-14).
XVII, p. 180	H 69 (22)—71 (2), 71 (5-19), 71 (25)—75 (3), 75 (12-17); Dio 455 (8-16), 455 (28)—457 (2).
XVIII, p. 182	Dio 455 16-23), 463 (8-23, 30-31); H 75 (18-29), 77 (1-5, 22-28), 79 (10-11).

Antonino Pío

I, p. 185	AP 101 (4)—103 (11). Studies added.
II, p. 188	AP 103 (11-19). Appearance added.
III, p. 190	AP 77 (27), 103 (22)—105 (6), 111 (13-16), 113 (12-14), 119 (6). Only AP's piety, clemency, and dealings with Hadrian are from sources.
IIII, p. 193	Dio 455 (7-10), 459 (17), 461 (19).
V, p. 195	AP 105 (8-12, 15-20), 105 (27)—107 (2), 107 (14-17, 20-22), 109 (14-19, 24-27), 111 (5-12). Honors added.
VI, p. 198	AP 111 (17)—113 (11). AP's caution and impartiality added.
VII, p. 201	AP 113 (14-20), 115 (2-9). Official matters added.
VIII, p. 203	AP 115 (24)—117 (3), 117 (8-12, 15-31), 119 (1-6). Industry added.
IX, p. 206	AP 119 (4-15).
X, p. 207	AP 119 (19)—121 (17). Laws added.
XI, p. 210	AP 121 (18)—123 (10). Last two prodigies added.
XII, p. 211	AP 123 (11)—125 (23).
XIII, p. 213	AP 125 (23)—129 (8).
XIIII, p. 216	AP 129 (9)—131 (12), 131 (17-28).

Cómodo

I, p. 218	C 265 (3)—267 (12).
II, p. 220	MA 173 (7-10), 201 (8-12); C 265 (11-13), 267 (13)—269 (2); T 305 (29-30); Her 21 (19-28).
III, p. 223	Her 13 (29)—14 (8), ch. V, pp. 16-18.
IIII, p. 227	Her 18 (19)—20 (5).
V, p. 232	Her 20 (6)—21 (18), 21 (28)—22 (3). Chronology, tomb, reforms added.
VI, p. 235	C 271 (11-15), 281 (8-9, 13-21), 283 (4-5, 12-27), 295 (26-28). Hunt and conspiracy added; but see C 275 (1-13) for various conspiracies.
VII, p. 238	Her ch. VIII, pp. 22-24.
VIII, p. 241	C 279 (1-6); Her ch. IX, pp. 24-26.
IX, p. 245	Her ch. X, pp. 26-28. Spanish details added.
X, p. 249	Her 30 (13-18), ch. XII, pp. 30-32, 32 (23)—33 (34); C 281 (9-11), 283 (5-7).
XI, p. 254	Her 34 (1-13), 34 (24)—36 (4). Chronology added.
XII, p. 257	C 279 (22)—281 (4), 287 (2-19), 287 (24)—289 (2), 289 (4-14, 17-22, 25). Galba added.
XIII, p. 260	C 297 (14-23), 299 (5-7, 10-15), 301 (1-16), 303 (2-19).
XIIII, p. 262	Her 39 (1-6), 39 (21)—40 (12), ch. XVII, pp. 40-42.

Pertinax

I, p. 266	HP 315 (1-8, 10-22), 317 (1-2), 317 (6-25). Youth, army career added.
II, p. 269	HP 317 (25)—319 (23), 319 (28)—321 (8), 321 (14-24), 321 (28)—323 (3). Ass and second retirement added.
III, p. 273	Her 43 (1-16), 44 (6-10), 44 (23)—45 (28).
IIII, p. 277	Her 45 (30)—46 (2), 46 (27)—47 (31). Speech is almost entirely Guevara's. Pertinax's acclamation changed.
V, p. 280	Her 48 (18)—51 (9). Speech is almost entirely Guevara's.

INTRODUCTION 51

VI, p. 284	Her 51 (9)—52 (4), 52 (26-29), 53 (4-10); HP 325 (8-26), 327 (3-6), 329 (6)—333 (5), 335 (7-9). Guevara reduces number of articles sold.
VII, p. 288	Her 52 (16-29), 53 (4-10); HP 333 (6-19), 335 (11-16), 341 (2-20, 26-30).
VIII, p. 291	HP 335 (18-20), 335 (28)—337 (2), 343 (5-8, 27-30), 345 (1-8, 11-16).
IX, p. 293	HP 341 (21-26); Her 53 (12)—54 (10). Conspirators' banquet added.
X, p. 295	Her 54 (10-13); HP 345 (17-24), 347 (15-19). Speech greatly expanded.

Juliano

I, p. 300	DJ 349 (1)—351 (21). Description of Julianus, his wife, etc. added.
II, p. 304	Her 55 (1)—57 (4); DJ 355 (1).
III, p. 307	Her 57 (4-5); DJ 355 (7-15), 355 (20)—357 (18), 357 (29-31), 359 (3-5, 8-11, 14-21). Money added.
IIII, p. 310	DJ 359 (26)—363 (8). Characters of Pescenio and Severo, fright of Romans, and Capuan envoy added.
V, p. 313	DJ 363 (8-24), 365 (8-10, 23-33), 367 (1-9, 15-18, 22-30), 369 (1-7, 13-17).

Severo

I, p. 319	S 371 (1)—373 (16), 373 (20-21), 373 (26)—377 (9).
II, p. 322	S 377 (9)—379 (28). Jewels and daughter added.
III, p. 325	S 379 (2)—381 (15), 383 (13-25), 385 (19-23); Her 64 (27-32).
IIII, p. 327	Her 71 (23)—72 (21).
V, p. 329	Her 73 (10)—75 (11); S 383 (26-29), 385 (29)—387 (5), 387 (15-28), 389 (3-10). Marcus Aurelius' tomb added.
VI, p. 333	Her 74 (19-29), Chapter I, pp. 77-78. Hostia, Nola added.
VII, p. 336	Her chapter II, pp. 78-81, 81 (7)—82 (5).

VIII, p. 340	Her 82 (5-33), chapter IV, pp. 83-84, 85 (1-8); S 391 (23-25), 393 (1-11).
IX, p. 343	Her 74 (29)—75 (31), 85 (8)—86 (18). Cipro Albo added.
X, p. 346	Her 86 (20)—88 (6).
XI, p. 349	Her 88 (7)—90 (24); S 395 (21)—397 (2), 397 (9-12, 30-31), 399 (1-7).
XII, p. 353	S 397 (12-20, 24-26), 399 (7-21), 401 (1-30); Her 92 (20-28).
XIII, p. 356	Her 93 (26)—96 (3); S 409 (22)—411 (2). *Albanos*, deaths, Severus' loot added.
XIIII, p. 360	S 395 (7-15), 405 (5-7), 409 (10-13); Her 96 (21-29). Behavior of sons added.
XV, p. 363	Her 97 (2)—98 (17).
XVI, p. 366	Her 98 (23)—100 (5), chapter XII, pp. 100-102.
XVII, p. 370	Her 103 (1-2, 5-24), 104 (11-18); S 413 (10-14, 17-24), 415 (3-6), 419 (1-5), 427 (5-14).
XVIII, p. 373	Her chapter XIV, pp. 104-106, 106 (23)—107 (6); S 413 (34)—415 (2), 427 (9-24, 27-32), 429 (6-8).

Bassiano

I, p. 377	Her 107 (20)—110 (1).
II, p. 379	Her chapter II, pp. 110-112.
III, p. 382	Her 110 (3-10), 112 (16)—113 (16), 113 (21-24, 29-30). Appearances added.
IIII, p. 384	Her 113 (31)—114 (6).
V, p. 386	Her 114 (5-10), 114 (16)—115 (34), 118 (26-32). Geta's friends, plots added.
VI, p. 390	Her 116 (13)—117 (22).
VII, p. 393	Her 117 (22)—118 (26); Cc 9 (13-16), 9 (21)—11 (5), 11 (8-12, 20-27), 13 (1-5).
VIII, p. 396	Her Chapter VII, pp. 119-120, 120 (13)—121 (19).
IX, p. 399	Her 121 (20)—122 (19), chapter IX, pp. 122-124.
X, p. 401	Her 124 (17)—125 (11).
XI, p. 404	Her 125 (12-19).
XII, p. 406	Her chapter XI, pp. 125-127.
XIII, p. 408	Her chapter XII, pp. 127-129, 129 (7)—130 (17).

INTRODUCTION 53

XIV, p. 411	Cc 17 (20-21), 19 (5-11), 23 (25), 25 (11-17, 27-30), 27 (10-25); Her 130 (18)—131 (17).

Heliogábalo

I, p. 414	Her 138 (32)—140 (12), 140 (17-23). Dress, appearance added.
II, p. 417	Her chapter II, pp. 137-138, chapter XV, pp. 132-134. *Caña*, rudeness added.
III, p. 419	Her 140 (12)—141 (10).
IIII, p. 423	Her 141 (21-23). Letter added.
V, p. 426	Incident and letter invented.
VI, p. 431	Her 141 (26)—142 (22), 143 (18-20). OM 77 (16-20). Activities before battle, surprise attack added.
VII, p. 434	Invented.
VIII, p. 439	Her 144 (1)—145 (7), 145 (26-28), 146 (1-11); E 109 (19-30), 113 (4-15). Mesia's departure added.
IX, p. 443	E 115 (21-24), 119 (22)—121 (1), 127 (5)—129 (24), 145 (3-7), 163 (8-12). Description of *Salabona*, women, habits, amusements added.
X, p. 445	Letter and family are invented.
XI, p. 449	All laws invented.
XII, p. 452	Her 146 (13)—147 (10), 147 (31)—148 (10), 148 (15-26).
XIII, p. 454	E 117 (1-11), 121 (30)—123 (11), 143 (22-26), 145 (19-24), 147 (33)—149 (3), 149 (5-9, 12-23), 151 (7-12), 155 (29)—157 (3). Senators, pleasure dome added.
XIIII, p. 457	E 143 (33)—145 (2), 147 (5-25), 151 (23-29), 153 (1-6, 15-24), 155 (11-25), 157 (7-14), 159 (15-24, 29-32), 163 (23-29), 165 (21-34), 169 (32)—171 (2).
XV, p. 462	E 151 (16-20), 167 (29)—169 (5), 169 (9-17, 19-22), 171 (20)—173 (3); Her 148 (30)—149 (12). Broom, schedule added.
XVI, p. 464	E 131 (30)—135 (18), 135 (31)—137 (8), 137 (17-20), 137 (32)—141 (7), 141 (13-20); Her 151 (3-8, 29-32).

Alexandro Severo

I, p. 469	SA 179 (11-12), 183 (10)—185 (4), 187 (5-13), 201 (10-20, 25-29), 205 (16-17); Her 154 (10-16). Description, education, Alexandro and Heliogábalo added.
II, p. 472	SA 179 (13-16), 185 (5-22), 185 (30)—187 (5); Her 153 (4)—154 (6). Household reform added.
III, p. 478	SA 207 (3)—209 (22), 211 (15-17, 32-34), 213 (17-20), 215 (1-3); Her 154 (7-11), 154 (34)—155 (1). Pasquinade added.
IV, p. 480	SA 215 (3-11), 215 (14)—217 (9), 217 (20)—219 (10), 219 (12-14), 219 (19)—221 (18).
V, p. 483	SA 221 (18)—223 (4), 223 (13)—225 (22), 227 (1-27), 229 (5)—231 (7).
VI, p. 487	SA 231 (10)—233 (3), 233 (11-15), 235 (7-14), 235 (19)—237 (11), 237 (16)—239 (9), 239 (29-31), 241 (5-26), 241 (32)—243 (19).
VII, p. 491	SA 243 (20-26), 245 (3-8, 16-27), 247 (1)—249 (6), 249 (28)—251 (5), 251 (23-26), 255 (1-20), 255 (24)—257 (9), 257 (17-28), 259 (21-25), 259 (28)—261 (10), 261 (14-17), 263 (1-14). Spinsters, gilding added.
VIII, p. 495	SA 263 (20)—265 (15), 265 (27-31), 267 (2-5, 9-28), 269 (18-22), 271 (7-15), 271 (30)—275 (5), 279 (5-11). Fairs, thieves added.
IX, p. 499	Her 155 (30)—156 (7), 156 (18-33). Embassy, reply of Artaxerge, augurs added.
X, p. 503	Her, chapter III, pp. 157-159, 159 (17-20).
XI, p. 506	Her, chapter IV, pp. 159-160, 161 (1-29), 162 (3-22), 162 (29)—163 (1), 163 (3)—164 (16).
XII, p. 509	Her 165 (12)—167 (22), 167 (24)—168 (3), 168 (16)—169 (22), 169 (24)—171 (4).
XIII, p. 514	SA 281 (26)—289 (8).
XIIII, p. 519	SA 289 (13)—293 (33), 295 (11-32), 297 (5-9). Winter in Antioch added.
XV, p. 523	SA 297 (16-22), 297 (30-32), 299 (2-5, 13-16), 299 (34)—301 (2), 301 (26)—303 (10), 303 (20)—305 (6), 307 (10-15). Booty, veterans, *mercedes*, palace, mourning added.

BIBLIOGRAPHY

This bibliography contains works on Guevara and works which have substantial sections devoted to Guevara, excluding histories of literature and editions. Items have been taken from Raymond L. Grismer, *A Bibliography of Articles and Essays on the Literatures of Spain and Spanish America* (Minneapolis, 1935), Homero Serís, *Manual de bibliografía de la literatura española* (Syracuse, 1948), José Simón Díaz, *Bibliografía de la literatura hispánica* (Madrid, 1950), I, Carlos Clavería's article on Guevara in the *Historia general de las literaturas hispánicas*, ed. Guillermo Díaz Plaja (Barcelona, 1951), II, 483-484, and Marcelino Menéndez Pelayo, *Biblioteca de traductores españoles* (Santander, 1952). Items not seen by me are indicated by the name of the bibliographer. Simón Díaz, I, no. 784, contains two pamphlets not included in Canedo's bibliography (see below). Angel del Río, ed., *Moralistas castellanos* (B. A., 1948), which contains selections from the writings of Guevara, should also be added (Serís). Two works have been edited since Canedo's biblography was published in 1946. They are the *Oratorio de religiosos y ejercicio de virtuosos*, in *Místicos franciscanos españoles*, ed. Fr. Juan Bautista Gomis, OFM (Madrid, 1948), and *Libro primero de las epístolas familiares*, ed. José María de Cossío (Madrid, 1950-1952). Biblioteca selecta de clásicos españoles, X and XII.[76]

---

[76] See my review of this last work in *Romance Notes*, V (1963), no. 1, 76-77.

Alda Tesán, J. M. "Fray Antonio de Guevara," *Escorial*, XIII (January 1944), 306-309. Review of Riquer's anthology, with discussion of Guevara's style.

Ayala, Francisco Juan de. "Dos palabras más para sostener que Guevara fué alavés," *Revista Vascongada*, I (1847), 270. (Menéndez Pelayo).

———. "Fr. Antonio de Guevara fué alavés," *Revista Vascongada*, I (1847), 266. (Menéndez Pelayo)

———. "Vascongados célebres: Fr. D. Antonio de Guevara," *Revista Vascongada*, I (1847), 33-97. (Menéndez Pelayo)

Babilas, Lydia Antonia. *Antonio de Guevara und sein Uebersetzer Cosimo Baroncelli: Ein Stilvergleich* (Munich: München Universität, 1963).

Canedo, Lino G. "Fray Antonio de Guevara, obispo de Mondoñedo," *Archivo ibero-americano*, VI (1946), 283-330. Printed together with A. Uribe, "Guevara, inquisidor del Santo Oficio," in *Nuevos datos para la biografía de Fr. Antonio de Guevara* (Madrid, 1946), 150 pp.

———. "Las obras de Fr. Antonio de Guevara. Ensayo de un catálogo completo de sus ediciones," *Archivo ibero-americano*, VI (1946), 441-603. Also printed separately.

Castro, Américo. "Antonio de Guevara. Un hombre y un estilo del siglo XVI," *Boletín del Instituto Caro y Cuervo*, I (1945), 46-67. Reprinted in *Semblanzas y estudios españoles* (Princenton, 1956), 53-73. Translated and used as "Introductory Essay" of the pamphlet *Antonio de Guevara: El villano del Danubio y otros fragmentos* (Princenton, 1945).

Clavería, Carlos. "Guevara en Suecia," *Revista de filología española*, XXVI (1942), 221-248.

———. "Más sobre Guevara en Suecia," *Revista de filología española*, XXVIII (1944), 83-85.

Clement, Louis. "Antoine de Guevara: ses lecteurs et ses imitateurs français au XVIe siècle," *Revue d'Histoire littéraire de la France*, VII (1900), 591-602, and VIII (1901), 214-233.

Correa Calderón, E. "Guevara y su invectiva contra el mundo," *Escorial*, XII (July, 1943), 41-68. Díaz-Plaja, *Historia*, wrongly gives vol. XIII.

Costes, René. *Antonio de Guevara. Sa Vie*, Bibliothèque de l'Ecole des Hautes Etudes Hispaniques, Fascicule X, 1 (Paris and Bordeaux, 1925), 72 pp. First appeared in *Bulletin Hispanique*, XXV (1923), 305-360 and XXVI (1924), 193-208.

———. *Antonio de Guevara. Son Oeuvre*, Bibliothèque de l'Ecole des Hautes Etudes Hispaniques, Fascicule X, 2 (Paris and Bordeaux, 1926), 226 pp.

Díaz-Plaja, Guillermo. *Introducción al estudio del Romanticismo español* (B. A., 1953). Pages 117-140 are entitled "El hombre natural" and discuss the noble savage, with attention to the "villano del Danubio."

Duviols, Marcel. "Un reportage au XVIe siècle: La cour de Charles-Quint vue par Guevara," *Hommage à Ernest Martinenche: Etudes hispaniques et américaines* (Paris, n. d.), pp. 242-247. Clavería gives (Paris, 1939).

Escribano, F. S. "Sobre el posible origen español de la frase *il faut cultiver notre jardin* de *Candide* (con un apéndice de las obras españolas en la biblioteca de Voltaire)," Hispanófila, No. 22, pp. 15-26.

Espiner, Janet Girvan. "Quelques érudits français du XVIe siècle et l'Espagne," *Revue de littérature comparée*, XX (1940-46), 203-209.

Farinelli, Arturo. "John Lyly, Guevara y el 'euphuismo' en Inglaterra," *Divagaciones hispánicas* (Barcelona, 1936), II, 85-96. This article was first printed in *Revista crítica de historia y literatura española* (1896). For other articles on the Guevara-Lyly controversy, see Clavería. A good account in English is R. W. Bond, ed., *The complete Works of John Lyly* (Oxford, 1902), I, 136-138.

Fellheimer, Jeannette, "Hellowes' and Fenton's Translations of Guevara's *Epístolas familiares*," *Studies in Philology*, XLIV (1947), 140-156.

Flecniakoska, Jean-Louis. "Une épître d'Antonio de Guevara et la *Loa entre un cortesano y un villano*," *Revue des Langues Romanes*, LXXV (1962), 1-13.

Gálvez, José María. *Guevara in England* (Berlin, 1916). Pages 1-96 contain the discusison of Guevara in England; 97-444 contain a paleographic edition of Lord Berner's translation of *The Golden Boke of Marcus Aurelius*.

García de la Fuente, A. "Los fueros de Badajoz publicados por Fray Antonio de Guevara, obispo de Mondoñedo," *Revista del Centro de Estudios Extremeños*, V (1935), 195-208. (Grismer.)

Gibbs, J. "The Birthplace of Fray Antonio de Guevara," *The Modern Language Review*, XLVI (1951), 253-255.

———. *The prose style of Antonio de Guevara*. Oxford thesis (Exeter).

———. "Two additions to the Italian Bibliography of Antonio de Guevara," *The Modern Language Review*, XLIII (1948), 244-246.

———. *Vida de fray Antonio de Guevara* (Valladolid, 1960).

Grey, Ernest. *Guevara Across the Centuries*. Harvard dissertation, 1965.

Iiams, Carlton L. *Aegidius Albertinus and Antonio de Guevara* (Berkeley, 1956).

Isaza Calderón, B. *El retorno a la naturaleza. Los orígenes del tema y sus direcciones fundamentales en la literatura española*, pp. 203 ff. (Clavería)

Jones, Joseph R. "Allusions to Contemporary Matters in Guevara's *Década*," *Romance Notes*, V (1964), no. 2, pp. 192-199.

———. "Fragments of Antonio de Guevara's Lost Chronicle," *Studies in Philology*, LXIII, 1, January, 1966, pp. 30-50.

———. "Gibbs, J. *Vida de Fray Antonio de Guevara*," *Hispania*, XLVII (1964), 865-866.

———. "The Academy-Sponsored Edition of Guevara's Letters," *Romance Notes*, V (1963), no. 1, pp. 76-77.

———. "Topoi of Dedication in the Prologues of Gracián's *Discreto* and Guevara's *Década*," *Romance Notes*, VII (1965), no. 1, pp. 54-57.

Karl, Louis. "Note sur la fortune des oeuvres d'Antonio de Guevara à l'étranger," *Bulletin hispanique*, XXXV (January-March, 1933), 32-50.

Kimmelman, Elaine. "A forerunner of Euphuism," *The Boston Public Library Quarterly*, II (1950) 189-191. Description of the BPL's Guevara collection and of its acquisition of Southey's copy of the *Golden Boke* of 1546.

Landmann, Friedrich. "Shakspere and Euphuism. *Euphues* an adaptation from Guevara," *The New Shakspere Society's Transactions. 1880-6*. (London, n.d.), 241-276.

Lida, María Rosa. "Fray Antonio de Guevara. Edad media y siglo de oro español," *Revista de filología hispánica*, VII (1945), 347-388.

Lopes, Fernando F. "Traduções portuguesas de Fr. António de Guevara," *Archivo ibero-americano*, VI (1946), 605-607.

Los Heros, Martín de. "Fr. Antonio de Guevara no fué alavés," *Revista Vascongada*, I (1847), 201-225. (Menéndez Pelayo)

Marichal, Juan. "Sobre la originalidad renacentista en el estilo de Guevara," *Nueva revista de filología hispánica*, IX (1955), 113-128. This article forms part of *La voluntad del estilo* (Barcelona, 1957), pp. 79-101.

Menéndez Pelayo, Marcelino. *Orígenes de la novela* (Madrid, 1905), I, CCCLXIV-CCCLXXV.

Menéndez Pidal, Ramón. "El lenguaje del siglo XVI," *La lengua de Cristóbal Colón* (Argentina, 1947), pp. 65-68. Colección Austral, 280. Reprint of a 1933 article.

————. "Fr. Antonio de Guevara y la Idea Imperial de Carlos V," *Archivo ibero-americano*, VI (1946), 331-338. Also printed separately. Additional material for an article written in 1937, reprinted in Colección Austral, 172.

Mérimée, Paul. "Guevara, Santa Cruz et le 'razonamiento de Villabrájima'," *Hommage à Ernest Martinenche: Etudes hispaniques et américaines* (Paris, n. d.), 466-476.

Michaud, G. L. "The Spanish sources of certain sixteenth century French writers," *Modern Language Notes*, XLIII (1928), 157-163.

Morel-Fatio, Alfred. *Historiographie de Charles-Quint* (Paris, 1913), pp. 22-41.

Müller, A. M. *Das Ethos der Guldenen Sendschrieben von Antonio de Guevara* (Fribourg, 1930). (Clavería)

Nauta, G. A. "Antonio de Guevara's *Relox*," *Neophilologus*, XIX (1934), 97-98. Explains difference between *Libro áureo* and *Relox*.

Norden, Eduard. *Die antike Kunstprosa, vom VI. Jahrhundert v. Chr. bis in die Zeit der Renaissance* (Leipzig, 1898), II, 788-796.

Perez, Joseph. "Le 'Razonamiento' de Villabrágima," *Bulletin Hispanique*, LXVII (1965), 217-224.

Ros, Fidel de. "Guevara, auteur ascétique," *Archivo ibero-americano*, VI (1946), 339-404. Reprint of an article from *Etudes franciscaines*, L (1938), 306-332 and 609-636. Also printed separately.

Salcedo, F. "La patria de Fr. Antonio de Guevara," *Idearium*, I (1916), 177-79. (Grismer)

Schweitzer, Christoph E. "Antonio de Guevara in Deutschland. Eine kritische Bibliographie." *Romanistiches Jahrbuch*, XI (1960), 328-375.

————. "German translations of Guevara (1480?-1545) and their different editions," *American Philosophical Society Yearbook*, 1954 (Philadelphia, 1955), 304-305. Progress report on research.

————. "La parte de Albertinus, Escobar y Guevara en el 'Zeitkürtzer'," *Archivo ibero-americano*, XIX (1958), 217-223.

Spitzer, Leo. "Sobre las ideas de Américo Castro a propósito de *El villano del Danubio* de Antonio de Guevara," *Boletín del Instituto Caro y Cuervo*, VI (1950), 1-14.

Thomas, Henry. "The English Translations of Guevara's Works," *Estudios eruditos in memoriam de Adolfo Bonilla y San Martín* (Madrid, 1930), II, 565-582.

Turner, Philip A. "Antonio de Guevara, *Libro áureo* de Marco Aurelio, Valencia, 1528," *Nueva revista de filología hispánica*, IV (1950), 276-281. Description of unique copy in Harvard library. Reprinted in *Harvard Library Bulletin*, V (1951), 63-76, with suitable additions.

Uribe, Angel. "Guevara, inquisidor del Santo Oficio," *Archivo ibero-americano*, VI (1946). 185-281. Printed together with L. G. Canedo, "Guevara, obispo de Mondoñedo," in *Nuevos datos para la biografía de Fr. Antonio de Guevara* (Madrid, 1946), 150 pp.

Vaganay, H. "Antonio de Guevara dans la littérature italienne," *La bibliofilia,* XVII (1915-1916). (Clavería)

Van Praag, J. A. "Ensayo de una bibliografía neerlandesa de las obras de Fray Antonio de Guevara," *Homenatge a Antoni Rubió i Lluch* (Barcelona, 1936), I, 271-292.

―――. "La primera edición italiana del *Relox de príncipes* de Guevara," *Colección de estudios históricos, jurídicos, pedagógicos y literarios... ofrecidos a D. Rafael Altamira y Crevea* (Madrid, 1936), pp. 340-351.

Vega de la Hoz, Barón de la, and the Marqués de Laurencín. "La patria del obispo de Mondoñedo, Fray Antonio de Guevara," *Boletín de la Real Academia de la Historia,* LXV (1914), 118-130.

Weydt, Günter. "'Adjeu Welt'; Weltklage und Lebensrückblick bei Guevara, Albertinus, Grimmelshausen," *Neophilologus,* XLVI, 105-125.

Zamora Lucas, Florentino. "El bachiller Pedro de Rúa, censor de Guevara," *Archivo ibero-americano,* VI (1946), 405-440. Also printed separately. Expanded with new data discovered by Victor Hijes Cuevas and printed as *El bachiller Pedro de Rúa, humanista y crítico* (Madrid, 1957), 134 pp. Pages 43-91 comprise a section entitled "Fray Antonio de Guevara, obispo de Mondoñedo, juicios críticos sobre sus obras," valuable only for the numerous references by other authors to Guevara's works. The works ascribed to Rúa by Menéndez Pelayo in the *Biblioteca de traductores españoles* are not mentioned.

Zárate, R. O. de. "Fr. Antonio de Guevara," *El lirio,* III (1847), 153 and 154. Two articles. (Menéndez Pelayo)

CRITERION

This edition is based on the text of the *Obras del illustre don Antonio de Guevara*, etc., Valladolid, 1539. Capitals, accent marks, punctuation, and paragraphing have been added. Original spelling has been conserved, except that *u* and *v* have been changed to follow modern practice more closely. All abbreviations have been realized. Obvious errors have been corrected in the text without any indication; the original readings, with page and line numbers, will be found in J. R. Jones, *Antonio de Guevara's* UNA DÉCADA DE CÉSARES (Madison, 1962), pp. lxxxi - xc.

COMIENÇA EL PROLOGO del illustre señor don Antonio de Guevara, obispo de Mondoñedo, predicador y chronista y del consejo de su magestad. Dirigido a la S. C. C. Magestad del Emperador y Rey nuestro señor, don
5 Carlos, quinto deste nombre, en las vidas de los diez emperadores romanos que imperaron en los tiempos de Marco Aurelio.

PROPONE EL AUCTOR:

En el príncipe
10 *ha de aver grandeza y nobleza.*
VARIO GEMINO, varón illustre y consular que fue entre los romanos, dixo a Julio César, "O César y gran Augusto: los que ante ti osan hablar no conoscen tu grandeza, y los que ante ti no osan parescer no alcançan tu nobleza."[1]
Palabras fueron estas *meercle digna tali viro*.[2] Conforme
15 a lo que dixo Vario Gemino, dezimos que a la grandeza de los príncipes pertenesce que anden muy auctorizadas sus personas, y por otra parte, que se dexen comunicar de sus repúblicas, porque con la grandeza pongan espanto y con la llaneza quiten el miedo. De Octavio el emperador,
20 dize Suetonio que nunca a él vinieron embaxadores que en viéndole no se espantassen y después comunicándole no le adorassen, porque era muy grande la magestad con que los

---

[1] *Vario Gemino:* This name is unknown to standard dictionaries and does not resemble any others closely enough to be identified. The episode also appears to be invented. However, the name might come from Geminus, Marcus Aurelius' teacher, or Geminas, his influential freedman.

[2] *Meercle:* by Hercules! The *digna tali viro* is a translation of a very common expression in Guevara, "Palabras fueron éstas dignas de tal varón."

El buen prín- rescebía, y después eran muy dulces las pala-
cipe a todos a bras con que los despachava. [3] Del gran Ca-
de tener la thón Censorino, dize Plutarcho que con ser
puerta abierta
y mostrar la el hombre de más honestidad y de más gra-
cara alegre. vedad que uvo entre los romanos, jamás a
hombre mostró la cara triste ni respondió mala palabra ni
cerró a nadie la puerta ni negó cosa que le pidiessen justa
ni hizo a nadie affrenta. [4] No sólo felice, *immo* felicíssimo
es el príncipe que por la rectitud de la justicia le temen, y
por ser bien acondicionado le aman. [5] A los príncipes y grandes señores muchas flaquezas se les encubren y muchos
vicios se les dissimulan quando son de buena condición con
los suyos y de grata conversación con los estraños. Del muy
famoso tyrano Dionisio el siracusano, dize Plutarcho que el
immortal odio que tenían con él los sículos no era tanto por
las tyrannías que hazía quanto por la incomportable condición que tenía, porque muy pocas vezes se dexava ver, y
muchas menos le veýan reýr. [6] Lo contrario desto se lee del
rey Antígono, padre que fue del gran Demetrio, el qual era
superbo, cobdicioso, bullicioso, ambicioso, cruel y fementido; y con todas estas condiciones le suffrían y aun le servían
los de sus reynos, por sólo que hallavan siempre en su casa
la puerta abierta y en su boca amorosa respuesta. [7]

Es nuestro fin de dezir esto, para a los príncipes rogar
y a los que están cabe ellos amonestar a que siempre les
Buena condi- persuadan y aconsegen, sean tan humanos que
ción y buena los osen conversar todos, y que sean tan gra-

---

[3] Suetonius mentions the affability of Augustus to all petitioners, but he does not specifically mention ambassadors. Suetonius, "The deified Augustus," *The Lives of the Caesars*, trans. J. C. Rolfe (London and N. Y., 1914), I, 207-208.

[4] Cato *Censorius*, whom Guevara always calls *Censorino*, was proverbial for his sobriety and gravity, but even more for his sharp tongue, as Plutarch's biography of him shows. These details are deduced from the facts of Cato's life, but not necessarily from Plutarch.

[5] *Immo:* "or rather," "indeed."

[6] Dionysius (presumably Guevara means the elder) was proverbial for his tyranny, but Plutarch does not mention glumness in *either* Dionysius.

[7] Antigonus "The One-eyed" is depicted by Plutarch as an attractive person and not as notably "cruel y fementido."

governación an- ves que no los menosprescie ninguno; porque
dan pareadas. mucho haze al caso para la buena governación tener buena condición. No menor daño se sigue a la república de ser su príncipe tenido en poco, que de ser
5 sacudido y esquivo, porque si es inconversable, aborréscenle, y si se tiene en poco, desobedéscenle. Sardanápalo, último rey de los assirios, fue con todos tan humano que las mugeres le hazían hilar; y de Phálaris el tyrano se lee que fue tan inconversable que sus proprias hijas no le osavan hablar. [8]
10 Para que los príncipes no sean en sus repúblicas aborrescidos, dévense guardar que no los noten de estremados, es a saber, mostrando mucha familiaridad a unos y grande esquividad con otros; porque la mucha esquividad engendra odio, y la grande familiaridad pare menosprescio. La regla
15 que en este caso osaríamos dar a los príncipes y grandes señores es que ni sean tan affables con sus privados a que les osen pedir cosa injusta, ni sean tan esquivos con los no privados que aun no les osen pedir justicia. No se les quita a los príncipes que den los reynos a sus hijos, fíen los secre-
20 tos de sus criados, hagan las mercedes a sus privados, tomen sus passatiempos con sus amigos con tal que su conversación sea general a todos; porque los príncipes, como sea poco lo que tienen en respecto de lo que les piden, mucho más suplen con las amorosas respuestas que dan, que no con las
25 mercedes que hazen.

No immérito ordenaron los antiquísimos griegos que los príncipes no dixessen en sus letras y mandamientos, "Mando esto, quiero esto y prohibo esto," sino que
Los príncipes dixessen, "Mandamos esto, queremos esto y
mucho cumplen
30 *con buenas pa-* ordenamos esto," porque se acordassen que
labras. en hablar en nombre de todos, avían de conversar con todos, ser familiares a todos, repartir las mercedes con todos y que eran de todos y no de sí mismos. El
que menos parte ha de tener en el príncipe
35 *El príncipe ha* ha de ser esse mismo príncipe; porque todos
de ser todo

---

[8] Sardanapalus and Phalaris were proverbial for effeminacy and cruelty respectively. The bronze bull in which Phalaris burned victims is often mentioned.

para todos y nada para sí. han de velar en lo que toca al servicio de su persona, y él se ha de desvelar en todo lo que es útil a su república. Quanto más el príncipe curare de sí, tantos más sacudirá de sí; y quanto menos curare de sí, tantos más trayrá tras sí; porque no consiste en más el armonía de la república, de que todos bivan de la merced del príncipe y el príncipe biva del amor de todos.

PROSIGUE SU INTENTO EL AUCTOR:

ES TAMBIEN NECESSARIO en el príncipe que tenga sana la voluntad y muy advertida la intención; porque si en las obras que haze no se le da nada por acertar, nunca acertará, y si no tiene atención a las cosas de la república, nunca las sabrá.

El yerro del príncipe es en daño de todos.

Mucho deve mirar el príncipe lo que haze antes que lo haga; porque dado caso que yerre otro qualquiera, no se siente el daño sino en su casa propria; mas el yerro del príncipe redunda en toda la república. Los príncipes que son voluntariosos en lo que quieren y capitosos en lo que mandan, allende de que andan cargados de pensamientos y tienen en peligro a sus personas y escandalizadas sus repúblicas, accúsanlos de ser enamorados de su parescer proprio e inimicíssimos del consejo ageno.

Deve también el príncipe saber muy por menudo las cosas de su república, si quiere tener buena governación en ella; y esto, halo de saber no de los que se lo vayan a murmurar y encaramar, sino de los que se lo sepan contar y aun aconsejar; porque nunca avrá paz entre el príncipe y su república si a los lisongeros y murmuradores da audiencia.

Deve el príncipe saber los males de la república.

Assí como los príncipes no dessean de sus súbditos sino ser servidos, assí los súbditos no dessean de sus príncipes sino ser amados; y a la verdad, lo uno es anexo a lo otro, y lo otro depende de lo otro; porque si en el príncipe no ay amor, nadie le servirá con amor. En mucho han de tener los príncipes y grandes señores que sus súbditos los obedezcan; mas en mucho

Mas merece el que ama que no el que sirve.

más han de tener los súbditos que sus señores los amen; porque sin comparación es muy mayor la merced del que se obliga a amar, que no el trabajo del que se offresce a servir. Como amor no se pague sino con amor, no se han
5 de contentar los príncipes con dar a los que los sirven y siguen lugares, fuerças, juros, casas y dineros, sino que también les amuestren amor en sus palacios y favor en sus negocios; porque con las mercedes páganles lo que han servido, mas con el amor obligãnlos a más servir.

10 Los príncipes y grandes señores han de ser en el mirar amorosos, en el hablar mansos, y en los comedimientos muy comedidos; porque los coraçones generosos y los rostros vergonçosos que siguen las cortes y andan en casas de los príncipes, mucho más
15 sienten el disfavor que les muestran que no las mercedes que les niegan.

El mayor daño de la corte es el disfavor.

Para que los príncipes ahorrassen de enojos y sus reynos fuessen mejor governados, el más sano consejo les sería ygualmente hablar a todos, dar a todos, trac-
20 tar a todos y amar a todos; mas ya que se determinan de tener privados, mucho deven mirar a quienes admiten a su privança; porque para ser uno privado en la corte, no abasta que el rey le elija, sino que también él lo merezca. En el repartir de las
25 mercedes, no pueden los príncipes todas vezes acertar; mas en el dar y confiar su coraçón, no les conviene errar; porque no ay en el mundo otro ygual tormento con tener el hombre su amor mal empleado. Si los príncipes y grandes señores quieren a algunos de su casa particularmente amar, particu-
30 larmente lo han de merescer; porque jamás será el amor fixo, quando en el que es amado falta merescimiento. No sin causa diximos que era necessario en el príncipe tener buena condición y muy sana intención; porque si el coraçón del
35 príncipe está de algún amor no lícito preso ¡ay dél! y aun ay del reyno que por él es governado.

Del príncipe no deve ser privado sino el que es virtuoso.

Es muy grande enojo tener el amor mal empleado.

Malo es que el príncipe no tenga regla en el comer, en el jugar, en el bever, en el hablar y en el gastar; mas muy peor es si no la tiene en el amar; porque regla infalible es que todo amor desordenado trayga consigo algún notable vicio. Amor desordenado es tener solicitud para allegar las riquezas y no tener ánimo para gastarlas; porque a la grandeza de los príncipes pertenesce buscar que gastar y no deprender a contar. Amor es desordenado, seguirse el príncipe por sólo su parescer propio; porque es impossible que acierte en lo que deve, el que siempre haze lo que quiere. Amor es desordenado quando el príncipe emplea el amor en pocos, siendo él señor de muchos; porque los príncipes y grandes señores de tal manera han de amar y mejorar a sus privados, que no afrenten a los nobles de sus reynos. Amor es desordenado quando los príncipes en vanidades y poquedades embeven el tiempo; porque el curioso governador, de tal manera ha de repartir el tiempo entre sí y la república, que ni le falte para los negocios ni le sobre para los vicios. Amor es desordenado, ser el príncipe orgulloso, bullicioso, ambicioso y superbo; porque dado caso que como a príncipe le ayan de servir, no se sigue que como a dios lo han de adorar. Amor desordenado es, osar repartir las mercedes, no como cada uno meresce sino como al que govierna le paresce; porque no ay ygual infamia en un príncipe como es castigar los vicios y no remunerar los servicios. Amor desordenado es, querer de hecho tomar a otro lo que no le pertenesce por derecho, porque a la grandeza y pureza de los príncipes pertenesce que en el dar muestren su largueza y que en el tomar estén con todos a justicia. Será pues el caso que el príncipe que estuviere dotado destos amores no podrá escapar de muchos trabajos y aun de muchos sobresaltos y peligros; porque toda affectión desordenada, ella misma consigo misma se trae la pena.

Plutarcho, en los libros de su *República,* persuade al emperador Trajano a que tenga su voluntad libertada y no la tenga a ningún amor subjecta; porque, según él dize, muy poco aprovecha que sea el príncipe señor de muchos reynos, si por otra parte

De siete amores desordenados en los príncipes.

El príncipe ase de servir mas no adorar.

Seys condiciones del buen príncipe.

es esclavo de muchos vicios. [9] Dezía el divino Platón que para ser un príncipe bueno, avía de dar el coraçón a la república, las mercedes a los que le sirven, los desseos a los dioses, el amor a los amigos, los secretos a los privados y
5 el tiempo a los negocios. [10] ¡O quán felice sería el príncipe que conforme a esta platónica sentencia tuviesse assí repartida su persona! Porque estando él dividido por todos, todos estarían juntos con él.

APLICA EL AUCTOR LO DICHO AL FIN PORQUE
10   LO DEZIA:

TODO LO QUE ARRIBA hemos dicho por escripto, queremos agora, sereníssimo príncipe, mostraros por exemplo; que según dezía Eschines el philósopho, las palabras bien dichas despiertan los juyzios, mas los grandes exemplos
15 persuaden los coraçones. [11] Para atraer a uno

Más fe se da a lo que se ve que no a lo que se dize.

a que sea virtuoso y haga obras virtuosas, mucho haze al caso dezirle discretas razones y dulces palabras; mas al fin, al fin, por más crédito que demos al que lo dize, mucho más se da al que
20 lo haze. El poeta Homero dezía que era muy fácil cosa escrevir las grandes hazañas y que era muy diffícil hazerlas; a cuya causa es necessario a los que tractamos con los príncipes mostrarles por exemplo todo lo que les persuadimos por escripto, porque vean muy claramente que las grandezas

---

[9] Plutarch wrote two treatises in which the word *republica* occurs in the Latin title: *Respublica an sit gerenda seni* and *Praecepta reipublicae gerendae.* His *Apophthegmata* are dedicated to Trajan, and he was commonly believed to have been the teacher of Trajan; Guevara was expressing the traditional opinion that these works were directed to Trajan. However, there is a work, once attributed to Plutarch, known as the *Institutio Trajani,* specifically dedicated to Trajan, included in John of Salisbury's *Policraticus* and in Vincent of Beauvais's *Speculum,* whence a part of it was taken into the *Primera crónica general.* It begins with a letter to Trajan which is translated in the *Primera crónica general.* Guevara himself translated and expanded it. See *Epístolas,* II, 350, and the *Relox,* book I, ch. XXXVI. I have not found this admonition in any of the three works supposedly by Plutarch.

[10] It would be hard to *disprove* Plato's saying that the ruler must be devoted, diligent, etc., but he did not state it in this form.

[11] Presumably Aeschines, the Socratic philosopher whose life is told by Diogenes Laercius. I have not been able to examine his writings.

y proezas que otros príncipes hizieron, no les faltan fuerças para hazerlas sino ánimo para emprenderlas.[12]

Ningún príncipe se deve tener en tan poco que no piense de hazer lo que hizo otro príncipe en el tiempo passado; porque desta manera, desmayara Theodosio acordándose de Severo, y Severo de Marco Aurelio, y Marco Aurelio de Antonino Pío, y Antonino Pío de Trajano, y Trajano del buen Titho, y Titho de César Augusto, y César Augusto de Julio César, y Julio César de Scipión, y Scipión de Marco Marcello, y Marco Marcello de Quinto Fabio, y Quinto Fabio de Alexandro Magno, y Alexandro Magno de Achilles el griego.[13] Los coraçones destos tan altos príncipes no leýan ni inquirían las hazañas de sus passados para se espantar sino para las imitar; y de verdad ellos tenían razón; porque ninguno de los mortales hizo obra tan esclarescida, que por otro hombre no pudiesse ser mejorada.

Todo lo que haze uno puede hazer otro.

Obligados son los príncipes de hazer tales y tan altas obras que sean dignas de loar en ellos y muy honrrosas para que las immiten otros, y para esto lo más necessario es tener buen ánimo para las emprender; que después, Ventura es la que las ha de acabar. Plutarcho dize que dezía Agesilao el griego que nunca Fortuna se mostrava generosa sino con el ánimo generoso.[14] Y a la verdad él dezía verdad; porque muchas cosas pierden los hombres, no porque no las podrían alcançar, sino porque no las osan emprender.

Deve pues el príncipe esforçarse a ser bueno e immitar a los buenos, pues a menos costa son los hombres virtuosos que viciosos, mansos que briosos, esforçados que covardes, pacíficos que furiosos y

Tanto ánimo es menester para los vicios como

---

[12] For Guevara and his quotations from Homer, see Julio Palli Bonet, *Homero en España* (Barcelona: Universidad de Barcelona, 1953), p. 161, where he states that they are "pura invención del autor."

[13] Q. Fabius Maximus, the opponent of Hannibal, M. Claudius Marcellus, a general in the second Punic War and conqueror of Syracuse, and Scipio were all contemporaries. "Quinto Fabio" won no very notable victory, but Marcellus' conquest of Syracuse in 212 B. C. and Scipio's victory at Zama in 202 B. C. would explain Guevara's chronology. Fabius' victory at Tarentum falls between these two dates.

[14] I do not find this saying of Agesilaus' in Plutarch.

para los peligros. sobrios que voraces; porque tan gran ánimo ha menester un ladrón para escalar la casa, como un capitán para seguir la guerra. Dionisio el tyrano, Gorgias el tyrano, Bías el tyrano, Macrino el tyrano y Cathilina el tyrano, si los pudiéssemos hablar y ellos pudiessen razón de sí dar, jurarían y affirmarían que más trabajos passaron y en más peligro se vieron por deffender sus tyranías, que Scipión ni Cathón por guardar sus repúblicas.[15] ¡O quánta razón ay y aun quánta occasión tienen los príncipes para ser buenos y favorescer lo bueno! Pues tienen auctoridad para mandar y riquezas para dar; porque si saben darse maña, con la potencia se harán servir y con las dádivas se harán amar.

Potencia y riqueza en las casas de los príncipes moran.

Junto con esto, quiero amonestar y aun avisar a los príncipes y grandes señores, sean magnánimos en el dar y muy atentados en el mandar; porque dado caso que un príncipe pueda hazer todo lo que quiere, no le conviene hazer todo lo que puede. Aunque la auctoridad del príncipe sea libre, absoluta y sin medida, conviénele a él en todas las cosas se medir y moderar; porque toda governación absoluta siempre sabe a la pega de tyranía. Muchos príncipes se perdieron por los vicios que tenían, y muchos más se perdieron por hazer todo lo que podían, y de hazer los príncipes todo lo que pueden y todo lo que quieren, se les sigue que la affectión les hace tropeçar y la passión, de ojos caer.

La mucha auctoridad para en tyranía.

Hablando pues más en particular, Sereníssimo Príncipe, a immitación de Plutarcho y de Suetonio Tranquilo he querido traduzir, copilar y corregir las vidas de diez príncipes romanos, dignas por cierto de saber y muy sabrosas de leer. El fin porque yo, señor, he tomado tan immenso trabajo de componer esta obra, es porque os diga mi pluma lo que de

---

[15] There are no tyrants named Gorgias and Bias in standard sourcebooks. Rúa, p. 242: "... nombres son de la mesma fragua do salieron Fabato ... y Brías ... nascidos de la cabeza de vuestra Señoría, como Minerva de Jupiter." Macrinus and Catiline were both "tyrants" in the sense in which Guevara frequently uses it: rebel, usurper or "qualquiera que con violencia, sin razón ni justicia, se sale con hacer su voluntad," as Covarrubias says.

Más atrevida es la pluma que no la lengua. empacho no diría mi lengua; que como dezía Brías el philósopho, es tan grande la auctoridad de los príncipes que más cosas les han de dar a entender que no osar dezir.[16]

El rey Artaxerge, yendo un día de camino, offresció le un labrador un poco de agua en la palma de la mano, la qual agua el rey rescibió y aun bevió; y como algunos de aquel hecho murmurassen y aun le retraxessen, respondió les él, "En el príncipe no es menor grandeza rescebir poco, que hazer mercedes de mucho." El philósopho Ligurguio, dador que fue de las leyes que tuvieron los de Lacedemonia, mandó a los de su república que offresciessen a sus dioses pocas cosas en número y no ricas en prescio; de lo qual, como fuesse notado y aun accusado, respondió él, "No mando yo offrescer a los diosos poco por pensar que no merescen ellos mucho, sino porque tuviessen todos que offrescer, pues de todos se quieren ellos servir; porque en el templo de Apollo me dixeron ellos a mí que más querían poco de los muchos, que mucho de los pocos." En la ley que dio Dios a los *Pues Dios paga lo poco deve el príncipe agradecer lo mucho.* hebreos, fue tan limitado en lo que pidió y fue tan humano en lo que mandó, que hablando en los sacrificios que le avían de hazer, ordenó y mandó que el pobre que no pudiesse offrescerle una cabra le offresciesse no más de los pelos della.[17] De ver que Ligurguio offrescía a sus dioses joyas de mucha pobreza y que el rey Artaxerge rescibió de un

---

[16] "Brías" is Bias, one of the Seven Wise Men of Greece. This saying is apparently invented.

[17] The story of Artaxerges was popular as a dedication *topos*. See my article in *Romance Notes*, VII, 1 (1965), pp. 54-57. The Ligurguio episode is an invention. The reference to the goat's-hair offering comes ultimately from *Exodus* 25. It was used by St. Jerome in his *prologus galeatus*, where he compares his work to the humbler offerings in the temple. Guevara probably took his version from St. Jerome. Rúa says, p. 250: "Una cosa suplico á vuestra Señoría, me haga saber en qué parte del Pentatéuco manda Dios que el pobre que no tuviere cabra que ofrescerle, ofrezca los pelos de la cabra, como vuestra Señoría lo dice; porque yo en todo el Testamento Viejo lo he buscado, y no lo he podido hallar; y si ansí es, resciba vuestra Señoría esta lana caprina de mano deste pobre su siervo; que pues no tiene posibilidad para ofrescerle cabra, que es ofrenda de aguda vista, le ofrezco estos pelos de cabra, digo don de tan gruesa trama."

labrador un puño de agua y que al Dios Verdadero osavan offrescer no más de los pelos de una cabra, pone en mí osadía de offrescer a Vuestra Magestad esta obra.

ARGUMENTO DE TODO EL LIBRO,

5   en el qual el auctor declara todo su intento:

ACABADO DE TRADUZIR, copilar y corregir el mi muy affamado *Libro de Marco Aurelio*, quedó mi juyzio tan fatigado y mi cuerpo tan cansado, en onze años de mi mocedad que en él gasté, que propuse entre mí y capitulé
10 comigo de no escrevir otro libro, mayormente en aquel estilo; porque si al lector es sabroso, al auctor es costoso. Fácil cosa es el escrevir libros, y muy diffícil el contentar a los lectores; porque los ojos conténtanse con que sea bien legible la letra, mas el delicado juyzio quiere estilo gracioso,
15 eloqüencia suave, sentencia profunda y doctrina sana.

Ay muchos en estos nuestros tiempos, los quales tan fácilmente se arrojan a escrevir como se atreven a hablar, de manera que lo que sueñan esta noche, es-
Una nescedad más locura es criven mañana, y lo que escriven mañana, pu-
20 *escrevirla que* blican otro día; lo qual ellos no harían si
no decirla. supiessen lo que hazen; porque dezir uno una locura procede de inadvertencia, mas ponerla por escripto es caso de locura. De Platón, de Anaxágoras, de Antipo y de Eschines dize y affirma Plutarcho que nunca libro que
25 compusiessen publicaron hasta que por sus achademias fuesse examinado y tres años después que se acabasse uviessen sobre él passado; y a la verdad ellos tenían muy gran razón; porque no ay en el mundo cosa tan bien escripta que tornada a reveer por el que la escrivió, no halle que polir, que
30 corregir, que añadir y aun que quitar.[18]

---

[18] Plutarch says nothing of the kind, as far as I can tell. "Antipo" is apparently Antiphon, one of the Attic orators whose biographies are attributed to Plutarch. This advice is reminiscent of Horace's advice to Piso, that he keep his work nime years before publishing it.

No menos corregidas y polidas y examinadas han de ser las palabras que se escriven en los libros que las que se predican en los pueblos; porque un dessabrido sermón no dessabora más de a un pueblo; mas un libro desgraciado cansa a todo el mundo. Los que no tienen saber para componer ni tienen estilo para ordenar, muy sano consejo les sería dexar la pluma y tomar la lança; porque si a dos palabras nos cansa un hombre tibio y frío, quánto más nos cansará un libro nescio y prolixo. Aun un truhán frío con sus frialdades nos haze reýr, mas con un libro frío y desgraciado no podemos sino raviar y murmurar, digo murmurar del tiempo que se gastó en escrevirle y las horas que se gastan en leerle. ¡O quántos libros ay oy en el mundo, a los quales hemos de tener más embidia al papel y pargamino en que están escriptos y a las letras con que están illuminados, que no a las doctrinas que están escriptas en ellos! Porque ni tienen doctrina que aproveche ni aun estilo que contente. No piense que se atreve a poco el que se atreve a componer un libro; porque si la doctrina es mala, ella se trae consigo la pena, y si la doctrina es buena, luego es con ella la embidia. Esto de que se quexa aquí mi pluma, grandes días ha que lo sabemos ella e yo por experiencia; porque al libro del buen Marco Aurelio, unos me le hurtaron y otros me le infamaron. Los que escriven y componen libros para el bien de la república, no es menos sino que sientan el frío, el cansancio, la soledad, la hambre y vigilias que passan; mas mucho más sienten las lenguas venenosas que dellos murmuran; porque no ay paciencia que lo suffra, quiera un lector que se dé más fe a lo que él dize de improviso, que a lo que el escriptor dixo sobre pensado.

Viniendo pues al propósito, dezimos que en esta presente escriptura muchos emplearán los ojos en ella para leerla y no pocos se juntarán a infamarla; mas al fin, ni tomaré gloria porque la alaben ni pena porque la condenen; porque los tales no murmurarán tanto por averla yo hecho quanto por no la saber ellos hazer.

Marginalia:
- l. 5: *El hombre nescio y el libro frío cansan el juyzio.*
- l. 25: *De los que no saben componer sino murmurar de lo compuesto.*

Aunque esta mi escriptura, o *Década*, no es en volumen muy alto, hame sido muy trabajosa, lo uno porque no la traduxe de un auctor solo, sino de muchos escriptores griegos y latinos, y lo otro, pensando que avía de ser muy mirada, quise de mis manos saliesse muy corregida. Hame sido también muy penosa la composición desta *Década*, el poco tiempo que tenía para occuparme en ella; que a la verdad, después que cumplía con los officios de mi yglesia y leýa en la Sacra Escriptura y aun escrevía en la imperial chrónica, no me quedava más tiempo del que hurtava del negociar y ahorrava del dormir.

Esta obra se compuso hurtando del tiempo y ahorrando del sueño.

Los nombres de los diez príncipes cuyas vidas aquí escrevimos son Trajano, Adriano, Antonino Pío, Cómodo, Pertinax, Juliano, Severo, Bassiano, Heliogábalo, Alexandro, los quales todos fueron emperadores de Roma y tuvieron la monarchía del mundo. Los escriptores y chronistas que destos diez príncipes escrivieron, y de los que principalmente nos aprovechamos, son Dion griego, Plutarcho, Herodiano, Eutropio, Vulpicio, Sparciano, Julio Capitolino, Lampridio, Trebelio, Píndaro e Ygnascio, los quales todos fueron graves en sus palabras y sin ningún escrúpulo en sus escripturas. Como estos hystoriadores concurrieron en diversos tiempos, fueron en sus hystorias a las vezes varios y aun a las vezes contrarios, a cuya causa se nos recresció immenso trabajo de aclarar lo obscuro, concordar lo diverso, ordenar lo sin orden, adobar lo insípido, desechar la superfluo, eligir lo bueno y ponerlo todo en estilo.

Copilar de muchos es mucho trabajo.

Si alguno nos quisiere redargüir que en esta *Década* nuestra ay algo superfluo o que dexamos algo olvidado, será su motivo aver leýdo las vidas destos príncipes por un hystoriador y no por muchos, por manera que si el tal tuviere un auctor para accusarnos, ternemos doze para deffendernos. Los curiosos lectores y grandes hystoriadores de sola una cosa nos pueden notar, y es que en las vidas del emperador Cómodo y de Bassiano y de Heliogábalo dexamos de poner muchos escándalos que hizieron y muy enormes vicios que

Los vicios enormes ni se han de contar ni menos escrevir.

cometieron; porque eran cosas más para escandalizar que no para leer. En todo lo demás que estos príncipes y los otros hizieron y dixeron, sus hystorias van fielmente sacadas, recopiladas, traduzidas y corregidas; solamente de nuestra parte hemos puesto el trabajo de buscarlas y el estilo de ordenarlas.

Hallará el curioso lector en las vidas destos diez príncipes razonamientos muy altos, cartas muy discretas, avisos muy necessarios, dichos muy provechosos, exemplos muy notables, hystorias muy peregrinas, casos muy fortuytos, hechos muy magnánimos, castigos muy furiosos y premios muy gloriosos.

Deste libro y del de Marco Aurelio es el auctor uno, el estilo uno y el intento uno; porque el fin de nuestra pluma es persuadir y avisar a todos los mortales a que sepan y crean que no ay cosa en esta vida más cierta que ser todas las cosas inciertas. [19]

Quien copiló a Marco Aurelio copiló este libro.

POSUI FINEM CURIS:
SPES ET FORTUNA VALETE. [20]

---

[19] "No hay cosa en esta vida más cierta que es tener todas las cosas por inciertas." *Aviso*, p. 203. "Puédese de todo esto coligir que no hay en este mundo cosa más cierta que ser todas las cosas inciertas." *Menosprecio*, p. 38. "Creedme, Señor, y no dudéis, que en esta vida no hay cosa más cierta que ser en ella todas las cosas inciertas." *Arte del marear*, p. 97.
Rúa uses these lines from the *Década* as a starting point for a long defense of human knowledge, relating them to Guevara's curt answer to his first two letters: "son tan varios los escriptores ... que, fuera de las letras divinas, no hay qué afirmar ni qué negar en ninguna dellas ..." Guevara, however, is in every case discussing the vagaries of Fortune. For a discussion of this fundamental idea in Guevara see Manuel de Montoliu, *El alma de España y sus reflejos en la literatura del siglo de oro* (Barcelona, n. d.), pp. 504-508. Montoliu notes the "no hay en este mundo ..., etc." from the *Menosprecio*.
The *Década* is, in Guevara's own words, a collection of examples for rulers (p. 67), and a warning against Fortune.

[20] *Posui finem curis*, etc. "La casa que Pericles tenía en aquella aldea tenía una puerta muy pequeña por la qual el buen filósofo entrava y salía, y encima de aquella puerta tenía escritas estas palabras: *Inveni portum, spes et fortuna, valete.*" Que quiere decir: "Esperança y fortuna, quedaos en buena hora, que yo ya he hallado el puerto de holgança." *Menosprecio*, 169-170. Rúa, p. 244 "... es muy ajeno de lo que dice Plutarco, en la Vida de Pericles; mas es un epígrama traido del griego, que dice Juniano que él halló, y decía en latín: *Inveni portum, spes et fortuna valete, et quos fallatis, quaerite post alios.*"

COMIENÇA LA VIDA del buen emperador Trajano Coceyo, natural de España, nascido en la ciudad de Cáliz, copilada por el señor don Anthonio de Guevara, obispo de Mondoñedo, predicador y chronista y del consejo de su Ma-
5 gestad.

CAPITULO PRIMERO

De quatro muy nombradas ciudades que perescieron en España.

Antes que oviesse emperadores en Roma ni se levanta-
10 ssen guerras en Carthago, avía en quatro provincias de Hespaña quatro muy insignes ciudades, las quales en potencia competían con Roma y en riqueza con Thyro y en hermosura con Helia y en opulencia con Tharento. La primera era Numancia, la segunda Cantabria, la tercera Isto-
15 briga, la quarta Ytálica. Strabo, Isidoro y Pomponio Mela ponen en admiración a los lectores, de la potencia, riqueza y abundancia de aquellas quatro ciudades; y por otra parte es muy gran compassión ver que no ay que ver agora en ellas.
20 No sin causa se dize que no ay que ver en ellas, porque dado caso que se sabe la provincia y el término y el clima do estavan fundadas, apenas podemos atinar a nombrar dó puntualmente fueron hedificadas. A la ciudad de Numancia succedió Soria; a la ciudad de Cantabria succedió Tudela
25 de Navarra; a la ciudad de Istobriga succedió Mérida; a la ciudad de Ytálica succedió Sevilla. El sitio de la muy nombrada Numancia según unos fue en una cuesta cabe Soria,

de la otra parte de la puente, y según otros fue su fundación en Garrái, aldea de Soria junto cabe Duero. El sitio de Cantabria fue una legua de la ciudad de Logroño, de aquel cabo de Ebro, en un alto do están agora muchas viñas. El sitio de Ystobriga fue do son agora las ventas de Cáparra, y según otros fue en el monte que está entre las varcas de Alconeta y el Cassar de Cáceres. El sitio de Ytálica fue junto a la ciudad de Sevilla, algunos dizen que camino de Carmona y que los caños de Carmona se hizieron para bastecer la ciudad de Ytálica. ¡O secretos juyzios del Muy Alto! ¡O instabilidad humana! Que vistos personalmente por mí todos estos lugares do fueron fundadas estas excelentíssimas ciudades, no sólo no hallé torre ni muro ni calle ni casa que contemplar, mas aun apenas hallava piedra do tropeçar.

Mucha razón tenemos de exclamar, y mucha más tendrá el discreto lector de se espantar, pues vimos a Numancia resistir quatorze años a los romanos, y vémosla agora hecha una dehesa de ganados. Sabemos que Cantabria fue la postrera cosa que los romanos ganaron a España, y agora no ay sino un pago de viñas en ella. Somos ciertos que la mayor fuerça que el rey Viriato tuvo en España fue Ystobriga, y agora no ay sino enzinas y xaras en ella. Los que escriven de la ciudad Ytálica dizen que ella fue la más fuerte y más estimada de todo el reyno de Vandalia, y agora cogen trigo y cevada en ella. Scipión Africano destruyó la ciudad de Numancia porque en el primero bello púnico no quiso ayudar a los romanos. Graco, capitán romano, destruyó la ciudad de Istobriga porque dende allí le hazía Viriato la guerra. El exército pompeyano destruyó la ciudad de Itálica porque en la parcialidad de Julio César siempre fue fidelíssima. El emperador Augusto destruyó la ciudad de Cantabria, y esto más como hombre movido con yra que no guiado por razón.

Fue pues el caso que como tuviesse a la ciudad cercada y en muy gran estrecho puesta, embió a requerir a los ciudadanos que le entregassen todos sus thesoros y que se hiziessen a Roma perpetuos tributarios. Visto por los cantabrios lo que el emperador Augusto les pedía, respondiéronle en una carta desta manera:

"Emperador Augusto: rogamos a los immortales dioses sean en tu guarda, y a ellos plega de averiguar entre ti y nosotros quiénes son los que en esta guerra tienen justicia. Ya sabes tú, O immortal príncipe, que los hombres, aunque tienen potencia para emprender las guerras, no es en su mano sino en la de los dioses alcançar las victorias; porque muchas cosas començamos los hombres con malicia, las quales después acaban los dioses por justicia. Con tu muy sobrada potencia, no es menos sino que has puesto a esta triste ciudad en muy gran estrechura, de manera que ya ni tenemos pan que comer ni agua que bever ni pellejos que vestir ni cortezas que calçar ni torres do nos acoger; mas junto con esto has de saber que si nos faltan armas con que pelear, no nos faltan coraçones para morir.

"Bien paresce que tú has experimentado nuestras pocas fuerças y que no has conoscido nuestros muy grandes ánimos, pues nos pides los thesoros de nuestras casas y la libertad de nuestras personas. Las minas que nosotros tenemos no son de oro para te servir, sino minas de hierro para tu soberbia quebrantar. ¿No te paresce a ti, O emperador Augusto, que pues vosotros los romanos ha quatrocientos años que peleáys fuera de vuestras tierras por ser señores, será razón peleemos nosotros dentro de nuestras casas por no ser esclavos? Prosigue tu guerra y haz lo que suelen hazer los otros capitanes de Roma, y no cures de amenazarnos y mucho menos de halagarnos; porque dado caso que nuestras tierras y casas sean por fuerça tuyas, jamás mientra nosotros biviéremos seremos sino de los dioses y nuestros."

Oýda por el emperador Augusto esta respuesta, juró por los immortales dioses de no tomar a ninguno dellos a vida ni dexar en la ciudad piedra sobre piedra; y de la manera que lo prometió, así lo cumplió.

Diría pues yo en este caso que si fue malo jurarlo, fue muy peor cumplirlo, aunque sea costumbre antigua la palabra del rey inviolablemente ser guardada; porque el buen príncipe no ha de poner en obra lo que ha jurado estando con saña.[21]

CAPITULO .ii.

De la naturaleza y nascimiento del emperador Trajano.

5   Prosiguiendo pues nuestro intento, es de saber que en los tiempos que andavan las guerras muy encendidas entre Julio César y Pompeyo, los pompeyanos tenían a Istobriga,

---

[21] "La última cosa que los Romanos conquistaron en España fue Cantabria, que era una ciudad en Navarra a ojo de Logroño en un alto puesto do ay aora un pago de viñas, y el emperador Augusto que la destruyó hizo diez libros *De bello cantabrico*, donde pone cosas assaz dignas de notar y no poco sabrosas de leer, que le acontescieron en aquella conquista. Assí como a *Marco Aurelio* me traxeron de Florencia, assí este otro libro de la guerra de Cantabria me traxeron de Colonia. Si por caso tomasse trabajo de traduzir aquel libro, como son pocos los que le han visto, también dirán dél lo que dicen de *Marco Aurelio*..." *Relox, prólogo general.* This first chapter of the life of Trajan has so little connection with the rest of the book, that one is tempted to assume that it is all that remains of *De bello Cantábrico*, a forgery similar to the *Libro áureo*.

Rúa, p. 249: "En la Vida de Trajano, en el capítulo primero, dice: que ántes de las guerras cartaginenses habia en cuatro provincias de España cuatro ciudades muy insignes, que en potencia competían con Roma, en riqueza con Tiro, en hermosura con Helia, en opulencia con Tarento; la primera era Numancia; la segunda, Cantabria; la tercera Histobriga; la cuarta, Itálica; y que Estrabon é Isidoro y Mela ponen en admiración á los lectores de la potencia, riqueza y abundancia destos cuatro ciudades; y que á Numancia sucedió Soria, y á Cantabria, Tudela de Navarra, y a Histobriga, Mérida, y á Itálica Sevilla; y que el sitio de Cantabria fue una legua de Logroño, y el de Histobriga do las Ventas de Caparra, ó do el monte que está entre las barcas de Alconeta y el Casar de Cáceres; y que el sitio de Itálica fué junto á Sevilla o á los Caños de Carmona, etc. Mayor admiración pone vuestra Señoría al diligente lector en lo que escribe, que Estrabon y Pomponio Mela é Isidoro pusieron en escrebir de las dichas ciudades. Admiración digo, mejor dijera trabajo y tiempo perdido; porque oso afirmar que ni Pomponio hizo mencion de Histobriga, ni de Itálica, ni de ciudad que se llamase Cantabria, ni de Numancia; mas de cuanto dijo de las ciudades mediterráneas en la Tarraconense, fuéron las mas famosas Palencia y Numancia, y agora lo es Zaragoza; y de Cantabria, provincia, no ciudad, dijo el espacio que se extiende desde el promontorio Nerio hasta Francia. Tienen los cantabrios y bárdulos, y allí algunos pueblos y rios de Cantabria; pero son sus nombres tales, que no se pueden concebir en nuestra boca. De Histobriga ni de Itálica, ninguna mencion hay en Pomponio Mela. Pues tornemos a Isidoro, en el cual

que agora es Lebrixa, y los cesarinos tenían a Gades, que agora es Cáliz, y estas dos ciudades servían de recoger a los desterrados y de amparar a los aliados y vencidos. Antes que la ciudad de Ytálica fuesse por los pompeyanos des-
5 truyda, florescían en ella dos muy nombrados cavalleros;

---

afirmo sin miedo que no hay mencion de ciudad dicha Cantabria, ni Histobriga, ni Itálica. En Estrabon, en el tercero, se hace mencion de Numancia, no por rica, sino por animosa entre los uracos, que mostró fuerzas en el belo celtibérico. De cántabros pueblos, provincia digo, y no ciudad, y de sus fieras costumbres, hay mencion larga en Estrabon, en el libro tercero; mas de Histobriga no hay palabra. De sola Itálica, despues que ha hablado de Cádiz, Córdoba y Sevilla, solo dice: Tras estas está Itálica e Ilipa, sobre Guadarquivir, y está mas léjos Astina, y Carmona, y Obluco: ansí, ni los dichos autores dicen cosas tan admirables que pongan en admiración al lector, ni Itálica cae al parte de Carmona, para que sea á los Caños; pues la una cae sobre el rio y la otra de la otra parte, y léjos. La mayor memoria que Itálica tiene es por sus criados Silio, Trajano y Teodosio, aunque de Silio dudo, mas que por su potencia. Demas desto, Itálica está á siete grados de longitud y treinta y ocho de latitud, y Sevilla á siete grados y un cuarto de longitud y treinta y siete y medio de latitud, y Carmona está ocho grados y un sexmo de longitud y treinta y ocho de latitud: ansí, bien tanteado la longitud destos lugares con su latitud, hallará vuestra Señoría que Itálica no es cabe Carmona, ni á su parte, ni Itálica fué destruida por romanos, sino despues; que aun en el repartimiento que hizo el rey Clodomiro, y despues Vamba, se hace mencion del obispado de Itálica, sufragáneo al arzobispado de Sevilla que llegaba desde Hulca hasta Bulfa; y de ahí de Asta fasta Bola. Demas desto, de Histobriga dice, en el capítulo primero, que fue do agora son las ventas de Caparra, ó en el monte que está entre las barcas de Alconeta y el Casar de Cáceres. Esto no se hallará en ningun cosmógrafo que de España hable; porque ninguno hace mencion de Histobriga. Hobo un Augustobriga en Celtiberia, otra en Lusitania, cerca de Salamanca, otra en Carpentania; mas ninguna destas es cabe Mérida, ni á su parte, ni el capitán Graco la pudo destruir so este nombre de Augustobriga, pues Graco fué muchos años ántes que Augusto. De Cantabria me espanto cómo vuestra Señoría dice que sucedió en su lugar Tudela; pues a Cantabria ¿por qué la pasó al lugar de Tudela de Navarra, como tenía mas á mano á Logroño, y habian otros lugares mas comarcanos y mas nuevos? Porque Tudela, que llaman de Ebro, tan antigua es como los pueblos cántabros; y si fuese necesidad, mostraría la orígen y puebla de Tudela y de los cántabros, que eran los unos y los otros contemporáneos. De los cántabros sé decir que fué provincia de cuatro pueblos, como dice Plinio, y que en toda ella sola Juliobriga era de cuenta. El mesmo dice en el libro cuarto: Allí está la region de los cántabros y el rio Sangra, y puertos de la Victoria, dichos de Juliobriga; porque á lo que vuestra Señoría dice que está cabe Logroño la ciudad de Cantabria, eso es sueño del vulgo, y no memoria de doctos. Ni lo que nuestras crónicas dicen de los duques de Cantabria hace contra mí; porque los duques de Cantabria no se llamaban de una ciudad, sino de los pueblos cántabros, y bárdulos, y vascos; y así Ptolomeo dice: A la parte oriental de Asturias están

el uno se llamava Julio Coceyo, y el otro se llamaba Rufo
Ulpio, y estos dos cavalleros no sólo eran capitanes en armas,
mas eran de aquellos dos linages cabeças, es a saber, de los
Coceyos y de los Ulpios. Antes que las crudas guerras en-
5 trassen en la ciudad de Ytálica, estos dos linages siempre

---

los cántabros, cuyas ciudades mediterráneas son Concana, Otaviola, Argenomescum, Vadinia, Vellica, Lamarica, Juliobriga y Moreca: ansí que, de ciudad de Cantabria no hay mencion.

"Dice mas en el mesmo capítulo: que Escipión Africano destruyó á Numancia, porque en el primero belo púnico ayudó á romanos, etc. Quien leyere á Tito Livio, y á Plutarco, y á Polibio, no hallará mencion de Numancia en la primera guerra púnica ni en la segunda, sino después, en la tercera. Fue la primera guerra púnica á cuatrocientos y setenta y tres años de la fundación de Roma, y duró veinte y tres años. Comenzó la segunda guerra púnica á quinientos y treinta y tres años; acabó a quinientos y cincuenta años. La tercera comenzó á seiscientos y seis años de Roma fundada, y cincuenta años y mas despues de la segunda guerra. Ansí que Numancia no fué nombrada en el primero belo púnico, ni mostró sus fuerzas en el segundo ni en el tercero, sino despues en la guerra Celtibérica; ni fué vencido de Escipion Africano, sino de Escipión Emiliano. Dice más: que Graco, capitán romano, destruyó a Histobriga, porque dende allí le hacia guerra Viriato. Ni Graco fué en tiempo de Viriato, sino en tiempo de Escipion Africano el mayor, segun parece por Plutarco, en la Vida de Escipion Africano, ni Graco peleó con Viriato, sino Marco Vetidio, pretor; y despues Gayo Plancio, y Claudio Unimano, y tras él Quinto Fabio, procónsul, y finalmente Servilio Cepion; cuyo tiempo y por cuyas insidias fué muerto Viriato: ansí que, nunca con Viriato peleó Quinto Sempronio, Graco ni Junio Bruto el gallego."

It should be noted that Guevara is supposedly describing *pre-Roman* cities. Of these, Numancia and "Cantabria" are in fact pre-Roman. About the location of Numancia, Guevara is essentially correct. (It is interesting to remember that he was *guardián* of the monastery in Soria around 1518. Costes, *Vie*, p. 10.)

With regard to "Cantabria," St. Isidore does indirectly mention a *city* called that in book 9, chapter 2, paragraph 113 of the *Etymologies*: "*Cántabros*, gente de España que tomó su nombre de la ciudad en que viven y del río Ebro. Son de ánimo tenaces, inclinados al merodeo y a la guerra y fuertes para sufrir reveses." Isidoro de Sevilla, *Etimologías*, trans. Luis Cortés y Góngora (Madrid, 1951), p. 222. Furthermore, a local tradition of Logroño supposes that the last of the Cantabrian fighters to resist Augustus' legionaries were intrenched on a hill near Logroño still known as the "Cerro de Cantabria," where today vestiges of walls and fortifications can be seen. See *Enciclopedia universal ilustrada* (Barcelona: Espasa Calpe, S. A., 1930), XXX, 1441.

Istobriga, a supposed pre-Roman city, is an invention of Guevara's. But (if I may hazard a guess) based on the fact that at least two of Guevara's other "pre-Roman" cities are located where hill-top ruins are to be seen, as in the case of Numancia and Logroño, Istobriga might be explained by the ruins of a Roman camp at Cáceres el Viejo:

tenían entre sí muy gran competencia; mas después de començada la guerra, vinieron en gran amicicia, porque muchas vezes acontesce que los coraçones que no se pudieron ayuntar en uno por amor, se conciertan después por temor.
5 Destruyda la ciudad de Ytálica, fuéronse a bivir estos dos cavalleros a Gades, que agora se llama Cáliz; y el uno dellos que se llamava Coceyo fue abuelo del emperador Nerva, y el otro que se llamava Rufo Ulpio fue visabuelo del emperador Trajano y del emperador Adriano por parte de las
10 madres. Nasció el emperador Trajano en la ciudad de Cáliz a veynte e uno de mayo, en el segundo año del imperio de Nero, siendo cónsules Rufo y Cathino. [22]

"Interest, however, can be maintained beyond the walls [of Cáceres], because one of the two camps that Metellus made in the neighborhood, in his attempts to cope with the guerilla tactics of Sertorius in the year 79 B. C., has been identified at Cáceres el Viejo, 2 kms. northeast of the city: it was set on a small hill and clearly discernible outlines reveal the plan of the walls, which were nearly 7 feet thick, and the position of the gates. The plan was a perfect rectangle of 700 yards by 400 yards." F. J. Wiseman, *Roman Spain* (London, 1956), p. 155.

The strongest reason for this identification with Cáceres is that Guevara locates Istobriga between Mérida and the Tajo river (which he calls by the Portuguese name *Tejo*, unless it is misprinted) to the north, somewhere below the Alconétar bridge (see Trajan, chapter XV). This is the location of the Roman city of Norba, now Cáceres. In chapter XV Guevara claims (justly, as it seems) to have examined the stretch of road between Mérida and the river, and he also claims in chapter I to have examined the sites of his four cities; so the Cáceres site seems the most likely choice. It might be noted that Guevara also connects it with one of the great rebel leaders, although with the wrong one (Viriathus instead of Sertorius). I repeat that this is simply a conjecture, based on the assumption that Guevara actually had some historical site in mind for each of his cities.

Itálica was a Roman town founded by Scipio Africanus for his veterans. It lies across the Guadalquivir from Hispalis, the site of Seville.

[22] Trajan's family tree is a fabrication of Guevara's based on the erroneous tradition that Nerva was a Spaniard (found for example in the chronicle of Lucas de Tuy and included in the *Primera crónica general de España*) and on the relationship of Trajan and Hadrian.

Trajan was born on September 18, 52 or 53 A. D., in Itálica, not Gades, in the reign of Claudius. The consuls are invented unless they are supposed to be Julianus Rufus and L. Fonteius Capito (Cathino?), who were consuls in 178. In chapter IV Guevara contradicts himself and says, "... halláronse Nerva e Trajano parientes, es a saber, de una patria, que era España, e de un lugar, que era Ytálica..."

En aquellos tiempos no avía en toda la Europa tan famoso y tan generoso ni aun tan provechoso estudio como era el de la ciudad de Cáliz, porque allí estudiavan todos los de Africa y venían a deprender dende Grecia. (E porque
5 no parezca ser esto cosa fabulosa, lean a Plutharco en la *Vida de Trajano* y a Philón en el *Libro de las achademias* e a Philóstrato en la *Vida de Apolonio*.) [23] En aquella ciudad de Cáliz, hasta que Trajano uvo quinze años, estudió la lengua griega y latina y rethórica.

Pedro Mexía was puzzled by Guevara's identification of Cadiz as Trajan's birthplace; he cites the standard authorities and then states, "Por lo qual yo cierto no puedo entender con que autoridad lo hizo el que escriuio de Trajano que auia nacido en Cadiz." Pedro Mexía, *Historia imperial y cesárea* (Madrid, 1655), p. 97.

[23] Rúa, p. 250: "Dice mas en el capítulo segundo de esta mesma historia: que teniendo los Pompeyanos cercada á Histobriga, que es Nebrija, etc. Si Histobriga es Nebrija, ¿cómo es cabe Mérida, segun dijo en el capítulo passado? Porque Mérida está en Extremadura, cerca de Guadiana, y Nebrija en el Andalucía, á los esteros de Guadarquivir; aunque creo que en este lugar, con la calor de la invention, por escrebir Itálica, escrebió vuestra Señoría Histobriga; pero aunque esto sea, ¿cómo en este capítulo Itálica es Lebrija, que en el pasado estaba cabe Sevilla ó á los caños de Carmona? Lo que mas me cae en gracia es, que alega por autores á Filostrato, en la Vida de Apolonio, y á Filon, en las Academias, y á Plutarco, en la Vida de Trajano; de los cuales oso decir que nunca escribieron palabra desto; porque yo he buscado renglon á renglon, digo, en Filostrato y en Plutarco; que en alegar hoy las academias de Filon, es alegar la segunda y sexta década de Tito Livio, para cuando parescieren: ó lo que acaesció estando yo opuesto á una cátedra en esa universidad de Valladolid, que mis contrarios, por favores, créese cogieron de toda Campos sacristanes y personas que nunca habian estudiado, y examinándolos los señores y deputados y preguntándolos qué habian oido aquel año en la universidad, respondieron que habían oido las epístolas de Virgilio y los comentarios de Tulio; y preguntados que de quién estaban glosadas, respondieron que del cura de su lugar."

Guevara is citing the authorities to prove that there was a famous *estudio* in Cádiz, and Rúa has misunderstood him.

These authorities are interesting as an example of Guevara's method. Plutarch has no authentic life of Trajan. Philo of Larissa's account of the New Academy is mentioned twice by Cicero but was not known by its real title even in Guevara's day. Philostratus' *Life of Apollonius of Tyana* was the source of Guevara's elaborated information: in book IV, chapter XLVII, Apollonius leaves for *Gadeira*, "For he had heard of the love of wisdom entertained by the inhabitants of that country..." Book V, chapter IV says, "They say moreover that there is a Hellenic culture at Gadeira, and that they educate themselves in our fashion; anyhow, they are fonder of the Athenians than of any other Hellenes..." Philostratus, *The Life of Apollonius of Tyana*, trans. F. C. Conybeare (London and N. Y., 1912), pp. 463 and 471.

Era Trajano alto de cuerpo, el rostro algo negro, los cabellos raros, la barba espesa, la nariz corva, grandes espaldas, las manos largas y los ojos en el mirar amorosos. Ya que Trajano entró en los diez y seys años, yva olvidando
5 las letras y exercitándose en las armas, en las cuales él fue no menos mañoso que esforçado y esforçado que mañoso. Era Trajano muy ligero si corría a pie, y tenía mucha destreza en menear un cavallo, por manera que se cuenta dél que jamás le vieron caer yendo cavalgando ni le pudo hom-
10 bre alcançar yendo a pie corriendo.

Fue el caso que vinieron a la ciudad de Cáliz una flota de pirratas, que quiere dezir cosarios, los quales, como fuessen muchos y tomassen a los de la ciudad desapercebidos, el buen mancebo Trajano mostróse aquel día tan esforçado
15 en pelear y tan venturoso en vencer que a él solo se atribuyó la libertad de la patria e la gloria de la victoria.

Entre los mirmidones, que son los de Mérida, y entre los ricinos, que son los de Trusillo, se levantó en aquel tiempo una no pequeña guerra sobre los pastos de Guadiana;
20 porque los de Mérida dezían que de tiempo immemorable eran suyos, e los de Trusillo dezían que los perdieron y ellos se los ayudaron a ganar de los enemigos.[24] Los de Mérida fueron a pedir socorro a los de Cáliz, a causa que eran entre sí confederados a razón que, por gran excelencia,
25 estas dos ciudades eran en España proconsulares, que quiere dezir que no las podía governar pretor ni censor, sino cónsul o su teniente de cónsul, que era el procónsul. Los

---

This intersting reference to second century Spanish education has been overlooked in the only histories of Spanish education that I have been able to consult. Vicente de la Fuente, *Historia de las universidades, colegios y demás establecimientos de enseñanza en España* (Madrid, 1884) and Federico Carlos Sainz de Robles, *Esquema de una historia de las universidades españolas* (Madrid, n. d.) Colección Crisol 74. Sainz de Robles' discussion of early history is copied from de la Fuente.

[24] Rúa, p. 250: "Item mas: dice que los de Mérida son los mirmidones, y los de Trujillo son los ricinos, etc. Los mirmidones, pueblos son en Tesalia, que segun las fábulas, en tiempo de Céfalo, de hormigas se hicieron hombres. Los ricinos, garrapatas son de perros, no pueblos de España; pero eso pídanselo a vuestra Señoría los de Mérida y los de Trujillo, que los hace á unos hormigas y á otros garrapatas."

gaditanos aceptaron la embaxada de los mirmidones en querer embiarles socorro, e como eligiessen a Trajano por capitán de aquel exército, respondió: "Ni lo permitan los hados ni lo manden los dioses que yo tome espada para
5 derramar sangre de mi patria, porque si los unos son nuestros amigos, no por cierto los otros son nuestros enemigos." E dixo más: "Pues la guerra no está començada y la cosa sobre que debaten se puede averiguar por justicia, sería yo de parescer que les embiásedes embaxadores que los pusie-
10 ssen en paz, e no capitanes que les començassen la guerra."

En conformidad de todos, se dio y aceptó la respuesta de Trajano, el qual dende en adelante fue tenido por cavallero muy esforçado y por hombre muy cuerdo. No todas vezes suelen andar pareadas estas dos virtudes, es a saber,
15 esfuerço y cordura; porque ay algunos que son denodados para emprender los peligros e no son cuerdos para evitarlos.

CAPITULO TERCERO

De cómo Trajano passó de Hespaña en Ytalia siendo moço.

En el segundo año que imperava el buen Vespasiano, re-
20 velóse la Gran Bretaña, que agora se llama Inglaterra, contra el emperador romano, a la qual guerra concurrió Trajano, acompañado de otros muchos de su pueblo; y esto hizo él por echar cargo a Roma e por alcançar para sí fama. [25] Era capitán por los romanos en aquella guerra Drusio Torcato,
25 el qual, como persuadiesse a Trajano que tomasse gages, es a saber, gozasse del sueldo del pueblo romano como gozavan todos los que estavan en aquella guerra, respondió Trajano, "Los mercaderes que vienen desde mi tierra a ésta, vienen por ser más ricos; mas los cavalleros no venimos por ser más
30 ricos sino a ser más honrados, y por esto te dezimos que en toda esta guerra te serviremos tan fielmente como si llevá-

---

[25] There was no rebellion during Vespasian's reign (70-79 A. D.) and Trajan never visited England. Drusio Torcato is also a fiction.

ssemos gages de Roma; y en lo demás, pierde cuydado, que nosotros nos mantendremos cada día por nuestra lança." La fama que alcançó Jugurta en la guerra de Numancia, aquélla alcançó Trajano en la guerra de Bretaña, en que el uno y el otro fueron cavalleros estrangeros e mancebos aventureros e aun venturosos; porque por las hazañas y prohezas que en aquellas guerras hizieron, fue Jugurta hecho rey de Numidia, y el buen Trajano vino a ser emperador de Roma.

El día que entró Drusio Torcato en Roma triumphando de los britanos, como fuesse acompañado no sólo de los cavalleros vencidos mas aun de los cavalleros vencedores, preguntavan todos los romanos por Trajano por verle e conoscerle, porque su fama era a todos nota, mas su persona de nadie era en Roma conoscida. De aquí vino que después, andando los tiempos, como Trajano y Mario Fabricio compitiessen sobre el consulado de Germania, el Fabricio motejó a Trajano de cavallero estrangero en la naturaleza y de mala dispusición en la persona; al qual respondió Trajano, "Yo te confiesso, Mario Fabricio, que primero fue conocida en Roma tu buena cara que no tu mala vida; mas confiéssame tú a mí que conoscieron primero en Roma mi buena vida que no mi mala cara." [26]

En el tiempo que Trajano entró la primera vez en Roma, Titho, hijo de Vespasiano, era emperador della; el qual hizo a Trajano pretor de diez legiones y embióle a las fronteras del Illírico, do estuvo todo el tiempo que bivió el emperador Titho. [27] Muy de mal se les hizo a las legiones romanas llevar por capitán a Trajano, diziendo que era en edad mancebo y en nación estrangero; mas después que conoscieron en él tanto esfuerço en el pelear e tanta cordura en el governar, como a padre le amavan y como a capitán le obedescían.

Como en un invierno le faltassen a Trajano bastimentos a causa que tenía hechas treguas con los bárbaros, díxole un

---

[26] Mario Fabricio is apparently a distortion; Trajan was consul in 91 A. D. with M. Acilus Glabrio.
[27] Trajan was made praetor in 85 A. D., four years after the death of Titus (emperor 79-81 A. D.).

cavallero, "No es justo que tú tengas tanta tristeza y nosotros suframos tanta penuria. Ten por bien que dissimuladamente quebremos las treguas, y desta manera, proveremos a nosotros y a nuestras bestias." Respondióle el buen Trajano, "No sólo rescibo pena de lo que me dizes, mas aun afrenta de lo que me osas dezir, porque las cosas que assentamos y prometemos, no las hemos tanto de guardar por averlas a los hombres prometido quanto por averlas por los immortales dioses jurado."

E muerto el emperador Titho, succedió en el imperio su hermano Domiciano; lo qual, como lo supo Trajano, luego dexó el cargo que tenía, de ser capitán frontero en el Illírico.[28] Mucha pena rescibió el emperador Domiciano e todo el exército e aun todo el senado por aver desamparado Trajano las fronteras del Illírico, porque en las cosas de la guerra tenía larga experiencia y aun mucha fortuna. Muy gran vigilancia tenían los romanos en buscar y en conservar a los capitanes bien fortunados, a los quales dissimulavan y sufrían más deffectos que a todos los otros, y esto hazían ellos porque ay muchos capitanes que si son diestros en las armas, son muy desdichados en la execución dellas. Estando pues Trajano en Roma sin querer tener cargo de exército, díxole el emperador Domiciano, "Di, Trajano: ¿por ventura, tengo yo menor imperio que mi padre Vespasiano tuvo, o soy más ingrato que fue mi hermano Titho, para que por ellos aventurasses cada día la vida y por mi servicio no quieras tomar en la mano una lança?" Respondióle Trajano, "Yo te confiesso que eres tan poderoso como tu padre y de tan buen conoscimiento como tu hermano; mas junto con esto eres muy súbito en el mandar e muy acelerado en executar lo mandado, e podría ser que teniendo cargo de tus huestes, me mandasses alguna cosa, la qual cumpliéndola, yría contra la bondad a que soy obligado, e no la cumpliendo, quebrantaría el juramento de fidelidad que te tengo hecho."

---

[28] In actual fact, Trajan was made praetor by Domitian (emperor 81-96 A. D.).

CAPITULO .iiii.

De la amistad e parentesco que tenía Trajano con el emperador Nerva.

En aquellos tiempos estava fuera de Roma, desterrado por el emperador Domiciano, un cónsul que avía nombre Nerva Coceyo, varón que en la edad era muy anciano y en todo lo que dezía e hazía tenía gran crédito.[29] Trajano, como a la sazón estava en desgracia del emperador Domiciano, salióse de Roma e fuese para Nola, un lugar de Campania do estava Nerva; porque cosa es muy común, un hombre aflicto buscar la compañía de otro aflicto. Estos dos excelentíssimos varones, es a saber, Nerva e Trajano, muchos días se estuvieron allí en Campania pobres, desterrados, perseguidos y desfavorescidos, esperando quándo Domiciano los embiaría a matar o quándo oyrían que él era muerto; porque si ellos desseavan a él la muerte, no menos buscava él ocasión para quitar a ellos la vida. Trajano, como era moço, tenía en muy gran veneración a Nerva, que era viejo, e Nerva tomó tan gran amor con Trajano que le amava e tratava como a hijo; porque Trajano, allende de ser para todas las cosas abilíssimo, era en la conversación muy amoroso. Estando en aquel destierro, halláronse Nerva e Trajano parientes, es a saber, de una patria, que era España, e de un lugar, que era Ytálica, e que el uno descendía de los Coceyos y el otro de los Ulpios, dos famosos e antiguos linages, de los quales arriba contamos. Quando Trajano passó en Ytalia, no halló otro pariente sino a Nerva y a Ulpio Ricino, su tío, el qual fue dos vezes cónsul en Roma.

Algunos dizen que este cónsul Ulpio Ricino fue padre de Trajano; mas la verdad es que no fue sino su tío, porque Plutharco, en una epístola que escrive a Trajano, dize, "Sabida la buena nueva en Roma de como venciste al rey

---

[29] Nerva was exiled to Tarentum in 94 (according to Tillemont), by which time Trajan had already been a consul (91 A. D.).

Decébalo, que tiranizaba essa tierra, fue tanto el regozijo que tomó el pueblo que si como estavan los huessos de tu padre en Hespaña, estuvieran en Ytalia, no menor honrra hizieran a ellos en la sepultura que harán a ti el día que entrares triumphando por Roma." [30] Como era tan anciano e tan honrrado Nerva e tan valeroso e tan bienquisto Trajano, yvan y venían de Roma a Campania muchos romanos a verlos, y esto hazíanlo secreto que no público, a causa que el emperador Domiciano era muy sospechoso; porque a la verdad, muy pocos son los que osan servir ni seguir a los que los príncipes muestran aborescer. Entre los otros que yvan de Roma a Campania a ver aquellos dos cavalleros era el gran philósopho Plutharco, el qual con Trajano e Trajano con él tomaron entre sí tanta y tan larga amicicia que sola la muerte fue la que dio fin a ella. Como Plutharco veýa tanta abilidad y voluntad en Trajano para aprender, y junto con esto, no avía guerra en que se exercitar, embevecíase ya Trajano tanto en las letras que aborescía las armas; por cuya ocasión, como burlando, le dixo Nerva, "De mi consejo, dexarías los libros y tornarías a las armas, pues tienes mejores manos para pelear que lengua para disputar; porque no es justo dexes de ser único entre los capitanes por ser razonable entre los philósophos."

Estando Trajano allí en Campania, se casó con Plotina, muger que fue suya única; y dízese ser única, porque antes ni después no tuvo más de aquélla; la qual virtud en ningún príncipe romano se halló hasta él, porque en envegesciéndose o en desagradándoles una, luego tomavan otra.

Como un día se tractase entre ciertos romanos una conjuración para matar el emperador Domiciano y en mucha poridad diessen parte dello a Trajano, respondióles, "Bien veo que Domiciano no merescía ser emperador elegido y que mucho menos meresce ser en el imperio sustentado, mas

---

[30] Ulpio Ricino is invented by Guevara. Trajan's father was also called Trajan. Plutarch does not mention Decebalus in his authentic works, but in the extensive correspondence between *Pliny* and Trajan he is mentioned in Book X, letter XVI ("Apuleius, domine, miles"). The letter quoted is an invention of Guevara's.

ni por esso seré en que por mi consejo sea muerto, porque más quiero suffrir a un tirano que no cobrar renombre de traydor." Estando un día muchos romanos murmurando de las insolencias y desafueros del emperador Domiciano, díxoles Trajano, "La intención con que me tractava Domiciano, los dioses la han de juzgar, que de las obras que él me hizo, yo no me puedo quexar, pues fue ocasión que yo cobrasse por padre a Nerva, por maestro a Plutharco, por muger a Plotina y sobre todo que me hizo conoscer la adversa fortuna; porque no me presciando de antes sino de mandar, agora ya no sé sino servir."

Un año antes que muriesse Domiciano, o por mejor dezir, que le matassen, fuesse a la guerra de Germania, y en aquel año fue Trajano elegido por cónsul en el senado de Roma. [31] Mucha pena se le hizo a Trajano de aceptar aquel consulado, y esto no porque no era amigo de honrra, sino por la pena que sentía en dexar la compañía de Nerva.

CAPITULO .v.

De cómo Nerva fue hecho emperador y tomó por hijo a Trajano.

No pudiendo ya los romanos suffrir las injurias y tiranías de Domiciano, determinaron de matarle, y de hecho le mataron a catorze días de octubre, siendo en edad de quarenta y cinco años y aviendo sido emperador quinze. [32] Grandes tiempos avía que no se avía divulgado nueva tan alegre en todo el pueblo romano como fue la nueva de la muerte de Domiciano, de manera que se davan ricas albricias a los correos que las trayan y se hazían grandes alegrías en los pueblos do llegavan, porque desseavan todos tanto su muerte quanto tenían aborrescida su vida. Petronio, capitán de

---

[31] Domitian died in 96, but Trajan had already been consul, as has been said, in 91, and was sent to Germany soon after.
[32] Domitian was murdered September 18, 96 A. D.; he lacked two months being 45 years old.

la guarda, y Partenio, su camarero, fueron los que hizieron la conjuración y mataron a Domiciano, y éstos mesmos dieron orden en que luego fuesse electo por emperador Nerva. Tenían tan gran odio los romanos contra Domiciano, que no contentos con verle muerto y traer su cuerpo a pedaços por Roma arrastrando, todas las estatuas de metal le quitaron y todos los arcos y títulos le rayeron y todos los hedificios que avía hecho le derrocaron y todas las escripturas do estava su firma quemaron y a todos los que se llamavan Domicianos como él desterraron, por manera que ni le podían ver bivo ni le querían oýr nombrar después de muerto.

Otro día que Domiciano fue muerto, Nerva Coceyo fue por emperador declarado, y de su election fue muy contento todo el pueblo romano, lo uno por ser como era tan virtuoso y lo otro por aver sido enemigo de Domiciano. Luego que fue Nerva electo emperador, a la hora embió a Trajano por pretor a Germania, para que tomasse en su poder las legiones y governasse aquella provincia, lo uno porque Trajano era muy deseado de toda la gente de guerra, lo otro porque de Calfurnio, capitán de Domiciano, no se tenía mucha confiança. [33]

Entre otras malas condiciones que tenía el emperador Domiciano, era que todo aquello que a él le parescía bueno, rico o hermoso, loávalo mucho; y avíanse de tener por dicho que todo lo que él loava, se lo avían de presentar de gracia, y si no, luego se lo tomava por fuerça. Destas semejantes cosas halló Nerva en su palacio muchas riquezas agenas que avían sido robadas, las quales por público pregón fueron todas a sus dueños restituydas, por manera que este buen príncipe no sólo no quiso tomar lo ageno, mas aun restituyó lo que por su antecessor avía sido robado.

Quando Nerva fue por emperador elegido era además muy viejo y de enfermedades muy perseguido, porque no avía en él cosa sana si no era la lengua con que hablava y

---

[33] Trajan was already in Germany when Nerva was elected. Calfurnio is a cross between Calpurnius Crassus and Casperius Aelianus, the Commander of the Praetorians, both of whom had plotted against Nerva.

el buen juyzio con que regía. Los romanos, como veýan a Nerva tan viejo y tan enfermo y que se quexava que no podía dormir y que de muy pocas cosas su estómago osava comer, teníanse por dicho que avía de bivir poco; y con este motivo començáronle a tener en poco. Visto por Nerva que según su edad avía de bivir poco, y que ya los romanos le tenían en poco, acordó de prohijar a Trajano y tomarle por compañero en el imperio; y así fue que luego le embió la insignia imperial, que era una capa a manera de muceta, y con ella le escrivió una carta en la qual no yva otra palabra escripta sino ésta: *Phebe tuis telis lacrimas ulciscere nostras.* Como si dixera, "O gran cavallero Trajano, tendrás cargo de con tus venturosas armas vengar mis tristes lágrimas." Por la desobediencia que los romanos tenían a sus mandamientos y por el desacato que tenían a su persona, pedía Nerva a Trajano aquella vengança; porque cosa es muy usada entre los hombres perseguidos y aflictos, que las injurias que no pueden vengar por sus manos, las lloran con los ojos.

En el tiempo que esto passava, estava Trajano en Alemania en la ciudad de Agripina, que agora se llama Colonia, y la noche antes que le llegasse la imperial insignia y la carta del emperador Nerva, soñó que le vestían una vestidura de púrpura y que le ponían un anillo en la mano derecha y que le coronavan con una corona. Solos tres meses y cinco días passaron después que Trajano fue emperador electo que Nerva fue muerto, el qual murió en edad de ciento y diez años y diez meses y diez días. [34]

---

[34] The exact amount of time between Trajan's adoption and Nerva's death is not known. Dio, whom Guevara is following here, gives Nerva's age at death as sixty-five years, ten months, ten days. It is possible that a Gothic L might be confused with C in a numeral, so that LXV might be read CXV; but then Guevara should have given the age as 115.

CAPITULO .vi.

De las leyes que Trajano hizo en provecho de la república.

A la ora que supo Trajano como era ya defuncto el emperador Nerva, partióse para Roma, do en llegando celebró las obsequias de su señor y amigo Nerva; y fueron tales y tan ricas que más parescían fiestas de bivos que no honrras de muertos; porque no avía en ellas cosa que pusiesse tristeza, si no era ver a Trajano andar muy triste.

La primera cosa que Trajano dixo y prometió y juró en el senado fue que ningún hombre que fuesse bueno y pacífico, por su mandado y consentimiento sería muerto; lo qual él guardó en todo el tiempo que le duró el imperio. Empós desto mandó llamar a Emiliano, capitán que era de las pretorianas huestes, al qual mandó quitar el officio y desterrar del imperio, lo uno porque desobedesció al emperador Nerva, lo otro porque hurtava las pagas a la gente de guerra. Mandó pregonar públicamente que todos los que tuviessen quexa de los cónsules o de los senadores o de los censores o de otros officiales de Roma lo viniessen a dezir, porque él quería satisfazer a los unos y corregir a los otros. Personalmente visitó Trajano todos los officios de Roma, es a saber, do vendían el pan, do pesavan la carne, do medían el vino, do moravan los mercaderes, do posavan los estrangeros y ansí de todos los otros officios, en los quales aprobó todo lo bueno que tenían y enmendó todo lo malo que usavan.

Vedó que no uviesse en Roma bodegones, es a saber, que no se vendiessen pan y vino y carne y fruta aderesçado en una casa, diziendo que los aparejados vicios son ocasión de hazer a muchos viciosos.

Mandó que se registrassen todos los vezinos de Roma, y hallaron dozientos y ochenta y cinco mil casas de hombres casados, y quarenta y dos mil mancebos por casar, y siete mil sacerdotes de templos, y treynta y dos mil mugeres públicas, y doze mil casas de mesones, y sessenta y cinco mil negociantes estrangeros.

Vedó Trajano que ningún pobre anduviesse de puerta en puerta, sino que a todos los que no lo podían ganar, los mantuviessen del erario público, y a los que podían trabajar, les diessen en que trabajassen en las obras del senado. A todos los juglares y a todos los que jugavan farsas y a todos los truhanes mandó que deprendiessen officios y se mantuviesse cada uno en su casa, y si no, que se tuviessen por despedidos de Roma.

Mandó Trajano reformar a todos los estudios, y hizo examinar a todos los que estudiavan, y sin comparación fueron más los que desterraron por inábiles y viciosos que los que quedaron por doctos y virtuosos.

Como avía en Roma gentes de tierras estrañas, y junto con esto avía tantas mugeres, perescían muchas dellas en el parir, y moríanse muchos niños por no tener do los criar. Fue el caso que el buen Trajano hizo una generosa casa en el monte Celio, y dotóla muy bien de su patrimonio, do todas las mugeres que quisiessen fuessen allí por espacio de dos meses a parir, y que a todos los niños por espacio de quatro años fuessen obligados a los criar.

No consintió Trajano que holgassen en Roma más de veynte y dos fiestas en todo el año, diziendo que sin comparación eran más servidos los dioses el día que los romanos trabajavan que no el día que holgavan, porque más eran los vicios que cometían que no los sacrificios que offrescían. Moderó Trajano los sacrificios que se offrescían a los dioses, es a saber, que no fuessen tantos ni tan ricos, diziendo que más querían los dioses que enmendássemos las vidas, que no que les offresciéssemos nuestras haziendas.

A los sacerdotes de los templos mandó dar azeyte, y a las vírgines vestales trigo, y a los cavalleros veteranos paño para vestir, y a los muy pobres leña para quemar, y a los embaxadores vino que bever, porque todas estas cosas no sólo eran en Roma muy caras para comprar, más aun no todas vezes se hallavan a vender.

CAPITULO .vii.

De las muy notables virtudes que tuvo Trajano.

El año que Trajano vino en Roma a ser emperador, cumplió quarenta y dos años, en la qual edad, assí todas las cosas le succedían y moderavan, que ni por la juventud se arrojava a hazer cosa loca ni por la vejez y pereza dexava alguna cosa mal proveýda.

Fue Trajano príncipe en cuyas palabras ni obras jamás se conosció tener embidia, y como una vez el philósopho Plutharco le loasse desta virtud, díxole Trajano, "Hágote saber, Plutharco, que de puro soberbio yo no soy embidioso; porque siempre me tuve por dicho de aprender tan grandes y tales cosas que todos tuviessen embidia de lo que me viessen hazer, e yo no la tuviesse de nadie de lo que uviesse hecho."

No fue Trajano hombre malicioso ni sospechoso, aunque de su natural era muy agudo, lo qual suele en pocas personas acontescer, porque comúnmente los hombres muy agudos no suelen ser en las condiciones muy sanos. Como los grandes negocios naturalmente traygan consigo grandes cuydados y enojos, aunque a Trajano le davan algún enojo, jamás hombre le veýa enojar, porque más señorío tenía en él la antigua prudencia que la súbita yra. Aunque Trajano tuvo muchos que le querían mal y procuravan mal, dellos por malicia y dellos por embidia y dellos porque los castigava, jamás se halló que a ninguno quisiesse del todo destruyr, sino que castigando a los bulliciosos y viciosos, más se presciavan de la clemencia, que se quexavan de la pena.

Aunque Trajano no fue muy docto, fue por cierto muy gran amigo de los hombres doctos, a los quales él promovía a honrras y estados, y presciávase él mucho de tenerlos por amigos, por manera que en su casa y corte a hombre docto jamás le vieron necessitado.

Era Trajano amigo de saber las ambiciones de Roma y la desorden de su casa, mas junto con esto no quería que se lo dixessen por manera de murmurar, sino como quien viene a avisar. Fue Trajano gran enemigo de lisongeros y no menos de los detractores, por cuya causa dizen que dezía él muchas vezes, "Más seguro es a los príncipes sufrir a quien les diga sus yerros proprios que no oýr a los que les dizen los defectos agenos." Y dezía más: "De necessidad ha de tener las manos ensangrentadas el príncipe que a murmuradores da sus orejas."

Caresció Trajano del vicio común que suele reynar en todos los hombres, es a saber, ser cobdiciosos, de la qual cobdicia él no fue notado ni acusado; antes por ser largo y dadivoso fue de todas las naciones muy quisto, porque eran infinitos los que se loavan de lo que les avía dado, y ninguno se quexava de cosa que oviesse tomado.

Naturalmente era Trajano amigo de la guerra, y después de començada, era muy solícito en proseguirla y muy constante en acabarla. Dado caso que se aviciava en la guerra, no por esso dexava de buscar todos los medios para conservar la paz, porque según él dezía, jamás los dioses permiten que sean vencidos en la guerra sino los que son enemigos de la paz.

Era Trajano muy templado en el gasto ordinario de su casa, y junto con esto era muy largo en las cosas de la guerra, y por cierto en esto se mostrava él ser príncipe cauto y prudente, porque según dezía Plathón, si en la república no son los gastos ordinarios templados, no puede después aver para resistir a los enemigos.

CAPITULO .viii.

De los muchos y muy superbos hedificios que hizo Trajano.

Hizo en Roma Trajano muchos y muy notables hedificios, es a saber, una plaça muy grande y todas las cosas que estavan en torno della. Hizo una calçada empedrada, Vía Salaria, que durava dos leguas y media, por la qual podían yr y venir sin polvo en el verano y sin lodos en el invierno.

Hizo un templo al dios Apolo y otro templo al dios Mars y otro templo al dios Jovis y otro templo al dios Esculapio y otro templo a la diosa Ceres y otro templo a la diosa Bellona y otro templo a la Madre Berecinta, a la qual llamavan los romanos madre de todos los dioses.[35] Reparó todos los muros caýdos, hizo tres puertas más de las que avía, hizo diez pares de moliendas sobre varcos en el río Tiberín, en las quales mandó que moliessen, primero que todos, los sacerdotes y las vírgines vestales y los cavalleros veteranos. Reparó y ensanchó el Coliseo, y puso en él puertas y guardas y muchas estatuas de oro y de plata, y tenía por costumbre todas las vezes que yva a él de ser el primero que entrava y el postrero que salía. Hedificó en todos los barrios de Roma latrinas públicas, y mandó, so graves penas, que ninguno fuesse osado de ensuziarse en las calles ni plaças, por manera que en el tiempo de Trajano no parescía toda Roma sino una sala barrida. En la región quarta, junto al templo de Serapis, hizo Trajano unos muy sumptuosos vaños, muy más anchos que los que hizo Titho y muy más ricos que los que hedificó Tiberio. Hizo así mismo Trajano cien casas anchas y rezias do matassen los carneros y vacas para las carnicerías. En los Huertos Vulcanos, hedificó Trajano una casa de plazer, y en ella hizo una alverca de agua y peces para pescar, mas no se halla que en ella comiesse ni menos durmiesse. Cabe las casas de los Favios traxo de muy lexos una fuente, y en torno della hizo una plaça y llamóla la Plaça de Dacia.

Naturalmente Trajano era amigo no sólo de hedificios, mas aun de ver hedificar, y conoscióse esto en que hizo ley que todos los que levantassen en Roma nuevos hedificios, les pagassen del erario la tercia parte de los gastos. Cosa fue maravillosa que en éstos y en otros muchos hedificios

---

[35] *Madre Berecintha:* This goddess is equated by Guevara with the *Bona Dea*. In ch. XIIII of Hadrian's life (p. 176), he omits the mention of the Bona Dea in the source and substitutes Berecinta, although in a different place. He also mentions Berecinta in the *Menosprecio*, p. 161, and the epistles (I, 172). Berecynthia, a surname of Cybele, is mentioned by Strabo and Plutarch, among others. See M. R. Lida, "Fray Antonio de Guevara," p. 373, note 4.

que Trajano hizo en Roma, a ninguno cohechó dineros, a ninguno forçó a trabajar por fuerça, a ninguno dilató la paga; porque dezía él que más honesto y aun seguro era a los príncipes morar en pobres posadas, que no de sudores agenos hazer casas ricas.

CAPITULO .ix.

De algunos vicios de que fue notado Trajano.

No caresció Trajano de algunas flaquezas humanas en que suelen caer los hombres humanos, porque si de muchas cosas fue con razón loado, no sin ocasión fue de otras notado. Hasta oy no ha avido príncipe en quien concurriessen todas las virtudes ni en quien se hallassen todos los vicios, porque no ay hombre tan desbaratado que no se halle en él que loar, ni ay hombre tan corregido que no aya en él que corregir.

Era Trajano naturalmente superbo y ambicioso de honrra, y sobremanera se holgava que le pusiessen en las plaças estatuas de oro y que su fama se derramasse por todo el mundo. En todos los hedificios que hazía, ponía los títulos de sus triumphos, y persuadía a los oradores que compusiessen en su alabança muchos metros, los quales él hazía esculpir en las más altas piedras de aquellos hedificios.

En los vicios de la carne fue Trajano no poco carnal, aunque es verdad que en este caso a ninguna persona hizo fuerça; mas junto con esto, como era diligente en el persuadir y muy largo en el dar, en ninguna persona ponía los ojos que no le viniesse a las manos. En las ropas y en la manera de hazerlas y traerlas fue Trajano muy curioso y muy costoso, porque no avía día que de oro o de plata o seda no sacasse sobre su persona alguna cosa nueva.

Según emos dicho, era Trajano príncipe prudente y agudo, mas junto con esto era muy amigo de su parescer proprio, de lo qual se le siguió muchas vezes ponerle en cuydado; porque no ay ni uvo ni abrá en el mundo príncipe tan sabio que algunas vezes no tenga necessidad de mudar el consejo.

Fue Trajano amigo de varones sabios, mas él no era docto ni leýdo, y como se lo retraxesse su amigo el philósopho Plutharco, díxole Trajano, "No me criaron a mí los dioses para revolver los libros, sino para menear las armas."

Quando a Trajano le vacava tiempo de las guerras, era muy amigo de tomar plazer en cosas vanas y de burlas, y en esto consumía muchas noches y días, y deste vicio no fue poco notado y aun acusado, y no por cierto a sinrazón; porque los príncipes que se prescian ser buenos príncipes, de tal manera han de tomar su passatiempo que no parezca que pierden el tiempo. Dado caso que Trajano quitó en Roma muchos vicios y desterró della a muchos viciosos, fue notado e culpado que deffendió y sustentó a los gladiatores, los quales eran hombres ociosos y sediciosos, y esto hizo porque en su mocedad avían sido sus amigos y holgávase con ellos; y menos en esto que en lo otro Trajano tuvo razón, porque no es justo que el príncipe tome tal recreación para su persona que sea en perjuyzio de la república.

Fue Trajano muy atentado en el comer, mas junto con esto fue poco sobrio en el bever, porque en buscar el vino era algo cuydadoso y en beverlo no muy templado. Dado caso que algunas vezes bevía algo más de lo que convenía a la salud de su cuerpo e a la auctoridad de su persona, mas nunca hombre le vio que en aquel tiempo hiziesse ni proveyesse cosa fea.

CAPITULO .x.

De la primera guerra que Trajano tuvo contra los dacos.

En el año quadragéssimo quarento de su edad y segundo de su imperio, vino la nueva a Trajano como Decébalo, rey de los dacos, que agora se llama el reyno de Dinamarcha, se revelava contra el Imperio Romano, la qual nueva puso no poco escándalo en el senado romano, lo uno porque aquel reyno naturalmente era bellicoso, lo otro porque el

rey Decébalo era príncipe atrevido y determinado.[36] Como el emperador Domiciano era más amigo de los vicios que enemigo de los enemigos, en todo su tiempo nunca el rey Decébalo obedesció al Imperio Romano, por manera que los
5 dacos avían cobrado gran ánimo y los romanos tenían perdido su crédito.

Determinóse Trajano de yr en persona a aquella guerra, para la qual él escogió muy poco exército, aunque de mucho esfuerço; porque dezía él que así como a la mesa no se han
10 de traer sino los manjares que se han de comer, ansí a la guerra no se han de llevar sino los que han de pelear. E dezía más: "Por experiencia lo he experimentado, ansí en el comer como en el pelear, que los muchos manjares en la mesa empalagan y los muchos hombres en la guerra es-
15 torvan."

Sabido por el rey Decébalo que Trajano movía de Roma para le yr a conquistar, determinóse de le salir al camino a rescebir; y lo que le dio el pensamiento, aquello puso por obra, porque tenía en tan poco a los romanos, que sentía
20 por affrenta verse cercado dellos. Como los exércitos estuviessen ya en vista los unos de los otros, siendo como eran los bárbaros muchos e los romanos tan pocos, muchos aconsejavan a Trajano que hiziesse una paz o una tregua honesta y se bolviesse sin peligro a Roma. Respondió a esto Trajano,
25 "Gran poquedad sería la nuestra, y con razón nos culparían en Roma, si repentinamente alçássemos la mano desta guerra sin que primero provássemos a qué se estienden sus fuerças y también viéssemos qué tales son nuestros hados, porque ya puede ser que si es grande su potencia, sea mayor nues-
30 tra fortuna."

---

[36] Trajan was 48 or 49 when he went to war against the *daci* (101 A. D.) in the *fourth* year of his reign. Dacia was not Denmark but a province which lay between the Danube and the Carpathian Mountains; however, Dacia was often translated as Denmark, e. g., in the *Primera crónica general*, "que llaman agora en latin Daçia et en romanz Danas Marchas" (Menéndez Pidal, ed., 1955, I, 217) and the *Chronicle* of Pseudo-Turpin, which translates Ogier the Dane as "Otgerius rex Daciae." Ramón Menéndez Pidal, *La chanson de Roland* (Madrid, 1959), 134.

Tenía el rey Decébalo occupados todos los passos peligrosos, e avía quebrantado las puentes y varcas de todos los ríos, y avía robado todos los bastimientos por do avían de passar los romanos, e todas estas cosas fueron ocasión de acrescentar a Trajano el trabajo, mas no fueron poderosas para estorvarle el camino, e mucho menos para disminuirle el ánimo; porque era tan esforçado Trajano, que do veýa estar más dubdosa la fortuna, de allí esperava más cierta la victoria. Tomó Trajano los altos de las sierras e por allí, con todo su exército, caminó muchas noches y días; e no le avía passado por el pensamiento al rey Decébalo que por aquellas tan fragosas montañas caminaría Trajano, porque no pensava él que podrían caminar los hombres por do no podían huyr los animales. Fuele necessario al rey Decébalo bolverse a las tierras llanas y hazerse fuerte en las ciudades fuertes; y éste fue el fin de Trajano en no querer pelear en los montes peligrosos sino en los campos llanos; porque dezía él que no venían a pelear con las montañas que crían animales brutos, sino a domeñar las ciudades que sustentan a los hombres sediciosos.

En muy breve espacio tomó Trajano cinco ciudades y siete castillos e muchos prisioneros, entre los quales tomó a Mirto, tío y ayo y capitán del rey Decébalo, varón de gran gravedad y de mucha auctoridad. Era Trajano tan riguroso con los que le resistían y tan piadoso con los que se le davan, que unos por amor y otros por temor, andava ya secreta plática en el reyno de entregarse todos a Trajano, porque veýan que cada día crescía la potencia de Trajano y se disminuýan las fuerças del rey Decébalo.

Teniendo Trajano cercada una ciudad que se llamava Mirtha, teniendo que la tenía en mucho aprieto, acordó el rey Decébalo de embiarle un poderoso socorro, contra el qual salió Lucio Mileyo, capitán de Trajano, el qual peleó tan varonilmente en aquella hora, que no dexó de los enemigos ni sola una persona que no fuesse muerta o presa. Como en aquella batalla fuessen muchos muertos de los romanos, y viniessen della muchos más heridos, faltando trapos para atar las heridas, rompió Trajano su propria camisa para atarlas. Sabido en la ciudad como el socorro que les venía era desbaratado, y que Trajano para curar sus heridos su propria camisa avía despedaçado, temieron la victoria y espantáronse de obra de tanta clemencia; y ambas estas dos cosas fueron en gran perjuyzio del rey Decébalo, mayormente como él era superbo y orgulloso; porque el buen Trajano, si con los trabucos e ingenios le derrocava las piedras de los castillos, con la fama de sus buenas obras le robava las voluntades de sus exércitos.

Tomada y entregada por los romanos la ciudad de Mirtha, luego el rey Decébalo embió embaxadores a Trajano, diziendo que él quería subjectarse al Imperio Romano con tal condición que las cosas que se capitulassen fuessen platicables y las cosas que le mandassen fuessen agibles, porque de otra manera, él y los suyos estavan determinados de morir antes con libertad que no bivir en servidumbre. Las condiciones que Trajano le embió a pedir fueron que dexasse las armas, que deshiziesse el exército, que derrocasse los castillos, que entregasse los ingenios, que restituyesse lo robado, que fuesse amigo de los amigos y enemigo de los enemigos del senado, que le entregasse los capitanes que avían venido en su socorro, que diesse cien mil pesantes de oro para pagar el exército y que diesse un hijo suyo en rehenes para seguridad de lo capitulado. Todas estas condiciones, fue contento el rey Decébalo de jurarlas e guardarlas, excepto aquélla de entregar los capitanes que vinieron a le favorescer y socorrer, diziendo que tan fea cosa ni convenía a la clemencia de Trajano pedirla ni a su real fidelidad otorgarla; porque no por más él entregava a sí e a sus tierras sino por guardar a sus aliados e amigos las vidas.

Vino el rey Decébalo a verse con Trajano, e hincadas las rodillas por el suelo e quitada la corona de la cabeça, besó a Trajano la rodilla y la mano; al qual, levantándole del suelo y tornándole la corona a la cabeça, díxole Trajano, "Dexéte besar la rodilla por la rebeldía que me tuviste, y díte a besar la mano por el vassallazgo que me deves; agora hágote assentar cabe mí como amigo, y tórnote la corona como a rey; por esso, sabe entender el yerro passado y conservar el beneficio presente, porque de otra manera, a mí pondrás en trabajo y a ti en peligro."

CAPITULO .xi.

De cómo Trajano triumphó de los dacos y reformó la república.

Proveýdos muchos castillos y derrocados por suelo otros, y pagados de los dineros del rey Decébalo los exércitos, partióse Trajano para Roma, llevando consigo al hijo del rey por rehenes e a otros cavalleros por embaxadores, porque era ley muy usada y muy guardada entre los romanos que de ningún valor era lo que se capitulava en la guerra si no se confirmava en el senado de Roma. Los embaxadores del rey Decébalo primero llegaron a Roma que Trajano; los quales, quitados los bonetes y derrocadas las armas y juntas en alto las manos, suplicaron húmilmente al senado, tuviesse por bien perdonar al rey Decébalo la rebelión que contra ellos avía hecho, y que confirmassen todo lo que Trajano avía con él capitulado; porque de lo passado su rey se arrepentía, y en lo por venir él offrescía la emmienda. Con prompto ánimo aprobó y confirmó el senado romano todo lo que Trajano con los dacos avía capitulado, e luego mandaron a los embaxadores que cobrassen las armas e anduviessen por la ciudad libres; porque era ley inviolable que los embaxadores cuyos príncipes tenían con el pueblo romano guerra, no pudiessen traer sobre sí ningún género de armas ni andar por la ciudad libres sin licencia.

Muchas e muy estremadas fueron las fiestas con que rescibieron los romanos a Trajano, e muy muchas fueron las riquezas que él metió en su triumpho; e dado caso que los romanos se alegravan ver su imperio rico y poderoso, mas mucho más les plazía ver venir a Trajano bueno e bivo, porque era increýble el amor que todos le tenían, y eran sin prescio los sacrificios que por él offrescían. El día de su triumpho llevava Trajano al hijo del rey Decébalo consigo en el carro, y esto porque era muy niño; al qual después él trató no como a prisionero sino como a hijo proprio. En conquistar a los dacos y en visitar a los germanos bien se detuvo Trajano casi dos años, y buelto que volvió en Roma, no halló tan corregida como él la avía dexado a la república; e desto no es de maravillar, porque en haziendo los príncipes guerras a sus enemigos, luego los ciudadanos hazen paz con los vicios.

El día en que entró Trajano triumphando en Roma, acaso el que más en los juegos se señaló, y con quien más Trajano aquel día se holgó, fue con un maestro de farsas que avía nombre Pilas, el qual por el premio de su trabajo no rogó a Trajano sino que le diessen licencia que usasse de su officio. Y respondióle Trajano, "Los príncipes han de mirar que lo que mandan sea justo, mas después de mandado, por ningún ruego ni servicio han de revocarlo. Lo que yo haré por ti será que te quiero dar de mi casa tanto quanto puedas ganar andando jugando por las plaças de Roma."

Aunque Trajano andava cargado de armas, rodeado de negocios, occupado en guerras, entremetido en hedificios, importunado de amigos, fatigado de enemigos y sobre todo desvelado en ampliar su fama y perpetuar su memoria, jamás se descuydava en la buena governación de la república. Los baxos e ceviles negocios, no con menos atención los oýa ni con menos diligencia los despachava que los muy arduos de la república. Por muy occupado que Trajano estuviesse en las cosas de la guerra, nunca por esso se descuydó en la administración de la justicia. Todo el tiempo que estava en Roma, una o dos vezes cada semana se assentava públicamente a despachar cosas de justicia. Por muy retraýdo que Trajano estuviesse en su casa ni por muy malo que estuviesse en la cama ni por muy occupado que estuviesse en la guerra, jamás a hombre que le viniesse a pedir justicia se le negó audiencia. Quando alguno venía muy turbado e furioso a quexarse de otro que fuesse su amigo o enemigo, luego Trajano ponía en la una oreja el dedo, diziendo que aquella dexava para oýr al acusado. Nunca Trajano se assentó a oýr y determinar cosas de justicia si no fue a la puerta del emperador Titho y en la plaça de Augusto, e preguntado por qué allí más que en otra parte, respondió, "Assiéntome do se assentaron los príncipes justos porque no haga cosa injusta, acordándome dellos."

Estando Trajano a cavallo y de camino para la segunda guerra de los dacos, llegó a él una muger y díxole, "Emperador Trajano, yo soy pobre y vieja e biuda, y no teniendo más de una hija, me la forçó uno de tu casa." Respondió
5 Trajano, "No me seas, pobre muger, importuna; que yo te juro por los immortales dioses, que buelto de la guerra, yo te haga justicia." Replicó a esto la vieja, "¿Y qué seguridad tienes tú, Trajano, que bolverás de la guerra?"[37]

Oýda esta tan lastimosa palabra, luego Trajano se apeó
10 en tierra e dilató la partida hasta que cumplió de justicia a la pobre vieja.

Tenía por costumbre Trajano, en dándole uno una quexa, luego la hazía escrevir en un libro que tenía en su cámara, y esto hazía el buen príncipe para pedir cuenta al juez que
15 la remitía o para que a él no se le olvidasse de despacharla.

En algunas cosas, algunos príncipes con Trajano ygualaron, y en otras, otros lo sobrepujaron; mas en la rectitud de la justicia, ningún príncipe uvo como él en Roma, porque jamás a hombre él hizo injusticia ni jamás se conosció afi-
20 ción ni passión en su sentencia. Muchas vezes dezía Trajano que para ser los príncipes justicieros era necessario que ellos en sí fuessen justos; porque los súbditos y basallos más fácilmente se persuaden a hazer lo que veen que no a obedescer lo que les mandan.

25 Trajano fue el primero que puso patrones en el senado que deffendiessen a los pobres y el primero también que señaló un día en la semana para que se viessen sus causas. Los censores en Roma no estavan más de dos horas assentados de la mañana e una a la tarde para oýr causas, e
30 Trajano ordenó que residiessen tres horas a la mañana e dos a la tarde; e fue desto muy loado Trajano, porque fue ocasión de abreviar los pleytos y de desagraviar a los pleytean-

---

[37] This anecdote comes ultimately from Dio, 69.6, where it is told of Hadrian. It was later applied to Trajan and is probably mingled with a Christian interpretation of some lost bas-relief which depicted the emperor on horseback with the allegorical figure of a conquered nation kneeling before him, as found on some of his coins. It passed into Spanish literature (*Primera crónica general*, I, 42) from Vincent of Beauvais' *Speculum Historiale*. See Gaston, Paris, *La Légende de Trajan* (Paris, 1878).

tes. En tiempo de Trajano, ninguno que tenía cargo de justicia podía augmentar más la hazienda, sino en el estado de riqueza o pobreza que començó a governar, en aquél se avía de conservar; y para pago de su trabajo, allende de las mercedes que el príncipe le hazía, casávale a sus hijos de los bienes de la república. Sabido por Trajano quán immortales eran los pleytos en el senado, ordenó que los pleytos de Ytalia no pudiessen durar más de un año y los de tierras estrañas medio. Hizo Trajano muchas casas en Roma a do los censores concurriessen a oýr y administrar justicia, y también hizo cárceles fuertes y rezias, por manera que este buen príncipe proveyó que los buenos fuessen oýdos y los malos castigados.

CAPITULO .xii.

De la segunda guerra que Trajano tuvo contra los dacos.

Veynte meses después que Trajano venció a los dacos, murióseles el hijo del rey Decébalo en Roma, el qual estava allí en rehenes de lo que su padre avía jurado y capitulado, y sintió tanto Trajano la muerte de aquel niño como si fuera su hijo heredero. El día que murió el hijo del rey Decébalo, dizen que dixo Trajano, "No me pesa de la muerte deste niño por lo que a su padre ha de pesar, sino por los desconciertos que ha de hazer, porque agora si estava quieto, más era por cobrar el hijo que no por obedescer al senado."

No mucho tiempo después que esto passó, llegó nueva a Trajano como otra vez era revelado el rey Decébalo, y que para resistir a los romanos, reparava los fosos, bastecía los castillos, se confederava con los comarcanos, se rehazía de bastimentos y sobre todo hazía guerra a los amigos de los romanos. El campo de Agio, que era una tierra muy populosa y gruessa, aviéndola Trajano restituydo a quien la avía tomado, tornó otra vez el rey Decébalo a la tomar y ocupar, por manera que en todo lo que con Trajano avía asentado fue fementido, y en todo lo que le avía jurado le fue perjuro.

Hecha relación déstas y otras cosas al senado, declararon al rey Decébalo por enemigo, para que todos tuviessen libertad de hazerle mal y daño, porque era ley entre los romanos que dado caso que alguno se amotinase o revelasse contra el príncipe, hasta que le declarassen por enemigo en Roma, no podían guerrear a él ni a su tierra. Determinóse Trajano de yr otra vez en persona a la guerra de Dacia, y no quiso llevar consigo ningún cónsul ni capitán notable de Roma, diziendo que pues el rey Decébalo a él solo avía quebrantado la palabra, a él solo convenía vengar la tal injuria.

El rey Decébalo, comoquiera que avía experimentado las fuerças de Trajano, no quiso como en la guerra primera esperarle en el campo, sino que se retraxo a las más fuertes fuerças de su reyno; mas poco le aprovechó, porque juró Trajano antes que saliesse de su casa de quedar muerto en Dacia o de traer bivo o muerto al rey Decébalo a Roma. Muchos de los unnos, que agora se llaman los de Ungría, y muchos de los renos, que son los que moran cabe el río Rin, avían venido en ayuda del rey Decébalo, los quales todos, como vieron venir a Trajano tan poderoso y tan determinado, desampararon al rey Decébalo; mas ni por esso se apartó de su propósito, porque tenía de condición que en començar los negocios era capitoso y en proseguirlos muy osado.

Tenía el rey Decébalo hedad de quarenta y dos años, príncipe por cierto dispuesto en el cuerpo, gracioso en la conversación, magnánimo en el gastar, esforçado en las armas, cuydadoso en las guerras, aunque muy desdichado en ellas; y esto le hizo perder a sí y a todas sus tierras, porque muy poco aprovecha la diligencia do la Ventura es contraria. Fue muy infelice príncipe el rey Decébalo en tener por competidor a tan felice príncipe como era Trajano, porque al uno se le hazían todas las cosas como quería y al otro todas al revés de lo que desseava.

Después de cinco meses que la guerra se avía començado, como el un príncipe cada día más cresciesse y el otro más disminuiesse, retráxose el rey Decébalo a un castillo con todos los cavalleros más esforçados de su campo, y allí Trajano expendía todos sus ingenios por le tomar, y el rey Decébalo empleava sus fuerças por se defender. Por consejo de Decébalo, descolgáronse una noche del castillo seys cavalleros mancebos y fuéronse al campo de Trajano, fingiendo que yvan huyendo, los quales yvan con ánimo de matarle con armas o darle en lo que comiesse yervas. Avía inventado esta trayción el rey Decébalo, porque faltándole como le faltavan las fuerças, queríase aprovechar de trayciones y mañas. Como Trajano era de condición sincera y no maliciosa, ninguna cosa sospechó de aquella malicia; antes los rescibió con clemencia y se ponía a platicar con ellos gran parte del día, preguntándoles de los exércitos y condiciones del rey Decébalo y por qué avía quebrantado lo capitulado y jurado. No faltó en el campo de Trajano quien conociesse que en el mirar, andar y callar aquellos mancebos eran traydores o eran ladrones; y como fuesse preso uno dellos, conosció que por consejo y mandado del rey Decébalo avían allí venido a matar a Trajano.

Como desta traición quedasse el rey Decébalo burlado y los traydores castigados, determinó de inventar otra; y fue el caso que sobre tregua dixo que quería hablar a Longinos, capitán muy famoso y muy querido de Trajano, el qual, como llegasse a la fortaleza sobre seguro, asióle y prendióle el rey Decébalo. Mucho enojo uvo Trajano en saber que su capitán Longinos estava preso, y no menos le uvo de Longinos, porque de la seguridad de Decébalo se avía confiado, diziendo que el hombre que a los hombres era fementido y a los dioses perjuro no merescía ser creýdo. Embió a dezir el rey Decébalo a Trajano que le perdonasse todo lo que hasta allí se avía cometido a él y a sus cavalleros, que de otra manera, no soltaría a su capitán Longinos. A esto respondió Trajano que si él prendiera a Longinos de buena guerra, él hiziera toda cosa por libertar su persona; mas pues Longinos se fió, no se aviendo de fiar de su palabra, obligado era él a conservar su vida; porque los buenos príncipes, más obligados son a mantener lo que prometen que no a procurar lo que desean. Aunque esto dixo Trajano en público, mucho trabajava por libertar a Longinos, ora fuesse por troque, ora fuesse por dinero; mas como lo supo Longinos, bevió ponçoña con que se mató, y embió a dezir a Trajano que nunca los dioses lo mandassen que por dar a él la vida, capitulasse con el rey Decébalo cosa fea. Este hecho romano tan grande de Longinos traxo en admiración a los amigos y puso gran espanto a los enemigos, porque a Trajano quitó de congoxa y para sí adquirió perpetua fama.

Visto por el rey Decébalo que lo más de su reyno estava tomado y que lo que por tomar quedava, ni podía defender lo uno ni lo otro, determinó de matarse, unos dizen con ponçoña, otros dizen que se ahogó en agua, otros dizen que se ahorcó de una soga; finalmente fue hallado muerto y sin herida, al qual Trajano mandó cortar la cabeça y embiarla a Roma.

CAPITULO .xiii.

De los grandes hedificios que hizo Trajano en el reyno de Dacia.

Muerto el infelice rey Decébalo y venida toda la tierra en poder de Trajano, hízola provincia, es a saber, que le quitó el título de reyno y la preheminencia de governarse por cónsules, sino que se llamasse provincia y la governassen pretores. Gran número fue de vezinos los que Trajano sacó de Ytalia y llevó en aquella tierra, y muchos más fueron los que sacó de aquella tierra y traxo en Ytalia; y esto hizo él no sin gran prudencia, porque sacando a los unos, assegurava el reyno, y llevando a los otros, vivirían como vivían en el Imperio Romano.

Quando el capitán Longinos murió, dexó un hermano menor en edad, mas ygual a él en esfuerço, y a éste hizo Trajano pretor de Dacia, y le dio por suyo proprio el castillo do murió su hermano, diziéndole que de las dos cosas, la una le dava por su virtud y esfuerço y la otra por lo que Longinos su hermano le avía servido. Proveyó Trajano en que se buscasse el cuerpo de su capitán Longinos, al qual mandó hazer un tal y tan rico sepulchro, que se dubdava si le diera tantas riquezas en vida quantas gastó en hazerle aquella sepultura.

En todo el reyno de Dacia no avía cavallero que tuviesse renta, sino que todas eran rentas reales, de las quales el rey a cada uno repartía como merescía y como le servía; y de aquí se seguía que como el reyno era tan opulento, el rey avía de ser muy rico. Quando Trajano vino la segunda vez a Dacia, estava el rey Decébalo muy rico assí de oro como de plata, lo uno porque era mucho lo que el reyno le rentava y lo otro porque no era poco lo que él a todos robava. El rey Decébalo no sabiendo lo que haría la Fortuna dél y de su reyno, determinó de enterrar todos sus thesoros en un río, al qual sacó de madre; y hechos en lo más hondo dél sepulchros de piedra do abscondiessen su thesoro, hizo que tornasse por do solía correr el río. Llamávase aquel río Sargecia, y porque no se descubriesse el secreto, mandó matar a todos los que fueron en enterrar aquel thesoro; mas poco le aprovechó; que un pescador que a la sazón pescava en el río lo descubrió después a Trajano, por manera que no ay cosa tan abscondida que no la descubra la cobdicia humana.

Venidos aquellos thesoros en poder de Trajano, dividió dellos por su exército, según los méritos de lo que cada uno avía servido; y de la parte de lo que a él le cupo, lo primero que mandó hazer fue un templo al dios Jovis muy sumptuosíssimo, en el qual dexó proveýdo que por él y por el pueblo romano se offresciessen sacrificios cada año.

Rehedificó también allí la casa real, es a saber, do solían morar los reyes de los dacos, la qual por la antigüedad estava ya algo vieja y con las continuas guerras no muy bien tractada, obra por cierto fue deleytosa de ver y apazible de morar. Reparó assí mesmo muchas puentes quebradas, adobó muchas presas de molinos abiertas, adobó por los caminos muchas calçadas quebradas, en todos los lugares hizo casas nuevas y rehedificó infinitas que estavan quemadas. Rompió caminos muchos por montañas ásperas, de nuevo levantó muchas fortalezas y renovó otras viejas; finalmente, apenas anduvieran por aquel reyno por espacio de una legua que no hallaran de las manos de Trajano alguna memoria.

No contento con lo hecho, hizo encima del río Danubio una puente de piedra, la qual fue tan subtil en el hedificio y tan costosa en el gasto, que avía pocas obras que le ygualassen y ninguna que le sobrepujasse. Tenía la puente veynte arcos en largo, y cada pilar era no más de una piedra quadrada, y tenían los arcos en alto ciento y cincuenta pies, y esto sin los cimientos, y avía de pilar a pilar ciento y sessenta y dos pies, y la anchura de los arcos por arriba era quarenta pies; y sobre todo era de ver el primor de las molduras y la riqueza de las piedras, porque era de tal lustre la piedra, que al parescer merescía ser engastonada en plata.

Cosa increíble parescía el juyzio humano, poderse hazer puente en aquel río; porque el río era ancho, era prophundo, era arcilloso, era raudo y sobre todo, que por ninguna parte podía ser echado para que al tiempo de assentar los cimientos quedasse en seco. Fue tan extremado, o por mejor dezir, tan monstruoso aquel hedificio, que uvo necessidad que se experimentassen allí todos los altos juyzios, que empleassen allí sus fuerças los romanos, que gastasse allí Trajano todos sus thesoros; porque en la obra se requería mucha potencia y en la orden della muy mucha industria. Muy poco es lo que puede engrandescer la pluma respecto de lo que se espantaría el que lo viesse por vista; y para ser más creýble, oy día assoman los pilares sobre las ferozes aguas, mostrando la soberbia del poder y la riqueza del emperador.

Quiso Trajano con aquel hedificio espantar a los que eran bivos y poner en admiración a todos los advenideros, para que fuesse evidente argumento que no avía cosa tan impossible ni tan ardua que con manos de hombres no se pudiesse emprender y con las riquezas romanas no se pudiesse acabar. La causa que dava Trajano en aver hecho aquella puente tan costosa y tan monstruosa fue dezir que la hazía para que los bárbaros que moraban de la otra parte del Danubio pudiessen venir a pelear con los romanos aunque el río estuviese elado, y también porque los romanos que allí moravan no se diessen a plazeres y occio con pensar que los enemigos tenían al ojo. No tuvo tal ánimo ni esfuerço el emperador Domiciano, el qual, por temor que las gentes bárbaras no viniessen a pelear con las huestes romanas, mandó derrocar los arcos de aquella puente, por manera que el uno hizo puente para combidar a los enemigos a pelear, y el otro derrocóla por miedo de pelear.[38]

CAPITULO .xiiii.

De la segunda vez que Trajano entró en Roma
y de las notables cosas que hizo en ella.

En acabar las guerras, en concertar la provincia, en repartir las tierras y en dar perfición a los hedificios, bien se detuvo Trajano en Dacia más de tres años, en los quales, según él después contava, fueron muy grandes los trabajos y peligros en que se vio su persona y no pequeños los gastos que hizo de su hazienda.

Sabido por los bárbaros que moravan de la otra parte del Danubio las victorias que Trajano avía avido y los muy ricos hedificios que avía hecho y las grandes dádivas que avía dado y la clemencia que con los prisioneros avía usado, embiaron sus embaxadores a Trajano, los quales de muy buena voluntad assentaron con él paz perpetua, y se obligaron a guardarle el reyno de Dacia. Increýble fue el amor que todas aquellas naciones tomaron con Trajano, y conosciose bien quando salió de aquella tierra para se tornar a Roma, en que por todas las ciudades que passava y por todos los caminos que caminava, eran tantos los lloros y alaridos que davan todos por su partida, que parescía temblar la tierra. Según las larguezas y prohezas que en aquellas provincias Trajano avía hecho, no es de maravillar que en su partida fuesse tan llorado, porque con los muchos beneficios les avía ganado los coraçones, y con los grandes hedificios les avía ennoblescido sus pueblos.

Universalmente de todos los amigos y enemigos, jamás príncipe como Trajano fue tan temido en la guerra ni tan amado en la paz. Lo que hizo a Trajano ser tan amado y

---

[38] The source says that Hadrian removed the superstructure. Domitian was of course already dead.

tan quisto fue en que no se descuydaba de los amigos, y también tenía muy gran cuenta con los enemigos, por manera que los que estavan en su deservicio, se lo avía de conoscer en las palabras, y los que estavan en su servicio, en palabras
5 y obras. Infinitos fueron los que se loavan aver sido Trajano con ellos piadoso, pero jamás ninguno se quexó que le fuesse ingrato. Enio Prisco, noble y antiguo romano, preguntó al emperador Trajano que por qué él más que todos los príncipes pasados era tan quisto. Respondióle Trajano,
10 "Porque naturalmente soy amigo de perdonar a los que me enojan y de no olvidar a los que me sirven." A la verdad lo que dize Trajano es verdad, que el odio y el amor, de la gratitud e ingratitud tiene principio; porque no ay tan feroz enemigo como aquél que en algún tiempo tuvimos por ami-
15 go y después de la tal amistad, le fue alguno ingrato.

Despachadas pues todas las cosas de Dacia, bolvióse Trajano en Roma; y si fue grande el triumpho de la primera guerra, quando al rey Decébalo venció, sin comparación fue muy mayor el de la segunda guerra, quando le mató. Dura-
20 ron las fiestas del triumpho de Dacia ciento y veynte días, en los cuales se mataron cien leones, y de otros animales silvestres más de diez mil, es a saber, corços, venados, javalines, lamias, toros, zebras, lobos, ossos, montesas, cíclades, búfanos, llorias, rinocerontes, locinios, camellos y onças, los
25 quales todos se traxeron, dellos de los desiertos de Affrica, dellos de la gran India. [39] Acabadas las fiestas del triumpho,

---

[39] *Lamia* is the name of mythical vampire-women. Covarrubias perhaps clarifies what Guevara means when he says (commenting on the mention of lamias in Isaiah), "Lo más cierto es ser cierta especie de monas."
Montesas may be an error for *monteses*, wild boars. Covarrubias gives "puerco" as a definition of *montés* and refers the reader to *javalí*. *Llorias:* The word *lloria* exists in Asturias as a variant of the word *loro*, meaning "of a dark color," but it does not designate a specific animal, according to Corominas. See Joan Corominas, *Diccionario crítico etimológico de la lengua castellana* (Madrid, 1954), III, 134. *Locinios* are imaginary.
If the expression recorded in the 13th century by the Alfonsine compilers was still current in the 16th, then it is possible to explain why Guevara thought the *Cíclades* were monsters of some kind: ' "Guardat uos de las Cíclades, que mucho son periglosas." Et daqui fue despues tomado ell uso de dezir ciclades por periglos de la mar o quier que se fagan, e pero mayor mientre a aquellos lugares...' *General estoria* (Madrid, 1957), 105a.

luego Trajano hizo hazer a los dioses grandes sacrificios en remuneración de los peligros de que le avían librado y de los triumphos que le avían dado. Mandó hazer templos de nuevo, uno al Dios Incógnito de los romanos y otro al dios
5 Mars, que era dios de los dacos. Mandó dar gran summa de dinero a todos los sacerdotes de los templos, lo uno para que offresciessen sacrificios cada día a los dioses por la salud dél y prosperidad de sus reynos, lo otro para que reparassen y ennoblesciessen sus templos.
10 A la venida de Dacia, quando passó Trajano por el río Rubicón, como se detuviesse un día por no poderse passar la barca, luego que llegó en Roma embió maestros y dineros para que labrassen una puente en aquel río, la qual fue más provechosa aunque no tan sumptuosa como la que hizo en
15 el Danubio. En las Lagunas Pontinas hizo hazer Trajano una calçada, la qual se hizo de piedra, y muy larga y muy ancha, y que fue obra muy provechosa y aun que no fue poco costosa, porque allí do no avía antes sino agua y lodo, uvo después muchas casas y vezinos.
20 En aquel tiempo murió en Roma un médico que avía nombre Suras Licino, en la muerte del qual mostró Trajano gran tristeza, y mandóle poner en la plaça una estatua y en el Campo Marcio hazerle una muy rica sepultura. Avía en Roma dos varones doctos en letras y virtuosos en costumbres,
25 los quales eran de Trajano muy amigos y en el pueblo muy estimados; llamávase el uno Palma y el otro Celso, y a estos dos dio muchos officios de honrra y les puso estatuas de alambre en la plaça.

Hizo Trajano en Roma muchas y muy grandes librerías,
30 en las quales puso libros de todas las sciencias y de todas las lenguas, do pudiessen leer los estrangeros y deprender los naturales. Doquiera que Trajano entrava, ora fuesse en el imperio, ora fuesse en reyno estraño, siempre era curioso en hazer buscar cinco cosas: es a saber, cavallos de buena
35 raça, hombres doctos, armas nuevas, mugeres hermosas y libros antiguos. Todas estas cosas o qualquiera dellas, ni se le encubrían por descuydado ni las dexava de comprar por dinero. En la plaça llamada Dacia puso Trajano una muy altíssima colunna, obra por cierto, para ser de una piedra,

muy superba, y para contemplar el ancho y altura muy espantosa. No se escrive de dó le traxeron a Trajano aquella colunna ni quál fue su intención de ponerla en aquella plaça, mas de quanto adevinan, que la quería para que encima della fuesse su sepultura; otros dizen que no, sino para perpetuar allí su memoria.

CAPITULO .xv.

De lo que Trajano hizo en Sicilia y en Africa y en España.

Estando Trajano muy embebido en los hedificios de Roma, escrivióle Rufo Galba, pretor de Africa, como toda Africa estaba escandalizada a causa que los numidanos y los mauritanos tenían entre sí grave guerra. Oýda esta nueva en el senado, dizen que dixo Trajano, "Pésame de la guerra, mas plázeme de la ocasión que me da de passar en Africa; porque grandes días ha que desseava ver los famosos campos de Carthago, do Scipión en breve espacio ganó para sí immortal fama y Aníbal perdió en un día lo que ganó en diez y seys años en Ytalia."

Partióse Trajano de Roma y tomó la vía de Sicilia, en la qual se detuvo todo el invierno; y por no estar ocioso, apenas dexó lugar en la ysla que por él no fuese personalmente visitado. Ninguno de los que bivían en Sicilia se acordaba aver visto príncipe romano en ella, por cuya causa halló Trajano muchas cosas que reparar en los muros y muchas más que emmendar en las costumbres. Como fue informado Trajano que en el faro de Mecina se abscondían muchas naos de estrangeros para enojar, y se acogían también zabras de cossarios para robar, fue a verlo en persona, y a su costa mandó hazer tres fuerças a la lengua del agua. Ora que faltó diligencia en los unos, ora que sobró malicia en los otros, fue el caso que antes que los maestros las acabassen de hazer, las començaron los cossarios a derrocar.

Entre los panormitanos, que son los de Palermo, y entre los de Mecina, de tiempos antiguos avía gran contienda, y Trajano, no sin gran trabajo, determinó todos sus pleytos y hizo que fuessen dende en adelante amigos. Para que la paz fuesse perpetua y para desarraygar las passiones de aquella ysla, las cabeças principales de los unos y de los otros, salariólos Trajano en su casa y hazíalos cada día comer a su mesa. En Palermo, en Mecina y en Catania mandó Trajano hazer en cada lugar su templo, y los dioses a quien fuessen dedicados aquellos templos, dixo que los escogiessen los vezinos. Reparó Trajano en Sicilia la casta de los buenos cavallos, rehedificó los muros caýdos, hundió las monedas adulterinas, erigió nuevos castillos, fundó superbos templos, puso paz entre los vandos, dio muchos dones, aunque no libertades, a los pueblos. Preguntado Trajano por qué a los sículos no dio libertades como las dava a los otros reynos, respondió, "Porque la servidumbre los conserva y la libertad los destruye."

Passado el invierno, ya que era la primavera, passóse Trajano en Africa y tomó tierra en el puerto do solía ser la gran Carthago; y como no hallasse della ni sola una piedra que diesse testimonio como allí Carthago avía sido fundada, dizen que dixo Trajano, "Mal me paresce que Carthago tanto resistiesse a la potencia de Roma, y muy peor me paresce que no se contentasse Roma hasta toda destruyrla." Allí do fue la antigua Carthago, hizo hazer Trajano un castillo más hermoso que fuerte, y en él hizo poner dos estatuas, la una de Aníbal carthaginense, la otra de Scipión Africano; mas luego que se absentó de aquella tierra Trajano, los pirratas le pusieron por el suelo.

Luego que Trajano entró en Affrica, se levantó una general pestilencia en ella, por cuya causa ni pudo yr a ver lo que desseava ni hazer lo que pensava. Como la pestilencia andava tan cruda, fue necessario a Trajano retraerse al puerto de Bona, que estava algo más sana, y allí embió a llamar los principales de los numidanos y de los mauritanos, los quales delante de Trajano luego fueron amigos y dexaron en sus manos todos sus negocios. Entre todos los príncipes del mundo, esta excelencia tuvo Trajano, que jamás hombre vino a su presencia que le negasse lo que él le pidiesse ni le desobedesciesse en lo que él le mandasse,

porque en el mandar era muy cuerdo y en el rogar muy humilde. Bien pensó Trajano detenerse en Africa más de dos años, y no estuvo quatro meses, y según él después dezía, si la pestilencia no le fuera tan contraria, él dexara de
5 sí tan gran memoria en Africa como la dexó en Dacia.

Hízose a la vela Trajano en el puerto de Bona, y vino por el estrecho a Gades, que agora se llama Cáliz, ciudad de España en la qual él se avía criado, y della, siendo muy mancebo, avía salido. Muchos previlegios dio Trajano a
10 los gadetanos, ansí como a sus naturales y amigos, entre los quales fueron dos muy notables, es a saber, que fuessen ciudadanos y que de ninguna mercadería que llevassen por mar pagassen tributos. Hizo Trajano en Cáliz un templo sumptuosíssimo al dios Genio, que es el que tenían los
15 romanos por dios del nascimiento. Hizo también un calce de piedra y argamassa entre la mar y la tierra, mas no fue acabado quando del ímpetu del agua fue destruydo. Intentó de reparar las Colunnas de Hércules, las quales por la gran antigüedad estavan ya perdidas; y como le dixessen que
20 pusiesse en su nombre otras, por manera que los advenideros llámassenlas "Colunnas de Trajano" y no las de Hércules, respondió, "Lo que yo devo hazer es que como Hércules vino desde Grecia a España a buscar honrra, que vaya yo desde España a Grecia a ganar fama." [40]
25 Vino Trajano a ver dó fue la ciudad de Ytálica, do sus abuelos nascieron antes que fuesse destruyda, y como la

---

[40] It is known that Trajan once returned to Spain (around 91 A. D.), whence he was called by Domitian to head the army in Germany. No details of his short stay there are known.

Cádiz received the Roman franchise from Julius Caesar, not Trajan.

There was no temple of the "dios Genio," so far as I can ascertain. The fact that Guevara thought of "Genio" as an individual god betrays the weakness of his classical mythology (see also *Relox*, book I, ch. XI); but it is to be remembered that the first "modern" handbook of classical mythology was not printed until 1532 (by George Pictor) and that only then did a more accurate knowledge of mythology begin to spread. See Jean Seznec, *The Survival of the pagan Gods* (New York, 1953), p. 228 and ff.

The columns of Hercules were thought by some authorities to have been metal pillars in a temple to Hercules at Cádiz. Philostratus, in the *Life of Apollonius of Tyana*, book V, chapter V, describes them as made of gold and silver; and in Strabo's geography there is a long discussion of this problem in book III, 5, 5.

quisiesse tornar a rehedificar Trajano, díxole un mathemático que no lo hiziesse en ninguna manera, porque tanto quanto ella cresciesse en el hedificio, él disminuyría del imperio.

5 Mandó hazer Trajano en España la puente de Alcántara, obra que dura hasta nuestros tiempos y en quien concurren generosidad y subtileza y provecho. Hizo otra puente en el río de Tejo cabe Istobriga, y ésta es la puente que agora está quebrada a las barcas de Halconeta. [41]

10 Mandó Trajano continuar la Vía Publia, y es el camino que agora llaman en España la Calçada, que va desde Sevilla a Salamanca; y llámase Vía Publia, que quiere dezir "el camino de Publio," porque el primero que le començó fue Publio Fabato, uno de los cónsules que pelearon con Viriato.

15 Lo que Trajano hizo en aquella calçada fue poco más o menos desde el Casar de Cáceres hasta una legua antes de las ventas de Cáparra, y esto no porque lo dizen claro los escriptores, sino por las colunnas que ay en aquel camino, las quales dizen en sus letras ser puestas en tiempo de Trajano. Y el que quisiere ser curioso en las yr a ver (como muchas veces las fuymos a ver y a leer y aun a medir), hallará que dentro del término dicho no hallará nombre de otro príncipe sino de Trajano; y antes del Casar ni después de las ventas de Cáparra no hallarán a Trajano en ninguna colunna escripto. El fin que tuvo el cónsul Publio Fabato en hazer aquella calçada fue por hazer división entre la provincia Vética, que es Andaluzía, y entre la provincia Lusitania, que es Portugal. Partiendo desde Sevilla para Salamanca, todo lo que la calçada dexa a man yzquierda era antiguamente de Lusitania, y todo lo que queda a man derecha era de Andaluzía. Entre el procónsul de Bética y el procónsul de Lusitania avía muy gran contienda sobre averiguar hasta dó llegava la jurisdición del uno y la jurisdición del otro,

---

[41] The Alcántara bridge was built in 106 A. D. under orders from Trajan (Wiseman, 153). *Tejo* (Tajo?) is Portuguese for the Tagus. The Alconétar bridge is reminiscent of the style of Trajan's Danube bridge, according to Wiseman (p. 151).

y por esta causa se hizo aquel tan sumptuosíssimo y tan largo camino como es el de la Calçada.⁴²

Sobre el río de Guadiana mandó hazer Trajano una muy prolixa puente, en medio de la qual hizo una plaça
5 do concurrían los dos pueblos a tractar la mercadería. Esta puente es la de la ciudad de Mérida, la qual oy en día paresce ser muy larga, y tenía en medio de la puente un tajamar que subía el río arriba bien un tiro de piedra, el qual por ambas partes venía hasta la puente con sus muros
10 continuado, en medio del qual estava la plaça o mercado. Quando los griegos fundaron a Mérida, hizieron en ella dos barrios, y el río Guadiana yva por medio dellos; y do agora está Mérida era el barrio más rezio, y el que estava de la

---

⁴² It is known "that one of the first jobs put in hand by Trajan after his accession was the complete overhaul of the road from Astorga to Merida." (Wiseman, 151). Guevara is describing a *calçada* which ran from Seville north to Mérida-Cáceres-Salamanca. The stretch which he suposes Trajan to have completed is that from Cáceres to the Tagus, across the Alconétar bridge to Cáparra, half-way between Cáceres and Salamanca. The road from Mérida to Salamanca was called "la vía de plata" and never "la vía Publia," so far as I can tell. I would guess that Guevara's name Publio Fabato is a corruption of Publius Carisius, the founder of Mérida (by order of Augustus, 25 B. C.), whose coins still exist. Publius Carisius could not have fought Viriathus, who was murdered in 138 B. C.

Guevara is correct in saying that Trajan's name appears on the "colunnas" along the highway. The *miliaria* beginning with CI (no. 4656 in Hübner) and continuing to CXLIX are commonly inscribed with Trajan's name, e. g., no. 4663:

IMP . CAESAR
DIVI . TRAIAN . PAR
THICI . F . DIVI . NER
VAE . NEPOS . TRAIA
NVS . HADRIANVS
AVG . PONTIF . MAX
TRIB . POT . V . COS
III . RESTITVIT

But his name is found on other markers past Cáparra. Aemilius Hübner. ed., *Inscriptiones Hispaniae Latinae* (Berolini, 1892).

The highway which Guevara is discussing does not correspond even remotely to the borders of Lusitania. The ancient borders were the Guadiana in the south to a point below Talavera and the Duero in the north almost to Zamora, with the eastern border extending almost to Madrid; the old province was roughly shaped like Australia. The *calçada* cut across Lusitania and Baetica.

otra parte del río era más deleytoso; por manera que el uno
tenía para acogerse en tiempo de guerra y el otro tenía para
se holgar en tiempo de paz. Como el cónsul Publio Fabato
hizo la división de Portugal y Andaluzía, cupo el barrio que
5 estava de aquella parte del río a la provincia Lusitania, y el
barrio que es agora Mérida cupo a la provincia Bética, y
desde aquel tiempo se levantó entre ellos muy gran contienda, por manera que derribaron la puente que estava en medio de la ciudad, y el dinero de los unos no valía entre los
10 otros. El buen emperador Trajano, queriendo atajar estas
tan antiguas enemistades, hizo en medio de la ciudad sobre
Guadiana la puente que oy está; y por quitar los pundono-
res, si los unos yvan al barrio de los otros, hizo en medio de
la puente una plaça do todos concurrían a hablar y a tractar
15 su mercadería. Duró la prosperidad de Mérida hasta que los
godos entraron en España, los quales teniendo guerra con
los silingues, que a la sazón señoreavan a toda la Andaluzía,
y como se hiziessen fuertes en Mérida, fueron los silingues
por los godos allí vencidos y aquellos generosos y antiguos
20 hedificios derrocados.[43]

En ninguna ciudad de toda Europa concurrían juntamente quatro hedificios quales los tenía Mérida, es a saber, un
superbo coliseo, unos arcos por do venía agua, un templo de
Diana, una puente en que avía una plaça, los quales todos,
25 aviéndose tardado en hazer muchos años, perescieron en un
día.[44]

---

[43] The Guadiana bridge in Mérida is from the time of Augustus. Guevara's description is essentially correct; in the middle of the Guadiana is an
island to which a ramp leads from one side of the bridge, and this area was
once the location of wharves, shops, etc.
　The reasons for the construction of the bridge are imaginary. Mérida, as
has been said, was founded in 25 B. C. by Augustus under the direction
of Publius Carisius. It was the capital of Lusitania and was not —as Guevara
seems to think— on the side of the Guadiana which is in Baetica.
　The Silingos were a group of Vandals who settled in Baetica in the late
fifth century. The Silingos did not take refuge in Mérida (in Lusitania) and
the city was not destroyed; in fact it retained much of its prestige under the
Visigoths and eventually became the seat of an archbishopric.
[44] The four structures are the "Milagros" aqueduct, the bridge over
the Guadiana, the amphitheatre (presumably), and the remains of a temple

CAPITULO .xvi.

De cómo Trajano passó de España en Asia
y de la manera que se avía en la guerra

Después que Trajano visitó en España la provincia Bética y la provincia de Lusitania y la provincia de Carpentania,
vínose por la provincia de Tarragona, y avía aquel año en
toda la tierra muy gran necessidad de pan, y esto le constriñó a Trajano apressurar el andar y abreviar el embarcar, por
manera que la pestilencia le echó de Africa y la hambre
de España. Partióse Trajano de España con determinación de
no parar hasta Asia y de allí tomar el camino para la mayor
Armenia, y jamás quiso tomar tierra en ningún puerto de
Ytalia, sino que por do passavan, a manera de peregrinos
no paravan más de a renovar los bastimentos. Todos los
que navegavan con Trajano yvan espantados en ver que
passava por los puertos de sus reynos como por tierras de
enemigos. Tenía Trajano un capitán que se llamaba Valerio
Graco, el qual era del emperador muy gran amigo, y aun
teníale por su deudo, y a éste dizen que dixo Trajano en
mucha poridad y secreto, "Si yo hallara guerra en Sicilia o
en Africa o en España como la hallé en Dacia, para que en
ella uviera avido alguna victoria, no me passara sin entrar
en la tierra de Ytalia; mas pues que assí es, yo juro a los
immortales dioses de no poner los pies en Ytalia hasta que
merezca entrar triumphando en Roma."

¡Altas y muy altas palabras fueron éstas y dignas y muy
dignas de ser en los coraçones de los príncipes escriptas, por
ver a este príncipe que se desterrava de los regalos de sus
proprios reynos por yr a buscar fama a reynos estraños!

Muy determinado se fue Trajano a tierra de Armenia, en
la qual entró haziendo guerra; y la ocasión que tomó fue que
avía dicho el rey de los armenios que no avía tomado la

---

known for no apparent reason as that of Diana. The temple is now covered
by a sixteenth century palace (Wiseman, 168).

corona por mano de los romanos sino del rey de los parthos. No se contentó Trajano con hazer guerra a los armenios, sino que también entró en tierras de los parthos; porque en la Trapa, que es una su muy principal provincia, tuvo más de
5 tres meses toda la gente de guerra. El rey de los parthos llamávase Parthuro, y era hombre anciano; y visto que Trajano le offrescía la guerra, determinó de presentar a Trajano la paz; el qual, como fuesse retraýdo de todos los parthos porque mostrava dentro de sus reynos tener temor, respon-
10 dióles él, "Si fuesse la guerra de exércitos a exércitos, no temerían los parthos a los romanos; más peleamos con el emperador Trajano, al qual dieron los dioses tan gran fortuna, que sobrepuja a toda nuestra potencia."

Sin consumir muchos días y sin emplear muchas armas,
15 hizieron con Trajano paz los parthos, y se dieron por vencidos los armenios. A Parthamisires, rey que era de los armenios, quitóle el reyno, y dio Trajano el reyno y la corona de su mano al hijo, y esto hazía Trajano a causa que avía el rey Parthamisires dicho que por los parthos y no por los
20 romanos avía sido coronado, por manera que el buen Trajano, en quitar el reyno al padre, hizo justicia, y en darle a su hijo, mostró su clemencia. No se contentó Trajano que los parthos tuviessen paz y fuessen tributarios a los romanos, sin que el rey Parthuro por las manos de Trajano fuesse
25 coronado; y ansí fue que delante de Trajano hincó las rodillas, rescibió la corona, le besó la mano y consintió el tributo.

Anduvo Trajano por todas aquellas provincias, y a los reyes que le obedescían, benignamente los tractava y en sus
30 reynos los confirmava; y a los que le hazían resistencia, a otros hazía merced de la tierra, y a ellos embiávalos presos a Roma. Tenía Trajano en costumbre que en todas las ciudades que eran cabeças de reynos o provincias, las quales él tomava por fuerça de armas, mandava hazer un castillo
35 fortíssimo do se reparassen los exércitos y un templo sumptuosíssimo do adorassen a los dioses romanos. Como Trajano anduvo, visitó y conquistó a todas las tres partes del mundo, es a saber, Asia, Africa y Europa, y en todas ellas trabajó dexar de sí immortal fama, créese piadosamente que todos

los príncipes romanos juntos no hizieron tantos hedificios como hizo Trajano solo.

Traya Trajano sus huestes muy aderesçadas y muy corregidas y aun muy subjectas, y todo esto procedía de andar él con ellas y tenerlas muy bien pagadas; porque según él dezía, la hueste que de su proprio príncipe no es visitada y pagada, nunca la tendrá bien subjecta. Quando Trajano estava en la guerra, en el comer y en el vestir más parescía compañero que no emperador romano, porque muy pocas vezes se desnudava las armas, y muchos eran los días que comía en pie. Como tenía las carnes algo secas y nerviosas, era muy pacientíssimo en los trabajos de la guerra, es a saber, en sufrir hambre, frío, sed, aguas, nieves, soles, humedades y peligros, los quales él no rehusava como covarde, sino que los buscava como animoso; porque en trances peligrosos jamás dixo a sus capitanes "yd" sino "vamos," "hazed" sino "hagamos," "pelead" sino "peleemos."

Tenía mandado a sus exércitos que no quemassen casas ni encendiessen miesses ni derrocassen moliendas ni talassen huertas, diziendo que estas cosas hanse de tomar mas no assolar. Quando Trajano quería tomar alguna ciudad, no empleava en cosa más sus fuerças, que era en quitar a los enemigos las aguas. En los reales de sus enemigos hazía sembrar de sí nuevas falsas, es a saber, que si tenía bastimentos, dezir que le faltavan, si tenía dineros, dezir que eran gastados, si tenía mucha gente, dezir que se le yva, si quería en breve combatir, dezir que ya se quería yr; y desta manera hazía que se desapercibiessen los enemigos, y él entonces rehazía más sus exércitos. Era Trajano muy largo en dar a los que le descubrían el secreto de sus enemigos, y junto con esto era muy solícito en guardar no entrassen espías en sus exércitos. Quando tenía guerra en una ciudad o tierra, no quería que los suyos salteassen en torno de aquella comarca, porque dezía él que el provecho sería poco de lo que robassen a aquellos pueblos, y el daño sería mucho en quitar no viniessen bastimentos. A un capitán que prendió a un labrador que arava y mató dos bueyes con que arava, mandó Trajano con innominia desterrar, y al labrador, que le diessen sus armas y cavallo y todo lo que se le devía del sueldo.

Por ninguno excesso mandava Trajano matar a ninguno en la guerra, si no era al que se dormía siendo centinela y al capitán que huýa de la batalla y al que con mujer se echava por fuerça. Era Trajano tan piadoso que muchas vezes perdonava a los delinqüentes, especialmente quando estava en la guerra; mas dos delictos jamás se los vieron perdonar, es a saber, a los que blasfemavan de los dioses y a los que forçavan mujeres.

Fue Trajano muy cuydadoso en visitar sus reales y tener por cuenta a todos los exércitos, y esto a fin que no anduviessen entre ellos hombres vagamundos, por manera que no andava hombre en la guerra que no truxesse armas y fuesse a la batalla. Traýa Trajano en sus exércitos maestros de todos los officios, para que enseñassen el arte de cavallería a todos los mancebos, es a saber, cómo avía de jugar de espada, tirar a la vallesta, correr un cavallo, escalar un muro, minar un castillo, luchar con un enemigo y passar a nado un río; finalmente, todo lo más en que Trajano se occupava era en augmentar y noblescer su cavallería.

CAPITULO .xvii.

De los títulos honrrosos que los romanos embiaron a Trajano y del terremoto de Antiochía.

Mucho quisieran los romanos que quando Trajano navegó de España en Asia, que tomara tierra en Ytalia, mas quando supieron las victorias y prosperidades que avía avido en Asia, fueron muy grandes las alegrías que se hizieron en Roma. En los tiempos passados, algunos príncipes vencieron a los parthos y otros fueron dellos vencidos, mas nunca príncipe como Trajano les hizo por miedo que le entregassen el reyno, y que de su voluntad el rey, hincadas las rodillas, quisiesse por el príncipe romano ser coronado. Los parthos era gente tan indómita que dezían ellos que los dioses podían absolutamente perderlos, mas que era imposible los hombres vencerlos. Muchos días estuvieron en el senado debatiendo sobre determinarse qué gracias a Trajano le

escrivirían y qué insignias de honrra le embiarían, pues por su virtud ellos todos eran honrrados y por sus hazañas eran en todo el mundo temidos. Vino todo el senado en un acuerdo, y fue por cierto generoso acuerdo, es a saber, que se hun-
5 diessen todos los géneros de monedas que avía en el imperio, y hizieron una moneda nueva en nombre de Trajano, en la qual estava esculpido Trajano, y en torno della estava este letrero escripto IMP. VLP. TR. OPTI. DA. PARTH. P. P. TRIB. CON. II. SEM. AUG. Que quiere dezir, "Este es el
10 emperador Ulpio Trajano, el qual fue muy bueno y muy bienaventurado; venció a los parthos, triumphó de los dacos, fue Padre de la Patria, fue tribuno del pueblo, fue cónsul dos vezes; será immortal su memoria." [44a]

Supremo fue el gozo que tomó Trajano de que vio la
15 moneda que había hecho el senado y de que leyó lo que en ella estava escripto; mas de todos los títulos que le dieron, de ninguno tanto se gloriava ni alabava como era llamarle *imperator optimus,* que quiere dezir, "príncipe muy bueno"; porque dezía él que todos los otros títulos, los avía ganado
20 con armas, mas aquél con virtudes.

Por causa de ampararse de los fríos y de proveerse de bastimentos, retrúxose Trajano a la ciudad y provincia de Antiochía el invierno, en la qual acontesció estando él allí un tal y tan feroz terremoto qual jamás en los siglos passados
25 avía sido visto ni oýdo. Fue pues el caso que a veynte y dos días del mes de octubre, y a casi que quería amanescer, repentinamente se levantaron unos vientos tan rezios y tan importunos, que arrancavan los árboles, batían las aves, derrocavan las tejas y hazían temblar las casas. Luego empós
30 desto començo a relampaguear y a tronar, y de tal manera centelleava, que siendo de noche, parescía ser de día. A los truenos y relámpagos siguiéronse luego espantosos rayos, los cuales con su furioso ímpetu rompían los superbos hedi-

---

[44a] Guevara's interest in numismatics is shown in the *Epístolas familiares,* I, 19. The coin noted here is an invention of Guevara's, since Trajan began his third consulship in 100 A. D. but did not receive the title *Parthicus* until 115 A. D. See Harold Mattingly, *Coins of the Roman Empire in the British Museum* (London, 1936), III, lii-liii. The British Museum catalogue lists no coins with a legend beginning IMP . VLP . TR.

ficios, encendían los altos montes, matavan súbitamente a los hombres; finalmente, no parescía sino que el mundo se abrasava y la tierra se abría. Si la tierra estava escandalizada, no por cierto estava la mar quieta, sino que las aguas se començaron en ella a hinchar, los vientos a alterar, los peces a se turbar, el ayre a se escurescer, y lo que era más espantoso, que assí parescían cruxir y bramar las aguas como si fueran bestias fieras.

Luego empós desto vino de súbito un calor o bochorno que constriñó a todos a desabrocharse los pechos, afloxar la cintura, ahorrarse de la ropa, subirse a los terrados, sudar los cuerpos, y lo que era peor de todo, que si salían al ayre, los derrocava por andar rezio, y si se metían en el mar, los anegava por andar bravo. Como los vientos era en su bravura y fortaleza tan peregrinos y la tierra de la sequedad del verano estava tan seca, levantaron un tan áspero polvo que parescía estar el ayre de polvo quajado. Era cosa mostruosa y espantosa ver el ayre espesado con polvo, ver las mares bramar, ver los ayres entre sí combatir, ver que unos a otros no se podían ver, ver que las bocas no osavan abrir ni con las narizes resollar, porque era tanto el polvo que tragavan, que de súbito en el suelo muertos caýan. Todas estas calamidades y prodigios eran por cierto espantosas; mas no eran universalmente peligrosas, porque si eran muchos los que peligravan, eran muchos más los que se salvavan.

Començó pues luego a temblar la tierra, y fue tan nuevo y tan inusitado el temblor, que los hedificios antiguos caýan, los muros se abrían, las torres se hendían, las paredes se desmoronavan, los monumentos se rompían y las piedras unas con otros topavan. En una parte estavan todos los hedificios caýdos, en otra las casas medio derrocadas, en otra los muros abiertos, en otra los árboles arrancados, en otra los animales domésticos muertos; finalmente, no uvo en toda la ciudad algún barrio do no empleó sus fuerças el terremoto.

Si tal destruyción uvo en los árboles y piedras ¿qué tal devía ser la calamidad que passarían los hombres? Era cosa lastimosa de ver cómo davan bozes los hombres, gritavan las mujeres, lloravan los niños, bramavan los animales, topávanse unos con otros. Unos quedavan muertos, otros descalabrados, otros piernicoxos, otros mancos de los braços y otros trançados los cuerpos. A la sazón que esto passó, avía venido a Antiochía gran número de gente de todas las naciones del mundo, unos a ver a Trajano, otros a pedir justicia, otros que andavan en la guerra, otros que los trayan pressos, otros que eran peregrinos estrangeros; y en todos estos no quedó hombre que no fuesse muerto o descalabrado, si no fue una mujer y un esclavo.

Aquella noche del terremoto, estava en una casa de plazer fuera de la ciudad Trajano, el qual saltó por una ventana; y no fue en el saltar tan pressuroso que no le magulló el braço derecho, no sabía que dezir si fue madero o teja o ladrillo. Quedó Trajano tan espantado del temblor de la tierra que todo el tiempo que se detuvo en Antiochía no quiso morar en ninguna casa, sino en el campo debaxo de una tienda dormía y comía.

Muchos días después que passó esto, andando unos a mirar los hedificios caýdos, oyeron una boz de una mujer, y como cavassen hasta lo profundo, hallaron a una mujer y a un niño que en la concavidad de un soterano avían escapado; y fue cosa de admiración como estando tanto tiempo sin comer la madre, tuvo leche para mantener al niño. Alimpiando assí mesmo otros unos hedificios para rehedificarlos, hallaron a un muger muerta y a un su hijo vivo que le mamava la teta. Al tiempo que temblava en Antiochía la tierra, de tal manera tembló y se abrió el monte Caucasio, que pensaron todas las ciudades comarcanas que todas aquellas montañas venían a caer sobre ellas. Ríos que de immortal memoria corían se secaron; fuentes en lugares nunca vistas ni pensadas remanescieron; otras fuentes, que de antigüedad manavan, para siempre quedaron secas; muchos cerros y cumbres allanó; muchas honduras y valles, trayendo tierra de otras partes, alçó; finalmente, no uvo casa en Antiochía y su tierra que no fuesse o del todo destruyda o casi de otra manera mudada.

CAPITULO .xviii.

De cómo Trajano subjetó a la Assiria
y de lo que hizo en Babilonia.

Ya que venía el verano, aparejó Trajano y salió de las
tierras de Antiochía, y fuesse el camino de Assiria para conquistarla por guerra, si no se le diessen en paz. Llegando pues a las riberas del gran río de Eufrates, halló las naos quemadas y las puentes todas quebradas y a todos los bárbaros puestos en armas, con ánimo de morir o defender sus tierras. Como los bárbaros supieron la venida de Trajano, quemaron los montes do avía leña y talaron todos los bosques y riberas do avía madera, porque no tuviessen con que hazer naves ni rehedificar los puentes. Supo Trajano que muy lexos de allí, en el monte Nisibín, se labravan unas naos, y embió luego por ellas, las quales en unos carros fueron traýdas; y en muy breve espacio fueron encima de Eufrates enjauladas y armadas.

Passado el río Eufrates, halló Trajano otro río, que se llamava Pessín, junto al monte Cardio, el qual también era poderoso; y hizo Trajano deshazer las naves y llevarlas otra vez por tierra a aquel río, con las quales combatió a los bárbaros que las riberas defendían. Según los bárbaros después dezían, determinados estavan todos de morir antes que dexarse subjetar, sino que pensaron que Trajano no era hombre mortal que los quería combatir, sino alguno de los dioses immortales que los quería destruyr; y moviales a pensar esto, ver que no menos llevava Trajano naos por la tierra que ellos por la mar. Llámase aquella tierra la provincia Adjabena, la qual toda allanada y so su subjección puesta, passóse a Arbela y a Guanguemela, dos provincias que son opulentíssimas, en cuyos campos en los siglos passados el gran rey Dario fue vencido del magno Alexandro. Todo aquel verano expendió Trajano en conquistar aquellas provincias, las quales, aunque differen en los nombres, no differen en el señorío, porque siempre son anexas al reyno de Assiria, al qual los bárbaros, mudando la *s* en *t*, la llamaron Attiria.

Ya que yva en declinación el verano y se allegava el invierno, determinó Trajano de yr a invernar a Babilonia, en el qual camino ni halló enemigos que le resistiessen ni amigos que le acompañassen, porque son tan solos y tan secos aquellos desiertos, que apenas se hallan en ellos animales brutos. Antes que entrasse en Babilonia Trajano, quiso personalmente yr a ver el lago de Beturino, el agua del qual tiene esta propriedad, que arzilla o tierra o cal o arena o yeso que quagen con ella, házese un betún dello tan rezio que no es más rezia la piedra ni el hierro. Con esta agua fueron hechos los ladrillos y fueron quajados todos los materiales con que se hizieron los muros de Babilonia.

Fue ansí mesmo Trajano a ver la cueva de do manava aquella agua de la qual sale un tan pestilencial hedor, que mata a los animales que por allí cerca andan, y caen las aves que por encima buelan. Los hombres que por allí passan no osan yrlo a ver, y mucho menos llegarse a la cueva a oler, excepto los eunucos, que son castrados, los quales ni temen en verlo ni peligran en olerlo.

No se hartava Trajano de mirar a Babilonia, y holgávase mucho de ver muchas antiguallas que avía en ella, y tenía muy gran compassión, y aun dezíalo muchas vezes, de ver quántos y quán nombrados príncipes avían consumido allí su hazienda y empleado lo mejor de su vida por perpetuar su fama, los quales eran ya olvidados y sus superbos hedificios caýdos. Una obra intentó a hazer Trajano en aquella tierra, la qual sobrepujó no sólo a todas las que él hizo en Roma, en Ytalia, en Sicilia, en Dacia, en España, mas aun a todas las que Nino y Belo y Semíramis y Alexandro hizieron en Babilonia. Era Trajano de tan altos pensamientos, que en las guerras que intentava y en los hedificios que hazía, no se contentava él de pensar que pensassen los otros que ygualava con los príncipes passados, sino que avían de pensar y confessar él ser único entre todos. Fue pues el caso que abrió las madres del río Tigris y del río Eufrates, y hizo hazer del uno al otro una muy prophunda cava por do el

agua del uno se passasse al otro. Cosa agora muy ligera de escrevir y que fue entonces muy espantosa de ver, en que la cava que mandó hazer Trajano del un río al otro era tan alta y tan ancha y tan prophunda, que muy grandes naves
5 atravessavan por ella. Encima de aquella canal hizo Trajano una muy solenníssima puente y un castillo muy fuerte y una casa muy rica y unas huertas muy alegres y en torno de la ribera muchas alcayrías y casas; y porque de Trajano quedasse allí perpetua memoria, llamávala la Trajánica Ba-
10 bilonia. No duró mucho tiempo este hedificio que hizo Trajano, y fue la causa que como el río Eufrates tenía la madre por do corría más alta que no el río Tigris, crescía Tigris y disminuýase Eufrates, y temiéronse los babilónicos que el uno, por faltarle agua, se perdiesse y el otro, con la mucha
15 pujança de agua, dañasse. [45]

Desde Babilonia fuese Trajano a la ciudad de Tesiphonta, que era cabeça de aquella provincia, la qual, aunque algunos días se quiso defender, en breve espacio se vino después a entregar, y allí dizen que uvo Trajano tan gran
20 summa de dinero, que uvo para pagar los exércitos y para hazer los hedificios y aun para guardar entre sus thesoros. Grandes eran las nuevas que cada día llegavan al senado de las maravillosas victorias que Trajano avía por todo el mundo, y como más que todos los príncipes passados aug-
25 mentava el Imperio Romano. No sabían los de Thesiphonte hazer sacrificios a los dioses ni guardar fiestas, y a esta causa hizo hazer Trajano allí un templo al dios Júpiter, y enseñóles qué fiestas avían de guardar y cómo a sus dioses avían de sacrificar.

---

[45] Trajan contemplated a canal, but decided against it; no work was begun. Ninus was the mythical founder of Nineveh and the husband of Semiramis. Belus was the father of Ninus. Both Belus and Semiramis are associated with the founding of Babylon. Alexander was not responsible for any buildings in Babylon, so far as I can tell.

CAPITULO .xix.

De cómo Trajano trabajó mucho
por passar a la grande India y no pudo.

Vencidas y puestas en orden todas aquellas provincias, determinóse Trajano de navegar por el mar Rubro, el qual es un gran mar que desde Occéano de las Indias hasta Arabia corre, y llámase por otro nombre mar Eritreo, por memoria de un rey Eritreo que en otro tiempo tuvo aquel señorío. El río Tigris haze en el discurso de su corriente una ysla que tiene treynta millas en ancho y quarenta en largo, y en la población désta, reynava Athabilo, príncipe superbo y bellicoso, al qual Trajano, sin llegar a las armas, le puso so su imperio. Con ser los ayres de aquel mar differentes de los otros mares, y como eran entonces los mayores calores del verano, passó Trajano en aquella navegación mucho trabajo y peligro; y como le dixesse uno que saliesse de la mar y tomasse tierra, do él se recreasse y su gente descansasse, respondió, "Los viciosos van dende aquí a Roma a buscar regalos, y los virtuosos dende Roma vienen aquí a buscar trabajos; porque nuestros passados, a trueque de grandes trabajos les dieron grandes triumphos, y por esso jamás dexaré de pelear por temor ni de navegar por peligro."

A la lengua del agua de aquel mar estavan unos pueblos que se llamavan los sipasinos, los quales tenían el nombre de unos campos assí llamados, do de muchas partes venían allí a apascentar sus ganados. Estos pueblos sipasinos eran súbditos del rey Athabillo, y como supieron que él a los romanos avía obedescido, ellos todos de muy buena voluntad salieron a rescebir a Trajano.

Passadas todas aquellas yslas y sojuzgadas de una parte y de otra todas aquellas ciudades marítimas, entró ya en el mar Occéano Trajano, y como sintiesse cruxir de nuevo los navíos y que los ayres eran algo espessos y los pilotos en aquel mar no eran diestros, hizo tomar tierra para rehazer su armada. Fue informado Trajano como eran de tal condición las aguas de aquellos mares que no sufrían naos hechas de peregrinas maderas, sino que avían de ser hechas de madera de las Indias, porque de otra manera, en muy breves días las comía, y otras vezes las hundía. No se puede dezir la tristeza que cayó en el coraçón de Trajano, de que para passar en las grandes Indias no halló aparejo, porque sus naos no podían navegar por aquellas aguas, y para hazer otras no tenía madera de las Indias. De que ya Trajano vio que su viage no llevava remedio, dizen que dixo con un gran sospiro, "De todos los príncipes passados, a solo Alexandro doy la ventaja, no más de por aver passado a la India; mas si a mí la Fortuna me dexara, a él como a los otros sobrepujara, porque yo llevava voluntad no sólo de vencer a toda la India, mas de hazer en ella una nueva Roma."

En el tiempo que allí estuvo Trajano, no se occupava sino en preguntar particularmente todo lo que avía en la gran India, es a saber, qué dioses adoravan, qué templos tenían, qué reyes obedescían, qué manjares comían, qué ropas vestían, cómo peleavan, en qué ciudades moravan y qué exércitos tenían; y quanto mayores cosas le dezían de aquella tierra, tanto mayor dolor en su coraçón se augmentava.

Desde allí embió Trajano a Roma una embaxada con la qual embió muchas riquezas para el erario, y ansí mesmo embió un memorial de todas las provincias y reynos e yslas y naciones y pueblos que avía conquistado y tomado y debajo del Imperio Romano puesto. Muy grande fue el regozijo que uvo en Roma de que fue divulgada la embaxada, y fueron muy espantados los romanos en leer tantos y tan varios pueblos ser por Trajano vencidos, porque muchos dellos juravan en el senado de Roma, no sólo no se hallar hombre que los uviesse visto, mas aun ni a su noticia por oýdas uviessen venido. Hizieron luego en Roma, en la plaça de Trajano, un arco triumphal, en el qual esculpieron los nombres de los reynos que Trajano avía sojuzgado y las principales provincias que avía tomado, porque si conforme al memorial que Trajano embió, se uvieran todos de allí poner, faltaran mármoles para esculpirlo y maestros para hazerlo.

Ya que Trajano no pudo passar en la gran India, vino al lugar y casa do el magno Alexandro dezían aver muerto, y allí rehedificó todo lo que estava por antigüedad caýdo, y aun añadió otros hedificios de nuevo, y offresció a los dioses muy ricos sacrificios en reverencia y memoria de Alexandro.

Navegando Trajano por el mar Océano camino de la gran India, pensaron los de Thesiphonte que nunca más tornaría por aquella provincia, y determinaron de revelarse contra él, y para esto mataron a todos los romanos que allí quedaron en guarda, y pusieron en armas a toda la tierra. Contra éstos y contra otros pueblos que se levantaron embió Trajano a Maximino y a Lucio con poderoso exército, los quales infelicemente pelearon, porque el uno huyó y el otro murió. El que escapó fue Lucio, y éste, por enmendar las cosas passadas, tomó la ciudad de Nisibín y a Edesa, las quales destruyó y con huego quemó, de lo qual Trajano uvo no poco enojo, porque no quería que en la guerra nadie pusiesse huego. Ericio Claro y Alexandro Severo, dos pretores romanos, entraron por Selencia, a la qual toda saquearon y destruyeron, porque les dixeron que Trajano se avía en la mar anegado, y por esso se avían revelado y a los officiales romanos muerto.

Temiéndose Trajano que se revelassen los parthos como se avían revelado los otros pueblos, vínose a sus tierras, y poco antes que llegasse a ellos, vínole nueva como Arturo, rey de los parthos, era muerto, y que todo el reyno estava alterado. Mandó pues Trajano juntar a todos los que governavan a los parthos, y la junta fue en los campos thesiphontes, do Trajano, subido en un alto, les habló lo que tenía voluntad de hazer, y que si lo admitiessen y consintiessen, seguramente le podían tener por padre piadoso, y si lo contradixessen, le hallarían crudo enemigo. Todos los parthos dixeron que le querían más por padre que por enemigo y que eran contentos de creerle y obedescerle, mas que le rogavan que no les diesse rey sino que fuesse natural y conoscido, porque si se dava estrangero, sería muy aborrescido y poco obedescido. Luego allí Trajano tomó una corona en la mano y púsola encima de la cabeça de Parnaspate y declaróle por su rey y señor; y fueron desta provisión todos muy contentos, porque el rey que les dava era no sólo natural y conoscido, mas era bellicoso y virtuoso.

CAPITULO .xx.

De cómo Trajano, viniendo de Asia a triumphar a Roma, le tomó la muerte en Sicilia.

Assentadas las tierras de los parthos, bien quisiera venirse Trajano a Roma, lo uno por descansar de tantos trabajos, y lo otro por triumphar de tantos pueblos y reynos, mas llególe nueva como los agarenos eran revelados y los pretores romanos estavan huydos. Luego se partió Trajano para la tierra de los agarenos, que es en Arabia, y la cabeça de su provincia es una ciudad fuerte, aunque pequeña, en la qual estavan tales hados o fortuna, que fue por infinitos príncipes combatida, mas nunca fue tomada. Para no ser tomada aquella ciudad, mucho les ayudava el sitio de la tierra, es a saber, en no tener los que la cercavan leña para los ingenios ni agua para bever ni pastos para los ganados; y allende desto, hiere allí el sol de tal manera a los estrangeros que no están usados, que paresce más quemarlos que no alumbrarlos. Hizo dar Trajano un combate a la ciudad, y subieron los más esforçados capitanes encima de los muros; mas en muy breve espacio unos dellos fueron muertos y otros derrocados. Acordó Trajano de dar una buelta a la ciudad, y esto solo y disfraçado; mas por más que se disfraçó, fue de los enemigos conoscido y aun herido, porque al tiempo de ruar los muros, al armígero que le seguía mataron y a él hirieron. Preguntaron a los agarenos si conoscieron a Trajano al tiempo que le hirieron; respondieron que sí y que le avían conoscido en aquella vegez tan generosa y en la magestad que representava su presencia.

Estando Trajano en aquel cerco, levantáronse terribles truenos y relámpagos, quales en aquellos reynos jamás fueron vistos; y allende desso, vinieron sobre el exército romano

tantas y tan importunas moscas, que lo que tenían y lo que comían y lo que bevían y aun ellos mesmos estavan cubiertos dellas. Visto por Trajano que no podía tomar aquella ciudad, retiró la gente della, y dizen que dixo al tiempo de
5 retirarla, "Pues los agarenos no son con mis armas vencidos ni con mis palabras persuadidos, para algún príncipe advenidero tienen los hados guardado este triumpho."

En la provincia de Cirene tenía Trajano gran guarnición assí de griegos como de romanos, y era pretor de aquellos
10 exércitos un romano que avía nombre Andrea, contra el qual los judíos de aquella provincia se revelaron, y al capitán y a todos los griegos y romanos mataron. No contentos los judíos con matar a los romanos, llevavan a la carnicería los cuerpos muertos, y allí los quarteavan y despedaçavan y por
15 peso los vendían; y no menos comían los judíos de aquellas carnes humanas que si fueran de faysanes o gallinas. Añadiendo crueldad a crueldad, sacavan los judíos a algunos romanos que tenían presos, y apostavan unos con otros una blanca o una agujeta, que de un golpe cortarían al romano
20 la cabeça, por manera que quantas blancas o agugetas el judío tenía, tantas cabeças de romanos cortava. Otra cosa hizieron los judíos en aquellos míseros romanos, la qual fue no menos suzia que fea y fea que suzia, es a saber, que los desollavan bivos y curtían para hazer cueras los pellejos;
25 y lo que más es, que les cortavan las naturas y jugavan a la pelota en la plaça con ellas. Assí como los judíos no dexaron ningún romano que no matassen, assí no dexaron crueldad ni género de muerte que no experimentassen; y en tal caso, más nos emos de espantar tener unos coraçones para
30 hazerlo, que otros paciencia para suffrirlo. Lo que hizieron los de Cirene, lo mesmo hizieron los judíos de Egipto y los judíos de la ysla de Chipre, los quales mataron a todos los romanos que estavan en sus pueblos, y no fue tan pequeña la matança que hizieron en Cirene y en Chipre y en
35 Egipto, que no fueron más de quinientos mil los muertos, entre griegos y romanos.

Quando llegó esta tan triste nueva a Trajano, ya él estava muy enfermo; mas no por esso dexó de proveer lo necessario, y luego embió a Cirene a Lucio, y a Chipre a Marco, y a Egipto a Severo, los quales hizieron tantos daños en los pueblos y tantas justicias en los vezinos, que si los muertos fueran bivos, ellos se dieran por bien vengados. Elio Adriano estava por capitán de Trajano en guarda de Siria, y como oyesse lo que en este caso passava, descendió súbitamente en Judea, y hizo en ella muy gran matança. Escarmentados de aquella tan gran trayción los de Chipre, ordenaron que ningún judío fuesse osado de morar ni aun passar por aquel reyno, y que si acaso por tempestad aportasse alguno en aquella ysla, no pagasse sino con la cabeça.

Siempre fue Trajano de su natural sano, mas con aver andado tantas provincias, con aver seguido tanto las guerras, con aver navegado por tantas mares, con aver suffrido tantas heridas, trabajávale mucho el mal de almorranas. Fue pues el caso que desde el día que Trajano no pudo passar a la gran India, nunca le vieron con salud en su persona ni menos tener alegría en la cara. Por ocasión de las almorranas tenía Trajano algún fluxo de sangre quando quería hazer mudança el tiempo, lo qual para su salud le era muy provechoso. Ora por los fríos que avía passado, ora por los enojos que consigo tenía, ora por la edad que ya le cargava, recresciósele al buen príncipe que se le pasmó un braço de perlesía y se le cerró el fluxo de sangre por do purgava. Junto a la ciudad de Seleuca avía unos vaños muy famosos a los quales concurrían muchos enfermos, y allí se hizo Trajano llevar para ver si podría de aquellas enfermedades convalescer. Según después paresció por experiencia, no sólo aquellos vaños no le aprovecharon, mas aun le dañaron, porque como estava flaco y desfallescido, aunque tuvo esfuerço para se vañar, no le tuvo para sudar.

Ya que Trajano se vio sin confiança de la vida, escrivió una carta al senado de Roma; y dexando encomendadas las cosas de su casa a Lucio y los negocios de la guerra a Elio

Adriano, murió en la ciudad de Seleuca, que es en la provincia de Cicilia, la qual dende adelante se llamó Traginópolis, en edad de sessenta y tres años, aviendo imperado veynte y uno, y seys meses y quinze días. [46]

FIN

---

[46] He died at Selinus in Cilicia, having ruled (according to Dio) 19 years, 6 months and 15 days. Perhaps confusion between the numerals XXI and XIX might explain the difference in years; he was about 65 years old.

COMIENÇA LA VIDA del emperador Adriano, copilada por el señor don Anthonio de Guevara, obispo de Mondoñedo, predicador y chronista y del consejo de su magestad.

CAPITULO PRIMERO

5   Del linage de do descendió
     y del lugar y tierra a do se crió Adriano.

Muerto el gran emperador Trajano, succedió en el imperio Adriano, el qual era criado, amigo, pariente y aun cuñado del mesmo Trajano. El origen y linage de Adriano por par-
10 te del padre fue de Ytalia, natural de una ciudad llamada Hadra, y por parte de la madre fue de España, natural de Gades, que agora se llama Cáliz, ciudad que es en la Andaluzía. Su padre se llamó Elio Adriano, y fue casado con una mujer española que se llamava Domicia Paulina, muger assaz
15 sabia y hermosa, y nascida en la ciudad de Cáliz, y era sobrina del emperador Trajano, hija de su hermana; a la qual él mucho amava, porque desde niña la vía criado en su casa. Tenía Adriano una hermana que se llamava Paulina, y ésta fue casada con un cónsul que avía nombre Seve-
20 riano; y el padre de su padre de Adriano se llamava Marillino, y era del linage de los Priscenos, el qual linage floresció mucho en tiempo de los Scipiones. [47]

---

[47] Hadrian's father was Aelius Hadrianus Afer, a cousin (*consobrinus*) of Trajan's; his mother was Domitia Paulina, a native of Cádiz, and was no relation to Trajan; she seems to be confused with his wife here. Hadrian's *atavus* (not grandfather) was a certain Marullinus from Piscenum (*a Piscentibus*), which place Guevara takes to be a family name, Priceno. Hadrian

Nasció Adriano en Roma a nueve días de hebrero, siendo cónsules Vespasiano Séptimo y Titho Quinto, en el año de la fundación de Roma de quatrocientos y ochenta y ocho.[48] Tenía Adriano el cuerpo muy alto y bien sacado, excepto
5 que inclinava la cerviz un poco y en la nariz era algo romo. La cara tenía morena, los ojos más blancos que negros, la barba negra y espessa, las manos más nerviosas que carnudas, la cabeça grande y redonda, y la frente muy ancha, lo qual era indicio de tener, como tuvo, gran memoria. Quando
10 su padre murió, no avía Adriano sino diez años, y dexóle por tutores a Ulpio Trajano y a Celio Taciano, de los quales el uno era su tío y el otro su muy gran amigo, y rogóles mucho que le criassen aquel niño sabio y esforçado, porque no menos abilidad tenía para lo uno que para lo otro. En
15 edad de los diez años, ya Adriano estudiava gramática, y luego que murió el padre, le pusieron los tutores a estudiar la lengua griega, en la qual él fue tan docto y tan experto que por excellencia le llamavan en Roma "el niño griego," porque tan prompto era él en hablar el griego como otro el
20 romano.

En edad de diez y seys años, tomóle desseo de passar en España, por ver su antigua tierra, y vino en la ciudad de Cáliz, do su madre avía nacido y de do era natural Trajano; y allí, dexadas las letras, comenzó a exercitarse en las armas,
25 porque en aquel tiempo los de España tenían allí muy famoso estudio de sciencia, y los romanos tenían allí escuela de guerra. En correr y en saltar era Adriano muy ligero, en que se dize dél que muchas vezes corría a porfía y otras vezes saltava sobre apuesta, y hartas vezes no más de lo
30 que a correr y saltar ganava, de aquello se mantenía. Era muy agraciado en correr cavallos ligeros, y presciávase

---

married Trajan's great-niece and could therefore be called his *cuñado* in the old sense of "pariente político."

[48] Hadrian was born in Rome (in Itálica according to Dio) on the eighth day before the kalends of February (24 January), in the seventh consulship of Vespasian and the fifth of Titus (*Vespasiano septies et Tito quinquies consulibus*), in the year 76 A. D. Since the mythical founding of Rome was in the eighth century B. C., Hadrian's birthday by Roman calculation is here misdated by about 400 years.

mucho de conoscerlos, y alabávase muchas vezes ya después que era viejo, que en su vida subió en carro ni en mula ni en otro animal, si no fue en cavallo.

Desde que fue mancebo Adriano, fue enemigo de la occiosidad y aun de los que eran ociosos; porque muchas vezes dezía él que no se acordava desde edad de diez años, ora estuviesse quedo, ora anduviesse camino, que no truxesse consigo algún libro para leer o alguna arma para pelear. Naturalmente Adriano era agudo y bivo, y parescíase en él, en que no se contentava en saber lo que sabían algunos, sino que trabajava por saber lo que sabían todos, es a saber, que con los philósophos quería disputar, con los maestros de armas pelear, con los artífices labrar y con los pintores pintar. Loávase Adriano (y según escriven dél los antiguos, con razón se loava) que no uvo sciencia ni arte ni officio ni invención en el mundo que no supiesse o a lo menos que no trabajasse de la saber.

Quando Adriano era moço, era muy mal suffrido, en que no sólo no suffría que otro le precediesse, mas aun que ninguno con él se ygualasse, y por maravilla avía ruydo en que él no se hallasse o por él no se levantasse. Como Taciano, ayo que era de Adriano, le reprehendiesse porque no era pacífico y manso como lo era Emilio, otro mancebo su primo, respondióle él, "Emilio mi primo no por más es pacífico sino porque es covarde, y de ser yo traviesso, he venido a ser esforçado." Ni siendo niño ni siendo mancebo fue Adriano hombre que prorrumpía en palabras, aunque le hiziessen ni dixessen muchas injurias, porque a la verdad, aunque tenía perezosa la lengua, tenía muy prestas las manos. Fue Adriano muy sano en el cuerpo, excepto que algunas vezes se quexaba de dolerle el oýdo yzquierdo, y otras vezes le lagrimava un ojo, mas estos dos males ni le impedían el oýr ni menos el ver.

CAPITULO .ii.

De algunas malas inclinaciones que tuvo Adriano.

Fue el emperador Adriano muy amigo de caça, y la caça en que él se exercitava no era de cetrería sino de montería, porque él no quería bolar aves por tomar passatiempo sino pelear con las fieras bestias por mostrar su gran ánimo. Tan dado y tan osado fue Adriano en la caça, que con mucha razón le notavan el tiempo que consumía en ella. Y esto no sólo por occupar en aquel vicio tanto tiempo, mas aun porque se veýa muchas vezes en peligro. Acontesció algunas vezes, que andando a caça de bestias fieras, se perdía Adriano por aquellas bravas montañas, y seguíasele desto que no pocas vezes comiera si tuviera pan y beviera si hallara agua. Quando yva a caça, él se llevaba la vallesta para tirar y la aljava de las viras y la mochila del mantenimiento, y poníase siempre en el passo por do la bestia avía de passar; y teníales tan poco miedo, y era de la caça tan cobdicioso, que si era osso, acometíale, y si era león, esperávale. No se lee que oviesse muerto león sino uno, mas ossos y otros animales brabos, fueron muertos por sus manos infinitos. Corriendo Adriano empós de un venado, acobdicióse tanto a seguirle, y trabajó tanto por alcançarle, que se despeñó de una peña y se desconcertó un ombro y se quebró una pierna y echava mucha sangre por la boca. En la provincia de Misia hedificó Adriano una ciudad a la qual puso por nombre Caça de Adriano, porque allí solía él tener su choço, y de allí salía a caçar a la mañana, y allí se tornava a dormir a la noche.

Tuvo un cavallo muy atinado en la caça, el qual como una persona parava y estava quedo quando sentía venir la caça, y allende desto, ygualmente corría cuesta abaxo que cuesta arriba. Llamávase este cavallo Borístenes, y quando se murió, no sólo le hizo Adriano enterrar con mucha honrra, mas aun le mandó hazer de mármol una muy rica sepultura.

Presciávase Adriano de pintar figuras muy al natural y de esculpir en mármol con gran sotileza, y no menos se

occupava otras vezes en hazer nuevas invenciones de cera; y fue en estas artes tan polido que hizo a la diosa Venus de alabastro y pintó la guerra de Carthago de pinzel y formó toda la ysla de Creta de cera. Aunque en estas cosas era
5 muy diestro, juntamente con ello era muy embidioso, porque tan gran embidia y aun rancor tenía con un artífice que le dezían ser más polido que no él en el pintar o labrar, como si Adriano uviera de ganar a ello de comer. Avía en Roma dos maestros que se llamava el uno Dionisio y el otro Mile-
10 sio, varones por cierto famosos en todas las artes liberales, y como eran muchos en Roma los que freqüentavan sus officios y muchos más los que loavan sus obras, tomó tan gran embidia desto a Adriano, que aunque no halló razón para matarlos, no le faltó ocasión para desterrarlos.

15 Otro gran maestro de hazer casas, como el emperador Trajano estuviesse con él traçando el gran gimnasio y la casa metodea, y ambos porfiassen sobre la forma que se tendría en hazer una escalera, acaso hallóse presente Adriano, y dixo allí su parescer, y el parescer era muy fuera de
20 propósito; y entonces díxole el Polidoro (que assí se llamava el maestro), "Si no supiesses más, señor Adriano, de pintar calabaças que de traçar escaleras, tan poco crédito tendrías con los pintores como tienes con los artífices." Adriano, aunque supo dissimular aquella palabra, no la pudo olvidar,
25 porque desde la muerte de Trajano y que vino a sus manos el imperio, no le costó más al triste de Polidoro dezir aquella palabra injuriosa sino que por vengarla, Adriano le quitó la vida.

Como Adriano era tan griego y latino, compuso algunas
30 obras ansí en metro heroyco como en oración soluta, y holgávase mucho de que se las loavan, y no podía tener paciencia de que algunos no las leýan. Florescía en aquellos tiempos en Roma la lengua griega, y a esta causa la doctrina de Homero fue muy extimada, y tomóle desto a Adriano tan
35 grande embidia, que mandó que no leyessen a Homero en público ni en secreto, sino que leyessen la doctrina de Anthimaco, que fue un philósopho muy obscuro.

Tenía por condición Adriano de ser muy ressabido en el preguntar y muy curioso en querer por menudo saber las cosas, de lo qual era notado y aun murmurado, porque los príncipes que se acevilan a saber cosas menudas siempre son varios en proveer las cosas grandes. Era también Adriano hombre vario, es a saber, que algunas vezes se determinava súbitamente en hazer o emprender una cosa, y después que se resfriava, desistíase luego della; y desto, no menos que de lo otro, era con razón accusado, porque los graves príncipes han de tener reposo en el deliberar y diligencia en el executar.

Fue Adriano en dos cosas muy extremado, es a saber, en que no tenía medida en el amar, ni peso en el aborrescer, porque dava todo su coraçon al que amava, y empleava todas sus fuerças contra el que aborrescía. Dado caso que esta manera de amar y aborrescer se sufra en otros, no por cierto se permite en los príncipes virtuosos; porque si son desenfrenados en el amar, causan en los otros que no aman embidia, y si son absolutos en el aborrescer, buscan para sí gran infamia, y por esso les conviene en el amar ser discretos y en el aborrescer cautos. Fue assí mesmo muy extremado en que si loava una cosa, la ponía en las nuves, y si no le caýa en gracia, la abatía hasta los abismos, por manera que dezían de Adriano todos, que en el loar era muy gracioso y en el motejar no poco malicioso. Parescíanle bien las mugeres hermosas a Adriano, y fue en este vicio tan absoluto y aun dissoluto que no sólo se aprovechaba de las vírgines y persuadía a las casadas, mas aun en las casas de sus proprios amigos tenía sus amores secretos.

Consideradas por una parte muchas injusticias y por otra parte muchas justicias que hizo Adriano, no quisieron los historiadores collocarle con los príncipes piadosos ni tampoco condempnarle con los príncipes tyranos, porque a la verdad, si castigó a algunos por justicia, también mató a otros por embidia.

CAPITULO .iii.

De los amigos y enemigos que tuvo el emperador Adriano.

Siendo en edad Adriano de diez y nueve años, como fuese avisado Trajano de la abilidad que tenía el moço ansí para las letras como para las armas, embió por él desde Roma a España, con el qual se uvo de tal manera que en el tractamiento, le assentó en su cámara, y en el amor, le rescibió por hijo. Vista la natural bondad y la gran abilidad que tenía Adriano, desde aquel tiempo puso en él los ojos Trajano, assí para honrrarle en la vida como para dexarle por emperador después de su muerte.

De ser tan privado Adriano de Trajano, se le siguieron, andando los tiempos, no pocos enojos a la persona y peligros a la vida, porque sus émulos con embidia le rebolvían con Trajano y con malicia le malignavan con el pueblo. Antigua pestilencia es ya ésta en las cortes de los príncipes, que en poniendo el príncipe los ojos en uno para honrrarle, luego se juntan y se amotinan todos a perseguirle. Como Severiano, marido que era de una hermana de Adriano, murmurasse de su cuñado Adriano, diziéndole a Trajano que estavan todos maravillados en Roma de ver a Adriano tan su privado, y que se presumía que después de sus días le avía de dexar el imperio, respondióle Trajano, "Quién me ha de succeder en el imperio, solos los dioses son sabidores dello, mas dado caso que yo lo queriendo y los dioses lo permitiendo me succediesse en el imperio Adriano, séte dezir que para regirle no será nescio, ni para deffenderle covarde."

La respuesta que dio Trajano fue muy buena, aunque no sin un resabio de malicia, porque aquel cónsul Severiano ni de esforçado le loava ni por sabio le tenía. Este Severiano siempre fue gran enemigo de Adriano, y siempre trabajó de rebolverle y apartarle de la amistad que tenía con Trajano, y algunas vezes estava Adriano en desgracia de Trajano, y otras vezes tornava y amávale y tratávale como a hijo, por manera que Adriano ardía entre dos fuegos, es a saber, tener cuydado de resistir a los enemigos y solicitud en conservar a los amigos.

El primer officio que Adriano tuvo en Roma fue que siendo Trajano cónsul y siendo emperador Domiciano, le hizieron decemvirato, es a saber, le señalaron por uno de los diez varones que estavan deputados para determinar las contiendas de los pueblos. Dio en este officio Adriano tan buena cuenta, y cobró en Roma tan buena fama, que paresció a todos que le podían fiar ya officios de governar república sin tener consigo compañía; y assí fue que el año siguiente le hizieron tribuno de la segunda legión, es a saber, que tenía cargo de governar y castigar a la segunda capitanía de los exércitos que estavan en la guerra, porque era costumbre en Roma que cada capitanía tuviesse un capitán que peleasse y un tribuno que la rigiesse. Passado el año de su tribunado, fue embiado a Mesia la inferior, y governó la provincia con tanta prudencia y tuvo con los bárbaros tanta destreza, que holgavan de obedescerle los unos y no osavan resistirle los otros.

Estava Adriano no poco congoxoso por saber si estava en gracia de Trajano, y movíale a sospechar esto, ver que él estava en Mesia y que su enemigo Severiano estava con Trajano en Roma; y si por caso dixessen dél alguna cosa allá, tenía lugar la malicia de su enemigo para lo agraviar, y él, por estar lexos, no podía por sí responder. Tenía Trajano un camarero muy privado suyo que avía nombre Galo, y éste era en extremo amigo de Adriano, y como llegasse nueva a Adriano que Galo su amigo fidelíssimo era muerto, hízole hazer muy grandes obsequias, y lloró por él muchas lágrimas. Succedió en la privança de Galo otro que avía nombre Sura, varón assaz cuerdo y sabio, y también éste como Galo fue muy amigo de Adriano, y la causa porque tenía a todos los privados por amigos fue porque Adriano en el dar era muy largo y en hazer por sus amigos determinado. Diose assí mesmo Adriano a contentar y a servir a Plotina, su muger que era de Trajano, y diose en esto tan buena maña, y vino en tanta gracia de Plotina, que de aquella tan estrecha amistad sacó él más provecho que no ella honrra.

Tenía Trajano en su casa una sobrina suya que se llamava Sabina, y como fuesse ya muger para casar y muchos romanos anduviessen por casarse con ella, Plotina y Sura trabajaron y persuadieron a Trajano la casasse con Adriano, diziéndole que con este casamiento escusava dos casamientos, es a saber, buscar mujer para Adriano y buscar marido a Sabina. Como Adriano presentasse muchos dones y offresciesse hazerle muchos servicios a Plotina, lo uno por el gran amor que le mostrava, lo otro por averle casado con Sabina, respondióle ella, "Según lo que te quiero, Adriano, poco es lo que por ti he hecho respecto de lo que entiendo hazer, porque yo podré poco con mi señor Trajano, o como agora te tiene por sobrino, te adopte y tome por hijo."

Después que Adriano cobró a Plotina por señora y a Sabina por muger y a Sura por amigo, en poco tenía la enemistad de Severiano su enemigo, porque en la casa de Trajano, todos le honrravan ya como a privado y le servían como a señor.

CAPITULO .iiii.

Del amor que tuvo el emperador Trajano con Adriano.

De averse casado Adriano con Sabina, sobrina que era del emperador Trajano, se le siguió dello no poco, sino mucho provecho; porque allende de ser con Trajano el más privado y ser de Plotina la emperatriz muy quisto, todos los más negocios del imperio se despachavan por su mano.

Como Adriano presumiesse de muy eloqüente, representó un día en el senado una farsa pastoril, y riéronse muchos oradores que estavan allí, no sólo de lo que dezía, mas aun del estilo baxo en que lo dezía. Determinó de darse a las letras latinas y arte oratoria, en la qual después, tanto se fundó que le davan a él tanta gloria en el hablar, como a Cicerón en el escrevir.

En la primera guerra que Trajano tuvo con los dacos, fue en ella Adriano hecho qüestor, es a saber, que tuvo cargo de hazer proveer los reales de bastimentos, y éste era officio en los exércitos de mucha honrra y no de poca confiança, porque él tenía los cofres del dinero, y por su mano se pagava todo el campo. Quando Trajano estava malo o estava muy occupado, en su lugar yva Adriano al senado, mas los senadores, aunque le consentían hablar, no le dexavan presidir, porque era ley muy usada entre ellos, que estando juntos en el senado, ninguno fuesse osado de dar palmada para callar ni mandar cerrar la puerta ni entrar vestido de toga ni assentarse en la silla más alta, si no fuesse el ditador o el emperador. A todos era notorio en Roma ser Adriano muy privado del emperador Trajano y ser de Plotina su muger muy quisto, y junto con esto, como él era hombre prudente y astuto, aunque no le dexavan presidir en el senado, todas las cosas se guiavan por su consejo; por manera que dentro, se hazía lo que a él parescía, y fuera, lo que él mandava.

Como se supo la nueva en Roma, que el rey de los dacos se avía otra vez revelado, luego persuadió Adriano a Trajano que fuesse él mesmo a la guerra y no diesse a otro aquella empresa; y el mesmo Adriano se fue con Trajano a la guerra, en la qual le siguió y le sirvió más que ningún capitán de los que estavan en ella; y por cierto él hizo allí cosas tan animosas y tan señaladas que con Trajano alcançó más gracia, y puso a su persona en muy gran estima. Como Adriano se señalava también en la guerra de Dacia, parescióle a Trajano encomendarle la segunda legión, la qual estava so amparo de la diosa Minerva; y de tal manera la governava, y tan gran ánimo a su gente ponía, que él era el que más en los enemigos hería y el que menos a los peligros temía. La cosa más presciada que tenía el emperador Trajano era un diamante que le avía dado Nerva; y este diamante dio a Adriano en aquella guerra de Dacia, y fue tan guardado y tan estimado este diamante de Adriano, que jamás hombre se lo vio sacar del dedo hasta el día que fue muerto y enterrado.

Acabada la guerra de Dacia, Trajano bolviósse a Roma, y Adriano quedó por pretor de aquella provincia, siendo cónsules Susura y Severiano. Poco tiempo avía pasado de la governación de Dacia, quando le llegaron a Adriano nuevas

provisiones del senado para que se passasse en Panonia, en la qual no sólo fuesse governador de la justicia, mas aun tuviesse cargo de las cosas de la guerra, porque ciertos bárbaros del Danubio avían entrado con armas en aquellas
5 provincias y avían saqueado muchas tierras. Llegado Adriano a Panonia, muy en breve alançó a los enemigos y visitó los pueblos y reformó los exércitos y castigó a los officiales que estavan allí romanos, y hecha su información, halló que eran muy amigos de holgar y no enemigos de robar. Llega-
10 da la fama a Roma de la loable governación que tenía Adriano en Panonia, luego en el siguiente año, al tiempo de las kalendas de Jano, eligiéronle por cónsul los del senado. Verdad es que si fueron muchos los que aquella election aprovaron, no fueron pocos los que la contradixeron, mas al fin
15 más fuerça tuvo la diligencia de los que lo procuravan que no la malicia de los que lo contradezían.

CAPITULO .v.

De la solicitud que puso Adriano para alcançar el imperio.

En todos los reynos y provincias do Adriano estava por
20 pretor o por qüestor, luego pesquisava, si avía allí algunos que fuessen magos o adevinos, y si los hallava, persuadíales con palabras y aun offrescíales ricas joyas para certificarse dellos, si después de la muerte de Trajano, avía de venir a sus manos el imperio, porque no sólo tenía desseo de alcan-
25 çarlo, mas aun era solícito en saberlo. Estando en la provincia de Mesia, supo de un mathemáthico como avía de ser emperador, y preguntando al mathemáthico cómo lo sabía, respondió que un tío suyo se lo avía dicho, el qual no sólo era muy docto en los curos naturales, mas aun sabía los se-
30 cretos de los immortales dioses.

Aunque Adriano residía en provincias muy estrañas, no se descuydava de servir a la emperatriz Plotina y de contentar al camarero Sura, por manera que si pensavan sus enemigos estar él lexos, le tenían cerca sus continuos ser-
35 vicios. Ya que Trajano se hazía viejo y enfermo, no se

descuydaba Adriano de solicitar a Plotina y a Sura para que persuadiessen al buen Trajano que le adoptasse por hijo; mas por otra parte, contradezíanlo el cónsul Severiano y Palma y Celso y otros enemigos suyos, a los quales aprovechó poco la diligencia que ponían y la malicia con que lo negociavan, porque descubrieron lo que procuravan, y no alcançaron lo que desseavan. Ora por sola la voluntad de Trajano, ora por importunidad de Plotina, ora por ruegos de Sura, ora porque lo merescía su persona, el emperador Trajano se determinó de adoptar y tomar por hijo a Elio Adriano para que después de sus días, le succediesse en el imperio, porque el emperador Trajano tuvo muchos reynos que dar, y no tuvo un hijo a quien los dexar.

Antes que Trajano adoptasse a Adriano, muy determinado estuvo de no señalar persona que le succediesse en el imperio, sino que quería imitar a Alexandro Magno, el qual a la hora de la muerte, como le preguntassen a quién señalava que le succediesse en el imperio, respondió que al que fuesse dél más digno. Hizo Trajano una nómina o un memorial de todos los más virtuosos y sabios que a él le parescían ser del imperio más dignos, y junto con esto hízoles escrevir sendas oraciones, dellas en griego, dellas en latín, y él mesmo escrivió de su mano lo que le parescía de la condición y abilidad de cada uno, para que después de sus días, el senado abriesse y leyesse aquella escriptura, y que de allí eligiessen no al que más lo solicitava, sino al que mejor lo merescía. En un tiempo fue muy gran privado de Trajano un cónsul que avía nombre Neracio Prisco, y a éste tuvo en su voluntad de dexar por su successor en el imperio, a tanto que le dixo un día Trajano, "Neracio Prisco, desde agora te encomiendo el imperio, si me acontesciere de súbito algún triste hado."

Todos los que contradezían la adopción de Adriano, todos ellos favorescían la electión de Neracio Prisco; mas la Fortuna que lo uvo de hazer que Neracio vino en gran odio de Trajano, lo qual fue en no pequeño provecho de Adriano, porque dende en adelante, aunque le quedavan enemigos para el imperio le contradezir, no tenía ya opositor que le osasse pedir.

Quando Trajano passó de España en Asia a la guerra de los parthos, mucho trabajaron Sura y Plotina que Adriano fuesse embiado por pretor de Siria, el qual, estando en Anthiochía, fue avisado por un mensagero de Trajano, que en otro tiempo avía sido su tutor, como Trajano le avía ya adoptado por hijo y le avía señalado por su successor en el imperio. Supremo fue el gozo que con aquella nueva rescibió Adriano, y mostrólo en tan excessivo grado que luego hizo celebrar con grandes juegos el día de su nascimiento, y esto no sólo aquel día, mas cada año lo celebrava toda su vida, porque aquélla era la cosa que más su coraçón avía desseado, y aun en la que más sus fuerças por alcançarla avía empleado.

Eran cónsules a la sazón Sosio y Pletorio, con los quales tomó nueva amistad Adriano; y el fin de emprender esta nueva amistad fue para que assí como Plotina y Sura le procuraron con Trajano el imperio, aquellos dos cónsules se le substentassen en el senado; por manera que si veló para alcançarle, se desvelava para substentarle. Pocos días después que Adriano fue adoptado, llególe nueva como Sura su muy especial amigo era muerto, y dizen que dixo entonces Adriano, "En la muerte de Sura pierde Trajano buen consegero y Plotina buen servidor e yo un buen amigo y el imperio un buen romano."

Poco tiempo después que fue adoptado Adriano, es a saber, passados catorze meses, murió Trajano, e luego Plotina su muger y el cónsul Taciano, como eran amigos de Adriano, pusieron muy gran diligencia para que primero supiessen en Roma como succedía en el imperio Adriano, que no que les llegasse la nueva de la muerte de Trajano. A la hora que Adriano supo que Trajano era muerto, fuesse a juntar con Plotina y con Taciano, los quales tres juntos encubrieron la muerte de Trajano por algunos días, diziendo que estava tan enfermo que no quería ser visitado, y esto hazían ellos por apoderarse del exército y por ganar primero la voluntad del senado. Escrivió Adriano al senado haziéndole saber como Trajano estaba ya muy al cabo de su vida y que supiessen también como le avía adoptado y señalado por su successor en el imperio, y que les rogava mucho lo tuviessen por bueno y que por aquélla les prometía y jurava de no repartir ninguno de los officios sin que primero ellos quedassen contentos.

CAPITULO .vi.

De cómo fue declarado por emperador en muriendo Trajano.

Llegada a Roma la nueva de la muerte de Trajano, luego se divulgó como dexava a Adriano por su successor en el imperio, y sobre si confirmarían o si desharían la tal elección uvo grandes altercaciones en el senado; y fue la cosa tan importunada por los amigos y tan contradicha por los enemigos, que ayna se levantara entre ellos un tal bello intestino que fuera peor que el de César y Pompeyo. Los criados de Trajano y los amigos de Plotina y los parientes de Taciano diéronse tanta priessa en el negocio, que dentro de tres días hizieron confirmar el imperio a Adriano; y fue muy gran ocasión para venir en esto el senado, que supieron como Adriano estava en Siria apoderado del exército, y que podía ser que hiziessen después por fuerça lo que entonces no querían hazer de grado.

Luego que Adriano supo como ya el imperio le era confirmado, escrivió al senado dándole gracias por lo que avía hecho y rogándole que Trajano fuesse entre los dioses collocado, pues avía sido príncipe tan divino; lo qual el senado hizo de muy buena voluntad, diziendo que a Trajano, aunque se le acabó la vida, para siempre en Roma duraría su fama. En memoria que Trajano avía vencido a los parthos, ordenaron en Roma que cada año celebrassen los juegos párthicos, y duraron éstos entre los romanos por espacio de muchos años, mas al fin ellos y los juegos uvieron fin. Ante de todas las cosas, proveyó Adriano en dar orden como el cuerpo de Trajano fuesse llevado en Ytalia y allí se le diesse generosa sepultura, y para effectuar esto, mandó poner sus polvos en una buxeta de unicornio y aquélla metida en otra de oro y la de oro metida en una columpna de mármol excellentíssimo y la columpna enforrada de púrpura muy rica y todo esto puesto en una galera, embió a Taciano y a Plotina con el cuerpo a Roma. Toda Roma salió a rescebir el cuerpo de Trajano, y según se dize y se escrive, jamás se mostró por ninguno tanta alegría entrando bivo, que no fue muy mayor la tristeza que todos mostraron por venir Trajano muerto.

Detúvose Adriano en Anthiochía, que es cabeça de Siria, lo uno para recoger todo el exército, lo otro para rehazerse de dinero; porque ya como era invierno, ni podía campear por ser el tiempo rezio, ni podía caminar por estar necessitado. Fue allí avisado Adriano como los mauros le desafiavan, los sármatas se amotinavan, los britanos se revelavan, los palestinos le resistían, los egipcios le desobedecían y que todos los bárbaros se alteravan. Finalmente, es de saber que de tal manera se escandalizaron todos los pueblos, oýda la muerte de Trajano, que no paresció sino que dexava a todo el mundo sin dueño. Visto por Adriano que se levantava todo lo más del imperio, determinóse no de hazerles guerra sino rogarles con la paz, y para esto desamparó a todos los reynos y provincias que estavan de aquel cabo del río Eufrates y del río Tigris, los quales el buen Trajano avía conquistado y ganado, en cuya conquista empleó su generosa persona y dio fin a su muy loable vida. A todos los reynos y provincias embió Adriano embaxadores para confederarse de nuevo con unos y confirmar las pazes antiguas con otros, y con algunos capituló cosas tan infames para él y tan aventajadas para los otros, que fuera muy mejor levantar una muy generosa guerra que no procurar una tan infame paz. Parnaspate, rey de los parthos, vino a quexarse a Adriano, diziendo que el buen Trajano le avía dado aquel reyno y que de su propria mano le avía coronado y que agora, después que Trajano era muerto, no sólo no le querían obedescer, mas aun en el reyno no le dexavan bivir. No quiso o no osó por entonces Adriano emprender guerra con los parthos, sino que a Parnaspate diole el señorío de ciertas tierras que en la provincia de Siria a la sazón estavan vacas, para que como señor gozasse de los fructos y como pretor romano governasse los pueblos.

Luego que Adriano alcançó el imperio, luego se publicó y dixo a todos que quería ser príncipe muy piadoso; y a la verdad, en algunas cosas de clemencia él se mostró ser hijo de Trajano, mas en otras rigurosas parescía ser hermano de Nero. Era prefecto de Roma uno que avía nombre Bebio, el qual en las cosas que tocavan a la honrra y provecho de Adriano le era contrario; y como le aconsejase Aciano que matasse a Bebio, pues avía sido su enemigo, respondió, "No sólo no quiero matar a Bebio, mas aun el officio de prefecto, que tenía por un año, le quiero confirmar por toda su vida."

Estavan en la isla de Ponto desterrados Laberio y Frugio, dos senadores que eran romanos, a los quales mandó tornar a sus casas, y que les fuessen restituydas sus haziendas; mas como el cónsul Frugio fuesse algo bullicioso y anduviesse rebolviendo a Adriano con el senado y al senado con Adriano, mandó que en el río Tíber le echassen bivo; y por cierto él alcançó tanta honrra en matar aquél como en perdonar a otro. A ciertos cavalleros del exército que dixeron a Adriano antes que fuesse emperador que avía de ser emperador, hizo dobladas las mercedes, diziéndoles que no se las dava porque lo sabían sino porque se lo desseavan.

CAPITULO .vii.

De la primera vez que entró en Roma y de las cosas que allí hizo.

Ya que se venía el verano, partiósse Adriano de Anthiochía para venir a Roma, y dexó por prepósito de Siria a Catilio Severo, y tomó el camino del Illírico; y determinóse de hazer a los sármatas guerra, pues no avían querido rescebir a los embaxadores de la paz. Salióle al camino Lucio Turbón, pretor que avía sido diez años en Mauritania, con el qual tuvo Adriano grande amistad, siendo mancebo, en la casa de su señor Trajano, y luego le hizo pretor de la provincia de Dacia y de la provincia de Panonia. Lucio Turbón estava a la sazón en Affrica por maestro de los cavalleros, y dixéronle a Adriano que estava muy rico y apoderado del reyno y que toda aquella riqueza, no la avía alcançado saqueando en los tiempos de guerra sino cohechando quando todas las cosas ya estavan en paz. Mucho le pesó a Adriano de lo que le dixeron de Lucio Turbón, porque era su amigo y aun porque fue criado de Trajano, mas esto no obstante, aplicó todo lo que tenía al erario y desarmóle de cavallero.

Quanto más Adriano crescía en potencia tanto más a sus enemigos les crescía la embidia, por manera que ni podían inclinar sus coraçones a le amar ni querían aplicar sus fuerças a le servir. Fue pues el caso que Palma y Celso y Sobayo y Lucio, yendo Adriano a caça, determinaron en la caça de quitarle la vida, y para esto tenían concertado que quando él fuesse corriendo empós de algún animal fiero, ellos le aguardassen en el passo más espesso y que allí, so color que erravan los tiros al venado, assestassen y matassen a Adriano. Todos estos quatro eran hombres nobles en sangre y ricos en hazienda, y llamávanlos consulares, porque en otro tiempo avían sido cónsules; mas como la traycíon fue descubierta, primero fueron ellos descabeçados por justicia, que no que Adriano fuesse a caça.

Mucho alboroto uvo en toda Roma de que se supo Adriano aver hecho de aquellos quatro consulares tan cruda justicia, lo uno porque dezían que Adriano les avía levantado aquel testimonio, lo otro porque estavan abezados a que el buen Trajano, era muy poco de lo que les castigava y mucho lo que les perdonava. Como supo Adriano que por la muerte de aquellos quatro consulares estava toda Roma escandalizada, y que de hombre vengativo y cruel estava infamada su persona, determinó con toda brevedad de venir en Roma a escusarse de aquella culpa.

No estavan en tan mal estado las cosas de Adriano en la república como en el camino le avían dicho, y paresciósse bien en que el senado le offresció el triumpho que a Trajano le era devido y que por atajarle la muerte, no pudo gozarlo; mas Adriano no quiso aceptarlo; antes ordenó que la ymagen de Trajano entrasse en el carro triumphando, porque el buen Trajano no caresciesse de triumpho aun después de muerto. Luego que Adriano fue en Roma, fue a visitar el sepulchro de su señor Trajano, delante del qual derramó muchas lágrimas de sus ojos y offresció por él a los dioses muy sumptuosíssimos sacrificios.

Estando junto todo el senado y aun todos los principales del pueblo, hízoles Adriano un muy prolixo razonamiento en el qual les dio cuenta del estado en que estava el imperio, y se escusó que en la muerte de aquellos quatro consulares él no avía sido culpado, porque los officiales del senado avían hecho la pesquisa, y que los pretores del exército avían executado la sentencia. Offresció el senado a Adriano que se llamasse "Padre de la Patria," mas él no lo quiso rescebir, diziendo que aquél era uno de los títulos de su señor Trajano, y que pues le avía sido buen padre, era razón que fuesse él buen hijo.

Era costumbre en Roma y en toda Ytalia, que quando entravan los príncipes nuevamente a imperar, que todas las ciudades y pueblos les sirviessen con cierta summa de oro y plata, el oro para hazer una corona y la plata para el servicio de su casa; y a las vezes, les presentavan tanto oro para la corona, que les sobrava para yr a la guerra. No sólo no quiso Adriano que fuessen en su nombre a pedir este servicio, mas aun a los que le traýan se le hazía tornar, diziendo que entonces estaría rica su corona quando estuviesse rica su república. Los officiales del erario, es a saber, los que tenían la massa de Roma, avían hecho mucho pujar la renta, y esto inventando cada día muchas maneras de tributos en la república, lo qual sabido por Adriano, mandó quitar a la república todas las imposiciones nuevas que la avían puesto, y mandó despedir de los officios a los que lo avían inventado. Quexáronse a Adriano todos los romanos, que estavan los bastimentos en Roma muy caros, y entonces Adriano proveyó que se traxesse mucho trigo de Sicilia, mucho vino de Candia, y mucho azeyte de España; y allende desto, puso tal tasa en los mantenimientos que podían compadescerse los pobres con los ricos.

Prometió y juró en el senado de no matar a ningún senador, aunque de muerte le hallasse culpado, sin que primero el acusado fuesse oýdo y fuesse su causa vista por todo el senado; y a la verdad este juramento, si escusó a Adriano de hazer muchas muertes, también fue gran ocasión para que los senadores cometiessen muchas culpas. Miren los príncipes lo que juran y lo que prometen, porque el día que el príncipe se inabilitare para castigar a los viciosos, aquel día se han de yr sus vassallos empós de los vicios.

El año que Adriano entró en Roma era año muy caro y aun no muy sano, y él, usando de gran magnificencia, mandó distribuyr mucho dinero entre los necessitados de la república, por manera que no se halló persona que de hambre muriesse ni aun que extrema necessidad padesciesse. Avía muchos que andavan desterrados y otros que estavan presos por deudas que devían al fisco, es a saber, a su cámara; y Adriano mandó pregonar que todos los que le deviessen dineros fuessen absueltos de sus deudas y que por la tal deuda ninguno anduviesse huydo ni estuviesse en la cárcel preso. Derogó Adriano la ley y costumbre que tenían sus antepasados, es a saber, que los bienes de los condempnados fuessen para los príncipes; y mandó que dende en adelante, no los confiscassen para su cámara sino para augmento de la república, porque dezía él que nunca pesaría al juez de castigar en otro la culpa quando se acordasse que del culpado heredava la hazienda. En extremo se holgava quando yva alguno a alguna cosa le pedir, y mucho más se holgava si tenía que le dar, mas si por caso no podía darle lo que le pedía, dávale a lo menos muy buena respuesta.

Dende que Adriano se apoderó del imperio, jamás hombre le oyó hablar de Trajano que no dixesse, "Trajano, mi señor."

CAPITULO .viii.

De las buenas costumbres que tenía el emperador Adriano.

Inquirió Adriano con muy gran diligencia y con mucho secreto qué vida los senadores hazían y en qué exercicios se exercitavan; y al que hallava ser pobre y virtuoso, augmentávale el patrimonio, y al que hallava ser rico y vicioso, tenía maneras para echarle del senado. Muy astuto y muy considerado príncipe era Adriano en castigar a sus officiales y criados, es a saber, que no supiessen en el pueblo por qué quitavan a uno del officio, y allende desto, si los removía de una cosa, recompensávalos en otra, de manera que si los castigava, no los deshonrrava. Muchas vezes dezía Adriano esta palabra: "Al que yo viere ser extimado y acatado en la república, antes me determinaré de quitarle la cabeça que no la honrra."

Las rentas que dexó en muchas partes de Ytalia el buen Trajano para criar niños y para substentar biudas y para casar huérfanas, no sólo las confirmó, mas aun las mejoró. A todos los criados de Trajano mejoró en officios, y a los que no eran para officios, dióles dineros. Mandó Adriano saber quantos hombres nobles avían venido a pobreza, y a los que por adversa fortuna eran pobres, socorríalos para con descanso bivir, y a los que por vicios vinieron a pobreza, dexólos en su pobreza padescer. A todas las romanas biudas ayudó y dio para casar sus hijas, y quanto era largo en ayudar a las hijas, era muy enemigo de dar para los hijos, porque dezía él que no merescía ser casado el mancebo que por sus manos no ganava el casamiento.

Celebró por espacio de tres días la fiesta del dios Genio, es a saber, el día de su nascimiento, y mandó en aquellos días dar ración a todo el pueblo; y él con todos los senadores y nobles comieron en su imperial palacio, y no fue tan pequeña la costa que se hizo en su comida y en dar de comer a toda la república, que si como fueron tres fueran seys los días, las rentas todas del imperio se gastaran y aun de las del erario se tomaran. Hizo representar por seys días continuos el juego de los gladiatores, e quisiera el pueblo que se jugaran los juegos circenses, mas Adriano no quiso consentirlo, y esto no porque no avía gana él de verlos jugar, sino porque supiessen en Roma que no menos pertenesce al príncipe moderar las cosas de burla que ordenar las cosas de veras.

Antes que Adriano fuesse emperador, fue tres vezes cónsul, y a esta causa hizo a muchos romanos que fuessen tres vezes cónsules; y como se agraviassen algunos porque no los hazía también a ellos cónsules, respondióles él, "Los que me excedieron en merescimiento, aquéllos solos han de ygualar comigo en dignidad." Dentro el ámbito de Roma, nunca antes de Adriano uvo más de dos cónsules, el uno para governar la república y el otro para yr a la guerra, mas Adriano añadió y crió otro tercero cónsul porque si acaso estuviese el uno malo y el otro residiesse en la guerra, no estuviesse sin cabeça la república. Tutino, noble cavallero romano, era a la sazón prefecto del pretorio, y Adriano crióle en senador y diole las insignias consulares, de lo qual se agravió todo el senado, diziendo que el emperador no lo devía ni lo podía hazer, lo uno porque no lo merescía Tutino, lo otro porque avía de tomar el parescer del senado. Enojóse Adriano de lo que dixeron los romanos, y dende adelante usava de más libertad en repartir los officios y de menos compañía en determinar las cosas, como hasta allí siempre tomasse acompañados para juzgar, y dava parte al senado de lo que avía de proveer.

Tenía en muy gran veneración a Severiano, marido que era de su hermana, al qual dava mucho y honrrava mucho, y todas las vezes que yva Severiano a entender en la cámara, le salía Adriano a rescebir a la puerta. Aunque Severiano yva a visitar a Adriano y Adriano salía a rescebir a Severiano, antiguo y muy mortal era el odio que se tenían el uno al otro; y en este caso cada uno dellos mostró la dañada intención que tenía, porque Severiano trabajó mucho por quitar a Adriano el imperio y la honrra, y Adriano muy fácilmente le quitó a él la vida.

Quando estava Adriano en Roma, por lo menos yva tres vezes al senado en la semana, y si él estava enfermo o muy occupado, no embiava a otro en su lugar, sino que viniessen do él estava, por manera que ninguna cosa de importancia se avía en el senado de expedir sin que él en ella diesse su parescer. Como una vez estuviesse Adriano muy malo, y por occasión de una muela tuviesse hinchada la cara, ordenaron los médicos que le sacassen la muela y le diessen una sangría, y como llegassen a una los del senado a consultar cosas de la república y el barbero a sacarle la muela, hizo entrar el senado y detener al barbero, y suffrió dos horas el dolor de la muela, que fue el tiempo que duró la consulta.

Era Adriano de familiar conversación, en especial con sus familiares amigos y con sus particulares criados, con los quales se yva a comer a las huertas, a pescar a los ríos, a caçar a los campos y a tomar otros semejantes passatiempos. Era naturalmente compassivo de los enfermos, y en esto ni mirava que fuessen sus amigos o sus enemigos, porque ygualmente a todos los visitaba y de su despensa y cámara los proveýa. No sólo visitaba a los que de hecho estavan enfermos en las camas, mas aun yva a ver a los hombres ancianos que ya por viejos no podían salir de sus casas, a los quales por estenso preguntava los años que avían bivido, los reynos que avían andado, los peligros en que se avían visto, las enemistades que avían tenido y las necessidades que avían padescido, por manera que muchas vezes de lo que aquellos le dezían del tiempo passado, tomava él exemplo de lo que avía de hazer en el tiempo presente. Fue Adriano por excellencia amigo de hombres muy virtuosos y de philósophos muy sabios, y jamás en la paz ni en la guerra carescía de su compañía, porque de los virtuosos aprendía cómo devía bien bivir, y los philósophos le enseñavan cómo avía bien de governar.

Turbón, maestro de los cavalleros, tenía un hijo con Adriano, mancebo que era assaz dispuesto y esforçado y de Adriano muy privado, mas junto con esto teníale por presumptuoso en el hablar y por cobdicioso en el negociar, porque todo lo que por su ruego hazía Adriano, todo lo vendía él a dinero. Sabida la verdad deste caso, rescibió dello Adriano muy gran enojo, y mandó que luego el moço fuesse preso y le tomassen todo quanto avía cohechado, y que cada cosa fuesse tornada a su dueño, y a él, que le llevassen a la ysla de Ponto desterrado, al qual dixo Adriano, "Deste caso tú quedarás castigado y yo escarmentado, para que jamás a criado mío muestre favor demasiado ni extremado, porque no tornéys el amor en sobervia y vendáys el favor por cobdicia."

CAPITULO .ix.

De la manera que se avía con la gente de guerra.

Quando Adriano partió de Alemania para venir a Roma, no pensó detenerse tanto en ella; mas la occasión de su tardança fue que como el buen Trajano en los postreros años se detuvo tanto tiempo en las guerras de Asia y de Europa, a la verdad estava no muy corregida la república de Ytalia.

Partió Adriano de Roma y vínose a la Gallia Transalpina, y esto no para conquistarla sino para visitarla; y los gallos holgavan mucho con su venida y hazíanle muchos servicios en cada provincia, porque Adriano fue el primero príncipe romano que entró en Francia en paz, porque todos sus predecesores entraron de guerra. Anduvo personalmente visitando toda la Gallia, en la qual hizo algunos hedificios nuevos, reparó otros viejos, reparó los templos, reformó los sacerdotes, libertó algunos cavalleros, dio donaciones a los pueblos, perdonó algunos excessos y castigó otros; finalmente, en todo lo que hizo, fue a los ciudadanos grato y a las repúblicas provechoso. Ordenadas las cosas de la Gallia, tornóse otra vez Adriano a passar los Alpes, y tomó el camino de Alemania; y la intención que llevava era no de levantar guerra sino de procurar paz, porque Adriano naturalmente era amigo de tener con todos paz, mas si no querían, era después muy porfiado en la guerra.

En el tiempo que Adriano tenía mayor paz, entonces exercitava la gente de guerra como si de hecho estuviera en la guerra, y por esta causa dezía él que por esso todos los príncipes holgavan de tener con él paz, porque le veýan estar siempre a punto de guerra. Inventava Adriano muchos torneos do los cavalleros exercitassen sus fuerças, hazía juegos palestres do corriessen, armava torres de madera y tierra que combatiessen, hazía que diez a diez peleassen, buscava lugares fuertes que minassen, constreñíalos a que unos con otros luchassen, llevávalos cabe los ríos do nadassen; finalmente, él los tenía tan ocupados, que quisieran ellos más pelear un día de veras que no tantos días de burla. De los mesmos manjares que comían los más pobres del exército, de aquellos comía Adriano, es a saber, tocino gruesso, queso ratonado, búfano en cecina, pan de cebada, agua de charcos; y si alguna vez le tenían o le aparejavan alguna cosa de la qual en sus reales no uviesse abundancia, de tal manera la repartía, que la menor parte era suya. Que pocas que muchas, siempre traýa sobre sí algunas armas, y si por caso veýa a algún cavallero desarmado, luego le mandava quitar el sueldo, diziendo que el hombre que no anda armado no meresce ser tractado ni honrrado como cavallero. En los exércitos, ygualmente entre mayores y menores se repartían los officios, es a saber, que al tiempo de tirar, todos tiravan; al tiempo de cavar, todos cavavan; al tiempo de velar, todos velavan; y destos trabajos no eximía más a sí que a los otros, porque él mesmo velava en las estancias y con sus manos cavava en las minas.

No tenía ni consentía tener en la guerra mesas altas para comer ni portales para se passear ni cuevas para se recrear ni escalentar agua para se vañar ni adereçar manjares para comer ni traer ungüentos odoríferos a vender, porque según él dezía, no se han de untar los buenos y animosos cavalleros sino con la sangre de sus enemigos. Traýa Adriano vestiduras humildes mas muy limpias, porque era muy amigo de limpieza ansí en el vestir como en el comer, y sobremanera aborrescía a los hombres que en esto no eran polidos, diziendo que los hombres suzios siempre son de torpes juyzios. Nunca traýa en la guerra seda ni púrpura ni vestidura rica, ni se atacava con agujetas presciosas; y la empuñadura de la espada, no la traýa de oro ni de plata ni aun de marfil, y las armas tanpoco las traýa doradas, más junto con esto eran muy finas y rezias.

Quando alguno se señalava en la guerra en hazer grandes hechos, luego él se señalava en hazerle grandes mercedes, por manera que los servicios que le hazían en la guerra, no los remitía a pagar en Roma. De que caminava por tierras montuosas, muchas vezes se apeava él por hazer apear a los otros, y andava quinze y veynte millas a pie, llevando las armas a cuestas, y esto hazía él porque, si acaso topassen con los enemigos, los cavallos no llegassen fatigados. Siempre posava dentro de los reales, y ordinariamente se yva de tienda en tienda a visitar los heridos y tener conversación con los sanos. Tenía tanta conversación Adriano con su gente de guerra, que por nombre llamava a muchos y de gesto conoscía a todos, por manera que no podía entrar en su campo enemigo estrangero que dél no fuesse conoscido. Quando vacava alguna lança entre su gente de guerra, buscavan los capitanes a los que en su lugar avían de succeder, mas Adriano mesmo los avía de examinar, y esto hazía él por conoscerles los rostros y por provarles las fuerças. Los que avía de hazer tribunos o capitanes de sus exércitos avían de ser hombres esforçados y no cobdiciosos, y aun junto con esto que no fuessen mancebos desbarbados ni tampoco viejos quebrantados, porque con la mucha mocedad no sabrían governar y por la mucha vegez no podrían pelear. Hazía muy bien pagar la gente de guerra, y tenía prohibido a sus capitanes que no hurtassen dineros de la paga ni aun tomassen cosa que por su gente les fuesse presentada, y esto hazía Adriano por evitar en los unos la necessidad y en los otros la cobdicia. Prohibió por edicto público que ninguno llevasse a la guerra cosa superflua y que ninguno fuesse osado de vender ni comprar cosa que no fuesse allí muy necessaria. Era muy solícito en que los reales estuviessen proveýdos de mantenimientos, y después que eran traýdos, de tal manera los apresciava que ni el que comprava fuesse robado ni el que vendía defraudado.

Immitando a Vegecio, escrivió Adriano un libro do ponía la manera que avían de tener los capitanes en pelear y de la manera que los tribunos los exércitos avían de regir, y conforme a esto, hizo muchas y muy excellentes leyes, las quales por largos tiempos fueron por todos los príncipes romanos guardadas. [49] En este caso de ordenar, proveer y corregir la

---

[49] Flavius Renatus Vegetius wrote in the fourth century an *Epitome* (or *Instituta*) *Rei Militaris*, the material for which was drawn (as Vegetius says in book I, ch. VIII) from various authors and from the imperial constitutions of Augustus, Trajan and Hadrian; Guevara apparently takes the passage to refer to *books* by the three.

gente militar, solos tres príncipes fueron los que en summa perfición lo proveyeron y sobre ello velaron, es a saber, Augusto, Trajano y Adriano; porque todos los otros príncipes no para defender, sino para dissipar a la república tenían la gente de guerra.

CAPITULO .x.

De lo que hizo en Inglaterra y en Francia y en España.

Todo el tiempo que Adriano estuvo en Alemania, no se occupó sino en corregir y enseñar a buenas costumbres a la gente de guerra, y esto no hazía él sin gran prudencia y a manera de buen marinero, el qual, en el tiempo que está la mar en calma, adereça él las velas y áncoras para la fortuna que se ha de seguir empós della.

Desde Alemania, vínose Adriano a la Gran Bretaña, que agora se llama Inglaterra, y tampoco halló allí guerra como en la Galia; y no se tuvo entonces a poca maravilla, porque desde Julio César, que fue el primero que los conquistó, hasta el tiempo de Adriano, jamás estuvieron sin tener guerra con los gallos o estar revelados a los romanos. Luego que entró en Bretaña, se informó muy por menudo de todas las leyes que tenían y de todas las costumbres que guardavan, y vistas y examinadas todas, algunas les aprovó y otras les quitó; en especial les quitó que un marido no pudiesse tener dos mugeres, ni una muger siete maridos. Quando Julio César tomó aquella ysla de Inglaterra, traxo a bivir en ella a muchos pueblos de Ytalia, y los naturales con los estrangeros, aunque no tenían entre sí guerra, no tenían tampoco verdadera paz, porque los britanos llamavan a los romanos advenedizos, y los romanos llamavan a ellos bárbaros. Visto por Adriano que para quererse ni tractarse bien no aprovechavan ruegos, ni se enmendavan por castigos, acordó de partirles por medio el reyno; y fue el caso que por medio de todo el reyno hizo de mar a mar un muro, obra por cierto jamás oýda ni vista, y do este príncipe empleó gran riqueza.

Estando Adriano en Bretaña, fue avisado desde Roma

como la casa de su mujer no estava muy corregida, y la causa desto era que algunos romanos se avían entremetido en acompañar a la emperatriz, la conversación de los quales era más en perjuyzio de su fama que en provecho de su servicio. Septicio Prefecto y Suetonio Tranquilo, que a la sazón tenían cargo de escrevir las cartas del senado, éstos y otros se hizieron muy familiares de la emperatriz Sabina, a los quales Adriano embió a mandar que fuessen de Roma desterrados y de los officios privados. Sabina, su mujer de Adriano, era tenida por muy libre en el hablar y por no muy corregida en el bivir. Muy aborrido estava Adriano en tener por muger a Sabina, y no en secreto sino en público dezía a todos que si fuera él un hombre plebeyo, ya uviera hecho con ella diborcio, porque en la conversación era presumptuosa y en el bivir absoluta.

Era Adriano muy inclinado a saber no sólo las condiciones e inclinaciones que sus amigos tenían, mas aun de la manera que en sus proprias casas bivían, y para saber esto, a los criados y a los esclavos y a los labradores que les trayan los bastimentos preguntava qué comían, qué bevían, qué gastavan sus amos en sus casas. Sabina, muger de Adriano, escrivió una carta a un cavallero romano, quexándose dél, que ya no la quería ver por querer regalarse en los vaños de Bretaña y por aver tomado otros nuevos amores en aquella tierra. Fue el caso que la carta vino a manos de Adriano, y como aquel cavallero le pidiesse licencia para yr a Roma, so color de querer yr a visitar su casa, respondióle Adriano, "Mi muger Sabina no me escrive a mí lo que escrive a ti." Visto por aquel cavallero que lo que passava entre él y Sabina era a Adriano notorio, no sólo dexó la yda de Roma, mas aun se absentó de la ysla de Bretaña.

Puestas en orden todas las cosas de la Gran Bretaña, supo Adriano como en la Gallia Transalpina, que agora se llama la dulce Francia, se avía levantado una popular sedición entre pueblos y pueblos, la qual era tan de mala manera, que si luego no se atajava, podría prorrumpir en una guerra prolixa. Toda la contienda era sobre los términos y pastos de un lugar que se llamava Apim; y luego Adriano se passó en la Gallia y personalmente fue a ver las dehesas y los mojones dellas, y oýdos los unos y oýdos los otros, partióles ygualmente aquellos términos. Como un romano dixesse a Adriano que aquello era officio de pobres censores y no de altos emperadores, respondióle él, "Más quiero repartirles los términos en paz que no conquistarles los pueblos con guerra."

Ya que Adriano se quería partir de la Gallia, llególe nueva de Roma como Plotina, su muger de Trajano, era muerta; y como avía sido su única señora y su especial amiga, mostró tanto sentimiento de su muerte, que allende de suspirar y de llorar y se entristeçer tanto ya que era extremo, passó mucho tiempo en que no quiso comer. Detúvose allí do le tomó la nueva muchos meses, y escrivió luego al senado que contassen a Plotina entre las diosas, y por otra parte él mandó offrescer por ella generosos y costosos sacrificios, y hedificó en su honrra y perpetua memoria un templo cerca de Mausín, al qual adornó de maravillosos mármoles y dotó de muy ricas joyas.

Despachadas las cosas de Francia, vínose por los montes Perineos en España, y estuvo todo un invierno en la ciudad de Tarragona, la qual en aquel tiempo era la cosa más fuerte, más rica y más estimada que avía en España. Quando el emperador Octavio conquistó a Cantabria, hizo en Tarragona una casa nobilíssima, la qual por ser muy antigua estava muy maltractada, y luego el emperador Adriano la mandó a su costa reparar y rehedificar, por manera que reparando los hedificios, renovó allí el nombre de los romanos. Ya que la casa imperial estava hecha, hizo allí cortes Adriano con todos los grandes señores y ricos hombres de España, en las quales hizo muchas leyes buenas. En especial, mandó que el padre que tuviesse un hijo, fuesse para la guerra, y el que dos, fuesse el otro para la sciencia, y el que tres, enseñasse al tercero algún officio de la república. Quexáronse allí los españoles que las naos de Ytalia llevaban muchas cosas de España, es a saber, oro, plata, seda, azeite, hierro, trigo y vino, y que de Ytalia no traýan cosa a España; y mandó Adriano que en ninguna nao estrangera se cargasse cosa de España. Hizo Adriano muchas mercedes a muchos, y a otros llevó consigo, y a otros dio officios por mar y por tierra muy honrrosos, y generalmente dio a todas las ciudades dineros para que reparassen los muros caýdos, por manera que todos quedaron en España dél muy contentos.

Allí en Tarragona, andándose Adriano passeando solo por una huerta, acaso soltóse un moço loco y fuesse a él con una espada sacada; y Adriano, aunque estava sin armas, tomó al moço loco la espada, y sin mandar que a él hiziessen mal ni a sus amos diessen pena, proveyó en que le curassen; del qual hecho fue Adriano loado de esforçado y de piadoso. En la provincia de Tarragona también tenían differencia sobre los términos como en Francia; y proveyó Adriano que se pusiesen mojones de piedra, a manera de columnas, porque no las pudiessen hurtar los unos ni mudar los otros.

CAPITULO .xi.

De cómo Adriano passó en Asia y de las cosas que allí le acontescieron.

Visitadas todas las provincias de España, navegó Adriano por el mar Mediterráneo a la isla de Sicilia, y luego se subió en el monte Ethna por ver si podría conoscer el nascimiento del sol y por saber de dó procede el arco del cielo tener tantas variedades de colores; mas al fin él vino más espantado que docinado. Como Adriano descendió del monte Ethna espantado y cansado y aun burlado, no se detuvo más en aquel reyno de quanto visitó todas las obras que avía hecho el buen Trajano, las quales él amplió con hedificios y dotó de patrimonios.

Estando Adriano en Çaragoça de Sicilia, supo como Astarlique, el mayor señor que avía en Germania, era muerto; y luego crió un rey de Germania, al qual embió a governar y enseñorear la tierra, y fue bien rescebido y mejor obedescido, porque estavan los germanos muy afrentados de no tener reyes que los governassen sino cónsules que los castigassen. Los maurinos y los numidanos estavan entre sí muy divisos, y como supieron que Adriano estava en Sicilia y de camino para passar en Africa, ellos mesmos atajaron la guerra y dieron assiento en la paz. En aquel tiempo los parthos súbitamente tomaron armas, salieron en campo, hizieron capitanes y fortalescieron las fronteras, diziendo que ellos avían de ser señores de los romanos y no los romanos dellos. Como supo esta commoción Adriano, mandó por una parte adereçar gran exército para pasar en Asia, y por otra parte escrivió a los parthos una carta en la qual les dize que él los tiene por amigos y el senado los tiene por hermanos y no por vasallos; y fueron desto tan satisfechos los bárbaros que luego dexaron las armas y pregonaron paz por todas las tierras.

Aunque le dixeron que los parthos eran ya retirados, todavía navegó Adriano hazia Asia, y fue primero a Achaya y entró en Eleusín, famosa ciudad que es en aquella provincia; y como llevasse gran exército y poco dinero, tomó las cosas sagradas de los templos, diziendo que él no lo hazía como príncipe romano sino como griego, porque Hércules y Philippo, que fueron reyes griegos, lo avían primero hecho. Entrava en los templos de Asia solo, lo qual le tenían todos a muy gran esfuerço, porque él estava sin armas, y todos los sacerdotes estavan armados. Como le preguntasse uno por qué entrava solo y desarmado en los templos, pues entrava a robarlos, respondió, "Porque a los bárbaros emos de tomarles lo que tienen con armas, mas a los dioses émosselo de pedir con ruegos." Fue Adriano a Athenas, y miró curiosamente la manera que tenían en enseñar y la orden en el bivir; y dixo que no avía cosa en Athenas perfecta si no era Agonata, maestro de gladiatores, porque en su officio más diestro era en el jugar con las espadas que no los philósophos en enseñar las sciencias. Esto no obstante, honrró mucho a los philósophos y dio grandes libertades a algunos pueblos.

Y dende tornóse a Roma, y no se detuvo más en Roma de quanto visitó y honrró y aun lloró sobre el sepulchro de Plotina. Luego se partió Adriano para Sicilia, y dende para Africa, en la qual visitó muchos pueblos, renovó algunos hedificios y desterró algunos de los numidanos y aun a muchos de los mauritanos, porque eran muy bulliciosos.

Tornóse luego Adriano a Sicilia y dende a Roma, y dende passó otra vez en Asia, y fuesse derecho a Athenas, y acabó allí un templo que avía començado, el qual dedicó al dios Júpiter, y esculpió en él la ymagen de Trajano, y pintó con su propria mano la figura de Plotina, su especial señora y amiga. Lo más en que se occupó Adriano en toda la Asia fue hedificar, reparar y consagrar templos, en los quales ponía su nombre y pintava de pinzel o esculpía de alabastro su figura.

Estando Adriano en necessidad de dineros para pagar sus exércitos, embió a los de Capadocia que le socorriessen con el tributo que avían de dar a Roma, y que como hasta allí lo pagavan por tercios, se lo diessen todo junto; y los de Capadocia, viendo que les pedía lo que devían y no lo que tenían, diéronle todo el tributo junto y sirviéronle con otra gran summa de dinero. Combidó Adriano a comer al rey Cósdroe, rey que era en la sazón de los parthos, y allende de las fiestas que le hizo, restituyóle una hija que por rehenes le avía tomado el buen Trajano y una litera, la qual era en labor muy rica y de oro y unicornio y plata, toda labrada, y diole muchas joyas. Muchos reyes de Asia y otros grandes señores y ricoshombres de Asia vinieron a visitar a Adriano, y él les dava tan largo y les hazía tal tractamiento que quanto plazer tomaron los que le visitaron, tanto pesar uvieron los que no le pudieron venir a ver. Pharasmano, rey de los alanos, fue combidado y aun rogado que se viesse con Adriano y que renovasse lo que con el buen Trajano avía capitulado, y él no lo querriendo hazer, dende a pocos días no le faltó occasión a Adriano para quitarle la hazienda y desterrarle de Asia, por manera que vino a pedir de rodillas lo que antes le dieran estando assentado.

Andando Adriano visitando por toda Asia a los presidentes y procuradores della, halló en algunos dellos muy inormes delictos, a los quales él castigó con ferozes castigos, y fue en este caso tan inexorable para perdonarlos y tan duro para castigarlos, que no sólo buscava quien los justiciasse, mas aun incitava a quien los accusasse. En este caso no meresce ser loado sino notado y reprehendido Adriano, porque a los príncipes virtuosos y generosos, más natural les ha de ser compadescerse del accusado, que no incitar al accusador. No se sabe por qué Adriano tomó enemistad con la ciudad de Antiochía; y fue tan grande el odio, que trabajó de apartar a Siria de Fenicia, y esto no más de porque no fuesse cabeça de tantas provincias Antiochía.

Fue avisado Adriano que tenían en costumbre los judíos de cortarse los miembros genitales, y como les fuesse puesto mandamiento que en sus carnes no hiziessen tal torpedad ni crueldad, no sólo no lo quisieron obedescer, mas aun tomaron armas para se revelar, porque dezían ellos que con tal condición se subjectaron a los romanos, con que los dexassen bivir en sus leyes y ritos.

Fuese Adriano a dormir una noche encima del monte Olimpo, con intención de sacrificar allí ciertos sacrificios y de ver el nascimiento del sol, mas aquella noche levantóse tan gran tempestad, que derramó todos los sacrificios, y cayeron allí muchos rayos; por manera que si le fue mal en el monte Ethna, le fue muy peor en Olimpo, el de Asia. Fuese Adriano para Arabia y visitóla toda, y trabajó mucho y no prometió poco a quien le mostrasse la ave phénix; mas según dezía él, ni la pudo ver ni halló hombre que la uviesse visto.

Visitada toda Arabia, fuese Adriano a la muy nombrada ciudad de Pelusio no por más de por ver la sepultura del gran Pompeyo, la qual él renovó y enrriquesció, y aun offresció allí muy sumptuosos sacrificios en honrra del gran Pompeyo, lo qual, como se supo en Roma, tomó dello muy gran plazer todo el pueblo romano. No sólo honrró la sepultura de Pompeyo, mas aun hizo mercedes al pueblo de Pelusio, porque tenían aquel sepulchro acatado y honrrado, y encima del sepulchro puso Adriano este verso, escripto de su propria mano: *Ossa viri magni tenui quam clausa sepulchro.*

CAPITULO .xii.

De cómo estando en Egipto, se le ahogó un su muy gran privado.

Tenía Adriano un mancebo muy privado suyo al qual llamava Antinoi, y fue tan señor en las cosas del imperio y tan excesivamente quisto de Adriano, que más parescía tenerle por dios para le adorar, que no por criado para dél se servir. ¿Qué fuesse la occasión de tan gran privança? Muchos en este caso soltaron la lengua contra Adriano, mas al fin se resume en dos, es a saber, que le tenía para sus deleites proprios, y que le ayudava aquel moço a sus encantamentos; porque Adriano dióse mucho a la maldita arte mágica, aunque muchas vezes se quexava averse engañado en ella. Navegando Adriano por el río Nilo, el su muy privado Antinoi se ahogó, y sintió Adriano tanto su muerte que no sólo puso por él luto muchos días, mas a manera de muger derramó por él muchas lágrimas. Puso Adriano las estatuas de Antinoi por todos los templos de Asia, y los griegos, por hazerle plazer, consagráronle en dios; y duróle mucho tiempo a Adriano que no se occupava en otra cosa sino en hablar de Antinoi y en escrevir versos para su sepulchro.

Estuvo Adriano todo un verano a las riberas del río Nilo, y allí communicava con los sacerdotes egipcios muchas cosas assí de la astrología como de la mágica y no menos de la música, a la qual se dio tanto y tan de veras, que era cosa maravillosa y monstruosa verle tañer y cosa muy dulce oýrle cantar. Prescióse Adriano de enamorado, en especial de escrevir muy enamoradas cartas y de no servir sino a damas muy hermosas. Deprendió en Asia Adriano a jugar nuevos juegos de armas; en especial se dio mucho al esgrimir de espada, y fue en esto tan perito que al que con él se ponía a esgrimir, le dava quantos golpes quería y en los lugares del cuerpo que apostava.

Fue Adriano hombre severo, alegre, grave, cortés, burlón, sufrido, sobresalido, paciente, furioso, guardador, largo, dissimulador, piadoso y cruel; finalmente, fue vario en los vicios, incostante en las virtudes, porque muy poco tiempo se abstenía de lo malo, y por menos espacio permanescía en lo bueno. A sus amigos era Adriano grato por una parte e ingrato por otra, es a saber, que les dava mucha hazienda, mas no se le dava mucho por su honrra, porque fácilmente oýa dellos murmurar sin por ellos querer responder. Muy culpado fue en este caso Adriano, y no menos lo será qualquier príncipe que cayere en este vicio, porque los generosos y virtuosos príncipes, de sus enemigos han de oýr murmurar con pena; que de sus amigos, no han de consentir dezir una mala palabra.

Grandes inconvenientes se le siguieron al emperador Adriano de no ser a sus amigos fiel amigo, y paresciose bien en Taciano, en Nieto, en Severo, en Septicio, a los quales en un tiempo él los tuvo por amigos, y después los persiguió como a enemigos. Eudemio, varón romano y generoso, fue de Adriano tan gran amigo que offrescía a los dioses sacrificios porque le diessen el imperio, y después tomó Adriano con él tanto odio que le persiguió no sólo hasta echarle de Roma, mas aun hasta ponerle en muy estrecha pobreza. Poleno y Marcelo fueron de Adriano tan maltractados y perseguidos que eligieron antes por sus proprias manos morir, que no debaxo de la governación de Adriano bivir. Elidoro, famosíssimo hombre que era en letras assí griegas como latinas, no sólo fue de Adriano perseguido, mas aun muerto y despedaçado, y fue su muerte muy llorada, porque era muy provechoso a toda la república. Olvidio Quadrato y Acatalio y Turbón, varones consulares y antiguos, fueron por Adriano perseguidos, aunque no muertos, porque desseando cada uno su vida, se desterraron de Roma y aun de Ytalia. El noble cónsul Severiano, marido que era de Sabina, su hermana de Adriano, siendo en edad de noventa años, le constriñó a morir no por más de que no se alabasse que avía visto a Adriano primero que él morir. Contava muchas vezes el buen viejo Severiano los emperadores que avía enterrado, y hallava que eran treze, y si Adriano moría antes que él, serían con él catorze; lo qual, como supo Adriano, quiso antes quitarle a él de entre los bivos que no que le contasse a él entre los muertos.

En todas las cosas era Adriano muy docto, es a saber, en leer, escrevir, cantar, pintar, pelear, caçar, jugar y disputar, sino que tenía con ello una gran tacha, es a saber, que si sabía mucho, presumía mucho, y esto conoscíanselo todos porque burlava de todos. Tenía Adriano muy gran comunicación con Floro, poeta, el qual en aquel tiempo era docto para enseñar y muy gracioso para hablar. Estando en el reyno de Palestina Adriano, escrivióle su amigo Floro estas palabras: "Yo no quiero ser emperador, para andar por las islas de Bretaña y para andar por las nieves de Asia." Respondióle a esto Adriano, "Si tú no quieres ser Adriano, tampoco quiero yo ser Floro, para andar por las tavernas y para comer en los bodegones y bara ser despedaçado de piojos."

Amava y loava y aun immitava la manera de hablar antigua. Dávase a la arte oratoria; tuvo en más a Tullio que a Cathón, a Virgilio que a Enio, a Salustio que a Celio, a Plathón que a Homero; finalmente, aquella escriptura tenía por buena que a él solo contentava. Después que entró en Egipto, dávase mucho a la astrología, en que tenía por costumbre de sacar y escrevir por aquella sciencia todo lo que en aquel año le avía de acontescer, y ansí lo hizo el año que murió, mas no alcançó que avía de morir. Una cosa tuvo Adriano por excellencia, y fue que todo lo que desseava saber, procurávalo saber muy bien, y a esta causa fatigava mucho a los maestros de las artes con dificultades y qüestiones, por poder quedar con lo cierto y aclarar lo que estava dubdoso. Quando disputava con los philósophos, y por occasión de lo que les dixesse o respondiesse fuessen tristes, pesávale mucho, porque muchas vezes dezía él que más quería él para sí que le quitasse su enemigo la vida que no la alegría.

CAPITULO .xiii.

De las grandes mercedes que hazía Adriano.

Una de las cosas que el emperador Adriano tuvo, digna por cierto de ser loada, fue que usó con todos de muy gran magnificencia y largueza, porque naturalmente en el rescebir era esquivo y en el dar muy largo. Jamás cosa alguno le pidió que no se la diesse, si a otro no la uviesse dado; y si la avía dado, dava esperança de le dar otra cosa. Dava y hazía merced de villas, ciudades, castillos, provincias, reynos, montes, ríos, dehesas, salinas, moliendas, officios, y no sólo esto que caýa en la governación de la república, mas aun dava los cavallos de su cavalleriza, las ropas de su persona, las provisiones de su despensa y los dineros de su cámara, por manera que él se ponía en necessidad por quitar a otros de necessidad. De muchos defectos y flaquezas era notado Adriano en su bivir, y todos los coloreava y encubría con ser largo en el dar. Fueron muy grandes las mercedes que hizo a Epiteto y a Elidoro, philósophos; mas mucho más fue lo que dio a Phavorino que a todos, porque le dio muy gran hazienda y le honrró en la república.

Tenía en costumbre que quando llamava con su carta a alguno que viniesse para yr a la guerra con él, dávale todo lo necessario para ella, es a saber, armas para pelear y dineros para gastar. Supo Adriano que en Numidia avía un cavallero que avía nombre Malacón, varón muy esforçado y bellicoso, al qual, como le llevasse consigo a la guerra, y no quisiesse rescebir lo que solía dar a los que yvan en su compañía, díxole Adriano, "Más razón es que haga yo primero mi officio, que no tú el tuyo, es a saber, antes que comiences tú a pelear, te lo comienço yo a agradecer; porque al fin más hazes tú en arriscar por mí la vida que no yo en darte de mi hazienda."

Muchas vezes se alabava Adriano que jamás se acordava aver comido solo, sino que siempre comían con él philósophos, que disputassen en philosophía, o capitanes, que hablassen en cosas de la guerra. Era limpio en el vestir y curioso en el comer, y un día mandó traer ante sí los manjares que se comían en la despensa por sus criados; y como hallasse que los despenseros avían sisado dellos, mandólos a todos açotar y despedir, porque si tenía ánimo para hazer merced de una provincia, no podía tener paciencia que le hurtassen ni sola una blanca.

Acaso vio un día a un viejo escudero, al qual avía él conoscido en la guerra, que se estava refregando y rascando a unos mármoles del templo; y como le preguntasse por qué allí se rascava y la ropa deshazía, respondióle el viejo, "No tengo que vestir ni menos quien me dé de comer ¿y quieres, Adriano, que halle quien me aya de rascar?" Tomóle a Adriano muy gran compassión de lo que vio y mucho más de lo que oyó, y luego le mandó dar hazienda para bivir y esclavos para le servir. Como sea tan natural entre los pobres la embidia como es entre los ricos la soberbia, luego otro día vinieron otros dos pobres viejos a ponerse delante Adriano para ver si usaría con ellos de alguna liberalidad, el qual, como los viesse, mandólos llamar, y mandó al uno que rascasse al otro y después el otro que rascasse al que le avía rascado.

A Pharasmaco, rey que fue de los parthos, dio Adriano muy grandes dones, es a saber, le embió cinqüenta elephantes armados con sus torres y tresziemtos hombres de Hiberia, que eran naturales de España, los quales él tenía para su guarda. Muchas guerras venció con las armas, mas muchas más atajó y apaziguó con dones, porque a los pueblos dava libertades y a sus señores y reyes hazía grandes mercedes.

Aunque en algunas cosas particulares assí de sus amigos como de sus enemigos se mostró afficionado y appasionado, universalmente en lo que tocava al bien de la república siempre fue amigo Adriano de administrar justicia. Quando acontescían algunos casos graves, apassionávase y enojávase de súbito; mas al tiempo de determinarlos y juzgarlos, mirávalo y examinávalo con mucho peso. Pocas cosas determinava sin consejo, y para esto tenía siempre cabe sí a Silvio y a Neracio, los quales eran los más doctos de aquel tiempo, y estavan aprobados por el senado. Naturalmente era de coraçón inquieto y de su condición bullicioso, y acontescíale muchas vezes que estando leyendo en algunas hystorias, si leýa de algún lugar o tierra que en alguna cosa fuesse de las otras extremada, tomávale tanto desseo verla, que de no poder verla, muchas vezes se entristecía. Dado caso que era largo y magnánimo con los philosóphos, con los pueblos, con los de la guerra y con sus amigos, mucho más lo era con los que administravan la justicia, es a saber, con los tribunos, con los censores y pretores; y como le dixesse Phaborino que por qué era con ellos tan largo, respondió, "Hago a los que administran justicia ricos porque robando no hagan ellos a otros pobres."

CAPITULO .xiiii.

De las leyes y hedificios que hizo Adriano

Muchas y muy corregidas leyes hizo Adriano, las quales fueron por el senado aprovadas y por toda la república rescebidas y por mucho tiempo guardadas. Ordenó que si alguno quisiesse mudarse de una ciudad a otra, que su casa libremente la pudiesse vender, mas que no fuesse osado de la derrocar y de los materiales se aprovechar, porque mucho pierde de auctoridad la república quando en los hedifficios está arruinada. Ordenó ansí mesmo que quando alguno por sus inormes delictos fuesse condenado a perder la vida y a confiscarle la hazienda, que los hijos del tal tuviessen en la hazienda la parte décima, por manera que por lo que les quitavan, avían de llorar la culpa del padre, y por lo que les davan, avían de sentir la clemencia del príncipe. Avía ciertos casos vedados en los quales, si alguno caýa, le acussavan como de crimen *lese magestatis;* y Adriano quitólos todos, diziendo que aquellas leyes eran en muy poco servicio del príncipe y en muy gran daño de la república. Las haziendas de los estrangeros y peregrinos, solíanlas heredar los príncipes romanos; y ordenó Adriano que las heredassen sus proprios hijos o sus parientes más propinquos. Ordenó que quien hallasse algún thesoro en su propria heredad, que fuesse todo suyo, y si le hallasse en heredad agena, que diesse la mitad al dueño della, y si lo hallase en lugar público, que partiesse ygualmente con el fisco. Vedó que ningún señor pudiesse de su propria auctoridad matar a su esclavo, aunque meresciesse muerte por algún delicto, sino que el tal castigo se hiziesse por el juez que tiene el príncipe deputado.

Puso orden en el comer y en el vestir, es a saber, que ninguno comiesse cosas superfluas ni tuviesse vestiduras demasiadas. Vedó que ninguno fuesse osado andar en litera, y una que él tenía, mandóla quemar en la plaça. Mandó que
5 los cónsules y senadores siempre anduviessen vestidos con toga, que era una vestidura de paz. Vedó que ninguno fuesse osado entrar en los vaños antes de mediodía, si no fuesse enfermo.

Ordenó que todos los moços que carescían de padres tu-
10 viessen tutores hasta los veinte y cinco años, aunque fuessen casados. Vedó que ninguno fuesse osado de vender esclavo ni esclava a rufián ni a chocarrero, diziendo que era cosa muy injusta tener esclavos aquéllos que toda su vida se andavan occiosos. A los mercaderes o cambiadores que por
15 maldad y no por necessidad se alçaron con el vanco o hizieron quiebra en su crédito, ordenó que los tales fuessen puestos a la vergüença en la plaça y después fuessen desterrados de Roma. Ordenó que la cárcel estuviesse dentro de Roma, como de antes siempre estuvo fuera; mas junto con esto,
20 ordenó que ninguna justicia se esecutasse dentro de la ciudad, diziendo que ciudad tan generosa y que a los dioses estava consagrada, no era razón que con sangre de malos hombres fuesse contaminada. Ordenó que de una puerta adentro no se pudiessen vañar hombres y mugeres, sino que
25 los hombres se vañassen en una casa y las mugeres en otra, y que so pena de la vida ninguno entrasse en casa vedada. El fue el primero que puso en Roma abogado del fisco. Ordenó que los días de las fiestas no anduviessen los mancebos por las calles corriendo en carros, lo uno porque no desem-
30 pedrassen las calles, lo otro porque no tropellassen los niños. Prohibió que ni para el príncipe ni para los cónsules romanos tomassen a los labradores por fuerça los bastimentos, sino que cada uno vendiesse a quien quisiesse y do quisiesse y a como pudiesse. Mandó que ninguna muger fuesse osada de
35 curar con palabras, ni tampoco fuesse osado algún hombre de curar con medecinas compuestas, sino que curassen con simples yervas.

Ymitó mucho a Trajano su señor en los hedificios, es a saber, que en todas las tierras, provincias y reynos que

estuvo, hizo muchos y muy nombrados hedifficios, y lo que más es, que en ninguno escrivió su nombre, si no fue en el templo de Trajano. En Roma casi renovó todo el templo que llamavan Pantheo, do estava la diosa Berecinta y adonde
5 eran honrrados todos los dioses. Estava el Campo Marcio antiguamente cercado, y por la mucha antigüedad estavan los hedifficios ya por el suelo, y Adriano no sólo renovó las paredes caýdas, mas aun hizo allí unas generosas casas.[50] Hedifficó el palacio real que llamó de Neptuno, ensanchó
10 la plaça de Augusto, empedró la plaça de Trajano, redifficó el vaño de Tiberio, alço mucho más el templo de Thito, y en todos estos hedificios puso los nombres de los príncipes que antiguamente los avían hedifficado, y no puso el suyo, que los avía rehedificado. Desde el fundamento, hizo
15 una solenníssima puente que después se llamó la puente de Adriano; hizo ansí mesmo un sepulchro junto al río Tiberín, las piedras del qual fueron traýdas de la India, y los artífices de Grecia. Trasladó el templo de la diosa de la Buena Fortuna y trasladó la estatua de Deciano el artífice que es-
20 tava allí puesta, la qual era tan pesada que fueron necessarios veynte y quatro elephantes para moverla. Estava esta estatua consagrada al sol, y Adriano hizo hazer otra tan pesada y tan rica para consagrarla a la luna, y fue el gran Polidoro el artífice della. Hedifficó en Roma el hediffico, el
25 qual mucho tiempo se llamó *moles Adriani* y agora se llama el castillo de Sanct Angelo.[51]

---

[50] The *Saepta* mentioned by Spartian was the voting-enclosure in the Campus Martius. Perhaps Guevara simply took *saepta* to mean walls.

[51] Guevara's changes in Spartian's account are as follows: the temple of the Bona Dea is omitted and instead, Guevara says that Berecinta's image was located in the Pantheon; the *palacio real* of Neptune is the basilica of Neptune in Spartian; the forum of Trajan is an addition of Guevara's; the baths of Agrippa become the *baños de Trajano;* the architects Decrianus and Apollodorus become sculptors; the *Templum Urbis* is interpreted to mean "of Good Fortune" instead of "of Roma." There are other small details which are also changed.

In spite of the fact that the tomb of Hadrian and castle of San Angelo are not connected here, Guevara knew that they were the same: "Cuatro sepulturas había en Roma riquísimas y superbísimas... la de Adriano, que es agora el castillo de Sanctángelo..." *Epístolas*, I, 462.

Sacó de madre muchos ríos para regar los campos, traxo muchas fuentes para proveer las ciudades, y en Grecia hedifficó una ciudad la qual se llamó en otro tiempo Adrianópolis. En el reyno de Palestina, rehedifficó la gran ciudad de Hierusalem, la qual avía sido destruýda por Thito y Vespasiano, y púsola por nombre Elia, a causa que se llamava él Elio Adriano.

CAPITULO .XV.

De algunas cosas que dixo graciosas y jocosas

Fue el emperador Adriano príncipe no sólo agudo y proveýdo en lo que hazía, mas aun muy urbano y gracioso en lo que dezía. Fue pues el caso que como Saborino, amigo que era de Adriano, tuviesse una casa muy vieja, y hiziesse en ella una portada muy pintada y blanca, díxole Adriano, "Parésceme, Saborino, esta tu casa píldora dorada, que alegra defuera y amarga dentro."

Otro amigo de Adriano, que se llamava Silvio, era además muy negro en el rostro y assaz mal dispuesto en el cuerpo, y como viniesse un día a palacio vestido todo de blanco, dixo a los que estavan cabe sí Adriano, "Aquella cara negra con aquella ropa blanca no paresce sino mosca en escudilla de leche ahogada."

Vio un día el emperador Adriano desde su palacio a un senador vestido de negro, y encima traýa una capita corta y de grana, y como le preguntase Adriano por qué andava de aquella manera por allí vestido, respondió el dicho senador, "Andome por aquí, señor, con esta capa colorada por ver si podré pescar alguna dama." Respondióle luego Adriano, "Más me parescéis hamapola en anzuelo para pescar ranas que no hombre enamorado para caçar damas."

Acontesció que como le pidiesse uno una merced, el qual tenía canas, y al presente se la negasse, acordó aquel hombre dende a ciertos días raerse la cabeça y hazerse la barba, y tornar a pedir de nuevo lo que antes avía pedido; y como le viesse Adriano barbihecho y remoçado, respondióle, "Lo que agora pides, ya lo negué a tu padre."

Tenían en Roma muchas bestias fieras para festejar una fiesta, y como dixessen unos senadores a Adriano que se hazía tarde y que era tiempo de yr a correr las bestias, respondióles él, "Mejor dixérades 'vamos a ser corridos de las bestias' que no 'a correrlas', porque si ay diez que las osen esperar, ay diez mil que echen a huyr."

Avía en Roma un hombre que se llamava Enacio, el qual era ya muy viejo, y hombre de su natural bullicioso, ambicioso, pleytista, barbullón, casamentero, importuno y entremetido; finalmente, ni parava de día ni dormía de noche; y como dixessen a Adriano que Enacio era muerto, tomóle muy gran risa, y dándose una palmada en la frente, dixo, "Por los immortales dioses juro que estoy espantado como Enacio para morirse tuvo tiempo, según de noche y de día estava occupado."

Vino a negociar un hombre veterano con el emperador Adriano, y como propusiesse su demanda y replicasse lo que Adriano le avía de replicar a ella y no dexase hablar al emperador palabra, díxole Adriano, "Amigo, si tú comes a dos carrillos, no podremos comer ambos juntos." Fue por cierto muy hermosa y muy urbana la respuesta, porque quiso en ella dezir Adriano que si aquel veterano proponía y se respondía, que no podría él administrarle justicia.

Avía un senador en Roma que avía nombre Favio Cathón, y era en los días ya muy anciano y que en el pueblo tenía mucho crédito, mas junto con esto era muy pequeño de cuerpo y que se enojava muy de súbito, aunque se le passava presto el enojo; a éste dixo una vez Adriano, "No deves echar en el fuego tanta leña, pues tienes la chimenea tan pequeña, porque de otra manera siempre será humosa."

CAPITULO .xvi.

De algunas cosas que hizo dignas de loar
y de otras dignas de reprehender.

El emperador Adriano quería y tractava muy bien a sus criados, mas no podía sufrir que se presciassen ser sus privados, porque dezía él que no los tenía para que le mandassen, sino para que le sirviessen. Enojávase con los que no eran moderados en las obras y corteses en las palabras. Estando en España en la ciudad de Tarragona, vio en una huerta a un criado suyo que se andava passeando en medio de dos senadores, al qual mandó dar una muy gran bofetada y que le dixessen esta palabra: "El emperador manda que te den esta bofetada porque ayas vergüença de osarte passear con aquellos que eres obligado a servir."

En el comer ni era templado ni tanpoco borace, sino que era de algunos manjares apetitoso y goloso, porque ninguna cosa dexava de comer por salud y menos por virtud. Comía bien faysanes, perniles de tocino, lechones silvestres, leche reziente de vacas, almendras tostadas y higos verdes. Sabíale muy bien el vino, y bevió dello tanto que algunas vezes empescía a la salud de su persona y aun al crédito de su fama. Levantávase muy de mañana, a causa que de noche muy poco dormía, mas como se destemplava en el bever y se desconcertava en el comer, muchas vezes dormía tanto entre día que quando despertava era ya de noche.

Uvo en su tiempo grandes terremotos y pestilencias y hambres, en los quales trabajos y calamidades él se mostró príncipe piadoso y magnánimo, porque en las hambres dava a muchos pueblos que comiessen, y en los terremotos dava dineros con que rehedificassen. A muchas ciudades quitó del todo los tributos y a otras afloxó dellos, por manera que no uvo ciudad en su imperio la qual no rescibiesse alguna nueva merced de su mano o no le quitasse algún antiguo tributo. En el quinto año de su imperio, cresció tanto el río Tiberín, que el daño que hizo en tres días no se reparó en seys años.

Fue de la gente de guerra muy temido porque los castigava, y fue muy amado porque los pagava. Una de las cosas que le hizo ser loado de los historiadores y ser bien quisto de los romanos fue que en el tiempo de la paz, tenía muy bien corregida la gente de guerra, y en tiempo de guerra, governava no menos que en tiempo de paz la república.

Todas vezes que venían a comer o a le visitar los senadores, siempre los rescebía en pie, y si eran cónsules, salíalos a rescebir y si eran censores o tribunos, levantávase quando llegavan, y si eran otros officiales del senado, abaxava un poco la cabeça, por manera que a todos hazía mesura y hablava con criança. Siempre comía, la espada ceñida y la capa cubierta, y otras vezes ponía debaxo de sí la toga, y enojávase mucho, si al tiempo de comer, le hablavan en negocios o le pedían algunas mercedes, y si alguno intentava lo contrario, ni le respondía a lo que dezía ni le dava lo que pedía. De reparar los templos, de proveer sacerdotes, de offrescer sacrificios era muy cuydadoso, y junto con esto, es de saber que no consentía inventarse cosas nuevas, y mucho menos consentía introduzirse costumbres peregrinas.

CAPITULO .xvii.

De los que adoptó Adriano para que le succediessen en el imperio

Después ya que el emperador Adriano avía andado casi por todo el mundo y navegado por altas mares y passado calores y fríos, vino gravemente a enfermar; y de sus largas y peligrosas enfermedades él se tuvo la culpa, porque en el calor del verano y en los grandes fríos del ynvierno, ni se abrigava con la ropa ni cobijava la cabeça. Luego que començo a enfermar, luego le cayó en su coraçón un gran pensamiento sobre determinarse a quién adoptaría para la successión del imperio, porque andavan empós dél muchos que le desseavan y pocos que le merescían.

La muerte de Severiano, cuenta Dion que passó desta manera: Estando un día comiendo Adriano, dixo a los cónsules que con él comían, "Querría que nombrássedes diez varones que fuessen doctos en sciencia y limpios en vida, a uno de los quales yo encomiende después de mis días el estado de la república." Como a tal pregunta callassen todos, dixo Adriano, "No me nombréis más de nueve, que yo tengo uno y aun tal que es mi cuñado Severiano, porque tiene edad y gravedad." Dende a pocos días que passó esto, estando un día Adriano muy malo de un fluxo de sangre que le salía

sin cessar de las narizes, pensando que antes que se le restañasse la sangre, se le acabaría la vida, señaló con el dedo por su successor a Lucio Cómodo. Ya después que començó a convalescer y supo que Severiano y Fusco, su
5 sobrino, andavan murmurando de lo que avía mandado, y que querían para sí el imperio, començólos a aborrescer y tomar muy gran odio. A este Severiano, siendo en edad de noventa años, mandó Adriano matar, porque se assentó en la silla imperial que estava cabe su cama y porque dio a los
10 privados del emperador una solenne cena y porque habló en secreto a los capitanes de la guerra.

Antes que muriesse Severiano, se determinó de dar el imperio al cónsul Fusco, que era su sobrino, mas como supo Adriano que Fusco preguntava a los magos y adevinos
15 si avía de venir a él el imperio, constriñóle a morir, por manera que caresció de la herencia y perdió la vida. Pletorio Nieto vino a ver a Adriano estando enfermo, al qual, aviendo sido su amigo, no le quiso ver ni oýr porque pensó que venía no por verle sino por heredarle. A Genciano el cónsul,
20 noble y antiguo romano que era, también le persiguió y maltractó entonces no por más de por saber que era muy bien quisto de todo el senado, y que pensavan todos que este Genciano le avía de succeder en el imperio. Nunca el emperador Adriano se mostró tan cruel en la vida como un
25 poco antes que muriesse, porque a todos los que él pensó que pensavan en el imperio quererle succeder, a todos los mandó desterrar y matar.

Estando malo en una aldea que se llamava Tiburtina, de un fluxo de sangre, estuvo allí muchos días desesperado y
30 dessabrido, porque no podía tener paciencia en pensar que avía de morir y que otro le avía de succeder. Siempre se llevaron mal la emperatriz Sabina y él, mas al fin tuvo tales mañas Adriano que a su muger Sabina le dio, sin que lo sintiesse, ponçoña, con la qual ella acabó la vida y él
35 perdió la sospecha.

Visto por Adriano que de necessidad avía de morir y que otro le avía de succeder, señaló por su successor a Cenoyo, yerno que era de Nigro, y esto hizo contra voluntad de todos los que le servían y aun de los que bien le querían, porque les parescía que avía otros a quien Adriano devía más que no a Cenoyo y aun tenían más abilidad para governar el imperio. A este Cenoyo puso nombre Elio Vero el César; y porque lo tuviesse por bueno el pueblo y lo confirmasse el senado, dioles los juegos circenses, que era una cosa a ellos muy grata, y distribuyó quatro mil sextercios por Roma. Luego que adoptó a Cenoyo, le dio la pretoria y le antepuso a los pannonios, que eran los que yvan cabe él, y le crió la segunda vez cónsul, y le assentó consigo a la mesa, y le dexava andar en litera; finalmente, Adriano le tractava como a hijo, y todos le servían como a señor. Luego que Cenoyo fue adoptado, cayó del mal de la muerte enfermo, por manera que aun no pudo yr a dar gracias al senado; y como Adriano le viesse assí tan enfermo, dixo un día en el senado, "A pared flaca nos arrimamos el día que a Cenoyo adoptamos." Murió Cenoyo en las kalendas de enero, y a esta causa no fue por el pueblo llorado, porque aquel mes, como estava al dios Jano dedicado, ningún romano era osado llorar por los muertos ni mostrar tristeza entre los bivos.

Viéndose ya muy agravado de la enfermedad Adriano, adoptó y declaró por su successor a Antonino Pío, con tal condición que él adoptasse por sus successores al buen Marco Aurelio y a su hermano Annio Vero. A muchos pesó de la adopción de Antonino, especial a Atilio Severo, el qual con muy gran solicitud solicitava para sí el imperio; y a la sazón, como era prefecto de la ciudad, a unos corrompía con dineros que dava y a otros atraýa con promesas que les hazía. Como Adriano fuesse avisado de lo que Atilio andava urdiendo, no le quiso mandar matar, mas hízole de toda Ytalia desterrar.

CAPITULO .xviii.

De cómo y adónde murió el emperador Adriano.

El día que mandó Adriano matar al viejo Severiano, antes que el verdugo le degollase, tomó en un vaso unas brasas, y echando en ellas un poco de encienso, alçados los ojos al cielo, dixo. "A vosotros, O imortales dioses, pongo por testigos si soy en culpa de lo que soy accusado y por lo que oy soy condenado y muerto; y junto con esto, os ruego y requiero que en testimonio de mi innocencia, no me deis otra vengança sino que quando Adriano se desseare morir, no pueda morir."

Desde que fue degollado el cónsul Severiano, nunca tuvo más un día de salud Adriano; antes muchas vezes se desseava morir y buscava occasiones para se matar, mas como sintiesse esto Antonino Pío, hazía guardarle de día y velarle de noche. Como le acossava la enfermedad y no podía comer ni dormir, muchas vezes demandava veneno para bever, otras vezes pedía un cuchillo para se matar, otras vezes no quería comer por de hambre se morir, lo qual, como se supiesse en el senado, rogáronle que tuviesse en aquella enfermedad paciencia, pues los dioses eran servidos de alargarle la vida. Mucho se afrentó Adriano de lo que le rogó el senado, y como se enojasse del que lo avía dicho, mandó que fuesse buscado y degollado.

Solía ir con Adriano a caça un su barbero que se llamava Mastor, hombre fidelíssimo y valentísisimo y que era su muy antiguo criado, y a éste rogó y después amenazó en secreto que le diesse la muerte; mas el barbero, espantado de oýr tal palabra, echó a huyr por la puerta afuera. Acaso uvo un cuchillo en las manos y quiso en secreto matarse con él, mas como por fuerça, más que de grado, se le quitassen, estuvo dende adelante más desseoso de morir y muy enojoso de bivir. Tenía Adriano un médico, el qual era de nación africano, y a éste rogó que le traxesse un poco de veneno, para acabar aquella triste vida y salir de aquel trabajo, mas el médico fue tan fiel a su señor, que por no darlo a Adriano, se determinó de morir y beverlo.

Por infelice y muy malaventurado se tenía Adriano, querer morir y no poder sino bivir; y a la verdad bien se cumplió en él lo que Severiano pidió a los dioses, es a saber, que le alargassen la vida quando desseasse la muerte. Ya que Antonino Pío estava declarado y confirmado por César, como vio Adriano que cada día enpeorava, salióse de Roma y fuese al puerto de Bayas, do estuvo haziendo muchas

experiencias de medecinas, las quales para su salud aprovecharon poco y para acortarle la vida le ayudaron mucho. Murió Adriano en aquel puerto de Bayas a seys días andados de julio, y fue depositado en una aldea que se llamava
5 Ciceroniana. Bivió sesenta y dos años, imperó veynte y uno y seys meses y diez y seys días. Antes que muriesse Adriano, mandó que pusiessen este verso en su sepulchro:

Turba medicorum regem interfecit.

Que quiere dezir, "Por confiarse el imperador Adriano
10 de los médicos, dio tan presto fin a sus años."

FIN

LA VIDA DEL EMPERADOR ANTONINO PIO, copilada por el señor don Antonio de Guevara, obispo de Mondoñedo, predicador y chronista y del consejo de su Magestad.

CAPITULO PRIMERO

5   Del linage y naturaleza del emperador Antonino Pío.

La naturaleza del emperador Antonino Pío fue de la Gallia Transalpina, como si dixéssemos de la dulce Francia, y nasció en una ciudad que avía nombre Nemesa, la qual desde el tiempo de Julio César fue hecha colonia romana. [52]
10 Su abuelo se llamó Thito Fulvio, y éste fue hombre generoso y valeroso y que en los tiempos que Julio César conquistava las Gallias, se mostró muy parcial al Imperio Romano; y por esta ocasión, después que se acabó aquella guerra, él se fue a Roma. Muy bien le succedió a Thito Fulvio averse
15 passado en Ytalia y hazer assiento en Roma, porque los padres del senado, allende de averle pagado todo lo que avía servido, le hizieron ciudadano romano. Súpose también aprovechar de aquella libertad que le dio el senado, y diose tan buena maña en contentar al pueblo, que en torno de
20 quatro años fue dos vezes cónsul y una prefecto de la ciudad y otra edil censorino, por manera que valía más su virtud, que la naturaleza de otros. El padre de Antonino

---

[52] Nîmes became a colony under Augustus: colonia Nemausa. Titus Aurelius Fulvus, the grandfather of Antoninus, could hardly have fought with Caesar, since Antoninus was born in 86 A. D. The details are deduced from *ad secundum consulatum et praefecturam urbis pervenit*.

Pío se llamó Fulvio Aurelio, el qual fue hombre virtuoso y docto y que no menos que su abuelo Thito fue dos vezes cónsul; mas junto con esto era naturalmente enfermo y de condición triste, porque amava la soledad y huýa la compañía.

Su abuela de partes de la madre se llamó Bobinia, y el padre de su madre se llamó Arrio Antonino, y su madre se llamó Arria Fatidilla, por manera que este nombre Antonino tomó de un su abuelo. El padre de su madre, que fue Arrio Antonino, no menos fue extimado en el Imperio Romano que lo fue el otro su abuelo, porque fue censor dos años, maestro de los cavalleros uno, tribuno del pueblo otro, y al fin fue dos vezes cónsul quando era ya viejo. Este Arrio Antonino fue muy gran perseguidor de Domiciano y gran amigo de Nerva y muy privado de Trajano, el qual, como vio a Nerva, que siendo tan viejo acceptava el imperio, tomóle muy gran compassión dél, y díxole esta palabra: "Hágote saber, amigo mío Nerva, que o es maldición de tus antepassados o es vengança que quieren de ti tomar los dioses, pues permiten que tomes el imperio y que al tiempo que avías menester el consejo, entonces te priven de tu buen juyzio." Sintió el buen viejo Nerva tanto esta palabra que le dixo Arrio Antonino su amigo, que si no fuera por la mucha importunación de Trajano, luego renunciara el imperio; y a la verdad, si lo hiziera entonces como lo hizo después, él acertara, porque le sobrava edad y le faltavan fuerças.

Tuvo un padrastro Antonino Pío que se llamó Julio Lupo, que fue mucho tiempo senador y que de su natural era pacífico y no entremetido, y no trabajava de tomar officio del pueblo sino bivir de su patrimonio. Casó Antonino Pío con una hija de Annio Vero, y llamávase ella Annia Faustina, y fue además muy hermosa, y ésta fue madre de la muy nombrada Faustina muger del gran emperador Marco Aurelio (de la vida de los quales dos, si a Dios plugo, copilamos un libro intitulado *Marco Aurelio*). Antonino Pío y Faustina tuvieron dos hijos, los quales murieron moços, y tuvieron dos hijas, la mayor de las quales casaron con el cónsul Silano, y también murió moça. A la segunda hija, llamáronla Faustina como a la madre, y ésta casaron con

Marco Aurelio, en los quales dos quedó después la successión del imperio. No tuvo Antonino Pío más de una hermana, y ésta se llamava Julia Fadilla, y queríala él mucho, lo uno porque no tenía más de a ella, lo otro por que era su hermana uterina, es a saber, que ambos a dos avían nascido en un día y en una hora.⁵³

Nasció Antonino Pío a treze días del mes de octubre, en un lugar que avía nombre Laurina, al qual después noblesció él con muy solennes hedificios y le libertó con grandes previlegios y aun le amplió los términos que tenía cortos.⁵⁴

Lo más del tiempo de su puericia, se crió con el padre de su padre, y ya que era más entrado en edad, estuvo con el otro su abuelo por parte de su madre, y él era tan bueno y tan bien inclinado que servía a todos y era amado de todos. Alcançó a conocer a todos sus abuelos, es a saber, a los de parte de su padre y de su madre, los quales todos tenían puestos los ojos en Antonino así para hazerle deprender sciencia como para dotarle de riqueza; porque, según él dezía después que dezían ellos, que le querían más por ser virtuoso que no por ser su nieto. Deprendió en casa de sus abuelos la lengua griega y latina, diose mucho a la cosmographía más que a otra sciencia, y presciávase él mucho de platicar con los que venían de estrañas naciones, para que supiessen como sabía él también todas las particularidades de aquella tierra por su cosmographía como ellos lo sabían por vista. Como era tan amado de sus abuelos, siempre le tenían en compañía de philósophos, y allende desto, él de su proprio natural no se acompañava sino con hombres virtuosos, y de aquí le vino ser después tan gran émulo de los malos y tan gran amigo de los buenos. Las costumbres y compañías que los príncipes en la moçedad toman, aquéllas, después que son hombres, aman y siguen.

---

⁵³ Julia Fadilla was Antoninus' half-sister (*soror uterina*) not his twin.
⁵⁴ He was born 13 days before the kalends of October, or 19 September, 86, *in villa Lanuvina;* he was reared at Lorium, where he afterwards built a palace.

CAPITULO .ii.

De la proporción y compostura natural de su cuerpo.

Fue Antonino Pío alto de cuerpo y delgado y además muy derecho; los ojos tenía algo salidos, los cabellos negros, la barba espessa, los dientes blancos y algo raros, las manos vellosas y el gesto blanco, alegre y hermoso, por manera que combidava antes a ser amado que temido. Naturalmente fue hombre sano excepto de los dientes y muelas, que se le cayeron antes de tiempo. Como un gran artífice se obligasse de ponerle unos dientes con que pudiesse comer y hablar, díxole Antonino, "Pues nunca de mi coraçón salió palabra doblada, nunca en mi boca entrarán dientes fingidos."

El caérsele los dientes le fue ocasión de comer con pena y de cecear en lo que hablava, y como un truhán le dixesse burlando que era estropajoso en el hablar, respondió Antonino, "Poco se me da tropeçar ni cecear en las palabras, con tal que acierte en hazer buenas obras." Avía un senador en Roma que avía nombre Taurino, hombre muy suelto en el hablar y no muy templado en el comer, el qual, como dixesse a Antonino que ya ni tenía muelas para comer ni dientes para hablar, respondióle, "Yo consiento en lo que dizes, porque yo, aunque quiera, no puedo ser goloso; mas tú puedes y no quieres dexar de ser malicioso, y allende desto, si a mi me faltan dientes para hablar, a lo menos no faltarán a ti malicias que dezir."

Muchos príncipes sobrepujaron a Antonino Pío en la sciencia, mas ninguno le ygualó en la eloqüencia, porque ordinariamente hablava en lengua latina y disputava en lengua griega. Naturalmente era bien acondicionado, y conoscíasele muy bien en que no era en las palabras malicioso ni en los pensamientos sospechoso. Aunque de su complissión era colérico-sanguíneo, lo qual es ocasión que sea el hombre súbito y desabrido, no lo fue por cierto Antonino Pío, porque tenía en las adversidades constancia y en las injurias paciencia. Quando dezían en su presencia tales palabras que a él le pesava oýrlas o le trayan algunas tristes nuevas, en el morder los labios, en abaxar los ojos, en poner una mano sobre otra le conoscían tener muy gran tristeza, mas junto con esto, jamás hombre le vio de súbito demudársele la cara ni menos dezir palabra injuriosa ni lastimosa.

Antes que fuesse emperador, no avía hombre como él en todo el imperio tan rico, porque heredó de todos quatro abuelos muy grandíssimo patrimonio, los quales todos le hizieron su único heredero. Fue amigo de tener, allegar, conservar y augmentar su hazienda, mas en todo esto, jamás se quexó dél persona, porque bivía de su trabajo y no tomava el sudor ageno. Ya después que vino al imperio, quando acaso se offrescía hablar de las cobdicias de los hombres y de las necessidades de los príncipes, muchas vezes dezía él, "Doy gracias a los immortales dioses porque, después que soy emperador, a nadie tomé cosa, ni antes que lo fuesse, jamás me tomó la noche con deuda."

Fue muy aficionado a la labrança del campo, y esto no sólo en tener los aparejos para ello necessarios, es a saber, búfanos, bueyes, carretas, arados, mas aun él mismo se occupava en sembrar las heredades, podar las parras, escamondar los árboles y aun algunas vezes tomava el arado y hazía una docena de furcos. En ninguna cosa era extremado, sino que en todo y por todo era muy amigo de ponerse en el medio, y mostró esto bien en la governación de su persona y estado, do ni por el sobrado gasto fue notado de soberbio ni por falta de ánimo le notavan de mezquino. Muchas vezes estando el cielo sereno y el tiempo assentado, dezía él que dende a tantos días se mudaría y llovería, y jamás en esto errava, y presciávase él mucho en dezir y jurar que esto, no lo sabía por sciencia como philósopho sino por experiencia de quando era labrador. Como una vez estuviesse podando con un cuchillo un ciruelo en una huerta que tenía Vía Salaria, díxole un senador, "Pues eres emperador, dexa el oficio de labrador." Respondió a esto Antonino, "Menos mal es al emperador que esté podando árboles en su huerta que no que se esté perdiendo tiempo en la plaça."

Estava muy atento a lo que le dezían, y mirava muy curiosamente lo que otros hazían, y esto con desseo de saber y con curiosidad de deprender, porque naturalmente era agudo y de juyzio muy delicado. Siempre estava occupado en leer o en estudiar o en disputar o en hazer algo de sus manos, y lo que no sabía hazer, tenía humildad para lo preguntar y cuidado de lo aprender.

Por la mayor parte, siempre traýa la cabeça descubierta a causa que tenía mucho calor en ella, y como le dixesse uno que era muy dañoso el sereno de Roma y que por esso le sería necessario traer la cabeça cubierta, respondióle, "Assegúrame tú que no me empezcan los hombres que están en la tierra, que seguro estoy yo, no me dañará cosa que embíen los dioses del cielo." Era muy músico y amigo de músicos y música, sino que después a la vegez, por consejo de los del senado, se la vedaron, porque se arrobava tanto en oýrla y gustarla que le hazía entristescer y le provocava a llorar. Fue Antonino Pío tal y tan bueno que todos los coraçones le amavan, todas las lenguas le loavan, todos los que le conocían le servían, todos los que no le conoscían en oýr dél se espantavan; finalmente, fue comparado a Numa Pompilio, porque no hallavan en él más virtudes que dessear ni solo un vicio que reprehender.

CAPITULO .iii.

De las obras piadosas que hizo por que le llamavan Antonino Pío.

Annio Vero, padre que fue de la primera Faustina y suegro de Antonino Pío, llegó a ser tan viejo que no podía tenerse yendo cavalgando ni podía andar yendo a pie, sino que le llevavan de los sobacos sobarcado a botar y a dezir su parescer en el senado, porque de los viejos podridos salen los sanos y maduros consejos. Antonino Pío era el que llevava cada día de braço a su suegro, y muchas vezes, por llevarle por lo enxuto y limpio, se metía él por el lodo, y al tiempo que avía de entrar al senado, como de necessidad uviessen de subir unas altas escaleras, él le tomava a cuestas sobre sus proprias espaldas.

Passando una vez por cabe la cárcel, vio llevar preso a un hombre pobre y viejo, el qual se llamava Juliano, y sabida la causa de su prisión, que era por deudas, luego allí las pagó Antonino por él todas, y lo que fue de mayor piedad, que no sólo pagó por él lo que devía, mas aun diole que comiesse en su casa. Era pena capital a qualquiera que con justicia o sin justicia derramasse sangre humana, dentro del ámbito de Roma, y a esta causa estava fuera de la ciudad, a la Puerta Salaria, un lugar deputado do la justicia hazía justicia de los culpados, y los señores también castigavan allí a sus siervos. Fue pues el caso que como Antonino Pío passasse un día por aquel lugar y viesse allí amarrados muchos esclavos y a otros verdugos que estavan allí dándoles muy grandes açotes, tomóle tanta piedad de verlos sin piedad açotar, que luego los compró todos, y el día que los compró, aquel día los libertó.

Desde que fue mancebo, tuvo inclinación de visitar a los enfermos y acompañarse con los que estavan tristes y desconsolados, y mostrava el buen Antonino tanta pena de su pena y tanta tristeza de su tristeza, que ninguno sentía tanto el daño proprio quanto él llorava el infortunio ageno. Una muger biuda y romana, no teniendo más de un hijo, fue su desdicha que el moço mató a otro moço, y como por el censor estuviesse a muerte sentenciado, la triste madre vínose llorando al emperador Antonino, con la qual él lloró tanto y tan de veras como si él fuera del moço padre como lo era ella madre. Como los privados y amigos le retraxessen el llorar con muger y como muger, respondióles, "Vínome aquella triste muger a pedir remedio para su hijo y como no pude ayudársele a remediar, ayudésele a llorar."

Tenían en costumbre los romanos, que a los que justiciavan, siempre les dexavan los cuerpos muertos en los campos, y Antonino Pío fue el primero que ordenó en Roma que a los tales les diessen sepultura, diziendo que bastava a los hombres les quitassen las vidas sin que los animales les comiessen las carnes. Desde el tiempo de Tarquino el superbo, tenían en costumbre los Romanos de dar a los malhechores muy grandes tormentos, y el buen Antonino Pío ordenó que se quitassen todos los tormentos con los quales peligravan los miembros humanos, diziendo que el tormento, abastava que fuesse para castigar y no para lastimar. Ordenó assí mesmo que quando se uviesse de hazer de alguno capital justicia, en tal caso el censor o juez no tuviesse más auctoridad de dezir a uno que avía de morir, y que el paciente eligiesse la muerte que avía de tomar, diziendo que muchos avía que sintían más la cruel muerte que les davan que no la triste vida que perdían.

A Fabato, a Dioscoro, a Lipulo, a Macrino, a Fulvio, a Torquato, a Encenio, a Brusco y a Emilio, quatro de los quales fueron cónsules y los tres fueron censores y los dos pretores, estando desterrados por Adriano, los perdonó Antonino Pío; y como muchos le afeassen este caso, diziendo que era en perjuyzio de la fama y memoria de Adriano, respondióles, "Adriano mi señor acertó en lo que hizo entonces, e yo no pienso errar en lo que hago agora, porque él aprovechóse entonces de su justicia, e yo quiero agora aprovecharme de mi clemencia."

Doquiera que se hallava, ora fuesse en Roma o fuera en Ytalia, cada semana yva a visitar la cárcel, y a los pobres que hallava por deudas presos, mandava pagar por ellos los dineros, y como ya tres vezes uviesse pagado por uno y tornasse la quarta a ser por deudas preso, mandó que le entregassen a su deudor por esclavo. Dende a pocos días que avía mandado esto, no pudiendo su clemencia compadescerse con tan rigurosa justicia, aunque de verdad la sentencia avía sido muy justa, proveyó que a su costa de nuevo aquel pobre hombre le comprassen y libertassen.

Según se contó arriba, quando Adriano estava malo, estava con su enfermedad tan aborrido que a unos mandava matar y a otros desterrar y a otros prender, mas Antonino Pío como era ya adoptado en Augusto y por su mano se governava todo, ni los desterrava ni los matava ni los prendía, sino que solamente les mandava que se absentassen y que en presencia de Adriano no paresciessen.

Entre todas las obras notables de piedad que hizo Antonino Pío, fue velar Adriano por se matar y desvelarse Antonino porque no se matasse, como sea verdad que según sensualidad, él avía de procurar y no de estorvar que se le

acabasse la vida, pues en él avía de succeder el estado y la casa. Los del senado y otros muchos romanos intentaron de anular todo lo que avía mandado Adriano, mas Antonino muy fuertemente los contradixo, y al fin no sólo lo hizo
5 todo confirmar y aprovar, mas aun acabó con el senado que fuesse entre los dioses contado Adriano. Hedificó un templo en honrra de Adriano solenníssimo en un lugar llamado Puzol, y poblóle de sacerdotes que le sirviessen y dotóle de rentas para que les pagassen; y llamávanse los sacerdotes
10 adrianos. Instituyó en honrra de Trajano unos juegos que se jugassen de cinco en cinco años, que llamavan lustros, y dio mucho patrimonio para jugar los tales juegos. Antes que muriesse Adriano, avía para sí hecho un sepulchro cabe Tyberín el río, y en este sepulchro traxo a enterrarle Antonino,
15 y acabó con el senado y con los romanos que al entrar de Roma hiziessen tan gran rescibimiento, siendo ya muerto, como le solían hazer quando era bivo. Ningún príncipe uvo en el Imperio Romano que no fuesse notado de cruel o de poco piadoso excepto Antonino Pío, el qual con su lengua
20 nunca mandó a hombre matar ni sentencia de muerte quiso firmar ni con sus ojos jamás quiso ver a ninguno justiciar, porque era tan grande su clemencia que no podía ver derramar sangre humana.

CAPITULO .iiii.

25 De las palabras que dixo Adriano al senado quando adoptó a Antonino Pío.

Ya que convalescía el emperador Adriano de una grave enfermedad, acontescióle un día que estando comiendo, le tomó una importuna tos de la qual se le siguió un fluxo de
30 sangre de las narizes, y fue la sangre tanta y tan continua que pensaron todos, y pensó él, que primero le vieran morir que no cessar la sangre de correr. Viendo pues Adriano que quanto más el fluxo de la sangre se alargava tanto más se le acortava la vida, queriendo como buen príncipe proveer
35 en el común bien de la república, mandó llamar a todos los

senadores y cónsules y otros notables officiales romanos que allí estavan, y hízoles una breve plática, digna por cierto de encomendar a la memoria, y fue ésta:

"Ya veys, padres conscriptos, quán sin pensar me ha
5 salteado la muerte y de quán pequeña occasión yo pierdo la vida. Tomad exemplo en mí, y teneos por dicho que aquella parte de la vida es más peligrosa que la mucha confiança la haze desapercebir.

"No me concedió Natura tener hijos naturales, mas yo
10 doy por ello gracias a los dioses, porque quitándome los hijos, me libertaron de muchos cuydados. Mucha differencia va de engendrar a elegir un hijo, porque el que se engendra, tómase por necessidad, mas el que se elige, elígese a voluntad. Los hijos que nos da Naturaleza, muchas vezes nos los
15 da mancos y feos y aun nescios, mas los que eligimos, elegímoslos ábiles, sanos y discretos, porque ninguno es tan imprudente que, al tiempo de elegir, no elija siempre lo mejor. En los días passados, yo eligí a Lucio, el qual fue assaz de vosotros conoscido; mas fuéronle los hados tan contrarios,
20 que primero gustó la sepultura que no a qué sabía el mandar a Roma. Agora emos eligido y adoptado por vuestro emperador Antonino, el qual os prometemos que será manso, benigno, assosegado y aun misericordioso, porque tan natural es a él la clemencia como es al sol alumbrar el día.

25 "Tómale en edad competente el imperio, para que no temáys que con la mucha juventud hará cosa temeraria ni por la mucha senectud dexará de governar la república. Criado a sido en nuestra tierra, y por esso guardará la costumbre de ella; también a sido criado debaxo de nuestras
30 leyes, lo qual será occasión de no buscar leyes estrañas; y no tengáys esto en poco, porque no ay cosa que más dañe a las repúblicas que introduzir en ellas costumbres peregrinas. Ya sabe qué cosa es andar en la guerra, governar exércitos, sufrir passiones de pueblos, usar de clemencia con unos
35 y castigar a otros, por manera que muy bien cabe en él la governación de la república, pues tiene de todas las cosas experiencia. Ya le conoscéys y os conoce; ya os ha tractado, y le avéys tractado. Tengo dél tal concepto que ni a vosotros menospreciará ni a mí olvidará; por manera que a mí obe-

descerá como a padre, y a vosotros tractará como a hermanos.

"Y quiero que sepáis, los que estáys aquí comigo y los que están también en Roma, que con tal condición le traspasso el imperio con que él después de sus días le dexe a Marco Aurelio, que es su yerno y mi criado; y dende aquí juro y protesto que estas dos electiones serán a los dioses acceptas y a los hombres provechosas. En crédito y en vida y en sciencia excede Marco Aurelio a Antonino, excepto que hasta agora, el Antonino tiene más experiencia que no el Marco Aurelio, y a esta causa, a él antes que al otro cometimos el imperio, porque para la general governación de la república, más vale un año de experiencia que diez de sciencia.

"Yo he sido flaco y descuydado en muchas cosas de la república, y mucha parte ha sido aver tenido yo tan grandes enemigos en ella, mas en recompensa desto, yo dexo dos príncipes, uno empós de otro, que goviernen a la república, los quales excederán en sciencia y virtud à todos los passados, y dubdo yguale con ellos ninguno de los advenideros."

Dichas estas palabras por Adriano, sacó un anillo que tenía en el dedo y púsole en el dedo de Antonino Pío; y desde aquel hora fue tenido y servido y obedescido como emperador romano, dado caso que no murió luego Adriano. Mucho acertó el emperador Nerva en adoptar al buen Trajano, y también acertó Trajano en adoptar a Adriano y muy mucho acertó Adriano en adoptar a Antonino Pío y a Marco Aurelio, los quales cinco emperadores fueron tales y tan buenos, unos empós de otros, que paresció un prenóstico de acabarse en ellos la felicidad de los emperadores romanos.

CAPITULO .v.

De los officios que tuvo Antonino antes que fuesse emperador.

Antes que Antonino Pío viniesse a la alteza del imperio, muchas vezes dava dineros a logro, mas todo lo que en el semejante tracto ganava, en socorrer a pobres y en rescatar cautivos lo expendía. Embióle una vez Adriano a visitar la isla de Sicilia, en la qual visitación reformó muchos pueblos, castigó a muchos tyranos, privó a muchos officiales, quitó muchas enemistades, reparó muchas casas caýdas, hundió muchas adulterinas monedas, y lo que más es, que de tal manera governó la república, que ninguno quedó dél con quexa. Fue quatro años pretor dentro de Roma y fue cónsul en compañía de Catilio Severo y fue censor tres años arreo, y en todos estos officios nunca le notaron de súbito en el mandar ni de riguroso en el castigar. Adriano dividió a toda Ytalia en quatro juridiciones y puso en cada una un cónsul para governarla, y hizo que Antonino fuesse supremo governador de todas ellas, por manera que tenía tanta auctoridad y crédito, que en Roma todo se governava por sus consejos y en Ytalia todos obedescían a sus mandamientos. Por lexos que estuviesse Antonino Pío, siempre en las cosas arduas embiava Adriano por su consejo, y no sólo Adriano, mas aun todos los del senado; y era la causa de todo esto porque tenía el juyzio muy claro para fundar lo que dezía, y como era virtuoso, era muy libre en lo que votava. No sin causa dezimos que por ser virtuoso era tan libre en el voto, porque hablando la verdad, no sólo no es justo, sino que es muy yniquo que tenga libertad en el hablar el que no tiene virtud en el bivir. Estando en Asia exercitando el proconsulado, mostróse en él tan cuerdo en lo que mandava y tan sin cobdicia en lo que tractava que le llamavan "el sanctíssimo procónsul," y más era llamárselo en aquella tierra que no si se lo llamaran en Roma, porque naturalmente los governadores estrangeros son aborrescidos de los naturales.

Antes que se le acabasse el officio de procónsul, vio un agüero de su imperio, es a saber, que estava en Asia en un lugar que avía nombre Trillo, y fue el caso que una muger sacerdotisa, queriéndole saludar y aviendo de dezir, "Ave, procónsul," dixo "Ave, *imperator*."

Viniéndose ya de Asia a Roma, se le murió en Anthiochía la hija mayor que tenía, la qual tuvo tal fama en la vida que dexó de sí, después de muerta, no muy buena memoria.

ANTONINO PÍO

Ya diximos como se llamava Faustina su muger de Antonino, y que fue madre de la hermosa Faustina, muger de Marco Aurelio; y a la verdad, madre y hijas fueron no muy bien infamadas, porque les sobrava libertad y les faltava virtud. Jamás se vio en el Imperio Romano ser dos príncipes tan honestos y tener dos mugeres tan derramadas, aunque es verdad que harto avisava el uno a la madre y corregía el otro a la hija; mas como ellas eran tan agraciadas en la conversación y tan hermosas en sus personas, era muy poco lo que les dezían, respecto de lo que les dissimulavan. Era Antonino Pío tan limitado en lo que dezía y tan recatado en los consejos que dava, que jamás hombre le pidió consejo que después de seguir su consejo, se hallasse arrepentido. Antes que Antonino fuesse emperador, era cobdicioso; mas después fue muy dadivoso, y como su muger le retraxesse que no sabía dar sino despender, respondió, "Mucho eres simple, Faustina, pues no sabes que después que al imperio subimos, todo lo que antes teníamos perdimos, porque los príncipes tenemos obligación a dar, y no licencia de guardar." El tributo coronario, es a saber, el dinero que davan a los emperadores para coronarse, hizo merced de la mitad dello a las ciudades de Ytalia, para socorrer a los gastos de la república. Honrrava y hazía honrrar mucho a su muger, y fue esto en tanta manera que acabó con el senado que la llamassen Augusta Faustina y que en su nombre se esculpiesse cierta moneda, la qual paresce aun hasta oy en día.[55]

Fue tan quisto Antonino de todo el senado, que sin él lo pedir, pusieron estatuas a su padre y a su madre y a sus abuelos y a sus abuelas y a sus hermanos y hermanas, aunque eran todos ya muertos. Los juegos circenses, que no se solían jugar sino de cinco en cinco años, ordenaron los del senado que se celebrassen cada año en el día de su nascimiento; y él, después que lo uvo mucho agradescido al

---

[55] According to Seth William Stevenson, *A Dictionary of Roman Coins, Republican and Imperial* (London, 1889), 373-374, coins of Faustina are common; the greater part were struck after her death in 141. Typical legends are FAVSTINA AVGVSTA, DIVA AVGVSTA FAVSTINA, FAVSTINA AVG. ANTONINI AVG. P. P.

senado, rogóles que como se avían de celebrar el día que él nasció, se celebrassen el día que Adriano murió. Los del senado, por complazer a Antonino, condescendieron que su mujer Faustina se llamasse Augusta, y assí en las monedas
5 que se hizieron en su honra dezía *Augusta Faustina,* la qual excellencia jamás se concedió a otra muger romana, porque en darle título de Augusta, le davan auctoridad de tener mano en las cosas de la república.

CAPITULO .vi.

10 De cómo tenía en paz a todas las provincias, no con armas, sino con letras.

Entre todos los príncipes del Imperio Romano, ninguno tuvo en lo que avía de hazer tanta constancia como Antonino Pío, y la razón desto fue porque no era súbito en el mandar
15 ni vario en el revocar, sino que mirava y examinava mucho lo que mandava, y después, por ninguna importunación lo revocava. Estando Antonino en la provincia de Campania, como embiasse al senado a pedir cierta cosa y el senado se la concediesse aunque era muy ardua, díxole un senador
20 que avía nombre Gayo Rufo, "Dime, sereníssimo príncipe ¿qué es la razón porque jamás te veo arrepiso por cosa que ayas hecho, ni tampoco veo negarte cosa que al senado ayas pedido, ni tampoco veo en cosa que ayas mandado ser desobedescido?" Respondióle Antonino, "Si nunca me arre-
25 piento de lo que hago, es porque miro mucho de hazerlo conforme a razón. Si el senado no me niega cosa de las que pido, es porque no pido sino lo justo. Si en lo que mando nunca soy desobedecido, es porque no mando cosa sino que esté mejor a la república que no a mi persona." Palabras
30 fueron éstas dignas por cierto de tal varón.

Antigua costumbre era entre los romanos tener tassado el tiempo que los officiales avían de estar y residir en los officios, es a saber, el ditador seys meses, el cónsul un año, el pretor dos, los censores tres, el maestro de los cavalleros
35 año y medio, y assí de todos los otros. No quiso Antonino es-

tar por esta costumbre, sino que en todo y por todo la quebrantó, por manera que a muchos que no avían de estar en los officios sino dos años o tres, los tenían siete y ocho, y a otros que avían de estar tres años, no los tenían tres meses, diziendo que al buen official avían de conservar por toda su vida, y al malo no avían de sufrir ni solo un día. Embió Antonino por pretor a la provincia de Mauritania a Fulvio Tosculano, al qual dentro de medio año, privó del officio, porque era algo cobdicioso y no bien sufrido; y como se quexasse del tal agravio, diziendo y alegando que él fue en otro tiempo gran amigo de Antonino, y agora que se veýa emperador, que les desconoscía. Díxole Antonino Pío, "No tienes razón de quexarte de mí, pues el officio te dio el emperador y no Antonino; y pues tú erraste, no como Fulvio sino como pretor, assí te quité el officio, no como Antonino, amigo que era tuyo, sino como emperador que soy del Imperio Romano."

No era amigo de començar guerras ni aun, después de començadas, era inclinado a andar en ellas, porque según él dezía, más sano conseio es que el príncipe encomiende a otros las cosas de guerra y govierne él la república, que no que encomiende a otros la república y que se vaya él a la guerra. Como una vez estuviessen hablando en su presencia de las guerras y batallas que Julio César y Scipión y Aníbal vencieron por el mundo, dixo Antonino Pío, "Tenga cada uno la opinión que quisiere y alábese de lo que mandare, que yo más quiero presciarme de aver conservado por muchos años la paz, que no de aver vencido muchas batallas en la guerra."

En el segundo año que fue emperador, se revelaron los britanos, contra los quales embió al cónsul Lelio Urbico, el qual venció y allanó la ysla, aunque después, por un desastre, perdió la vida. Luego el siguiente año, que fue el tercero de su imperio, se levantaron también los mauritanos, que son en la provincia de Africa, contra los quales embió al cónsul Muro Cespicio, el qual se dio tan buena maña en aquella guerra, que en breve espacio constriñó a los bárbaros viniessen a pedir paz. Trayán entre sí en aquel tiempo los germanos y los dacos muy grandes guerras y differencias

sobre el repartimiento de ciertas tierras, y al fin, después que se vieron destruydos, vinieron a hazer entre sí tal concordia, con que todos fuessen enemigos de Roma y su tierra, diziendo que no gastarían tanto en defenderse de los romanos
5 quanto gastavan en pagarles tantos y tan desaforados tributos. Sabida esta rebelión tan grande por Antonino, no quiso embiar luego contra ellos exército, sino embió un censor con grandes poderes para visitar todos los pueblos y deshazer todos los agravios y para quitar todos los malos
10 tributos, y junto con esto, escrivióles tales y tan buenas palabras, que espontáneamente dexaron aquellos bárbaros las armas y reduxeron a la obediencia del emperador todas sus tierras.

Deste exemplo deven tomar exemplo todos los príncipes
15 y grandes señores, para que al pueblo furioso no quieran domeñarle con furia, porque muchas vezes se amansan más ayna los coraçones con palabras dulces que no con armas crueles.

Los judíos que estavan en la provincia de Pentápolis,
20 también los domeñó y reprimió, y esto fue por manos del presidente que estava en Assiria, al qual embió a mandar que primero les offresciesse la paz, que no que les hiciesse guerra. En Achaya y en Egypt también se levantaron algunos pueblos, y como supo que la occasión de su levanta-
25 miento era ser los pretores romanos rigurosos en lo que mandavan y cobdiciosos en lo que tractavan, proveyó en que fuessen sus officiales castigados y los pueblos perdonados. Los pretores y qüestores que residían en las tierras de los alanos, embiáronse a quexar a Roma que cada día aque-
30 llos bárbaros amenazavan de matarlos, y esto no por más de porque les pedían los tributos. Respondióles a esto Antonino:

"Rescebimos vuestras letras, y pésanos de vuestros peligros, y compadescemos de vuestros trabajos. Si los de essos
35 pueblos pagan los tributos que deven, suffridles las amenazas que os hazen, porque escusado es pensar que ningún hombre tributario ha de bivir jamás contento. Por ninguna manera seáys osados dezirles palabras injuriosas ni de cohecharles o llevarles cosas injustas, porque en tal caso, a ellos oyremos

las quexas y a vosotros castigaremos las culpas. Sean los dioses en vuestra guarda y guíen bien vuestra fortuna."

CAPITULO .vii.

De cómo visitava los officiales de la república y de la correctión de su casa.

Quando embiava Antonino algún pretor para governar alguna provincia, no se contentava con que el tal pretor fuesse hombre cuerdo, limpio, sabio, virtuoso, prudente y animoso, sino que tanpoco fuesse soberbio ni cobdicioso, porque dezía él que mal se puede governar la república, quando el que la govierna es enseñoreado de soberbia y de cobdicia. A los pretores y censores y qüestores, antes que les diesse la governación de alguna tierra, primero les hazía hazer inventario de la hazienda propria, para que al tiempo que acabasse el officio, cotejassen lo que traýan con lo que avían dexado, y junto con esto, les dezía y amonestava que los embiava para administrar justicia y no para robar la tierra. En todas las cosas que Antonino mandava y proveýa y castigava era muy piadoso, excepto en los que delinquían en la justicia, con los quales era muy riguroso, por manera que en otros delictos, las muy graves culpas perdonava, y en éste, las muy leves corregía.

Holgava que las rentas de su fisco fuessen bien pagadas, mas no consentía que las repúblicas fuessen fatigadas por cogerlas. Vinieron a él una vez unos officiales del erario, y truxéronle un memorial en el qual se contenía la forma y manera que se podía tener en sacar muchos dineros para su servicio y en pujar mucho sus rentas cada año. Visto y leýdo aquel memorial, escrivió en las espaldas dél estas palabras: "La orden y manera que avéys de buscar no ha de ser para pujar mis rentas sino para mejorar mis repúblicas; ni avéys de buscar manera para imponer nuevos tributos, sino pensar e ymaginar qué orden se tendría en que yo no tenga tantos gastos, porque si los príncipes romanos no ponen orden en el gastar, o nos emos de perder o a las repúblicas robar." Entre todos los príncipes passados, sólo Antonino Pío fue el que no permitió que en poco ni en mucho se pujassen las rentas de su estado; mas antes perdonó a muchas repúblicas algunas deudas antiguas, y los reveló de algunas imposiciones que dezían ellos ser nuevas.

Presentes que le traxessen de plata, de oro, de sedas, de púrpuras, de joyas o de otras cosas ricas, no los rescibía, si no era de algunos reyes feudatarios al imperio, porque dezía él que sus repúblicas, más que no él, lo avían menester, y si eran personas particulares, de otro lo avían de robar para avérselo a él de dar. Las cosas que él más rescebía eran libros para leer, cavallos para correr, y algunas frutas para comer, y era en esto tan agradescido que lo pagava doblado.

Tenía muy gran expediente en los negocios, es a saber, que si començava a entender en un negocio, no alçava la mano dél hasta verlo acabado. Cada año hazía visitar su casa, es a saber, si eran demasiados los gastos, si robavan o cohechavan los de su casa a los estrangeros, si estavan en su servicio los que llevavan dél salarios, si avía entre ellos algunos que notablemente fuessen viciosos; finalmente, todo lo que el visitador en remedio destas cosas mandava, al pie de la letra se cumplía. Desde el tiempo de Domiciano, tenían en costumbre los officiales de los emperadores llevar muchos derechos a los que sacavan letras de algunas nuevas mercedes que les oviessen hecho; y el emperador Antonino quitó aquella mala costumbre, diziendo que la merced graciosa, graciosamente avía de ser expedida.

La soberbia, la presumpción, la altiveza, la esquividad del imperio, truxo y puso en estilo de mucha humildad, por manera que tan fácil y tan brevemente se negociava con el emperador Antonino como con un ciudadano romano. Cosa fue por cierto exemplar, espantosa y maravillosa ver en tiempo deste buen príncipe la corte romana, quán ordenada y corregida estava, porque a la verdad, los que con el príncipe o con el senado tenían negocios ni venían temerosos ni estavan desesperados ni se despedían quexosos. A los officiales de su casa y a los del senado, por manos de los quales se expedían los negocios, acrescentó a unos y dobló a otros los salarios, y esto no por más de que no ossassen llevar cohechos. Los officios y mercedes que avía de dar, enojávase quando unos las pedían para otros. Quería el buen Antonino que el que la oviesse de llevar, él mesmo se la viniesse a pedir, lo uno por ver a quien lo avía de dar, lo otro porque a él y no a otro lo uviesse de agradescer. Como era amigo de la república, avía gana de estar en su gracia, y con este fin, usava con los buenos de largueza y con los malos de clemencia, por manera que de todos era quisto y de todos era loado, assí porque perdonava a los unos como por lo que dava a los otros. Todo lo que él quería y dezía que avían de hazer los buenos príncipes, todo lo hizo él después que fue príncipe; y todo lo que a él le parescía que se devía de emmendar, todo lo enmendó y hizo corregir.

En el tercero año de su imperio, se le murió la su muy querida Faustina, muger que era suya propria y madre de la otra hermosa Faustina, y mostró en su muerte tanto sentimiento que excedió a la auctoridad de su estado y aun a la gravedad de su persona. Por memoria de Faustina, hizo jugar los juegos circenses, y hízole poner en todos los templos estatuas, y acabó con el senado que la contassen entre los divos, que era como canonizarla; y a la verdad, esto hizo el senado más por el ruego de Antonino que no por los méritos de Faustina.

CAPITULO .viii.

De cómo repartía el tiempo para comer y para negociar.

Aunque Antonino Pío en el vestir no era muy curioso, a lo menos en andar polido y limpio era muy recatado, y a este propósito dezía él muchas vezes que el hombre que holgava de andar suzio, no podía él creer que tuviesse el entendimiento muy claro. La mesa de Antonino era más abundosa que rica, por manera que aderesçavan en su casa, no lo que se avía de perder, sino lo que se avía de comer. Era naturalmente buen comedor y comía ordinariamente dos vezes al día, mas en el bever no podemos dezir que fue destemplado, porque no bevía vino, de la qual excellencia no se podrá presciar ningún otro príncipe romano. El agua que bevía, ni con oro ni con almáciga era cozida, sino que la bevía assí clara y cruda, excepto que algunas vezes le llevavan para su bever agua del río de Carpentania, que es un río en España que corre por Toledo. La caça y pescado que a su mesa se avía de comer, sus proprios pescadores y monteros la avían de tomar, por manera que a los tales officiales, no sólo los tenía para recrear su persona, mas aun para proveer su despensa.

A muchos del senado y de su casa quitó del todo los salarios porque los veýa que andavan occiosos, diziendo que no ay cosa más indecente y cruel en el mundo que de los sudores agenos, coman los hombres occiosos. A los truhanes y esgremidores que estavan salariados, mandó que si alguno quisiesse tomar plazer con ellos, que los pagasse de su propria hazienda y no de las rentas de la república.

Tenía costumbre de dormir un poco entre día, y esto era poco más o menos de media hora, por causa que, antes que amanesciesse, por espacio de dos horas leýa y estudiava. Jamás sabía estar occioso, y si no era quando estava en consejo con el senado, siempre estava ocupado, aunque estuviesse con sus amigos hablando, porque o se cortava las uñas o aderesçava las péñolas o rebolvía algunas escripturas o reveýa las armas o visitava sus cavallerizas, por manera que muy pocas vezes hablava a secas con la lengua sin que estuviessen en algo occupadas las manos.

Quando casava a sus parientes o parientas, siempre los casava con sus yguales, y el dote que les dava no era de los bienes de la república sino de su propria hazienda. Quando casó a su hija Faustina con Marco Aurelio, ninguna cosa le dio de lo que pertenecía al imperio, sino de lo que era de su proprio patrimonio. Ambar, canela, pimienta, mirra, almáciga y otras semejantes especias, solían cada año presentar en gran cantidad a los príncipes romanos, las quales cosas todos ellos las expendían en sus plazeres y regalos, mas el buen Antonino todas aquellas especias vendía, y el valor de todo, en comunes usos de la república gastava. Los hedificios que hizo para perpetuar su memoria y los templos que hedificó en reverencia de Adriano y las memorias que instituyó por su muger Faustina, todo lo hazía de su propria hazienda, por manera que jamás gastava los bienes de la república si no era en provecho de la república.

Muchas vezes se yva desde Roma a Campania no por más de visitar y requerir sus heredades, y aun también porque dezía él que era muy gran carga a la república residir siempre el príncipe en Roma. Los que yvan desde Roma o de otras partes a negociar o a visitar a Campania muchas vezes le hallavan regando la ortaliza o podando los árboles o escarvando las yervas o adobando las hozes y hachas. No sólo no se corría, mas aun se presciava el buen Antonino de hazer estas cosas, porque dezía él que de no querer los príncipes abaxarse a ser hombres, venían después a ser menos que hombres. Fueron por cierto éstas muy graves palabras y como de grave varón dichas.

Dio en común y en particular todo lo que los otros príncipes acostumbraron dar, y a los cavalleros veteranos añadió las raciones, por manera que lo que por una parte quitava de los occiosos y viciosos dava a los ancianos y virtuosos. Los procuradores y hazedores de las provincias que residían en su corte, cada mes avían de hablarle por lo menos una vez para darle cuenta qué nuevas tenían de su provincia, es a saber, si avía que avisar a los pretores o que corregir o desagraviar en los pueblos. Tan gran cuydado tenía de las cosas públicas como si fueran suyas proprias. Era universalmente tan quisto y tan amado de todas las naciones, que en todos los templos, en todos los muros, en todas las puertas y en todos los hedificios ponían estas quatro letras: V. A. C. R. Es a saber, *vita Antonini conservatur respublica*, que quiere dezir que de la vida de Antonino depende todo el bien del Imperio Romano.

En tiempo de ningún príncipe fue tan rara la confiscación de los bienes como en tiempo de Antonino, porque sólo un reo fue condenado en todo el tiempo de su imperio, y éste fue Atilio Taciano, el qual fue condenado por ser ambicioso y sedicioso. Ya que deste Atilio estava condenada la persona y confiscados los bienes, mandó el emperador Antonino a los censores que no le atormentassen ni preguntassen quiénes avían sido sus consortes en la tyranía, y esto hizo el buen príncipe por no tener ocasión de confiscar más haziendas ni de justiciar más personas. Avía en Roma un género de hombres que se llamavan los quadrupladores, los quales tenían por officio de pesquisar vidas agenas, y si por caso avían cometido algunos algunas culpas secretas, estos quadrupladores los accusavan, y era suya la quarta parte de los bienes confiscados. Como estos quadrupladores tenían cargo de buscar vidas agenas, también mandó Antonino que pesquisassen de sus proprias vidas, y como hallassen por relación verdadera que a muchos culpados dissimulavan y a muchos innocentes condenavan, muchos dellos fueron muertos y muchos desterrados, y prohibió que dende adelante no se permitiessen aver en las repúblicas hombres que tuviessen tales officios.

CAPITULO .ix.

De algunos notables hedificios que hizo Antonino.

Los hedificios que hizo Antonino Pío no fueron muchos, pero fueron en extremo grado muy generosos y muy cumplidos, porque en todos ellos se representava la grandeza de su estado y el gran ánimo que en gastar tenía. Hedificó un templo en reverencia de su señor Adriano, en el qual le puso una estatua de plata y un capacete de oro y un chapitel de nacre, obra por cierto no menos curiosa que costosa. Rehedificó un hedificio que avía nombre grecostáseo, el qual servía de aposentarse en él todos los embaxadores estrangeros, porque tenían en costumbre los romanos de dar a los embaxadores casa do morassen y ración que comiessen. Amplió y mejoró el sepulchro de su señor Adriano, al qual ninguno era osado allegar ni mirar, si no era de rodillas. El mayor amphitheatro que avía en Roma quemóse en tiempo de Domiciano, y hedificóle desde el fundamento el buen Antonino. El hizo el templo de Agripa y dotóle y dedicóle en reverencia de la diosa Ceres.

Sobre el río Rubicón hizo una puente generosa y muy costosa y aun no poco necessaria, porque de antes peligravan allí muchos, y después trayan por allí grandes bastimentos. No lexos del puerto de Hostia, sobre la mar hizo una torre muy fortíssima para que estuviessen allí seguras las naos de rema, porque de antes no podían subir por allí bastimentos a causa que salteavan por allí los cossarios. Al puerto de Gayeta, que por la gran antigüedad estava ya derelicto, él le hedificó todo de nuevo, es a saber, que a su costa labró casas, levantó una torre, hizo un fortíssimo muro, puso allí moradores y dotólos de muchas libertades, por manera que donde antes era la cosa más olvidada, hizo que después fuesse la cosa más temida. Lo mismo que hizo en Gayeta, hizo en un puerto de España que se llama Tarragona, el qual rehedificó y amplió, y todo con grandes hedificios y previlegios. Una milla del puerto de Hostia, hizo hazer un vaño muy costoso y aun curioso, y allí yva él muchas vezes a vañarse, y dotóle de tal manera que no avía en toda Ytalia otro sino aquél, do no llevassen por vañarse algún derecho.

Hizo, fuera de Roma casi una milla, tres templos llamados laurianos, porque avía allí muchos laureles, y tuvo fin de hazer estos templos porque las matronas y damas romanas, quando saliessen por los campos ha se espaciar, topassen algún templo do orar. Avía en Roma un barrio que se llamava Anticiano, en el qual no avía fuente ni pozo, por cuya occasión los vezinos tenían mucho trabajo; y el emperador Antonino hizo de muy lexos venir allí agua, la qual, allende de ser provechosa, dezían los romanos que era para los enfermos muy sana. Para todos los templos que se hazían, para todos los castillos que de nuevo se levantavan, para todos los muros que se reparavan, para todas las aguas que se trayan, ora fuesse en Roma, ora fuesse fuera de Roma, a todos socorría y a todos con su dinero ayudava.

CAPITULO .x.

De las notables leyes que hizo el emperador Antonino Pío.

Era costumbre entre los romanos que el que fuesse por justicia muerto no pudiesse hazer testamento, sino que perdiendo la vida, perdiesse también la hazienda. Movido de piedad Antonino, ordenó que ninguno, por ningún grave delicto que hiziese, fuesse obligado a perder juntamente la vida y la hazienda, sino que si por justicia le quitassen la vida, libremente pudiesse el tal testar de su hazienda propria.

Quando tenía algún buen juez en alguna república, no sólo no le quitava, mas aun con ruegos y con dones le sustentava. Hizo ley este buen príncipe, que ninguno fuesse osado de pedir al príncipe ni al senado officio de justicia so pena que el que le pidiesse fuesse de Roma desterrado y para quien se pidiesse quedasse sin el officio. Avía en Roma un juez que se llamava Gayo Máximo, el qual fue en Roma juez veynte años, y déste dezía Antonino que jamás avía visto ni oýdo ni leýdo de hombre que fuesse tan limpio en la vida y tan recto en la justicia como él. En lugar deste Gayo Máximo succedió Tacio Sucino, varón por cierto que tenía muchas canas y muchas letras; mas como el officio de pretor era trabajoso y él muy anciano, murió en muy breve espacio después que tomó el officio. Muerto Tacio Sucino, siendo informado Antonino que de puro trabajo avía muerto el buen viejo, dividió el officio en dos pretores, es a saber, entre Repentino y entre Cornelio. No passaron muchos días, en que fue informado el emperador Antonino como los del senado avían dado el officio de pretor al uno dellos que se llamava Repentino, no porque lo merescía, sino porque una manceba del emperador se lo rogara. Mandóle públicamente desterrar y con boz de pregonero por toda Roma dezir como lo desterrava de Roma porque avía sido pretor por ruegos de su manceba. Aquél fue el primero official romano que en tiempo de Antonino fue públicamente castigado, y puso aquel castigo tan gran miedo en todo el Imperio Romano, que desde aquel día fue el emperador Antonino tan temido de los malos como amado de los buenos.

Un senador que avía nombre Tranquilo, como confessasse que con desseo de heredar uviesse muerto a su padre proprio, por no contaminar o inviolar con sangre a Roma, mandóle llevar desterrado a una ysla, do se substentasse con pan de dolor y con sola agua de lágrimas.

Todo el tiempo que fue emperador, dio azeyte y trigo a todos los que moravan dentro de Roma, y esto todo se pagava de su hazienda. Començava ya el pueblo romano a desmandarse a bever demasiadamente vino, y mandó que ninguno fuesse osado de vender vino, si no fuesse en la botica para algún enfermo. También eran muy excessivos los gastos que hazían los romanos en las bodas, y ordenó que en arras y en ropas y en joyas y en espensas de la boda no se pudiesse gastar más de la décima parte de la hazienda. Hizo ley para sí y para sus successores, que el emperador tres días en la semana saliesse públicamente por Roma, y si por algún grave caso no pudiesse salir, que los tales días estuviessen las puertas de su casa abiertas y sin porteros, para que libremente con él los pobres pudiessen negociar. Mandó en toda Ytalia que en los años estériles no fuessen los ortolanos osados de sembrar ortaliza, sino que sembrassen trigo o cevada porque los pobres de la república tuviessen de do remediar su penuria.

Hizo ley universal en todo el imperio, que los governadores ni regidores de los pueblos no se atreviessen a gastar los bienes de la república en cosas inútiles o superfluas, sino que se gastassen en defenderse de los enemigos o en reparar y ampliar los muros o en proveer la república los años caros. Solían dar a los que trayan buenas nuevas, muchas y muy ricas joyas en albricias; y ordenó Antonino que ninguno fuesse osado dar en albricias de los bienes de la república, sino que si quisiessen dar algo, lo diesse cada uno de su hazienda propria. Avía en Roma salariados intérpretes de todas las lenguas, para quando viniessen embaxadores de otras naciones, mediante los quales intérpretes fuessen entendidos, a los quales Antonino mandó quitar el salario y prohibió que no usassen del officio, diziendo que convenía mucho a la grandeza de Roma que todos los reynos deprendiessen a hablar su lengua, y que era poquedad deprender ella alguna lengua estrangera. Fue Antonino avisado que avía en Roma muchos ciegos, y proveyó que a los que eran muy viejos, les diessen de comer de la república, y a los otros, constreñirlos a que tomassen uno de dos officios, es a saber, cerner harina para los panaderos o sollar los fuelles de los hereros.

CAPITULO .xi.

De los prodigios y trabajos que acontescieron durante su imperio.

Muchos trabajos e infortunios se le siguieron al emperador Antonino mientra bivió, y aun a todos sus reynos en el tiempo que imperó; porque es tan varia la Fortuna que jamás tiene queda su rueda. En el año segundo de su imperio, uvo una tan general hambre en toda Ytalia que murieron tantos como murieran de una grave pestilencia. Uvo en Asia un tan feroz y tan general terremoto, en que cayeron muchos hedifficios, murieron muchos hombres, despobláronse no pocas ciudades; y para reparar todos estos daños, no sólo embió desde Roma dineros de la república, mas aun dio muchos más de los proprios de su casa. En el mes de Jano, uvo en Roma un tan furioso fuego, que quemó casi diez mil casas, en las quales peligraron, entre niños y mugeres, más de diez mil personas. En aquel mesmo año se quemaron la plaça mayor de Carthago y la mitad de Antiochía y casi toda la ciudad de Narbona. En el mes de agosto uvo en Roma grandes aguas, y allende que se perdieron los panes segados y por segar, cresció el río Thiberín tan excesivamente que no se reparó en tres años el daño que hizo en un día. A quatro días andados del mes de mayo, aparesció una estrella sobre Roma, de cantidad de una rueda de molino, y echava de sí tan espessas y tan continuas centellas que parescía más fuego de fragua que no resplandor de estrella.

En el sexto año del imperio de Antonino, nasció en Roma un niño con dos cabeças, la una como de hombre y la otra como de perro, y lo que era más espantable, que con la una gruñía como perrico y con la otra llorava a manera de niño. En la ciudad de Capua parió una muger cinco hijos, todos varones, y en aquel mesmo tiempo fue vista en Arabia una grandíssima serpiente, la qual, a vista de muchos, encima de una peña, se comió a sí mesma al mitad de la cola. El año que aquella serpiente se comió la mitad de la cola, uvo una grandíssima pestilencia en toda Arabia.

En el año noveno del imperio de Antonino, acontesció que en la ciudad de Mesia fue visto nascer en lo más alto de los árboles cevada, por manera que ningún género de árbol llevó aquel año fruta, sino que todos llevaron espigas de cevada. Esse mismo año acontesció que en el reyno de los artemios, en una ciudad llamada Triponia, se vinieron quatro leones a poner en la plaça, los quales se hizieron tan mansos que yvan con ellos por leña al monte, y andavan los mochachos encima dellos cavalleros. En el reyno de Mauritania nasció un niño, el qual tenía la cabeça buelta atrás, el qual bivió y se crió, y después todos los que le avían de ver o hablar se avían de poner hazia sus espaldas; más dado caso que podía ver, hablar y andar, no podía con las manos alcançar a comer. Murió en Roma un senador que avía nombre Rufo, varón que era rico y de muy gran crédito. Fue pues el caso que después de muerto, se venía muchas vezes al senado y se assentava en el mismo lugar do solía, y vestido de la misma forma que antes solía; mas nunca le vieron hablar palabra, y duró esta visión en el senado por espacio de dos años largos.

CAPITULO .xii.

De las guerras que uvo en su tiempo de Antonino Pío.

A ninguno de los príncipes romanos acontesció lo que a Antonino, y fue que sin salir de los términos de Ytalia, y aun casi de Roma, fue tan quisto y tan temido y aun tan servido de los reynos y reyes estraños como si personalmente los visitara o los conquistara. En el quarto año de su imperio, vino el rey Pharasmaco a Roma no por más de por ver a Antonino, y trúxole tantas y tan maravillosas cosas, que no se hartavan los ojos de mirarlas ni los coraçones de dessearlas. El rey de los parthos avía tomado mucha tierra al rey de los armenios, el qual, como se embiasse a quexar a los romanos como a confederados y amigos suyos, escrivió el emperador Antonino al rey de los parthos que dexasse las tierras que avía tomado a los armenios; y vistas las letras, luego dexó las tierras. El rey Abagaro, que era uno de los más ricos y más notables príncipes que avía en el oriente, hízole al emperador Antonino venir a Roma, porque deviendo cierta summa de dineros a un vasallo suyo, no quiso assentarse con él a cuenta.

El buen emperador Trajano avía constreñido a los parthos que tomassen la silla o corona real de mano de los romanos; y como su rey quisiesse quitar de sobre sí esta subjectión, no se lo consintió Antonino, diziendo que quando a uno escrevía una cosa buena, no mirava la péñula con que avía sido aquella carta escripta, y que por semejante no avía él de mirar quién le dava el reyno, sino agradecer que le hazían rey. Rometalce, rey que era de los pindaros, fuele puesta accusación en el senado que no avía sido leal a los romanos en la guerra que tuvieron contra los rodos, el qual, como viniesse a Roma a dar su desculpa, el buen Antonino no sólo le confirmó el reyno, mas aun no le consintió hablar en lo passado, diziendo que no avía podido aver tan gran culpa, que no fuesse muy mayor aquella obra. Los olbiopolitos, pueblos que son en Asia, tenían guerra con los taurocistas, y Antonino embió por la mar socorro a los taurocistas, los quales, con ayuda de los romanos, vencieron a los olbiopolitos; y allende de ser vencidos, pagaron las costas de la guerra y dieron rehenes de guardar y mantener paz. Nunca Antonino levantó guerra, sino que trabajava de buscar y conservar la paz, y loava mucho aquel dicho de Scipión, es a saber, que quería más la vida de un ciudadano que matar mil enemigos.

Acordó el senado de mudar los nombres al mes de setiembre y de octubre y llamarlos *antoninos* y *faustinos*, el uno por él y el otro por su muger; mas él no lo quiso consentir, diziendo que los nombres de los meses propriamente avían de ser aplicados a los dioses. Quando casó a su hija Faustina con Marco Aurelio, hizo muy grandes fiestas en su boda y dio muchos dones a la gente de guerra. Tenía en gran acatamiento a su yerno Marco Aurelio; y como le quisiesse hazer cónsul, no lo quiso rescebir, diziendo que mejor se hallava en rebolver los libros que no en apaziguar los pueblos.

Sabidas las nuevas muy grandes que avía de Apolonio, embió por él a Calcedonia, y diole una casa en que morasse junto al río Thiberín, y allí se estava solo y recogido. Fue pues el caso que un día embió Antonino a llamar a Apolonio, el qual respondió que no quería venir, porque el discípulo avía de venir do estava el maestro y no el maestro do estava el discípulo; y tomóle desto muy gran risa al emperador Antonino y dixo, "Gran donaire es que vino Apolonio por tantas mares desde Calcedonia a Roma, y agora rehusa venir desde su casa a la mía." Aunque Apolonio en la philosophía era muy docto y en la vida muy limpio, junto con esto era muy avaro, lo qual, como un día se murmurasse delante el emperador Antonino, dixo, "Por muy caro que los philósophos nos vendan la philosophía, todavía vale más la sciencia que nos enseñan que no la hazienda que les damos."

CAPITULO .xiii.

De las cosas en que tomava passatiempo el emperador Antonino.

No sólo Antonino Pío era naturalmente piadoso, mas aun desplazíanle los hombres crueles, y holgava mucho con los piadosos. Fue pues el caso que como muriesse uno de los maestros que avían criado y doctrinado al buen Marco Aurelio su yerno, y él llorasse por la muerte de su maestro como si fuera por su hijo, rogaron muchos al emperador Antonino que rogasse a su yerno Marco que callase y no llorasse. Respondióles él, "*Permittite (inquit) illi ut sit homo, neque enim vel philosophia vel imperium tollit affectus.*" Como si más claro dixera, "Dexadle que sienta como hombre, pues es hombre; porque el amor que una vez en el coraçón se assienta, ni le puede quitar el imperio ni desarraygar la philosophía."

Tenía en costumbre de dar a los prefectos, quando les dava los officios, unas vestiduras ricas y generosas, porque dezía él que rescebía pena ver a los ministros de justicia dissolutos en el bivir y maltractados en el vestir. A los que
5 condennavan en los bienes por el fisco, ninguna cosa dello para sí llevava, sino que todo a sus proprios hijos lo restituýa, con tal condición que ellos restituyessen primero al pueblo lo que sus padres allí avían cohechado y robado.

Holgava que holgasse el pueblo romano, es a saber, en
10 los tiempos devidos, que era en las fiestas de sus dioses; mas fuera de aquellos regozijos, no consentía que estuviessen occiossos, porque dezía él que no avía república mal governada sino aquélla do consentían aver hombres occiosos en ella. Tomó un año de celebrar a su costa la fiesta de la diosa
15 Berecinta, en la qual fiesta dio al pueblo muchos manjares que comiessen y muchos animales que corriessen, es a saber, elephantes, crocutas, tigres, rinocerontes, cocodrillos, hipotomes, albios, gifinos, turpos, y otros semejantes animales incógnitos que hizo traer de la gran India, y cien leones que le
20 truxeron de Egipto. [56]

Los amigos que tuvo antes del imperio ninguna mudança hallaron en él después que fue emperador, sino que assí los hablava y los tractava y les dava y les comunicava entonces como de antes, excepto que no consentía que le pidiessen
25 cosa injusta ni que vendiessen a otros la privança. Muchas vezes dezía Antonino que no por más se perdían los privados de los príncipes sino porque, no contentos con aprovechar assí, quieren también mostrar su privança en dañar a otros.

Algunas vezes tomava plazer con las burlas que los
30 truhanes hazían y con los donayres que dezían; y como uno dellos le dixese que por qué nunca le dava nada por los plazeres que le hazía, respondió Antonino, "Si lo uviesse de pagar, ya no sería plazer, porque doquiera que entre-

---

[56] The cause for the celebration of these games was Antoninus' tenth anniversary, but is not given by Julius Capitolinus. The *animales incógnitos* added by Guevara are the *albios, gifinos,* and *turpos*. A *crocuta* is a kind of hyaena. See T. H. White, trans. and ed., *The Bestiary, A Book of Beasts* (New York, 1960), p. 32, note 1.

viene dádiva forçosa, no puede aver perfecta alegría." Fueron por cierto palabras dignas de tal varón. También tomava plazer en ver pescar con red, y algunas vezes pescava él con caña, mas luego que tomava un pez con el anzuelo, luego
5 le tornava al río. Estando pues un día pescando, como tomasse muchos peces y los tornasse todos al agua, y le dixesse un senador que por qué lo hazía, respondióle él, "Tan natural ha de ser al príncipe la clemencia, que ni por su mandamiento han de morir los hombres ni con sus manos
10 ha de matar los animales." Era muy amigo de passearse, y esto a pie, y acontescíale andarse passeando tres oras sin assentarse; mas quería que el lugar fuesse largo, y por esso se passeava cabe el río o el campo. Freqüentava mucho los templos, y jamás hazía por manos de sacerdotes los sacrifi-
15 cios, sino que él mismo los hazía en persona, excepto si estava malo en la cama.

Quando sabía que sus amigos tenían bodas o fiestas o regozijos en sus casas, él se yva a honrrarlos, y se combidava sin que le combidassen, porque dezía él que no les hazía
20 tanta honrra en venir quanto en tomar el cargo de se venir. Acaso entró una vez Antonino en la casa de un hombrezillo muy pequeño de cuerpo, y como tuviesse un corredor fundado sobre unos pilares muy lisos y colorados, como le preguntasse Antonino que de dónde eran aquellos pilares, respondió
25 el hombrezillo, "Mira, emperador; has de saber, si no lo sabes, que quando entrares en casa de otro, ni as de tener oýdos para oýr ni lengua para hablar, sino que te contentes con mirar y callar." Holgóse y rióse mucho Antonino con esta respuesta, y dende en adelante muchas vezes embiava
30 por aquel hombrezito, y maravillávase de ver quán monstruo era en el cuerpo y quán bivo en el juyzio, porque era muy prompto en responder a cada cosa, y hablava con mucha gracia.

CAPITULO .xiiii.

De la successión del imperio
y de la occasión de su muerte.

Aunque es verdad que el buen emperador Antonino siempre en su mocedad fue amigo de buenos, quando vino a la vegez todo su trabajo y conversación fue con hombres sabios. Dexadas a parte muchas y muy buenas premáticas que hizo para la buena governación de la república, también establesció muy excellentes leyes para los pleytos; y para hazer esto, tuvo cabe sí muy notables jurisconsultos, y hizo traer ante sí las leyes de todos los reynos, para que tomassen dellas las que mejor les paresciessen a él y a sus sabios. Un año antes que muriesse, embió a mandar por toda Ytalia que dende en adelante no enterassen los cuerpos muertos dentro de las ciudades, porque de antes enterrávanlos en las casas. Los hombres sabios y jurisconsultos que tuvo cabe sí fueron a Vindemio Vero, a Silvio Valente, a Bolusio Metiano, a Ulpio Marcello y a otro que avía nombre Jaboleno.

Ya también que era viejo, quitó que los gladiatores no pudiessen por sus ruegos cohechar a personas particulares dineros, sino que fuessen del erario público pagados. Unos juegos que usan los romanos hazer, corriendo carros por la ciudad, también dotó cierta renta para pagarlos, porque no podía sufrir que ningún género de hombres tuviessen por officio de andarse a pedir como chocarreros.

Quando instituýa alguna ley o ordenava alguna premática, siempre dava la razón o motivo porque la instituýa, y ésta fue la causa porque nunca fue desobedescido en cosa que mandasse, ni fue revocada ley que instituyesse.

Fue el emperador Antonino alto de cuerpo y muy derecho, y aun presciávase él dello, excepto que quando passó de los setenta años, començó a inclinar un poco la cabeça y a ser corcobado, y para remediar esto, poníase en los pechos y en las espaldas unas tablas de papel rezias, y como andava con ellas muy apretado, parescía algo derecho.

La occasión de su muerte, dizen que fue desta manera: De la Gallia Transalpina presentáronle unos quesos mantecosos y sabrosos, y como una noche cenasse más de lo que era necessario dellos, diéronle unos peligrosos vómitos en que revessó no sólo el manjar superfluo, mas aun la sangre necessaria. Recresciósele de allí una furiosa fiebre, y como viesse que ya no podía comer ni menos dormir, mandó llamar a todos los senadores y prefectos, y delante dellos, encomendó la república a Marco Aurelio su yerno y a su hija Faustina. El tercero día después que le avía dado el mal, hizo traer una Fortuna de oro, que era costumbre ponerla a los príncipes colgada cabe la cama, y mandóla dar a Marco Aurelio y a Faustina su hija. Hizo su testamento muy ordenado, en que a sus criados mandó muchos dones assí mubles como raýzes; y cumplido su testamento, mandó que su hija Faustina heredase todo su patrimonio, es a saber, lo que tenía antes que viniesse al imperio. Cresciéndole pues más la fiebre y disminuyéndole cada hora más la virtud, vino a ser que el quarto día de su enfermedad, casi a la hora del mediodía, bolvióse a mirar a los que allí estavan, y cerrando los ojos como que quería dormir, dio el espíritu.

Quan amado fue en la vida, tan llorado fue en la muerte, y luego en conformidad de todo el senado fue llamado *sancto*, y todo el pueblo, assí como espiró, davan a porfía por las calles grandes bozes y alaridos, ensalçando su bondad, su clemencia, su benignidad, su largueza, su justicia, su paciencia, su prudencia y su providencia. Fuéronle hechas todas las honrras, y diéronle todos los títulos famosos que a los príncipes buenos fueron dados, y mereció que en el templo de Júpiter fuesse un sacerdote de su nombre instituydo, y assí mesmo le hizieron un templo, y dedicaron en su honrra los juegos circenses y una cofradía do todos se llamassen "los antonianos."

Este solo, entre todos los príncipes, bivió y murió sin derramar sangre, y por esta causa fue comparado a Numa Pompilio, porque le paresció mucho no sólo en la buena governación de la república, mas aun en la pureza y limpieza de la vida.

FIN

COMIENÇA LA VIDA del emperador Cómodo, hijo del buen Marco Aurelio, copilada por el señor don Antonio de Guevara, obispo de Mondoñedo, predicador y chronista y del consejo de su magestad.

5   CAPITULO PRIMERO

Del linage y nascimiento del emperador Cómodo.

El emperador Cómodo tuvo por abuelo a Annio Vero, y fue su padre el buen emperador Marco Aurelio y fue su madre la muy hermosa y nombrada Faustina, por parte de
10 la qual fue nieto del emperador Antonino Pío, varón que fue por cierto muy corregido en la vida y muy provechoso en la República Romana. Nasció en un lugar que se llama agora Lódy y fue a ocho días andados del mes de septiembre, y eran a la sazón cónsules Marco su padre y Drusio su tío, el
15 uno de los quales estava en la guerra de Dacia, y el otro entendía en la governación de la república. [57]

Estando la emperatriz Faustina preñada y casi en días de parir, soñó que paría unas serpientes, y entre ellas la una que era más fiera de todas, el qual sueño, como lo oyesse su
20 padre Marco Aurelio, dizen que dixo, "Miedo tengo, Faustina, que el hijo que deste parto parieres será tan feroz serpiente que abaste para matar mi fama y para emponçoñar

---

[57] Lodi is a small town near Milan and has nothing to do with Lanuvio (Lanuvium) near Rome. Commodus was born on the 31st of August, 161; he had a twin Antoninus, who died aged four. The uncle was Verus, who conducted a war in Syria, not Dacia, in 162, the year after Commodus was born.

toda la República Romana." Los astrólogos y nigrománticos que a la sazón residían en Roma muchas cosas dixeron y prenosticaron en el nascimiento del emperador Cómodo; y según después paresció, muy poco fue lo que dixeron ellos respecto de lo que después paresció, porque este malaventurado príncipe más paresció en sus costumbres a las infernales Furias que no a las criaturas racionales.

Desde la niñez trabajó Marco Aurelio de criar y doctrinar a su hijo Cómodo, y para esto hizo buscar por todo el imperio varones muy doctos en las sciencias y muy corregidos en las costumbres. Los primeros preceptores que tuvo fueron a Onesterates, para que le enseñasse griego, y a Capilo, para que le hiziesse latino, y a Teyo, que le hiziesse orador, y a Pulión, que le enseñasse música, y a Calfurnio, que le impusiesse en las cosas de cavallería, y a Marcio, que le enseñasse buena criança; porque su padre, como no tenía otro hijo, trabajava porque fuesse muy bueno. Mas ¡ay dolor! que tantos y tan excellentes varones ni le pudieron persuadir a que siguiesse las virtudes ni le pudieron apartar de sus ynormes vicios. Felices se pueden llamar los padres a los quales cupo en suerte tener hijos que naturaleza los inclinó a ser virtuosos, porque si naturalmente son mal inclinados, ni les aprovecha lo que los maestros les enseñan ni los que sus padres les corrigen.

Quando Faustina estava preñada de Cómodo, mucho se quexava tener muy mal preñado, y después, al tiempo del parir, tuvo muy peligroso parto; y también se quexavan mucho las amas que quando mamava, les mordía las tetas, por manera que desde el tiempo que en el vientre de su madre fue engendrado, con todos los que conversó fue penoso. Ya que Cómodo dexó de mamar y començó a saber comer y deprendió a hablar, luego se conosció en él que era rezio en la condición, insuffrible en el servicio, ingrato a los beneficios, goloso en el comer, malicioso en el mirar, cruel en las venganças, impaciente en las injurias, superbo en el mandar y sobre todo, suzio, torpe y doblado en el hablar. No avía seis años quando se presciava de ser motejador, burlón, malicioso, chocarrero, infamador, parlero, mofador y copleador, por manera que era cosa monstruosa en tan tierna edad verle echar pullas y oýrle dezir coplas, y esto no lo dezía sino con ánimo de motejar y lastimar. Ninguno trabajó tanto en ser esforçado cavallero o en ser philósopho muy docto quanto trabajó el malaventurado de Cómodo por ser en el arte de truhán y chocarrero muy perito; y para este effecto, jamás quando era niño se allegava sino a los mochachos parleros y a los niños desvergonçados.

Estando en un lugar que avía nombre Centumcelis, teniendo edad no más de catorze años, como fuesse a ver un vaño artificial y el vañador le dixesse no sé qué palabra burlando, mandóle echar en el fuego; y como sus ayos no lo quisiessen consentir, tomóle desto tan furiosa yra que ayna muriera de pura postema. No pocos días después que passó esto, como estuviessen vañándose sus maestros en aquel vaño, hurtóles las ropas todas y echólas en el horno; y como fuesse por esto retractado, respondióles que agora quemava las ropas y que tiempo vernía quando también quemasse a sus personas.

Era muy agudo y de delicado ingenio. Tenía muy facunda memoria, y era también esforçado, atrevido y denodado; y conoscióse todo esto en él desde que fue niño, porque jamás le vieron temer agua ni fuego ni hierro ni animal bravo. Dotóle también Naturaleza en las abilidades naturales, en que si el esfuerço empleara en guerras, él fuera otro Alexandro, y si la memoria empleara en sciencia, él fuera otro Plathón. Si el ingenio empleara en virtudes, él fuera otro Trajano; mas como lo convertió todo en mal, por cierto él paresció más a Bruto el traydor y a Nero el cruel y a Cathilina el tyrano, que no a Plathón ni a Alexandro ni a Trajano.

CAPITULO .ii.

De los títulos honrrosos que tuvo
el emperador Cómodo, siendo moço.

Dado caso que siendo mochacho Cómodo era muy travieso y muy desamorado y de todo el pueblo malquisto, siendo en edad no más de catorze años, le dio el senado el título de César, y esto se hizo no por los méritos del hijo sino por condescender a la virtud del padre.

Viendo el emperador Marco Aurelio que su hijo Cómodo cada día crescía más en edad y descrescía en virtudes, acordó de ponerle en un collegio de sacerdotes en el qual se criavan muchos hijos de nobles, mas al fin, tan poco le aprovechó la compañía de los sacerdotes como la doctrina de los ayos, porque era enemigo del parescer ageno y muy amigo de su voluntad propria.

Quando su padre vino de la guerra de los parthos, en señal de agradescimiento, dio el senado a Cómodo el título de príncipe, el qual nombre nunca a hijo de emperador romano hasta entonces se avía dado. El día que dieron a Cómodo la insignia del principado, que era una vestidura a manera de muceta y de púrpura, como se hizo de priessa, aun no estava del todo cosida, la qual, como viesse un mathemáthico, dixo a la oreja a un senador, "Vosotros dais a este moço la insignia de príncipe, y dáyssela descosida. Pues yo juro a los immortales dioses que él os la torne rota."

Tenían en costumbre los príncipes romanos de dar en cada un año al pueblo ciertas cosas para su mantenimiento, es a saber, trigo, vino, azeyte y otras cosas; y el día que esto se dava era muy gran fiesta en Roma. Fue pues el caso que siendo Cómodo en edad de quinze años, estando assentado en el templo de Trajano, dio y repartió al pueblo la ración acostumbrada de trigo y azeyte y vino; y fue aquel día Cómodo de todo el senado tan festejado como lo era su padre el día que entrava en Roma con triumpho. Quando Marco Aurelio vino de la guerra de los argonautas, fue recebido en Roma con muy gran triumpho, y por más le festejar y hazer plazer, ordenó el senado que su hijo Cómodo fuesse con él en el carro del triumpho; y allende desto, diéronle también la toga del imperio, es a saber, que le abilitaron y eligieron para que después de la muerte del padre, fuesse emperador su hijo Cómodo. El día que todo esto passó, dixo un astrólogo que avía nombre Rogerio al cónsul Fabato, "Oy son las nonas de julio, en el qual murió o desaparesció nuestro padre Rómulo, y este día es día crético y de mal hado; y por esta razón digo que si los astros no me mienten, el padre gozará poco del triumpho y el hijo será muy infelice en el imperio."

Fue Marco Aurelio a Egipto y a Siria por causa de visitar toda aquella tierra, y llevó consigo a Cómodo su hijo; y como supo el senado las hazañas y buenas obras que hazía por todas aquellas provincias, embiáronle dispensación de la ley annaria, la qual prohibía que ningún moço pudiesse ser cónsul y esto hazían ellos porque pudiesse hazer a su hijo Cómodo cónsul romano. No tenía diez y siete años Cómodo quando se vio con la insignia de príncipe y con la toga del imperio, y que repartió la ración al pueblo y fue elegido en cónsul romano y entró con su padre en el carro del triumpho, las quales honrras y títulos no se davan por honrrar al hijo sino por complazer al padre.

La dispusición de Cómodo fue desta manera, en que tuvo el cuerpo alto y delgado, la cara blanca y bien barbada, los ojos grandes y negros, las manos blancas y los dedos largos, los cabellos roxos y espessos; finalmente, era tan hermoso y tan agraciado que no avía en su persona que tachar ni aun en su vida que loar. Cosa era monstruosa y aun lastimosa de ver como a este príncipe le avía dotado Naturaleza de tan alto ingenio y de tan extremada dispusición; y por otra parte, llamándose Cómodo, era para todas las cosas tan incómodo que al juyzio y parescer de todos, no sólo era en él mal empleada tan buena dispusición y gracia, mas aun era indigno de la vida que vivía. Fue Cómodo muy desfavorescido de su padre Marco, muy quisto y regalado de su madre Faustina, y el uno y el otro tuvieron razón; porque a la verdad, el hijo se aprovechó poco de los buenos consejos del padre, y siguió mucho la mucha libertad de la madre.

Tuvo Cómodo otro hermano que se llamava Veríssimo, al qual quiso su padre mucho, y si no muriera moço, a él y no a Cómodo quería dexar el imperio; mas quiso la Fortuna ansí ordenarlo, que muriesse el que merescía bivir y biviesse el que merescía morir. Como en presencia de Marco Aurelio se moviesse plática de los príncipes que avían sido honrrados y bien aventurados, y unos loassen a Alexandre porque venció a Darío, y otros a Scipión porque venció a

Haníbal, y otros a Julio César porque venció a Pompeyo, y otros a Augusto porque venció a Marco Antonio, dixo Marco Aurelio, "A ninguno de los que avéys dicho tengo por tan bienaventurado como al emperador Nerva, y esto no por más de por aver eligido por hijo a Trajano, de manera que eligió el que quiso y no como yo triste, que tomé el que me dieron."

Tenía Cómodo los cabellos tan rubios que quando les dava el sol y los meneava al ayre, no parescían cabellos sino hilos de oro, y muchos pensavan que según era tan extremada su lindeza de cuerpo y su frescura de rostro, que no le avían engendrado los hombres, sino que le avían hecho con sus manos los dioses. Todas las vezes que cavalgava por Roma, salían a porfía los hombres y mugeres, y dexavan sus officios, y unos se ponían a las ventanas y otros se subían en los tejados, otros aguardavan a los cantones, y esto hazían cada vez por verle, como si nunca le ovieran visto; mas quanto al passar de la calle loavan su hermosura tanto después blasfemavan y abominavan su vida.

CAPITULO .iii.

De cómo heredó el imperio de su padre Marco Aurelio y de una habla que hizo al senado.

En el año de diez y seis del imperio de Marco Aurelio y de sesenta y tres de su edad, levantóse una guerra en Panonia, que agora por otro nombre se llama Ungría, a la qual el buen emperador quiso yr en persona, y llevó consigo a su hijo Cómodo en aquella jornada, y traýale siempre el padre consigo para que gustando los trabajos de la guerra, se abezasse a tener en mucho la paz. Estando pues Marco Aurelio en el mayor hervor de aquella guerra, diole una enfermedad repentina, la qual le constriñó en breves días morir y dexar esta vida, y era de tan tierna edad entonces Cómodo que no sintió lo que perdía ni aun el peligro en que quedava.[58] Quando murió Marco, ya estava electo en príncipe y confirmado en César su hijo Cómodo; y lo uno por esto y lo otro por aver sido su padre tan amado, luego fue de todos los exércitos como verdadero emperador obedescido, aunque a la verdad todos sospechavan dél que avía de perder la república y avría mal fin su persona. Antes que muriesse Marco, dexó a ciertos ayos encomendado a su hijo Cómodo, lo uno porque diessen buen fin a aquella guerra que él dexava començada, lo otro porque le ayudassen y aconsejassen a governar la república, porque el padre, como conoscía al hijo, temíase que dexados los enemigos, se diesse a los vicios, y aun que olvidada la república, no entendiesse sino en los plazeres de su persona.

Celebradas pues las obsequias del buen príncipe Marco y offrescidos por él a los dioses sumptuosíssimos sacrificios, acordaron los ayos de Cómodo que hiziesse una habla a todos los senadores y capitanes que estavan allí en el exército; el qual, subido en un cadahalso alto, començó desta manera a hazer su razonamiento:

"La calamidad universal y la tristeza particular que por la muerte de mi padre este triste día oy se nos representa, tan común es a vosotros como a mí, porque si yo perdí padre piadoso, vosotros perdistes príncipe justo. Mucho perdía yo oy en perder tal padre, mas mucho más perdéys vosotros en perder tal príncipe, porque el daño de uno es tolerable, mas el de muchos para siempre es lamentable. La experiencia nos enseña que de cient padres no ay dos que sean malos para sus hijos, y por contrario, de cient príncipes apenas ay dos que del todo sean buenos para sus súbditos. Si es verdad pues, como es verdad, lo que tengo dicho, justo y muy justo es que si los hijos lloran la muerte de sus padres con lágrimas de los ojos, que los súbditos lloren la de sus buenos príncipes con gotas del coraçón.

"Quán humilde aya sido mi padre con los dioses, quán severo con los malos, quán affable con los buenos, quán paciente en las injurias, quán grato a los servicios, quán sin

---

[58] Marcus Aurelius died in the 19th year of his reign and in his 59th year.

cobdicia para su casa y quán zeloso de la república, aunque lo avéys visto, no lo avéys bien conoscido, porque los buenos príncipes, hasta que son perdidos no son conoscidos. Fue mi padre tan venturoso en la guerra, tan único en la sciencia, tan
5 limpio en la vida y tan amador de su república, que los muertos tenían enbidia a los bivos, no de la vida que bivían, sino del príncipe que tenían. No se puede negar que el Imperio Romano deve mucho a muchos príncipes de los passados; mas digo y affirmo que a mi padre deve Roma más que a to-
10 dos, porque los otros hizieron a su república rica, mas mi padre hízola virtuosa; los otros repararon los muros, más él reformó las costumbres, y lo que más es, que los otros hizieron que Roma fuesse de todos los estraños temida, mas mi padre hizo que fuesse de todos los bárbaros servida y amada.
15 "Ya veys vosotros quánta differencia va del servicio voluntario al servicio involuntario y forçoso, porque según dezía mi padre, más suffrible cosa es ser uno mandado de los que le aman, que no ser servido de los que le aborrescen. Ya mi padre acabó su jornada, y por cierto él passó muy
20 bien su carrera; y en esto conosceréys el entrañal amor que os tuvo en que puso y encomendó en vuestras manos a mí, su hijo; y si yo sigo su intención, no me dio él el imperio para que os aya de mandar, sino para que os aya de servir, porque expressamente me mandó que mi imperio fuesse más
25 en utilidad vuestra que no en provecho mío. A los immortales dioses ruego y pido que me hagan tal qual mi padre me mandó en su muerte que fuesse y qual vosotros romanos desseáys que yo sea, porque no ay oy en el mundo hombre tan malo que no dessee ser governado de príncipe bueno.
30 "Vosotros comigo e yo con vosotros, cómo nos avíamos de aver después de su muerte, él nos mostró muy bien en su vida, en que a mí mandava que os llamasse compañeros, y a vosotros prohibía que no me llamássedes señor, porque quería mi padre que me favoresciéssedes y aconsejássedes
35 como a hijo e yo, que os tractasse como a hermanos y que os creyesse como a padres. El amor que tienen los dioses con nosotros, aquél tuvo mi padre con vosotros, es a saber, que tan intensamente os amava a todos como si todos no fuérades más de uno, de lo qual resulta que si devéys mucho

a mi padre por las buenas obras que os hizo, mucho más le devéys por las que quiso y no pudo por vosotros hazer. Acuérdome que muchas vezes, siendo niño, mi padre holgava que me tomássedes y me abraçássedes y me bessássedes y
5 me regalássedes, y el fin de todo esto era porque poniéndome él en vuestros braços, me pusiéssedes vosotros en vuestros coraçones, y también para que yo me acordasse que hallando yo vuestros braços abiertos, no era justo hallássedes mis entrañas cerradas.
10 "No es mi imperio de la manera de los otros emperadores, es a saber, que le compré por dineros o que le alcancé por botos o que le gané con armas o que le tomé con mañas; no es por cierto assí, sino que los otros le ovieron por ventura, mas yo le heredé por naturaleza, porque el día que
15 yo nascí, juntamente me vio el sol hecho hombre y emperador. Mucha razón ay para que vuestras voluntades estén satisfechas y vuestros coraçones estén contentos, pues tenéys príncipe no dado por manos agenas sino nascido en vuestras casas. Yo confiesso que para ser uno bueno, haze mucho al
20 caso dessear ser bueno y esforçarse a ser bueno, más junto con esto, digo que para ser uno príncipe, tiene necessidad del favor de su reyno; porque de otra manera, si los estraños le contradizen y los suyos no le ayudan, en su mano está que sea buen hombre, mas no está en su mano ser buen
25 príncipe. Mi padre fue emperador y viejo, e yo también soy emperador y moço, de lo qual se sigue que más gloria será para vosotros obedescer a mí que no a mi padre, porque la obediencia hecha a él procedía del merescimiento de su auctoridad, mas la que tuviéredes a mí procederá de vuestra
30 pura bondad.

"Todas las mercedes, todas las honrras y todos los officios que dio mi padre en su vida, yo los confirmo a los que los tienen desde agora; porque siendo como él era sancto y virtuoso, aviendo lo que él hizo aprobado los dioses, no es
35 justo sea reprobado por los hombres. Ni en las dignidades del senado, ni en los capitanes del exército, ni en los officios de mi casa, ni ay que hablar ni menos que mudar.

"Sola una cosa resta entre mi padre y mí, y es confirmar sus buenas obras y mudar yo mis no muy corregidas costumbres. Esforcémonos todos a dar buen fin a la guerra que mi padre dio tan buen principio, la qual acabada, todos nos yremos a descansar y a gozar de los plazeres de Roma, porque si otra cosa se hiziesse y esta guerra no se acabasse, aunque en mí redundasse el daño, de vosotros procedería la culpa. No quiero más deziros, amigos y compañeros míos, sino que os ruego y encargo traygáys siempre a la memoria el amor que siempre mi padre os tuvo y el buen tractamiento que siempre os hizo; porque de su antigüedad y de mi tierna edad y de vuestra mucha virtud haréys un príncipe que sea para vosotros bueno y para la república provechoso.

"Finalmente, digo que si os acordáys de mi padre Marco Aurelio, nunca olvidaréys ni desobedesceréys a mí, su hijo Cómodo; porque comparada su virtud con mi libertad, sin comparación os persuadirán más sus noblezas, que os alterarán mis mocedades." Acabada pues de hazer esta plática, derramaron entre los exércitos muchos dineros, porque en semejantes días tenían en costumbre de hazerlo assí los romanos. No estavan muy fuera de razón los príncipes romanos en dar y prometer muchos dineros en los principios de sus imperios, porque según es la malicia humana avara y cobdiciosa, más se persuaden los hombres con pocos dineros que les des dan que con muchas palabras que les dizen.

CAPITULO .iiii.

De una famosa plática que le hizo un su ayo,
porque quería dexar la guerra de Pannonia.

Todos los officiales del senado y todos los capitanes del exército mitigaron mucho el dolor que tenían por la muerte de su muy querido señor Marco Aurelio en oýr tan altamente como habló su hijo Cómodo, lo uno por verle confirmar y aprobar lo que su padre avía hecho, lo otro porque prometió de immitarle y seguirle. ¡O quánta differencia uvo de lo que este príncipe dixo entonces a lo que obró después! Por cierto mucha y muy mucha, en que no paresce sino que aquel día se le acabaron todas las buenas palabras y todas las buenas obras, porque dende en adelante, no sólo hablava mal y obrava mal, mas aun lo que es peor de todo, que jamás se vio en él una buena obra ni aun desseo de hazerla. Muchos ay que son malos, y pésales porque no son buenos, mas este malaventurado no era oy tan malo que no desseava y procurava mañana ser muy peor.

Algunos días después que esta plática hizo al exército, se dexó Cómodo governar por el parescer de sus ayos, mas en muy breve espacio, puso en olvido lo que su padre le mandó y lo que a su exército prometió, porque perdió el temor a los ayos y la vengüença a los amigos. Era Cómodo, quando heredó el imperio, flaco y delicado y en edad muy tierno, y desta occasión tomaron sus ayos por achaque de darle alguna más libertad de la que en la vida de su padre solía tener, para que hablasse, jugasse y burlasse; mas él usó tan mal de aquella licencia y libertad, que para la salud de su cuerpo le aprovechó poco, y a sus inclinaciones y costumbres dañó mucho. Visto por los ayos y governadores que Cómodo se aprovechaba mal de la licencia y empleava en vicios la libertad, acordaron de mudar estilo, es a saber, yrle en algunas cosas feas a la mano, y corregirle y aconsejarle en secreto, mas él era de tan mala condición, que luego que sus ayos le començaron a contradezir, començó él de los aborrescer.

Ya que Cómodo públicamente perdió a los ayos el temor, a los governadores la obediencia y a los amigos la reverencia, ni quería ver a los unos ni hablar a los otros, sino que toda su conversación y comunicación era con hombres viciosos y con moços livianos, por manera que con los que cometían los vicios se comunicava y dava parte de sus secretos. Començaron pues aquellos mancebos a ponerle en la cabeça, que dexada la guerra, se fuesse para Roma, y para persuadirle esto, tráyanle a la memoria la opulencia de Ytalia y la hermosura de Roma, y junto con esto murmuravan de la tierra de Pannonia, diziendo que era estéril, seca, fría, pobre y malsana, y que para bever un jarro de agua, avían de quebrar primero los yelos del río. Con estas y con otras semejantes palabras, fácilmente se persuadió Cómodo a dexar la guerra de Pannonia y a caminar para

Ytalia, y para poner esto en obra, llamados sus ayos y governadores, fingió que tenía gran sospecha, no se le levantasse alguno con Roma entretanto que él estava en la guerra y que para esto obviar, estava determinado de yr a assegurar
5 primero sus tierras proprias y después conquistar las tierras agenas.

Tan gran tristeza cayó en los coraçones de los governadores y de los capitanes que en aquel consejo estavan, que puestos los ojos en tierra, no le pudieron responder palabra.
10 Estava en aquel consejo un senador que se llamava Pompeyano, el qual era casado con Lucilla, hija de Marco Aurelio y hermana mayor de Cómodo, y allende que era su cuñado, era hombre rico, sabio, esforçado y anciano, y allende desto, tenía mucha osadía en lo que hazía y mucho crédito en lo
15 que dezía. Este cónsul Pompeyano, viendo que todos los que allí estavan callavan, acordó de tomar la mano, y respondió al emperador Cómodo desta manera:

"Tener tú desseo, O hijo mío y señor mío, de ver a Roma y de yr en Ytalia no es de maravillar, porque lo mismo que
20 tú desseas, muchos días ha que nosotros lo desseamos, sino que siguiendo y abraçándonos con la razón, no nos dexamos vencer de la sensualidad. Llámote hijo porque te crié desde tu infancia, y llámote señor porque eres señor de mi madre Roma. Por lo uno, soy obligado como fiel vassallo de te
25 seguir, y por lo otro, eres obligado, como a buen padre, de me creer; y plega a los immortales dioses que tengas tú el coraçón tan prompto para creer mis consejos qual yo le tengo para obedescer tus mandamientos. Muchos años seguí a tu padre, serví a tu padre y aun creo que mis servicios
30 fueron en su coraçón aceptos, y él amóme mucho y diome mucho, por cuya razón a él ni a su casa jamás yo seré ingrato; y estoy determinado de una por una aconsejarte lo que deves hazer y después emplear la vida en lo que me quisieres mandar. En lo que agora te quiero dezir, si no tuviere
35 aquel acatamiento que de vassallo se deve a señor, a lo menos terné el amor que padre deve a hijo, y si agora te esasperares de mis palabras y las tomares a otro fin de para lo que son dichas, tiempo verná en el qual te arrepentirás

de no aver creýdo al viejo Pompeyano y de aver seguido tu parescer proprio.

"Viniendo pues al caso, ya vees, sereníssimo príncipe, que todos los que aquí están presentes ni te miran ni te responden, y esto no puede proceder sino que o ellos no saben hablar o ellos no te osan responder o ellos piensan que no los has de creer; y qualquiera destas cosas es harto dañosa, porque gran culpa es en el príncipe pedir consejo a quien no se lo sepa dar, mas muy peor es que no se lo osen dar, y lo que es más peor de todo, no saberse del buen consejo aprovechar. Si tuviesses en la memoria lo que tu padre te mandó hazer, superfluo sería ponerme agora yo a te aconsejar, y témome que como has tenido en poco su mandamiento, ternás en mucho menos mi ruego; mas al fin, yo diréte lo que siento, y después tú elige lo que fueres servido.

"Acuérdate, hijo, de quién eres hijo, es a saber, de mi señor Marco Aurelio, porque si te acuerdas que tuviste por padre a tan buen padre, gran obligación tienes, siendo su hijo, de ser buen hijo. Heredaste de tu padre su casa, su hazienda, su parentela, su estado y su memoria; y por cierto todo ello es muy poco si no le heredaste la nobleza, porque por sola la virtud has de ser honrrado y obedescido, que todo lo demás, como lo heredaste en un día, lo puedes perder en una hora. La gloria que tú tomas de tener tan buen padre cabe los dioses, aquélla ha de tener él allá de tener tan buen hijo entre los hombres, porque de otra manera, quanto plazer tomares tú de su gloria, tanto pesar tomará él de tu infamia.

"Quieres, hijo, dexar la guerra que tu padre dexó començada, y quiéreste yr a gozar de los plazeres de Roma. Por los immortales dioses te juro, no puedo pensar quién te puso esto en la cabeça, porque tal y tan gran empresa como ésta, no sólo no la avías de dexar, mas aun si no estuviera començada, la avías de començar. No puedes negar que tu padre no fuesse sabio, cuerdo, pacífico y esforçado, y siendo esto assí, a mi parescer muy justo sería que aventurasses tú la hazienda en lo que él aventuró y aun perdió la vida. Las cosas de Ytalia están pacíficas; en Roma no ay agora persona bulliciosa; en Affrica y Asia no sabemos de república que esté alterada; y la causa de todo es el sobrado amor que tuvieron a tu padre y la gran potencia que les dizen tener aquí su hijo; y si esto quisieres desamparar y de tan gran reputación como ésta caer, dexarás a los bárbaros en paz e yrás a ti mismo a hazer la guerra. Si quieres, hijo, tener descanso y buena vida, sostiene y conserva lo que ganó tu padre en su vida, y hallarás que todo lo conquistó, todó lo ganó, todo lo recuperó, todo lo allanó; y no sin causa digo que fue suyo todo, porque si conquistó los muros con armas, ganó los coraçones con buenas obras.

"¿Qué quieres tú, hijo, yr a buscar fuera de Pannonia que no halles en Pannonia? Si te toma desseo de ver a Roma, hágote saber que allí está la verdadera Roma do está el emperador romano, porque no es nombrada ni temida Roma por los superbos muros de que está cercada, sino por los heroycos hombres de quien es governada. Si quieres riquezas, aquí está el erario y cogedores dellas. Si quieres hombres de consejo, aquí está todo el sacro senado. Si quieres varones de gran ánimo, no ay otros en el mundo como los de tu exército. Si quieres mancebos de tu edad regozijados, aquí están todos los hijos de nobles romanos. Si quieres pescar, aquí está el gran río Danubio. Si quieres caçar, aquí ay fieras montañas. Si quieres mugeres, aquí ay romanas y germanas muy hermosas. Pues si esto es verdad, como es verdad, ¿para qué hijo, quieres salir de Roma para yr a buscar a Roma?

"Si dexas agora de súbito esta guerra, pornás gran mácula en tu fama y aun en gran peligro a la república, porque los bárbaros pensarán que la dexas por no los poder vencer y aun porque no los osas acometer. Dexó tu padre gran potencia contigo y gran reputación en el imperio, y deves, hijo, poner más los ojos en conservar la reputación, que no la potencia; porque la potencia solamente aprovecha para resistir a los enemigos, mas la reputación aprovecha para vencer a los enemigos y para conservar a los amigos. No se te ponga en la cabeça de pensar que es tan grande el poderío de los príncipes romanos que en su mano está hazer paz y hazer guerra a los bárbaros, porque no ay cosa en que menos corresponda la Fortuna que es en las cosas de guerra. Los buenos príncipes mucho han de hacer, mucho han de trabajar y aun mucho han de aventurar por no començar una guerra, mas después que se determinaren de començarla, han de posponer qualquiera cosa por acabarla, porque muchas cosas se atajan con una buena guerra que no se pueden acabar con una sospechosa paz. Locura es ponerse ninguno en el peligro con esperança del remedio, mas muy mayor locura es, ya que se puso uno en el peligro, no buscar algún remedio para salir de tal peligro."

CAPITULO .v.

De cómo desamparó la guerra en que su padre Marco Aurelio murió.

Después que Pompeyano hizo su razonamiento, mostró Cómodo tener pesar por lo que avía delante todos propuesto, y mostró también tener plazer por lo que le avían respondido, y dio por respuesta que al presente él sobreseýa en la yda hasta que avido otro maduro consejo, él determinasse otra cosa. Aunque tenía poca edad, era tan dissimulado en lo que quería y tan doblado en lo que dezía que las palabras que dixo y la respuesta que dio, no fue con ánimo de no se yr sino por hazerlos a ellos descuidar. Divulgóse en todo el exército lo que Pompeyano avía dicho a Cómodo y como cessava ya la yda de Ytalia hasta que se acabasse la guerra, y desta nueva unos tomaron plazer y otros tomaron pesar, porque los buenos y ancianos desseavan la honrra de la república, y los moços y viciosos desseavan yrse a los vicios de Roma. Estando pues ya los unos assossegados y los otros descuydados, acordó Cómodo de yr con su propósito adelante, y escrivió unas cartas a Roma en que embiava a mandar que le adereçassen su casa y que aparejassen su rescibimiento, y aun también escrivió que le socorriessen con algún dinero, affirmando que con la guerra estava muy gastado.

Despachadas las letras para Roma, mandó Cómodo que le llamassen a todos los capitanes más valerosos de la guerra, con los quales comunicó el modo y manera que ternía con aquellos bárbaros para que hiziessen con él una tregua honesta, y quando más no fuesse, fuesse una paz comprada. Después que los farautes anduvieron de Cómodo a los bárbaros y de los bárbaros a Cómodo, vino el negocio a resolverse en que tornó a los bárbaros muchas tierras que les avían tomado, y allende desto, les dio mucha summa de dinero; y ellos prometieron de ser amigos, mas no vassallos de los romanos, y él juró de jamás conquistarlos, sino de tenerlos por amigos. A todos los que este concierto vieron y a todos los que dél oyeron, pesó mucho de saberle y oýrle, porque a la verdad, la capitulación fue tan infame que según el estado en que estava la guerra, no sólo no era esto agible, mas aun ni era platicable, pues compró por dineros la paz y dio muchas ciudades y villas por la tregua. Destos infames conciertos que hizo y de los muchos dineros que dio, no dio parte a los del senado que allí estavan ni a los ayos que allí governavan. Solamente lo comunicó con aquéllos que de la guerra se desseavan yr y con los que él pensó que no le osarían contradezir. Divulgada la fama en que Cómodo se quería partir para Roma, alteráronse de tal manera todos los del exército, que ninguno quería quedar en la frontera, sino que todos adereçavan para se tornar en Ytalia, por manera que Cómodo no sólo dexó de guerrear a los bárbaros, mas aun no dexó guarniciones que guardassen los pueblos romanos.

Partióse el emperador Cómodo de Pannonia para Roma andados diez días del mes de hebrero, y era tan grande el desseo de llegar a Roma, que como en muchas ciudades que estavan en el camino le saliessen a rescebir, no sólo no quería parar a oýr lo que le querían dezir ni a rescebir lo que le querían presentar, mas aun solo y dissimulado atravessava por medio de las ciudades corriendo. Increýble fue el plazer que tomaron en Roma quando Cómodo les escrivió que se partía de Pannonia, y mucho más plazer tomaron de que supieron que estava cerca, porque acordándose que entre ellos avía nascido y que ellos le avían criado y que era de tan buen padre hijo, teníanse por dicho que en su tiempo florescería más que nunca floresció Roma y que cada uno en particular augmentaría su casa. Como su padre Marco Aurelio avía sido tan quisto, y dezían a los romanos que su hijo Cómodo era tan hermoso, desseavan todos en Roma tanto verle y conoscerle, que aquél se tenía por más bienaventurado que más lexos salía a rescebirlo.

Era ya mediado el mes de março quando llegó a Roma Cómodo, y como en tal tiempo suelen echar flores los árboles y dar de sí olores los campos, para el día que uvo de entrar en Roma tenían los romanos los caminos limpios, hechas para comer y bever muchas choças, y salieron los senadores muy adereçados, todas las romanas muy ataviadas y todos los plebeyos muy enrramados, por manera que le rescibieron aquel día con tanto plazer y regozijo como si entrara en un carro triumphal de Asia triumphando. Después que entró en la ciudad, lo primero que hizo fue visitar todos los templos que avía en ella. Señaladamente se detuvo en el templo de Júpiter, en el qual offresció sumptuosos sacrificios, estando presentes todos los generosos romanos. Visitados los templos, fuese a visitar algunos sepulchros antiguos. En especial visitó el sepulchro de Adriano y el de Trajano y el de Antonino Pío su abuelo y el de Faustina su abuela y otro de Faustina su madre; y algunas cosas que estavan en ellos maltractadas, mandólas reparar y mejorar. Junto al sepulchro de Adriano mandó hazer otro sepulchro assaz rico y sumptuoso para traer y trasladar allí los huessos de su padre Marco Aurelio, y después que se acabó aquel sepulchro, acordándose del amor que les tuvo y el buen tractamiento que les hizo Marco Aurelio, visitavan y honrravan y tenían en tanta reverencia su sepulchro los romanos como tenían a sus mayores y mejores templos.[59]

Esto hecho, fuese un día Cómodo al senado, y hablóles y amonestóles que en todo y por todo le siguiessen por lo que su padre avía ordenado, y cumpliessen y executassen todo lo

---

[59] Marcus Aurelius's remains were placed in the *moles Hadriana* according to the Espasa-Calpe *Encyclopedia*.

que les avía mandado, porque desta manera, el estado imperial se conservaría acerca de los estraños, y la república sería bien governada entre sí mismos. Mandó también llamar a todos los censores de Roma, los quales tenían cargo de administrar la justicia, y encargóles y mandóles que sin mirar ni tener acepción de persona, ygualmente sentenciassen lo que hallassen por justicia, con apercebimiento que si otra cosa se atreviessen a hazer, revocaría lo que uviessen mandado y castigaría al que lo mandó. Muy gran plazer tomavan los romanos de ver a Cómodo, como era obediente a los dioses, amigo de los templos, grato a los amigos, zelador de la república. Mas ¡ay dolor! que fueron tan pocos los meses y aun los días que duró en él este hervor de bondad, que más paresció averlo ellos soñado, que no él averlo puesto por obra.

CAPITULO .vi.

De cómo era Cómodo muy cruel y de las crueldades que hizo.

En el año diez y nueve de su edad y tercero de su imperio, dixo en el senado que quería yr a visitar todas las ciudades de Ytalia; y en saliéndose de Roma, fuese a las montañas de caça, en la qual caça fueron muchos los días que empleó y los dineros que gastó y muchos más los vicios que cometió.[60] Tres meses y tres días se anduvo por las riberas pescando, por los campos passeando y por los montes caçando sin que entrasse en algún pueblo ni dormiesse debaxo tejado, y después embió a mandar al senado que le aparejassen el triumpho, diziendo que él quería entrar en Roma triumphando y que mejor merescía él el triumpho por aver muerto los animales que pascían los panes, que no los otros emperadores por aver muerto los hombres que bivían en los pueblos. No pudo ni osó otra cosa hazer el senado

---

[60] Commodus became emperor when he was nineteen.

sino rescebirle con gran triumpho, y el abominable de Cómodo traýa en el carro triumphal consigo a un mancebo llamado Antero, y públicamente, a manera de muger y marido, se yvan abraçando el uno al otro.

En la salida que hizo y en los passatiempos que tomó por aquellas breñas y montañas, ninguna cosa perdió de sus malas costumbres; antes añadió maldades sobre maldades, es a saber, que la ferocidad que cobró en matar las bestias fieras, después de venido a Roma, la empleó en encruelescerse e matar a muchas personas honrradas. Quanto a lo primero, es de saber que de una vez desterró veinte y quatro cónsules, y tomóles las haziendas y hizo merced dellas a sus mancebas y a otras infames personas, y a los cinco dellos que por importunación les hizo gracia de tornar a sus casas, en breve espacio después les cortó las cabeças.

Avía en Roma un senador que se llamava Birrio, el qual en los tiempos de Marco Aurelio fue tan extimado que meresció casar con una hermana de Cómodo, y como amonestasse y corrigiesse a Cómodo de las malas y feas obras que hazía, mandóle matar, y no sólo a él, mas aun a todos los que eran amigos dél y allegados y servidores de su hermana. Desde el tiempo de su padre de Cómodo, avía quedado un prefecto que se llamava Ebuciano, varón por cierto anciano en los días y no nuevo en las virtudes. Fue pues avisado Cómodo que este Ebuciano avía llorado mucho por la muerte del cónsul Berrio, y a éste embió Cómodo un mensagero a dezirle que quería ver en él si lloraría con la muerte que le embiava como llorava con la vida que tenía; lo qual dicho, por mandado de Cómodo cortóle la cabeça. A otro senador que avía nombre Apolausto, porque mostró pesar de la muerte de Ebuciano, también le mandó Cómodo matar. El día que mataron al senador Apolausto, unos mancebos moços de cámara que eran de Cómodo, como supieron que le matavan porque mostró pesar de la muerte de Ebuciano, acordaron de mostrar mucho plazer por la muerte de Apolausto porque a ellos no les acontesciesse otro tanto, lo qual sabido por Cómodo, mandólos degollar, diziendo que por ninguna cosa que hiziesse el príncipe avían de reýr ni de llorar, sino oýr, ver y callar.

Mató assí mesmo a Servilio y a Dulio con toda su parentela, los quales descendían del linage de Silla; y mató a Antio Lupo y a Petronio y a Mamerto con todo su vando, que eran del linage de Mario; y dixo que matava a los sillanos por vengar las injurias que Silla hizo a Mario y que matava a los marianos por vengar las injurias que Silla rescibió de Mario. Avía en Roma un mancebo primo, hijo de hermano de Cómodo, y era muy hermoso y muy esforçado; y como dixesse uno acaso a Cómodo que Mamerto Antoniano su primo le parescía en el rostro y le immitava en el esfuerço, mandó luego matar al que lo dixo y a su primo Antoniano, diziendo que emperador avía de ser el que le paresciesse y el que le comparasse. Entre otros antiguos romanos, avía en Roma seis cónsules muy viejos que se llamavan Alio Fusco, Acelio Felice, Luceyo Torcato, Alacio Ropiano, Valerio Bassiano, Patulio Magno, los quales, como ya no pudiessen yr al senado por ser viejos, mandó matarlos a todos, diziendo que él era obligado a hazer en Roma lo que haze el ortolano en la huerta, es a saber, que al árbol viejo y seco arrancarle o cortarle y echarle en el fuego.

En la governación de Asia tenía puesto el senado a Suplicio Crasso, procónsul, y a Julio Pérculo y a Claudio Lucano, para que governassen aquellas provincias, a los quales todos con todas sus familias ordenó Cómodo que con veneno los matassen, porque en su presencia loavan mucho las hazañas que hazían aquéllos en Asia y aun porque en Asia se platicavan las maldades que él cometía en Roma. Andando visitando Marco Aurelio el reyno de Acaya, nascióle allí una sobrina, hija de su hermana, que avía nombre Annia Faustina, y a ésta mandó matar Cómodo, y el achaque que tomó para quitarle la vida fue que se avía casado sin su licencia. Estavan una vez sobre la puente del río Tyberín catorze nobles romanos hablando y passando tiempo, y como a la sazón passasse por allí Cómodo, dixo a uno que les preguntasse, como de suyo, qué era lo que entre sí hablavan; a lo qual respondieron ellos que estavan contando las virtudes de Marco Aurelio y que les pesava mucho porque era muerto. Oýda esta respuesta por Cómodo, luego allí de improviso los mandó a todos catorze despeñar de la puente abaxo y echar en el río, diziendo que no podían ellos dezir bien de su padre Marco Aurelio sin que dixessen mal dél, que era su hijo.

Yvase muchas vezes a pelear con los gladiatores, y entre burla y juego mató en vezes más de mil dellos. Fue tan cruel *a natura* y tan denodado en lo que hazía, que ni tenía empacho de matar ni temor de ser muerto. Viendo Cómodo que todos los romanos huýan de verle, oýrle, hablarle y conversarle, y esto no por más de evitar las occasiones que no los matasse, acordó de inventar una conjuración, es a saber, dezir y publicar que muchos avían conjurado contra él de le matar, a los quales todos mandó degollar y despedaçar, como fuesse verdad que la tal conjuración aun por el pensamiento no les avía passado.

CAPITULO .vii.

De una conjuración que se hizo contra Cómodo
y de un privado suyo que se llamava Perenio.

Entre otras hermanas, tenía el emperador Cómodo una que se llamava Lucilla, la qual en vida de Marco Aurelio su padre casó con un cónsul que avía nombre Lucio Vero, al qual tomó consigo por compañero en el imperio, de manera que a Lucilla llamavan emperatriz y a su marido emperador. Un año y tres meses bivió no más Lucio Vero, siendo compañero en el imperio con Marco Aurelio su suegro, por manera que él siendo moço perdió la vida, y Lucilla quedó harto moça biuda. Muerto Lucio Vero, acordó el buen Marco Aurelio de casar a su hija Lucilla con otro noble romano que avía nombre Pompeyano, varón que era sabio en las letras, experto en las armas y anciano en los días, porque Lucilla era moça y hermosa, y tenía necessidad de marido que la tuviesse recogida. Después de la muerte de Marco Aurelio, como succedió en el imperio Cómodo, y no era a la sazón casado, todavía se tractava Lucilla su hermana a manera de emperatriz, por aver sido muger de emperador y aun porque antigua costumbre es en la malicia humana, que

aunque se acabe el estado y se pierda la hazienda, no por esso se pierde la locura. Fue pues el caso que Cómodo se casó con una romana que avía nombre Crispina, a la qual dende en adelante se hizo la honrra que se solía hazer a
5 Lucilla, es a saber, assentarse en la silla primera en los theatros, rescebir los dones de los libertos, llevar lumbre encendida por los caminos, y nombrarla por nombre en las oraciones que se hazían en los templos. Mortal fue la embidia que le tomó a Lucilla de ver que la honrra imperial que estava
10 depositada en ella se passó a Crispina su cuñada, y dende en adelante no pensava ni platicava en otra cosa sino cómo quitaría a Cómodo su hermano la vida y a Crispina su cuñada la honrra.

Avía en el palacio del príncipe un mancebo romano, ge-
15 neroso en sangre y hermoso de rostro, con el qual era fama que cometía Lucilla adulterio, y llamávase él Quadrato, y era hijo de un hombre riquíssimo; y a éste descubrió ella el secreto de querer matar a su hermano Cómodo, porque Cómodo perseguía a su marido Pompeyano y la emperatriz
20 Crispina tenía con ella odio. Quadrato, desseando hazer plazer a Lucilla, acordó con ella de matar a Cómodo, y la orden que dieron para ello fue que concertaron con un mancebo, hijo de un senador, que avía nombre Quinciano, moço denodado y esforçado, que repentinamente entrasse en la cámara
25 de Cómodo con una espada sacada y que le dixesse, "Este presente te embía el senado," y que en acabando de dezir esta palabra, luego allí acortasse a Cómodo la vida. Quinciano aceptó de hazer lo que le rogavan Quadrato y Lucilla, es a saber, de matar al emperador Cómodo, mas al tiempo
30 de matarle, erró el tiro, porque dado caso que tuvo esfuerço para entrar en la cámara con la espada sacada, desmayó al tiempo de herir con la espada, de manera que la trayción fue descubierta y no cumplida. Por los que estavan con Cómodo fue luego allí preso Quinciano, el qual descubrió la
35 conjuración que Quadrato y Lucilla avían ordenado contra Cómodo; y como Quinciano era hijo de senador, tomó Cómodo tan mortal enemistad con el senado, que dende en adelante, a qualquiera que se nombrasse senador, le tenía por traydor.

Luego que Cómodo començó a imperar, cayóle en gracia un prefecto militar, que avía nombre Perenio, el qual en el arte militar era muy experto, y en las inclinaciones y en las condiciones que tenía era muy perverso, porque era muy incompatible su soberbia e muy insaciable su avaricia y cobdicia. La privança, la conversación y el crédito que tuvo Perenio con Cómodo fue en muy gran perjuyzio de todo el pueblo romano, porque si Cómodo era cruel, el Perenio era cruelíssimo; si Cómodo tenía yra, el Perenio le persuadía a que tomasse vengança, y sobre todo, que no sólo no le aconsejava que se apartasse de los vicios, mas aun le inventava nuevos vicios en que fuesse más vicioso. Pompeyano, como era hombre honrrado y anciano y marido de Lucilla, su hermana de Cómodo, todavía el Cómodo le tenía algún acatamiento, y junto con esto, Lucilla tenía fama de muy enjoyada y rica, de lo qual todo Perenio estava muy triste y penado por ver que avía en palacio otro en quien también como en él pusiesse los ojos el emperador Cómodo. Descubierta pues la trayción que contra Cómodo tenían Lucilla y Quadrato ordenada, incitó a Cómodo que de Pompeyano y de Lucilla hiziesse muy cruda justicia, y esto persuadía él no tanto por vengar aquella injuria quanto por dar fin a la privança del marido y tomar para sí el thesoro de la muger.

Quando están ayrados y furiosos los príncipes, mucho deven mirar a quienes piden los consejos, porque no pocas, sino muchas veces acontesce que el consejo que da al príncipe su privado no es tanto para vengar el delicto que se cometió público quanto es para vengar su coraçón dañado.

El tyrano Perenio, viendo a Cómodo ayrado, súpose aprovechar del tiempo, es a saber, que a Pompeyano y a Lucilla y a Quadrato y a Quinciano y a todos sus parientes, hermanos, amigos y criados, los hizo matar y todos sus bienes confiscar, de manera que no sólo se vengó de todos sus enemigos, mas aun aplicó a sí todos sus bienes y thesoros. Después de la muerte destos, todas las cosas del imperio se governavan según el parescer y voluntad de Perenio, y era tan absoluto señor del imperio, que las embaxadas que venían para Cómodo, él solo las oýa, y las cartas mensageras, él las leýa y a ellas respondía, de manera que Cómodo se llamava el emperador y Perenio gozava del imperio. Como se davan todos los officios y todas las mercedes por mano de Perenio, quien más podía más le servía; mas él era en la condición tan duro y de oro y riquezas tan cobdicioso que ningún officio ni merced dava de mera gracia, sino que todo a puro dinero lo vendía, y el qué no lo quería comprar, más caro le salía los presentes que dava que no los dineros que le pedían. Tenía Perenio nómina de todos los hombres dinerosos y ricos que avía en los pueblos de Ytalia, los quales, si no le embiavan presentadas algunas ricas joyas, procurava de ponerlos en officios y en ellos buscarles achaques para tener occasión de quitarles la vida y robarles la hazienda.

CAPITULO .viii.

De una trayción que tenía ordenada Perenio contra su señor, el emperador Cómodo.

En muy breve tiempo se hizo muy gran rico Perenio, mas cotejada la presumpción con la riqueza, sin comparación fue muy mayor la soberbia que mostrava que no los thesoros que tenía. Confiava Cómodo tanto de Perenio que no sólo le cometía toda la governación de la república, mas aun la guarda y honrra de su casa, y Perenio fue en lo uno y en lo otro tan absoluto y tan dissoluto, que no contento de robar a Cómodo las riquezas, se echava con sus propias mancebas, en las quales uvo hijos y hijas. Tenía Perenio dos hijos ya hombres, los quales andavan en los exércitos; y quando en la guerra se hazía alguna notable cosa, contava a la mesa de Cómodo que por esfuerço de sus hijos avían sido hechas, por manera que a los que estavan en paz tomava la hazienda y a los que morían en la guerra robava la honrra.

En el año quinto del imperio de Cómodo, embió el senado un gruesso exército contra los britanos, y fue por cónsul y capitán dél Perenio, y en aquella jornada no se contentava él que le sirviessen como a privado y le obedesciessen como a cónsul, sino que le reverenciassen como a príncipe y le adorassen como a dios. Como le succedieron a Perenio

prósperamente las cosas de la guerra, y que en su mano tenía toda la república, y que no tenía cuenta su riqueza, parescióle que ya no le faltava sino alcançar el imperio de Roma, y para esto determinóse de matar a su señor Cómodo
5 y alçarse con el Imperio Romano. A los hijos púsolos pretores sobre todos los exércitos, para que los tuviessen de su mano al tiempo que allí llegasse la nueva como era Cómodo muerto, y por otra parte, el Perenio atraýa a su voluntad a muchos de los senadores y a otros vezinos y ciudadanos romanos,
10 y esto con muchos dones que de secreto les dava y muchos males que de Cómodo dezía.

A quatro días del mes de mayo, celebravan los romanos la gran fiesta de Jovis Capitolino, a la qual concurrían gentes, no sólo las que avía en toda Roma, mas aun de todas las
15 ciudades de Ytalia; y quando el emperador se hallava aquel día en Roma, siempre con su presencia yva a auctorizar y ver la fiesta. Estando pues el emperador Cómodo mirando los juegos que se hazían en aquella fiesta, y a la una mano assentada Crispina su muger y a la otra mano Perenio su
20 muy gran privado, vieron venir un carretón enrramado, y los que le traýan venían dando grandes bozes, diziendo a todos que les hiziessen lugar para andar y que les escuchassen lo que querían dezir. Ya que el carretón llegó en presencia de Cómodo y que por su mandado todos tenían
25 silencio, pensando la gente que querían hazer una farsa, súbitamente se assomó un hombre encima del carro, el qual tenía la barba larga, un cayado en una mano y una honda en la otra, y de la cinta arriba todo desnudo, y la vestidura que traýa muy pobre y a manera de philósopho, y dirigiendo las
30 palabras a Cómodo, dixo, "Bien paresce, O Cómodo, que eres príncipe y aun príncipe moço, pues en estos juegos y plazeres te estás tan descuydado; lo qual no devrías hazer, porque los príncipes de tu edad y condición más peligro corren en los sobrados plazeres que no en los medianos
35 trabajos. Siendo tú, como eres, riguroso con los tuyos y dessabrido con los estraños, deves tener contigo por cierto que tienes enemigos, porque el príncipe que es temido de muchos, también él a muchos ha de temer.

"La mayor riqueza y la mejor cosa que ay en el mundo es la verdad, de la qual soys más pobres los príncipes que todas las otras gentes, porque vuestras orejas, como no están abezadas sino a oýr lisonjas, no pueden tomar gusto en las verdades. Tú, Cómodo, y los otros príncipes no governáys mal las repúblicas porque con malicia de hecho las queréys destruyr, sino por no querer oýr a los pobres y agraviados que se vienen a quexar ni a los buenos y virtuosos que os quieren avisar, porque a vuestros officiales y privados no les está bien que sepáys los muchos vicios de sus personas y los grandes robos de vuestras repúblicas. Mucha culpa tenéys los príncipes por los vicios que cometéys, mas muy mayor la tenéys por lo que a vuestros privados dissimuláys, porque vosotros no offendéys sino a los dioses, mas ellos offenden a los dioses, perturban a los hombres y son traydores a vosotros mesmos. Aunque tú, Cómodo, eres libre, absoluto, voluntarioso y aun no muy honesto, es imposible sino que si viniessen a tu noticia los daños y escándalos y robos que en tus pueblos hazen tus officiales y privados, tú no los mandasses enmendar y aun remediar, porque al fin no ay príncipe tan malo que no dessee el bien de su pueblo.

"Está oy la verdad en casa de los príncipes tan odiosa, que quien se atreviere a la dezir se ha de determinar de morir, y si alguno de los tales escapa con la vida, es porque piensan que el que lo dize lo dize con locura. Lo que yo agora te quiero aquí dezir y descubrir, protesto a los immortales dioses que ni lo digo con locura, porque yo estoy en mi natural juyzio, ni lo digo con malicia por quererme vengar de alguno, sino por quitar de peligro tu vida, O Cómodo, y por libertar a Roma de la servidumbre de un tirano. Por lo que oso dezir y por lo que me atrevo a descubrir, bien sé que antes que acabe la plática, me han de quitar aquí la vida; mas hágote saber, O Cómodo, que si no quisieres dar fe a mis palabras, tiempo verná en el qual conocerás ser verdad lo que por mí te fue dicho, quando ya tu daño no llevare remedio.

"Tú, Cómodo, estás aý assentado y tienes a tu mano derecha a la emperatriz Crispina y a tu mano yzquierda a tu privado Perenio, al qual, si supiesses lo que él tiene contra ti ordenado, con tus propias manos le enterrarías bivo. No se ha querido contentar Perenio con aver muerto a todos los buenos, averse vengado de sus enemigos, aver destruydo a todos tus criados, aver robado todos los thesoros, sino que agora tiene concertado de quitarte a ti la vida y de levantarse con esta ciudad de Roma. Sabe, si no lo sabes, O Cómodo, que sus hijos de Perenio tienen sobornados contra ti los exércitos del Illírico, y el mismo Perenio te anda rebolviendo con el senado y de secreto anda ganando voluntades, dando dones a los del pueblo; y todo esto es para que al punto que oyeren dezir que te ha muerto, sin ninguna contradición se pueda apoderar del Imperio de Roma. Y no pienses que Perenio comiença agora esta traycíon a intentar, porque te hago saber que ha ya tantos días que trae tan pensada y concertada esta malicia, y está tan a punto de ponerse en obra, que si no me atreviese a te dezir oy esto, sey cierto que antes que oy se acabara la fiesta, se acabara aquí tu vida."

Hasta que aquel pobre hombre llegó a dezir que para aquel día estava aparejada la muerte de Cómodo, siempre calló y escuchó no sólo el pueblo, mas aun Perenio, el qual luego se levantó de la silla con gran furia y mandó a los gladiatores que a aquel tan osado loco le tomassen y matassen, y assí fue hecho, en que repentinamente fue muerto y arrastrado y despedaçado y después quemado. Como Perenio estava de todos tan mal quisto, no dexaron de sospechar ser algo lo que aquel pobre hombre avía contra él dicho, y aun Cómodo concibió contra Perenio algún escrúpulo; mas como aquel philósopho fue allí muerto y Perenio era tan poderoso, aunque de su traycíon tenían todos sospecha, ninguno osava hablar palabra.

Estando pues algunos días la cosa más sospechosa que clara, vinieron unos cavalleros del Illírico, y truxeron unos dineros de oro en los quales estava la ymagen y el nombre de Perenio esculpido. Por mandado de Perenio avían hecho hazer en gran secreto sus hijos aquel dinero, y los que fueron en hazerlo, como oyeron lo que aquel philósopho avía dicho, con temor que después no fuesse descubierto, venidos a Cómodo, descubriéronle todo el caso, los quales no sólo fueron perdonados, mas aun con muchos dones remunerados. Descubierta pues la trayción que el tyrano Perenio tenía ordenada, parescióles a los amigos de Cómodo y a los enemigos de Perenio, que antes que él sospechasse alguna cosa, le cortassen la cabeça; porque según Perenio era mañoso y poderoso, podría ser que pensando todos de matar a él, él matasse primero a todos. Siendo ya gran parte de la noche passada y estando reposando Perenio en su cama, embióle Cómodo a llamar muy de prissa, diziéndole que a la ora llegavan unas cartas de Asia; el qual, como entrasse en la cámara de Cómodo, no halló a Cómodo en la cámara, mas halló a quien luego en entrando le cortó la cabeça.

A la ora que Perenio fue muerto, partió con gran furia un correo para el Illírico, en que escrevía Cómodo a los hijos de Perenio, que pospuestas todas las cosas, viniessen luego a Roma a ver a su padre, que estava malo en la cama, porque si los hados permitiessen que uviesse de morir, succediessen ellos en su lugar. Bien pensaron los hijos de Perenio que era verdad lo que les escrevía Cómodo, los quales, no pensando que la trayción era descubierta, se partieron luego para Roma; mas a la ora que entraron en la primera ciudad de Ytalia, cortaron a cada uno dellos la cabeça. Este pues fue el fin del tirano Perenio, el qual perdió los hijos, la hazienda, la honrra y la vida, no tanto por ser malo quanto por ser presumptuoso y soberbio.

Deste exemplo, tomen los príncipes exemplo qué se les sigue de criar criados muy ricos y poderosos; y esto se dize porque la potencia engendra embidia, y la riqueza pare soberbia.

CAPITULO .ix.

De un tyrano llamado Materno y de una trayción
que tenía ordenada contra Cómodo.

Muy sobrado plazer tomaron todos los romanos de ver muertos a Perenio y a sus hijos, porque más áspero se les hazía de suffrir la avaricia y soberbia de Perenio que la locura de Cómodo. El officio que tenía Perenio, dividióle entre muchos, porque le paresció que fiar tanta auctoridad y potencia de uno era poner en peligro su vida y en condición el imperio. Fueron increýbles e innumerables las riquezas y joyas y dineros que se confiscaron y tomaron por la muerte de Perenio y sus hijos; mas fueron todas ellas tan mal repartidas y gastadas, que todo lo que allegó con cohechos Perenio, todo lo empleó en sus vicios Cómodo.

Avía en aquel tiempo en Ytalia un hombre que se llamava Materno, el qual desde niño se avía criado en los exércitos del Illírico, varón que era osado, versuto, laborioso, agudo, superbo, sedicioso y tartamudo, de manera que aunque era muy torpe en la lengua, tenía muy prestas las manos. En todos los ruydos y debates y sediciones que acontescían en los reales o en las ciudades, este Materno se avía de hallar o por él se avían de levantar, y él más que otro se avía en aquel hecho de señalar, porque según dizen que dezía él, el día que no derramava sangre, no le sabía bien el vino. Los capitanes de los exércitos por una parte dissimulavan con él porque era esforçado, mas por otra parte no le podían suffrir porque era muy reboltoso; mas al fin, no pudiendo ya suffrir sus locuras, no sólo le despidieron de la guerra, mas aun le desterraron de los confines de Ytalia.

Como era Materno cabeça y abrigo de todos los malos que andavan en los exércitos, muchos le siguieron y se fueron con él en aquel destierro, y esto por no quedar obligados a bien bivir y aun por tener mas libertad para mal hazer. Con los compañeros que Materno sacó de la guerra y con otros que se le yvan juntando cada día, llegó a tener debaxo de su vandera el número de veynte mil de pie y dos mil de cavallo, y esto en espacio de quatro meses, con la qual gente hizo Materno tantos robos, incendios y muertes en las ciudades y tierras de Ytalia como si resuscitara otra vez de nuevo Haníbal y viniera a conquistar a Roma. Robada y saqueada toda Ytalia, fuese Materno a Lombardía, y dende passó en Francia y después en España, en los quales reynos hizo lo que avía hecho en Ytalia, y lo que es más de todo, que cada día más y más su gente crescía, y ninguno le resistía, por manera que a los presentes dava que hazer y a los absentes que dezir. Este tyrano Materno y su gente no tenían por officio sino robar los templos, saquear los pueblos, correr los campos, talar las miesses, quemar las casas, forçar matronas e infamar vírgines, y lo que era peor de todo, que no contentos de vivir ellos libres, quebravan las cárceles y soltavan a los que estavan por malhechores presos. En un malo la suprema maldad, y en un tyrano la mayor tyranía es, ya que no quiere él bivir según razón y justicia, no quiere consentir que de los malos hagan justicia.

Estando pues Materno y su exército en España, escrivió Cómodo a todos los pretores de los pueblos que se hiziesse un exército muy poderoso para destruyr al tyrano Materno, y que se hiziessen muy grandes promessas por pregones públicos que al que cortasse la cabeça o prendiesse la persona de Materno, le haría merced de su hazienda y le pornían una estatua en Roma. Los primeros pregones que se dieron fueron en Çaragoça, y en esta sazón estava Materno en Tarragona, el qual, como fuesse avisado que se apercebían contra él los de España, y que se hazían entre los capitanes grandes apuestas quál, mas quál le quitaría la vida, determinó de tornarse en Ytalia, con pensamiento de matar a Cómodo en Roma. Concertó pues Materno muy secretamente con los más amigos suyos, que eran los mayores ladrones y más denodados, de desamparar su exército, y que ellos no fuessen juntos, sino que cada uno tomasse su camino y que en Roma se hallassen en uno para cierto día señalado. Luego que Materno desaparesció, desmayaron y se derramaron los que venían con él, de los quales fueron infinitos dellos presos y degollados y empozados y arrastrados y ahorcados, por manera que en tanto número de ladrones, ninguno escapó que no fuesse muerto o a mejor librar no quedasse por esclavo.

Materno y sus consortes, para el día y ora que avían concertado en España, fueron puntualmente juntos todos en Roma, los quales por algún tiempo anduvieron desparzidos y disfraçados de día, y después juntávanse y hazían sus saltos de noche. No tenían otra cosa Materno y sus compañeros sino lo que de noche hurtavan o capeavan; y tenían en esto tan gran astucia que no andavan más de dos juntos por Roma, sino que tenían entre sí tales señas y reclamos que si los que rondavan la ciudad querían prender o afrentar a uno, se hallavan a defenderle todos; por manera que aunque eran muy desbaratados en el bivir, eran muy concertados en el hurtar. Una de las cosas en que la malicia humana muestra su malicia es que para el mal, luego nos concordamos, y para hazer algún bien, nunca nos avenimos. Bien pensava Cómodo que el tyrano Materno era ya muerto, ymaginando que a la hora que se determinó de deshazer el exército, de desesperado y aborrido se avía ahogado o ahorcado; mas Materno, en recompensa de aver perdido su potencia y aver descaýdo de su honrra, no andava pensando sino cómo quitaría a Cómodo la vida.

Tenían en costumbre los romanos de celebrar la fiesta de la diosa Berecinta a diez días de março, y aquel día yva el emperador y el senado a offrescer sacrificios a su templo, y después de offrescidos los sacrificios, disfraçávanse y enmascarávanse todos, y hazían por la ciudad muy grandes juegos, de manera que como trayan los rostros cubiertos, no podían unos de otros ser conoscidos. Materno y los otros ladrones sus amigos tenían concertado de armarse con armas secretas y de enmascararse las caras, y al tiempo que Cómodo el emperador anduviesse muy metido en los juegos y estuviesse apartado de los suyos, rebolviessen los de Materno entre sí un ruydo en el qual, como que matavan a otro, matassen a Cómodo.

Aunque Materno avía perdido la hazienda, la potencia y la honrra, no por eso dexava de tener mucha presumpción y soberbia, y a esta causa todavía quería de los suyos ser tractado, reverenciado y servido, no como amigo y compañero pobre, sino a manera de príncipe muy rico. Ciertos compañeros de Materno, estando ya cansados de andar abscondidos y no pudiendo suffrir ser dél tan servilmente tractados, y aun con temor de no ser algún día descubiertos, vinieron a Cómodo y en mucha poridad y secreto descubriéronle el secreto, es a saber, que Materno el tyrano era bivo y tenía concertado en aquellas fiestas de matarlo. Yncreýble fue el espanto que tomó Cómodo en oyr que Materno el tyrano era bivo, y junto con esto, fue immenso el gozo que tomó en ver que el secreto de su muerte fuesse descubierto; mas dado caso que Cómodo supo esto algunos días antes de la fiesta, suspendió la execución hasta el día de la diosa Berecinta porque no se revelasse a Materno lo que por los suyos era ya a Cómodo revelado.

La orden que tenía dada Materno para matar a Cómodo, aquélla tuvo Cómodo para prender y matar a Materno, es a saber, que venido el día de la gran fiesta, como saliessen Materno y los suyos enmascarados y armados, sacó también Cómodo los suyos armados y enmascarados, y como por ellos de industria se rebolviesse un ruydo, fue el tyrano Materno muerto y todos los suyos despedaçados. La mayor fiesta que se celebró en aquella fiesta fue degollar, acuchillar, despedaçar, arrastrar y quemar los cuerpos de aquellos ladrones, porque ya antigua ley es para los tyranos, que los daños, robos, muertes, violencias e incendios que hazen en muchos días vienen a pagar en uno.

CAPITULO .x.

De un gran privado que tenía el emperador Cómodo y de su desastrada muerte.

Después que el tyrano Materno fue muerto, siempre anduvo asombrado y atemorizado el emperador Cómodo, ymaginando entre sí que algún día le matarían comiendo o durmiendo, burlando o caminando, porque él mismo se lo conoscía, y aun se lo dezía, que eran pocos los que rogavan por su vida y muy muchos los que sospiravan por su muerte. Hasta que murió Cómodo, siempre anduvo muy recatado, porque dobló la guarda para andar de día, y hazía cerrar las puertas de su casa de noche, y en lo que comía y dormía y en las bestias que andava y en las ropas que vestía ponía mucha guarda, de manera que no pagava sino con la vida el que osava tocar a su ropa. Muy pocas vezes yva ya al senado y menos cavalgava por la ciudad en público, y los estrangeros no le hablavan sino por escriptura, y los naturales no negociavan sino por entrepuesta persona, y lo que es más de maravillar, que muchas vezes se le antojava no sólo de no querer escrevir, responder, negociar e oýr, mas aun en quatro o cinco días ni sola una palabra quería hablar.

En el año onzeno de su imperio, fue muerto el tyrano Materno, y luego el siguiente año uvo en toda Ytalia muy grande pestilencia y una muy general hambre, en que la hambre y la pestilencia consumieron la tercera parte de Ytalia. Luego que la pestilencia començó en Roma, se fue Cómodo para la ciudad de Laurento, y fuesse allí más que a otra parte, porque avía muchos y muy sombrosos laureles, y de tener tantos laureles, se llamó la ciudad Laurento, y según dixeron los médicos a Cómodo, era cosa muy apropriada contra la pestilencia estar debaxo del laurel a la sombra.

Dado caso que aquel año uvo de pan y de vino mala cosecha, cierta occasión uvo para aver, como uvo, muy gran hambre en Roma, y fue ésta: Quando el buen Marco Aurelio triumphó de los argonautas, truxo entre otros captivos un mancebo que avía nombre Cleánder, el qual fue públicamente vendido en la plaça de Roma, y fue el caso que le compró un despensero, para servir y barrer en la despensa de palacio. Diose tan buena maña este esclavo Cleánder en barrer, servir y contentar a su señor, que no muchos años después no sólo le libertó y le casó con su hija, mas aun le traspassó el officio de la despensa, por manera que aviéndole comprado por esclavo, le tomó y dotó como a hijo. Ya que Cleánder se vio libre y casado y despensero de palacio, trabajó mucho de ganar la voluntad del emperador Marco Aurelio, y esto alcançó él con ser muy cuidadoso en su servicio y muy diligente en el officio; y fue en este caso tan sagaz y tan agudo que jamás en las provisiones le notaron de descuidado ni en las cuentas que dava le accusaron de mentiroso.

Muerto Marco Aurelio, acordó Cómodo de sacar a Cleánder de despensero, y hízolo capitán de su guarda y camarero mayor de su cámara, y díxole Cómodo que no le dava aquella honrra porque la merescía sino porque quando era despensero, le dava de almorzar cada mañana. A ninguno de quantos en la niñez acompañaron y sirvieron a Cómodo

CÓMODO 251

fue Cómodo grato, si no fue a Cleánder el despensero, al qual valiera más que nunca subiera en aquella honrra, porque ella le fue occasión de perder la vida. Aunque la privança de Cleánder començó de burla, él hizo que en breve
5 espacio se hiziesse de veras, y fue el caso que Cómodo, como ya andava amotinado y aborrido y no curava de la governación del imperio, entremetióse Cleánder de tal manera en los negocios que todos o los más se despachaban por sus manos, por manera que ya ninguna cosa Cómodo dava ni
10 firmava si Cleánder no la señalava o la aprobava. Nunca tuvo Cómodo criado ni privado que en todo assí le ganasse la voluntad como Cleánder, el qual no quería sino lo que Cómodo quería ni aprobava sino lo que él dezía, y aun dezía que no pensava ni soñava sino lo que Cómodo soñava
15 y pensava; y con estas y con otras semejantes lisonjas, Cleánder ganava el coraçón de Cómodo y a Cleánder servían todos los del imperio.

Después que Cleánder se vio de Cómodo ser único privado, muy fácilmente se hizo rico, lo uno con tener de su
20 mano el erario, lo otro con tener en su guarda los thesoros de Cómodo y aun porque en el dar los officios y rescebir presentes no era muy limpio. En muy poco tenía ya Cleánder la privança y en muy menos la riqueza, con pensar que al fin Cómodo le tractava como a vassallo, y él le avía de
25 reconoscer por señor; y para atajar este oprobrio y dar a su coraçón contentamiento, determinóse de matar a Cómodo y usurpar para sí el imperio. Hedificó Cleánder a la Puerta Salaria unos vaños muy generosos y deleytosos, y mandó pregonar en Roma que los que se viniessen a vañar en ellos
30 no pagassen derechos; y allende desto, hazíanles allí muchos regalos, y teníanles aparejados todos los géneros de vicios, por manera que alimpiavan los cuerpos y ensuziavan las ánimas. [61] Combidava muchas vezes Cleánder al senado, y embiávales presentes particulares a sus proprias casas, y a
35 los pretores, censores, qüestores, tribunos, prefectos y otros

---

[61] The exact site of the baths built by Cleander, the so-called Baths of Commodus, is not known; the Baths of Diocletian were near the Salarian Gate.

officiales romanos, hazíales pagar sus derechos; y toda la gente de guerra, no sólo la pagava, mas aun trabajava de tenerla contenta, por manera que a los unos con regalos y vicios y a los otros con dádivas y dineros, los cobrava a todos por amigos.

El año que uvo hambre y pestilencia en Ytalia, compró Cleánder todo el trigo que avía en las comarcas de Roma, y su fin no fue ganar en ello hazienda sino poner en necessidad a Roma, para que todos viniessen por trigo a su casa, porque viendo los romanos quán liberal era él en darles de balde o a menos precio el trigo en año tan caro, tuviessen por bien después de muerto Cómodo darle el imperio. Como la hambre era tan rezia y estava de passar aun gran parte del año y no sabían la intención de Cleánder los del pueblo, y él no quería dar ni vender su trigo, repentinamente levántase toda Roma y comiençan apellidar, "¡Muera, muera Cleánder como usurpador de los bienes de la república!"

Cleánder, como era persona tan valerosa y poderosa y capitán de la guarda, hizo de presto armar la gente de su capitanía, los quales todos se pusieron en torno de su casa, para guarda de su persona y para resistir a aquella civil furia, aunque es verdad que más lo hazía porque no le saqueassen la casa, que no de miedo que le quitassen la vida. Los plebeyos de una parte y los de Cleánder de otra, travóse entre ellos una tan prolixa y tan peligrosa contienda que no parescía sino que Silla y Mario peleavan otra vez sobre el señorío de Roma. Como era gente concertada y bien armada los que defendían la parte de Cleánder, hizieron en el primero ímpetu tan gran estrago en el pueblo, que apenas avía calle en Roma que no estuviesse con sangre vañada ni avía plaça grande ni pequeña que de muertos no estuviesse llena. Visto por los plebeyos el estrago que hazía en ellos la gente de guerra, retruxéronse todos a sus proprias casas, y cerradas las puertas, peleavan todos de los tejados y de las ventanas, y desde allí echavan piedras, tejas, assadores, calderas, almirezes; y como en aquel peligro no menos peleavan las mugeres que los hombres, fueron los de Cleánder tan maltractados que apenas quedaron ciento dellos que no fuessen muertos o heridos.

A la sazón que esto passava en Roma, estávase Cómodo recreando en una casa que tenía en una huerta, y como Cleánder era tan poderoso y que de unos era temido y de otros era amado, ninguno osava dezirlo a Cómodo; porque
5 era tan estrecha la amistad que avía entre los dos, que temían desplazer al uno o enojar a entrambos. Estava en palacio de Cómodo una hermana suya que avía nombre Fadilla, la qual, teniendo los ojos llenos de agua y messándose los cabellos de la cabeça, y como asombrada y turbada, dixo
10 a su hermano Cómodo, "Sereníssimo príncipe y muy caro hermano, si supiesses lo que passa en Roma, no te estarías tan descuydado holgando en esta huerta, porque te hago saber que la gente de tu guarda, en favor de Cleánder, y toda la otra gente de la república han travado entre sí tan
15 gran pelea que si luego a la hora no pones remedio, oy será el fin del pueblo romano. La sobrada honrra, la mucha riqueza y la gran privança que tú has dado a Cleánder en tu casa le ha dado a él occasión de tener tanta soberbia; y desto, aunque él tiene la culpa, tú le diste occasión para
20 tenerla, porque haziendo tú de los esclavos señores, cierto es que han de hazer ellos de los señores esclavos. Está el pueblo contra Cleánder tan furioso y está Cleánder con su gente contra el pueblo tan encarniçado, que has de eligir una de dos cosas, es a saber, entregar a Cleánder a la república, o
25 esperar lo que de ti y de nosotros quisiere hazer Fortuna; porque según la cosa está enconada, es imposible que juntamente tu vida y su persona se conserven oy este día." Dichas estas palabras por la infanta Fadilla, todos los que allí estavan tomaron nueva osadía, y persuadieron a Cómodo quitasse
30 a Cleánder de por medio y que luego se apaziguaría todo el pueblo romano; porque más cara avía de ser a él la paz de su república que no la amistad de Cleánder ni su vida.

Oýdas estas cosas por Cómodo, cayóle temor sobre temor y espanto sobre espanto, y luego a la hora mandó llamar a
35 Cleánder, el qual, como viniesse y ninguna cosa de lo que Cómodo le quería sospechasse, luego que entró en la cámara, le cortaron la cabeça, la qual puesta encima de una lança, la llevaron luego a traer por toda Roma, y a la mesma hora se apaziguó toda la república. Degollado Cleánder,

hízose justicia de sus hijos y criados y amigos, los cuerpos de los quales tráyan por Roma arrastrando los mochachos, y después de arrastrados y medio quemados y chamuscados, los echaron en las letrinas, lugares que eran muy immundos. Este pues fue el fin de Cleánder y de sus hijos y de su casa y hazienda y honrra, el qual, si de muchas cosas meresce ser reprehendido, por sola una deve ser loado, y es que quiso antes morir cavallero que no bivir esclavo.

CAPITULO .xi.

De un fuego que descendió del cielo
y quemó el templo de Paz en tiempo del emperador Cómodo.

Uno de los notables exemplos en que Fortuna mostró quán variable es su rueda fue en el discurso que tuvo y usó con Cleánder y con su casa, al qual en breve tiempo hizo de esclavo libre, de libre despensero, de despensero pretor, de pretor camarero, de camarero casi monarcha del mundo, y después, en un día y en una ora, lo perdió todo, para que conozcamos que en quanto bivimos en esta vida, ninguno tiene cosa segura. No se deve atribular el que de poderoso viene a ser abatido, ni se deve gloriar el que de abatido sube a ser poderoso, porque no hay ninguno tan abatido que no espere de subir, ni ay ninguno tan sublimado que no tema de caer.

El mismo día que Cleánder fue muerto, se fue Cómodo a su imperial casa, y nunca más tornó a la huerta, no sólo a morar, mas aun ni a passear; y si de antes estava cruel, dende adelante se mostró mucho más cruel y sospechoso, porque se le puso en la cabeça que aquella furia popular no se avía levantado por tomar de Cleánder vengança sino por tener occasión de quitarle a él la vida. A los amigos, a los parientes, a los consegeros, a los criados, a los naturales y a los estrangeros, a todos los tenía por enemigos; porque pensava que todos quantos le venían a hablar le querían engañar y los que le entravan a visitar le acechavan para matar.

En el año dozeno del imperio de Cómodo, a diez y siete de março, fue visto todo el cielo estrellado a mediodía como si fuera medianoche, y lo que más es, que jamás fue visto con los ojos ni se leyó en los libros, que aquella tarde al tiempo que naturalmente aquella hora es visto el sol ponerse en occidente, le vieron salir en oriente. En el siguiente mes de julio aparesció también una cometa en el cielo, y la cometa era como una viga de lagar ancha y larga, y de fuego muy encendida, y las centellas que de sí echava parescían dirigirse a la ciudad de Roma.

A veynte días andados del mes de agosto, repentinamente, estando el cielo sereno y no añublado ni llovioso, fue en Roma un trueno, y empós del trueno vino luego un globo de fuego, el qual quemó el templo que se llamava templo de Paz. Era este templo en auctoridad el más antiguo, en hedifficios el más superbo, en riquezas el más rico, en sacerdotes el más poblado y en devoción el más extimado, porque en todos los otros templos podían los romanos orar y rezar a sus dioses en pie y assentados, mas en aquél, forçados avían de estar de rodillas. Todos los que tenían dineros, thesoros, joyas y ricas alhajas, todas las ponían en el templo de Paz, lo uno porque pensavan tener allí sus thesoros muy seguros, siendo como eran los hedifficios de aquel templo muy rezios, y lo otro porque tenían devoción de offrescer sus riquezas al dios de la paz porque se las dexasse gozar en paz. Fue sin cuento el daño que los romanos rescibieron de la quema de aquel templo, porque casi a todos los hombres ricos se les quemaron allí sus riquezas, de manera que no avía coraçón que lo suffriesse ni ojos que lo dissimulasse, ver los alaridos que davan las mugeres y las bozes que davan los hombres, cada uno contando a otro su daño, y todos juntos llorando la quema del templo.

Ya que el fuego avía quemado el templo de Paz, viéronle visiblemente passar al templo de las vírgines vestales, al qual también quemó todo sin dexar en él señal de hedifficio. Dado caso que allí se puso mejor remedio que no en el otro templo, porque luego que se emprendió el fuego, sacaron a las vírgines vestales, que estavan allí encerradas, y a las reliquias que los romanos tenían allí depositadas. Y porque

dezimos de reliquias, es de saber que los romanos tenían en aquel templo al Palladión, es a saber, una ymagen de la diosa Palas, la qual ymagen dizen los antiguos que cayó del cielo en los muros de Troya, y desde Troya la truxeron a Roma;
5 y en la veneración que a la Eucharistía tienen los christianos, en éssa misma tenían aquella ymagen los romanos. Tenían los romanos aquella ymagen de la diosa Pallas tan guardada, tan encerrada y tan abscondida, que desde los tiempos antiguos que la truxeron de Troya, nunca la vio hombre mortal,
10 ora fuesse emperador, cónsul, ditador ni sacerdote; porque tenían ellos prophecía que en el año que aquella ymagen fuesse vista, avría muy gran mudança en la prosperidad de Roma. Tomaron pues los romanos a las vírgines vestales y a la ymagen de la diosa Pallas y lleváronla al palacio de
15 Cómodo, y fueron tantos los llantos que hizieron en Roma por ver desencerrar a las vírgines vestales y ver descubrir el Palladión, que sin comparación lloraron más quemarse el templo do estavan aquellas reliquias, que no avérseles quemado en el otro templo todas sus riquezas.

20 Después que aquel globo de fuego uvo quemado el templo de Paz y el templo de las vírgines vestales, quemó otros muchos y muy solennes hedifficios, y lo que más es, que no se prendía fuego de con fuego, sino entre muchas casas quemava una y después ývase lexos de allí a quemar otra,
25 de do colegían los romanos que aquél no era fuego como es el de los hombres, que es no más de para quemar, sino que era fuego embiado de los dioses para quemar y castigar.

Vistos por los romanos estos tan dañosos incendios y tan espantosos prodigios, si hasta allí querían mal a Cómodo,
30 dende adelante ni le querían oýr nombrar; porque tenían por cierto que todos aquellos malos agüeros con que los dioses amenazavan a la república, todos venían por su torpe y mala vida. Duró aquel globo de fuego por espacio de onze días, en los quales no hizo otra cosa sino quemar templos y casas;
35 y después, en el dozeno día, cavalgó Cómodo y salióse a espaciar fuera de Roma, y a la hora que él salió por la puerta al campo, súbitamente se amató el fuego, y fue occasión que se les confirmaron a los romanos sus pensamientos, es

a saber, que durante la vida de Cómodo, siempre sería de los dioses açotado el pueblo romano.

CAPITULO .xii.

De muchas crueldades y de no pocas liviandades que cometió Cómodo.

Según se ha dicho, algunos días anduvo Cómodo muy triste y muy pensativo después que vio tantos tyranos ordenar de quitarle la vida y después que vio el grande y espantable incendio de Roma, mas en breve tiempo olvidó el castigo de sus dioses y las acechanças de los hombres, y paresció esto claro en que tan denodado se tornó a todos los vicios como si nunca uviera sido vicioso. Muerto Cleánder, hizo prefecto a Nigro, y dende a seys horas le revocó el poder y le mandó desterrar, y proveyó también de su camarero a Galba Rufo, al qual, quatro horas después que le dio el officio, se lo quitó y le desterró; y como Nigro y Rufo se quexassen de aquel agravio, díxoles Cómodo que no les desterrava por lo que avían hecho sino por lo que podían en sus officios hazer. Crió por prefecto a Marco Dulio, hombre por cierto generoso y anciano, al qual después de tres días quitó la prefectura, y le dio, hasta la muerte, por cárcel a su casa; y la occasión que tomó para esto fue diziendo que Marco era viejo y cansado y que no era razón le enojasse nadie del pueblo, y que si alguno le rogasse alguna cosa, respondiesse que estava preso y no podía salir de su casa a hazerla.

Dixo en el senado que quería yr a Affrica y que tenía necessidad, para hazer armada por mar y exército por tierra, de mucho dinero; y el senado, aunque sospechava que los avía de burlar, no osaron otra cosa hazer sino abrir el erario y partir con él el thesoro, porque si otra cosa hizieran, a ellos todos matara y el thesoro todo robara. Era por abril, en la primavera, quando el senado le dio el dinero, y Cómodo, después que se vio apoderado dél, partióse para Campania; y echó fama que yva allí a hazer gente de guerra, y estúvose allí todo aquel verano y aun parte del invierno comiendo, beviendo, pescando, caçando, jugando, luchando, corriendo, saltando, baylando, nadando, éstas y otras semejantes liviandades haziendo. Muy afrentados quedaron los del senado y muy sentidos todos los de Roma, de que supieron que los dineros que avían dado para la guerra de Affrica, los gastava Cómodo en los vicios de Campania. Después que vino a Roma, fue avisado Cómodo que Motileno, prefecto que era en aquel año, avía más murmurado dél que otro ninguno y que llorava de puro pesar por ver gastar tan mal el dinero de la guerra. Entosicó Cómodo unos higos y combidó a Motileno a comer, y comiendo de aquellos higos, vino al tercero día a morir.

Vistióse un día como sacerdote, y esto muy de pontifical, y assentóse encima de un carro de quatro cavallos muy furiosos, y pensando los romanos que quería yr a los templos a offrescer sacrificios, subióse encima de unos riscos muy altos, y queriendo contra toda naturaleza correr por allí los carros, acaesció que los cavallos se despeñaron, los carros se despedaçaron y él se descalabró la cabeça y torció un pie; finalmente, en muy poco estuvo que en pago de su locura no perdió aquel día la vida. Fue Cómodo un día al senado y dixo que quería que Roma se llamasse no Roma sino Comodiana, y el senado respondióle que no sólo eran contentos de llamar a Roma Comodiana, mas aun que el senado se llamasse Comodiano. Lo que el senado pensó que él pedía de burla y ellos le concedían de burla, Cómodo lo tomó de veras, en que desde aquel día, las cartas que se escrevían y las provisiones que se hazían y los sellos que se sellavan, en todos aquellos instrumentos llamavan a Roma Comodiana y al senado Comodiano; y si por descuydo alguno la llamava Roma, luego le desterrava della, diziendo que se fuesse para Roma, que aquéllo no era sino Comodiana.

Mandó llamar a los sacerdotes de la diosa Ysis, y díxoles que ella le avía revelado que se rayessen las cabeças y que le mandava a él, como a su summo sacerdote, que lo hiziesse; y tomando un cuchillo boto, cortávales las uñas y ráyales los callos porque se embotasse más, y después ráyales las cabeças en seco, de manera que como estava el cabello seco

y el cuchillo boto, más con verdad se podía dezir que los desollava que no que los afeytava. A los que guardavan el templo de la diosa Bellona hizo desconcertar los braços derechos, diziendo que pues a la diosa pintavan con el bra-
5 ço quebrado, que no avían de tener sus sacerdotes los braços sanos. Pintavan los romanos a la diosa Ysis los pechos descubiertos, y Cómodo, yendo un día a visitar aquel templo, vio la ymagen de aquella diosa assí pintada, y hizo en su presencia raer los pechos de los sacerdotes con peynes
10 de hierro, diziéndoles que no era justo que pues sus dioses tenían los pechos descubiertos, tuviessen ellos las entrañas abscondidas.

Mandó Cómodo pregonar que le llamassen todos Hércules, y para parescer a Hércules, hizo un sayo de pellejos de
15 león y tomó en las manos una valentíssima porra, con la qual andava de día y de noche matando hombres, quebrando puertas, derrocando columnas, y haziendo otras semejantes liviandades, por manera que no hiziera tanto daño un león bravo como hazía Cómodo quando andava hecho león
20 fingido. A los que eran pequeños de cuerpo o enanos, les hazía hazer de palo o de trapos unas piernas tan altas que parescían gigantes, y después jugava en ellos a la vallesta como en terrero, por manera que les alargava las estaturas y después quitávales las vidas.

25 Tenían los romanos en gran veneración los juegos nitridos, y en aquel día no se avía de hazer ni consentir cosa enojosa ni penosa ni peligrosa, sino que la fiesta fuesse con entera alegría festejada; y el maldito de Cómodo, estando todos en el mayor regocijo, mató con sus proprias manos a
30 uno, cuya muerte lloró todo el pueblo romano, no por el que murió, sino por el día en que le mató. Quando Cómodo hazía o dezía alguna cosa, si por caso alguno se reýa, mandávale echar en el corral de las fieras bestias, diziéndole que pues entre los hombres avía deprendido a reýr, que le era
35 necesario entre las bestias deprendiesse a llorar. En el mismo día que nasció Calígula nasció Cómodo, y como un rethórico leyesse en su presencia la vida de Calígula y dixesse en ella que avía sido continente, mandóle despeñar, diziendo que mentía, porque nasciendo ambos en un día,

ambos avían de ser continentes, y que pues no lo era él, tampoco lo avía sido el otro. No sólo en las cosas de veras era Cómodo cruel, mas aun en las burlas era muy doblado, muy malicioso y aun peligroso, porque jamás burlava con espada o tomava en las manos alguna arma, que no quitasse a alguno la vida.

CAPITULO .xiii.

De las provincias que se revelaron en su tiempo
y de los prodigios de su muerte.

Reveláronse contra el Imperio Romano en tiempo de Cómodo los mauros, los dacos, los sármatas y los germanos, los quales todos fueron por solos los legados y capitanes vencidos, porque Cómodo más empleava las fuerças en los vicios que no en resistir a los enemigos.

No sólo en las obras y en las palabras era vano y liviano, mas aun en las cartas que escrevía por el imperio, porque muchas vezes le escrevían de las provincias negocios de muy gran importancia, y respondía él cosas de burla. Acontescíale assí mesmo que de una misma manera escrevía a todos, y otras vezes embiava un pliego de papel por carta, muy sellado y firmado, y dentro no yva más de una palabra en latín, que se dize *Vale*. Como sea verdad que su tiempo fue el tiempo más infelice y desaventurado que tuvo el Imperio Romano, mandó que se llamase el Siglo Dorado, por manera que como dezimos agora, "¡O triste mundo, O siglo desdichado!" no osavan dezir entonces sino, "¡O siglo dorado, O mundo bienaventurado, pues en ti nasció Cómodo!"

A muchos delinqüentes que merescían grandes castigos y aun estavan condennados a ellos, los perdonava porque le davan dineros. De que condenava a uno que estava absente, hazía buscar otro que fuesse de su edad y tuviesse su nombre, y avido a las manos, mándale matar, diziendo que pues le parescía al otro en la edad y en el nombre, que también le avía de parescer en la pena, por manera que este tyrano matava a los innocentes por los culpados, y a los culpados soltava por dineros. Si algún rico tenía por enemigo a otro que fuesse rico o pobre o más poderoso que él, no tenía necessidad sino yrse a Cómodo y dezirle, "Señor Fulano es mi enemigo. ¿Qué te tengo de dar porque me le hagas matar?" Y hecha entre entrambos la venta, luego buscava Cómodo occasiones para quitar al otro la vida.

Todas las cosas suzias, torpes y feas que hazía Cómodo dentro de su casa, no sólo no le pesava, mas aun holgava que se supiessen, por manera que no sólo era malo, mas aun se presciava del mal. Vino a tanta locura o demencia, que quantas cosas hazía y dezía, ora fuessen a su parescer buenas, ora fuessen al parescer suyo y de todos malas, luego las mandava escrevir y en los libros que estavan en el Capitolio poner. Como en unas fiestas grandes que hazían los romanos matasse Cómodo diez leones, quinze ossos, tres onças y cinco elephantes con sus proprias manos, como después le loassen de animoso y esforçado, él pensó que lo dezían no por le loar sino por le lisongear y burlar. Mandó luego matar a otros tantos hombres como él avía muerto bestias. Concertó una vez de quemar a toda Roma, y como quisiesse ya ponerle fuego por muchas partes, fuesse para Cómodo un cónsul que avía nombre Leto, y díxole tantas cosas y púsole tantos miedos, que por miedo que no le quitassen a él la vida, dexó aquel día de quemar a toda Roma. Preguntado después Cómodo, por qué quería quemar a su madre Roma, respondió que él no quería quemar a Roma sino a su colonia Comodiana; y esto decía porque a la sazón así se llamava Roma.

Precedieron los siguientes prodigios a su muerte: Salieron de su casa unas aves pequeñas, del tamaño y color de tordos, las quales jamás fueron vistas no sólo en Roma, mas aun en los confines de toda Ytalia, y lo que más es, que estuvieron tres días encima de su casa sin yr ni bolar sobre otra, y el cantar que hazían, más era para incitar a llorar que no para tomar plazer. Súpitamente se abrió la puerta del templo de Jano, y la ymagen de cobre del dios Mercurio, la vieron sudar, y la ymagen de Hércoles, sin llegar a ella, la veýan menear; y encima de la cámara do él dormía, se ponía cada noche un buho a gritar; y vistas estas cosas,

Cómodo fuese al monte Celio a morar, diziendo que en sus palacios le espantavan de noche y no le dexavan dormir. Aviéndose otro día de celebrar unos juegos delante su palacio, como le preguntassen los de su guarda que qué librea sacarían otro día, respondióles y mandóles que viniessen con capas pluviales, que era la vestidura que se traýa en Roma por luto, por manera que otro día, los que le acompañavan parescían más yr a honrrar sus obsequias que no a festejar sus fiestas.

CAPITULO .xiiii.

De cómo fue muerto por astucia
y consejo de su manceba Marcia.

Allegándose ya el tiempo en que se acabassen las locuras y maldades del emperador Cómodo y la triste de Roma fuesse libertada de la servidumbre de tan crudo tyrano, la occasión pues de lo uno y de lo otro fue ésta:

El primero día del mes de enero, celebravan los romanos la fiesta del dios Jano, y determinó Cómodo de salir aquel día en hábito no de emperador sino de gladiator, lo qual, como lo supo Marcia, su manceba, suplicóle con mucha instancia y aun con muchas lágrimas que no hiziesse tal cosa, lo uno por el gran peligro en que se ponía y lo otro por la mucha auctoridad que perdía. Era esta Marcia tan quista y tan honrrada del emperador Cómodo, que aunque ella le servía a él de manceba, él hazía que la sirviessen a ella como a emperatriz. Para prohibir a Cómodo que no entrasse en las fiestas en forma de gladiator, ni abastaron las lágrimas que Marcia derramó ni los ruegos que le rogó ni los miedos que le puso ni los amores y regalos que le hizo, lo qual visto por Marcia, acordó de rogar a otros que le ayudassen a rogar aquel ruego, porque después, según ella dezía, dávale el coraçón que Cómodo avía de peligrar aquel día. Tenía Cómodo a la sazón por su camarero a Leto y por capitán de su guarda a Electo, los quales dos eran privados de Cómodo y amigos de Marcia; y a éstos dos rogó ella que rogassen a Cómodo lo que ella le avía rogado, mas Cómodo estava ya tan obstinado y determinado de celebrar como gladiador la fiesta de Jano, que no sólo no los quiso oýr, mas aun començóse contra ellos a enojar.

5 Bíspera de la bíspera de la gran fiesta del dios Jano, mandó Cómodo a los capitanes de los gladiatores que le adereçassen las armas e insignias de gladiator, porque él quería celebrar aquellas fiestas no como emperador sino como gladiator. Esto hecho y proveýdo, mandó Cómodo a 10 Leto y a Electo que se fuessen a dormir, porque él quería reposar; y como se vio solo en su cámara, tomó papel y tinta y cerró por de dentro la puerta, y començó de su mano a escrevir los que otro día con los gladiatores determinava de matar, porque el fin de celebrar aquellas fiestas 15 no era principalmente por honrrarlas sino por quitar a muchos las vidas. Hecho pues el memorial de los que otro día avía de matar, lo uno con aver bien comido, lo otro que de escrevir estaba cansado, cargóle el sueño, y puso el memorial a su cabecera sin pensamiento que alguno le toparía.

20 Tenía Cómodo en su cámara un mochacho pequeño y assaz muy hermoso, y llamávase Pugio; y a éste más que a otros amava y favorescía, no porque le servía más en la cámara sino porque se holgava con él en la cama. Como Pugio era tan niño y tan privado y entrava y salía en la cá-
25 mara de Cómodo, la Fortuna que lo uvo de hazer, o por mejor dezir, Dios que lo uvo assí de ordenar, topó con el papel de los que Cómodo avía de matar y salió a la sala do estava Marcia con él a jugar, según que los niños lo suelen en costumbre tener. De que vió Marcia el papel en 30 las manos del niño Pugio, pensando que era alguna escriptura de importancia, tomó al niño en braços y abraçóle y besóle y regalóle, y diole con que jugasse otra joya y tomóle la escriptura, y esto sin ningún pensamiento de hallar lo que halló después en ella.

35 Sabía Marcia leer y escrevir, y entendía la lengua griega y hablar la latina; y luego que tomó al niño Pugio el libro, començó a leerlo, en el qual halló escripto de mano de Cómodo a sí misma puesta la primera de los que otro día avía de matar Cómodo; y el segundo era el camarero Leto, y

el tercero el capitán Electo, y assí por orden estavan allí escriptos todos los más ancianos y más ricos y más generosos romanos. Atónita y espantada de hallar lo que halló en aquel memorial Marcia, començó a llorar y solloçar y dezir entre sí misma, "¿Qué es esto? ¿Por ventura soy yo Marcia, la que reza esta escriptura y la que ha de ser justiciada mañana? ¡Alégrate, Cómodo, alégrate! que do pensavas vengarte de tus enemigos, ellos tomarán oy vengança de ti; y será tal que los hombres la loen y los dioses la aprueven, por manera que en tu riguroso castigo cobrarán todos los tyranos exemplo. Si alguna cosa tú hiziste en toda tu vida buena, ha sido ponerme a mí entre los que has de matar mañana, porque muy justamente meresce la muerte la muger que con tan mal hombre hazía vida. Pues los dioses lo han assí permitido y mi buena fortuna quiso que esto fuesse descubierto, muy al revés de lo que pensavas succederá el caso, porque tú pensavas matar a mí y a todos los buenos y ricos del imperio, y será el caso que oy verás tú el fin de tu mala vida, y oy veremos todos la libertad de nuestra madre Roma."

Dichas estas y otras semejantes palabras. Marcia embió a llamar a Leto y a Electo y mostróles en gran poridad aquella escriptura, y como vieron ellos y ella que otro día avían de morir, acordaron de aquella noche a Cómodo matar; mas uvo entre ellos muy gran differencia con qué género de muerte le quitarían la vida. Bíspera era de la fiesta de Jano, y aun passado gran parte del día, y no tenían determinado entre sí con qué muerte a Cómodo avían de acabar, porque si le matavan de súpito, podíase él deffender o podíase sentir, y si se alargava el negocio, estavan ellos sentenciados a otro día morir. Finalmente, determináronse de matarle con ponçoña, y offrescióse a dárselo de su mano Marcia.

Fue pues el caso que aquella noche aconsejó Marcia a Cómodo que se fuesse a vañar, so pena que si no lo hazía, no se yría con él a dormir. Viniendo pues Cómodo del vaño, díxole Marcia que venía descolorido y que lo rogava que beviesse y comiesse algún bocado; y en aquello que Marcia le dio en colación para comer, en aquello le dio la ponçoña para morir. Dende a poco que hizo colación, con lo que le dio Marcia començóle a doler la cabeça; y ella aconsejóle y rogóle que se echasse en la cama, lo qual como hiziesse Cómodo, proveyó Marcia que le despidiessen todos los que estavan en palacio, diziendo que el emperador se sentía mal dispuesto y que no era razón hiziessen por allí ruido para quitarle el sueño. Poco más podía reposar de una ora quando le llegó al coraçón la ponçoña, y luego que le sintieron despertar, le vieron meter los dedos y revessar; y como Marcia y Leto y Electo vieron que tanto revessava, temieron que revessaría la ponçoña y que con razón les quitaría a todos después la vida. Leto y Electo, de que vieron a Cómodo tanto revessar y aun que dexava ya de revessar, començaron a temer y a desmayar, por ver que lo que avían intentado, no salían con ello. Entonces Marcia, más como varón que no como muger, como conosció en ellos el temor y pavor, llamó a Narcisso, un mancebo que andava allí desvarbado y desvergüençado y chocarrero, al qual prometió mucho si entrava y acabava de matar a Cómodo. Entró pues Narcisso secretamente en la cámara, y como tornasse de nuevo a revessar Cómodo, arremetió a él Narcisso, y apretándole con los dedos la garganta, hízole acabar la vida antes que acabasse de revessar la ponçoña.

Este pues fue el fin de la impúdica y torpe vida de Cómodo; y tal fin avrán los príncipes que bivieren como él en este mundo, porque a los malos, aunque por algún tiempo se les alarga la pena, no por esso se les perdona la culpa.

FIN

COMIENÇA LA VIDA del emperador Pertinax, copilada por el señor don Antonio de Guevara, obispo de Mondoñedo, predicador y chronista y del consejo de su magestad.

CAPITULO PRIMERO

5   Del linage y naturaleza del emperador Pertinax.

El emperador Publio Pertinax nasció en la provincia Apenina en un lugar llamado Martos, en el segundo año del imperio de Trajano, y llamóse su padre Liveotino, hombre que bivía de su proprio sudor y trabajo. [62] Siendo Per-
10 tinax mochacho, servía a su padre de traer leña con un asno, y vendíala en el pueblo; y al tiempo de venderla, era tan caro y tan porfiado que si no le davan lo que pedía en el primero precio, antes dexava de vender la leña que abaxar de lo que avía pedido una blanca; y como todos le tenían
15 ya sobre ojo y por carero, de allí vino a llamarse Pertinax, que quiere decir porfiado, porque de antes su proprio nombre era Publio.

Visto por Pertinax que ya todos le llamavan no Publio sino porfiado y carero, fuesse de su pueblo corrido y afren-
20 tado, y dióse a deprender a leer y a escrevir, y después que lo supo, trabajó por saber la lengua griega y latina, y al fin salió con la una y con la otra, por manera que se dio

---

[62] Pertinax was born in 126, during the reign of Hadrian; he was proclaimed emperor in 193. Pertinax's father was Helvius Successus, a freedman *(libertinus)*. The place of birth is sometimes given as *Villa Martis* ("Martos") and sometimes *villa matris*.

mejor maña en aprender la sciencia que no en vender la leña. Ya que Pertinax se vio instructo en la lengua griega y latina, acordó de yrse a la guerra y deprender el arte militar, porque le paresció que del estudiar se le seguía mucho trabajo y ningún provecho, y que disminuýa la vida y no acrescentava nada en hazienda.

En aquellos tiempos tenían guerra los romanos con los assirios, y era capitán contra ellos el cónsul Loliano; y como Pertinax se fuesse a Assiria, assentó con un capitán romano por moço de despensa, y como sirviesse fielmente en su officio y junto con esto, al tiempo de los rebatos no fuesse él el prostrero, sacóle su amo de la despensa y hízole ganar sueldo en la guerra. No pocos días después que Pertinax començó a ganar sueldo en la guerra, le dio su amo un officio de honrra en su capitanía, y fue el que tienen agora los sargentos, es a saber, dar orden como hagan el caracol los soldados. Cada día yva cobrando fama en la guerra Pertinax, y su ánimo y esfuerço a todos era ya muy notorio en el campo; y succedió esto, que como en un rebate matassen al capitán de su capitanía, el cónsul Loliano mandóle a él que tuviesse cargo della; y dióse en ella tan buena maña, que en breve espacio no sólo vengó con sangre la sangre del capitán su amo, mas aun se hizo amar de los romanos y temer de los enemigos. Acabada aquella guerra de Assiria, quedó Pertinax por pretor della, y quan temido fue de los assirios en tiempo que les hazía guerra, tan amado fue después en tiempo de paz, porque si de antes fue riguroso con los enemigos, sin comparación fue después muy más clemente con los culpados.

En el segundo año que imperava el buen Marco Aurelio, revelóse contra los romanos el reyno de los parthos, y entre otros capitanes que fueron llamados para aquella conquista fue Pertinax, pretor de Assiria, y assí tomaron muy estrecha amistad Marco Aurelio y Pertinax, en que dende en adelante, no se tractavan como señor y siervo sino como padre y hijo; porque ninguna cosa grave ni gravíssima mandava Marco Aurelio a Pertinax que no cumpliesse; y ninguna cosa aconsejava Pertinax a Marco Aurelio que no la obedesciesse. En aquella guerra de los parthos fue Pertinax tan cauto en los peligros, tan animoso en los combates, tan cuerdo en los consejos, tan venturoso en las cavalgadas y tan esforçado en las batallas, que a dicho de los enemigos y a juyzio de los exércitos, él solo merescía más gloria que todos. Acabada la guerra de Asia, embióle el emperador Marco Aurelio por pretor en la provincia de la Gran Bretaña, que agora se llama Ynglaterra. Dos años después que vino en Bretaña, se levantó una guerra contra los germanos, a la qual fue llamado Pertinax, y allí tuvo cargo del águila, que era ser alférez del pendón real, y llamávase "águila" porque los romanos trayán pintada en la vandera una águila. Estando Pertinax en la guerra de Germania, fue su propria madre a verle desde Roma, porque avía ya diez años que no le avía visto, y no diez días después que vio al su muy desseado hijo, murió y passó deste siglo, y Pertinax hízole hazer unas obsequias tan honrradas y un sepulchro tan generoso, en que fue tomado por agüero que ella era madre de futuro emperador y que a manos dél avía de venir el imperio.

Acabada la guerra de Germania, embió el emperador Marco Aurelio a mandar a Pertinax que se passase en la provincia de Dacia, que agora es Dinamarcha, y señalóle cincuenta mil sextercios de salario (que podían valer cinco mil ducados de nuestra moneda), de la qual cosa tomó a muchos embidia, assí por el mucho dinero que le dava como por la honrrosa governación que le cometía. Como Pertinax era ya rico, valeroso, esforçado y estimado, de todos era embidiado y malquisto, y este odio y embidia que le tenían los otros sus contemporáneos en la guerra, mostrávanselo en que le afeavan y publicavan mucho sus descuydos, y escurescían y deshazían sus heroicos hechos. Antigua costumbre es en la malicia humana no tener por bueno sino lo que amamos, aunque sea malo, y no tener por malo sino lo que aborrescemos, aunque sea bueno.

Vinieron desde Dacia ciertos militares a Roma, los quales hizieron contra Pertinax una información tan siniestra y tan fea que luego a la ora el emperador le suspendió el officio y le quitó el salario, y que a su propria costa sirviesse un año en el Illírico. Notificado el mandamiento imperial a Pertinax, luego obedesció y mostró mucha paciencia, y fuese al Illírico a cumplir su destierro con mucha constancia; y dizen que dixo esta palabra al tiempo que de los de Dacia se despedía: "No me pesa por la honrra que me quitan ni por el salario de que me privan ni por el destierro do me embían. Pésame por ser tan buen príncipe el que esto mandó, sin ser yo oýdo y él bien informado, porque sabida, como se sabrá en breve, mi innocencia, al emperador mi señor notarán todos de príncipe que se cree de ligero, y a mí loarán de cavallero limpio y suffrido." Como Pertinax lo dixo, assí succedió, es a saber, que el senado mandó hazer la pesquisa, y como hallassen a Pertinax libre de todo lo que avía sido accusado, y muchas cosas de que ser loado, fue por sentencia pública restituido en su honrra, y a los que le accusaron dieron la mesma pena que él padescía, aunque después, en breve tiempo, por su ruego les fue perdonada, porque Pertinax naturalmente era compasivo y ninguna cosa vengativo.

CAPITULO .ii.

De las varias fortunas que passó Pertinax antes que uviesse el imperio.

El emperador Marco Aurelio tenía a Pertinax en reputación de hombre virtuoso, animoso, callado, esforçado y aun bien fortunado, mas después que con falsa relación le desterró, túvole por muy cuerdo y suffrido, de ver la paciencia que tuvo en aquel tan injusto destierro y después como rogó por los que le avían desterrado. En recompensa de la injuria que Marco avía hecho a Pertinax, hízole pretor de Dacia, y embióle con las provisiones juntamente la insignia, y también le costituyó capitán de la primera legión, es a saber, llevar en los reales la vanguarda, que es la cosa de más confiança y de más honrra en la guerra, de manera que por do sus enemigos le pensaron más abatir, por allí tuvo occasión de más valer. La provincia de Norico y Recia se amotinaron contra los romanos, y como fuessen los que estavan en la guarda del Illírico contra ellas, embiaron a dezir que ellos se reduzirían al imperio y servicio de Roma, si les davan por governador a Pertinax y les quitavan al que entonces tenían, diziendo y jurando que no se revelavan por no querer estar a los romanos subjectos sino por ser, como eran, de sus officiales maltractados. Mucho se holgó el emperador Marco de que supo que aquellas provincias se reduzían a su servicio, y mucho más se holgó de que supo que a Pertinax le pedían por governador de aquella tierra, lo qual él luego le embió mandar y rogar; y porque Pertinax acceptasse su ruego y condescendiesse a su mandamiento, embióle la insignia del consulado.

Después de muchos días que esto passó, embió por Pertinax el emperador Marco Aurelio, el qual, quando vino en Roma, avía diez y seys años que avía salido della, y como era en las cosas de la guerra tan afamado, assí salían todos por las calles de Roma a verlo como si fuera algún monstruo traýdo de los desiertos de Egipto. Venido pues en Roma, llevóle el emperador Marco al senado y allí le loó y honrró de todas las maneras que un amigo suele de otro amigo ser loado y honrrado, y ésta fue muy gran novedad en Roma, es a saber, hablar ningún príncipe por otro en el senado; porque a los semejantes capitanes como Pertinax, solamente les oýan lo que querían dexir, mas ninguna palabra dentro del senado les acostumbravan responder. Luego en las calendas siguientes de Jano fue Pertinax criado por cónsul, y quisiera mucho el emperador Marco que no le criaran los del senado en cónsul, por hazerle él pretor del pretorio, porque le tenía en possessión de muy cuerdo para governar las cosas de la república y de muy justo para administrar la justicia.

Los pueblos que estavan cabe el Danubio escrivieron al emperador Marco como estavan robados, perdidos y mal governados, y que si no tornava a Pertinax por governador de aquella provincia, en breve se revelaría toda la tierra, lo qual oýdo por Marco, mandóle y rogóle y aun forçóle que tornasse al Danubio; y para esto diole el poder y el salario tan cumplido que no reservó para sí más de el nombre de emperador su señor Marco. No un año después que Pertinax estava en la governación del Danubio, le embiaron nuevas

provisiones del senado para que governasse la provincia de
Dacia, por muerte de Cassio, y que también tomasse residencia al pretor de Pannonia, que se llamava Rogerio; por
manera que no avía cosa en la superior e inferior Alemania
que por mano de Pertinax no fuesse governada y proveýda.
Dos años después que el emperador Marco muriesse, fue
Pertinax amovido de la governación de Germania y llevado
a Siria, la governación de la qual era la mejor y más honrrosa y aun más provechosa cosa que se proveýa en Roma,
porque no se dava sino al cónsul más antiguo o al capitán
más esforçado o al senador más anciano o al embaxador que
mejor avía en su officio servido.

En quanto bivió el buen emperador Marco Aurelio, siempre Pertinax fue en todos sus officios muy cuerdo, muy justo,
muy severo y muy limpio; mas después que el buen emperador murió, luego afloxó y fue notado de avaro y cobdicioso; porque dende en adelante, más empleó sus fuerças
en allegar para sí hazienda, que no en la buena governación de la república. Deste tan notable exemplo se puede
inferir lo que cada día vemos acontescer, y es que los buenos
príncipes de malos hombres hazen buenos criados, y los
malos príncipes de buenos hombres hazen malos criados;
porque muchas vezes, aunque el criado es naturalmente
malo, esfuérçase a ser bueno viendo a su señor ser bueno,
y si por el contrario el príncipe es malo, desmándase su criado a ser malo, aunque sea de su natural bueno.

Ya era emperador Cómodo en Roma, quando Pertinax
cohechava y allegava dineros en Asia, contra el qual se levantaron los pueblos, diziendo que los tenía robados; y él
determinó de venirse a Roma, porque de otra manera, ya le
andavan acechando para quitarle la vida, y a Cómodo, que
no le pesava por heredarle la hazienda. Venido Pertinax en
Roma, el tyrano Perenio, que a la sazón governava el imperio y mandava a Cómodo, hízole muy mal rescebimiento y
peor tractamiento, y esto no porque Pertinax lo merescía
sino por darle occasión a que se fuesse de Roma, porque
siendo como era cuerdo, sabio, valeroso, rico y anciano, temíase Perenio no le desprivasse Pertinax de la privança de
Cómodo.

Como vio Pertinax las locuras de Cómodo, las tyranías de Perenio y la perdición del pueblo romano, acordó de salir de Roma e yrse a tierra de Liguria, y apartóse a bivir en una aldea pequeña do en otro tiempo su padre bivió y
5 fue bodegonero; y como comprasse aquella pobre tienda do su padre comprava y vendía azeyte, pescado, vino y pan y vitualla, hizo en torno della un muy generoso hedifficio, quedando ella en medio, sin añadirle ni quitarle una teja ni un palo. Mucho se holgaba Pertinax de ver aquella tierra
10 por la qual él avía andado quando era niño, y como supiesse que era bivo un asno, hijo de otro asno con que él vendía la leña, compróle y hízole hazer tan buen tractamiento como si fuera algún su criado antiguo, mandando que le diessen muy bien de comer y que no le occupassen más en trabajar.
15 Hizo allí muchos y muy solennes hedifficios, y compró infinitos heredamientos, y dio muchos dineros a parientes y a otros vezinos y amigos suyos antiguos, y estava tan alegre y tan contento de verse rico do se avía visto pobre y de estar con reposo después de tanto trabajo, que dezía y escrevía a
20 sus amigos que si los príncipes supiessen y gustassen a qué sabe el reposo, ellos mismos de su voluntad dexarían el imperio.

Estando Pertinax en este reposo, embióle a mandar y no a rogar Cómodo, que fuesse por pretor de Bretaña, lo qual,
25 como él obedesciesse más de temor que de voluntad, començó luego a corregir y a ordenar las huestes, las quales estaban en el robar muy absolutas y en el bivir muy dissolutas. Levantóse un día un ruydo en una legión, y el ruydo no fue porque entre ellos uviesse contienda sino porque, entrando
30 a despartir Pertinax, le quitassen la vida. Succedió de tal manera el caso y viose Pertinax en tanto peligro, que pensando todos que quedava ya muerto, escapó entre los muertos bivo, aunque muy crudamente herido. Después que las cosas fueron apaziguadas y Pertinax convalesció de las he-
35 ridas, tan acérrimamente castigó la trayción que contra él tenían ordenada, que dio que murmurar en Roma y que llorar en Bretaña. Sabido en el senado lo que entre el exército y Pertinax avía pasado, embiáronle a suspender el officio de pretor, y diéronle cargo de proveer los bastimentos; mas

él no lo quiso acceptar, sino que suplicó le diessen licencia porque él se quería yr; porque el exército le tenía a él por rezio, y él tenía al exército por sospechoso.

Venido Pertinax a Roma, halló que el tyrano Perenio era ya muerto, y como Pertinax era hombre de auctoridad y gravedad, cayóle un poco de tiempo en gracia al emperador Cómodo, y encomendóle la prefectura de la ciudad, y como en este officio avía succedido a Fusciano, que fue rigurosíssimo, fue en extremo Pertinax muy quisto de todo el pueblo, porque era muy manso, clemente y piadoso. No le plazía a Cómodo que fuesse Pertinax tan bienquisto en el pueblo, y como no hallava occasión para matarle ni para desterrarle, acordó de mostrarle la mala voluntad que le tenía, para que él mismo se fuesse de Roma, y esto fue haziéndole malas obras y diziendo dél malas palabras. Dexada pues Pertinax la pretoria de Roma, fuese a retraer a su propria tierra y casa con presupuesto de no salir della en todo el restante de su vida, lo uno porque él sentía que Cómodo andava buscando occasiones para le matar y lo otro porque era ya muy viejo y quería en lo suyo proprio descansar.

CAPITULO .iii.

De lo que dixeron y de lo que él respondió a los que le offrescieron el imperio.

Después que Marcia y Leto y Electo y Narciso mataron al emperador Cómodo, siendo ya gran parte de la noche passada, cargó el sueño a los que guardavan el palacio, y como profundamente estuviessen todos dormiendo, tomó Marcia y sus compañeros el cuerpo de Cómodo y embuélvenlo en un serón viejo con que los esclavos alimpiavan el establo y mandaron a dos dellos que lo sacassen fuera, diziéndoles que yva lleno aquel serón de vassura. Después que el cuerpo se sacó de palacio, pusiéronle en un carro y lleváronle en una alcayría que se llamava Aristro, do Cómodo se solía yr a vañar y a holgar; mas otro día, como se divulgó la muerte de Cómodo, van los romanos y córtanle después de ya muerto la cabeça, y llevan su cuerpo arrastrando por todas las calles de Roma. Marcia y Leto y Electo, visto que avían muerto a Cómodo y que también tenían puesto el cuerpo en recaudo, acordaron entre sí de buscar y nombrar emperador, y esto antes que viniesse la mañana, lo uno para que el imperio tuviesse dueño, lo otro para que los tuviesse a ellos so su amparo; y assí fue que otro día, quando se divulgó la muerte del uno, se publicó la electión del otro.

Acontesció el caso desta manera: Leto y Electo, tomando consigo algunos de sus fieles amigos, vánse para la casa de Pertinax y llaman a la puerta y dan mucha prissa a que los abran, y como un hijo de Pertinax los viesse venir armados y a tal hora y llamar tan de priessa, cayóle grandíssimo temor, y fue tan grande que al tiempo que a su padre dezía la embaxada, començó a temblar y dexó de hablar. A la hora que Pertinax supo que Leto y Electo estavan defuera y que trayán consigo gente armada, saltó de la cama y mandó a gran priessa abrir la puerta, y todo esto procedía de muy gran ánimo y esfuerço, porque él túvose por dicho que como aquéllos eran tan privados de Cómodo y Cómodo era su enemigo, que viniendo a su casa a tal hora, no podía ser sino a quitarle la vida. Al tiempo que los que venían de fuera se carearon con los que estavan dentro, ni se turbó ni alteró Pertinax, sino que a manera de hombre ya determinado a morir, dixo a Leto y a Electo estas palabras: "Ya sé que el emperador Cómodo mi señor me embía a matar, de lo qual yo no me maravillo, sino que si me maravillo, es como tanto tiempo me ha dexado bivir, porque de todos los antiguos criados que se criaron con su padre Marco, yo solo soy bivo, porque a todos los otros, él los ha muerto. No podré yo con razón quexarme que estando quieto y seguro, me embía a matar Cómodo, pues ha días que este día y esta postrema hora, yo la esperava; porque aborresciendo como aborrescía yo su vida, cierto es que avía él de procurarme la muerte.

"No me pesa porque muero, sino porque muero antes que de manos de tan crudo tyrano no vi libertado mi pueblo, que a los immortales dioses juro, nunca otra cosa les pedí para mí ni para mi casa sino que tuviessen por bien de antes

que me quitassen la vida, viesse yo en libertad a mi madre
Roma. Yo he sido limpio romano y zeloso del bien común de
mi pueblo, y espero en los immortales dioses que lo que no
pude dellos alcançar en absencia, lo alcançaré en su presencia, do ellos examinarán la malicia de Cómodo y la innocencia mía. Tú, Leto y Electo, criados y amigos y privados que
soys de Cómodo, hazed lo que por él os ha sido mandado, y
sacadme ya deste tan enojoso mundo, que al fin morir a hierro o morir de fiebre, todo es morir."

Leto y Electo estavan espantados en ver la constancia
que Pertinax tenía y las palabran tan excellentes que dezía,
al cual respondieron, "¡O quán occultos son los juizios de
los dioses y quán varios los pensamientos que tienen los
unos hombres de los otros! Esto te dezimos, Pertinax, porque
tú piensas que venimos a quitarte la vida, y no venimos sino
a que tú nos des la vida y tomes so tu amparo a la mísera
Roma. No te podemos hablar largo a causa que ay poco
tiempo, y quiere ya amanescer. El caso es que el tyrano de
Cómodo es muerto, y la causa de su muerte fue porque
tenía determinado, y se halló el memorial de su mano escripto, de nos matar a todos oy en este día; y como por una
manera inaudita fuesse la cosa descubierta, determinamos
de conservar nuestras vidas e dar fin a sus tyranías. En lo
que hemos hecho, ni pensamos aver offendido a los dioses
ni cometido trayción a los hombres, porque la vida deste
tyrano a los dioses era enojosa y a los hombres peligrosa.
Tiempo era ya que alguno diesse fin de su vida, pues a tantos buenos él avía quitado la vida. Nosotros, como éramos
sus privados, sabíamos y conoscíamos muy bien los que él
tenía por amigos y enemigos, y también sabemos que si tú,
Pertinax, eres bivo, no es por él, que bien desseó y aun
procuró de te matar, sino porque los dioses no le dieron
lugar, porque te guardaron para que librasses a Roma y res-
taurasses a la república.

"Ninguno hasta agora sabe que Cómodo es muerto, si no
es Marcia y nosotros que le matamos, y como pusimos las
manos en él para le acabar, hemos puesto los ojos en ti
para emperador te hazer. Créenos, Pertinax, que si otro mejor halláramos, otro mejor que tú eligiéramos, porque son

tantos los daños que ha hecho este tyrano, que no se pueden remediar si no es por manos de algún príncipe virtuosíssimo. Lo que nos ha movido a eligirte y darte el imperio es ser como eres anciano, cuerdo, esforçado, virtuoso, rico y experi-
5 mentado y sobre todo, amado y desseado del pueblo; porque el príncipe que no es a su pueblo accepto será de muchos desobedecido y de muchos más desacatado."

Oýdas por Pertinax estas palabras, pensó determinadamente que se las dezían fingidas, y respondió a ellas, "Con-
10 tentaros devríades, O Leto y tú Electo, de cumplir simplemente el mandamiento injusto de Cómodo, sin querer burlar deste pobre viejo, es a saber, primero lisongearle y después matarle. Ya os he dicho que hagáis lo que avéis de hazer, que quanto más ayna lo hizierdes, daréis a Cómodo plazer
15 y a mi sacaréis de pena. Bien sé que no queda agora Cómodo durmiendo, sino que os está con cuidado esperando, y que no le puede al presente llegar mejor nueva que dezirle como distes ya fin a mi vida."

Visto por Leto y Electo que todavía estava dellos Perti-
20 nax sospechoso e incrédulo, tornáronle a dezir y replicar, "Ay tan poco tiempo para lo mucho que nos queda de hazer, que no resta tiempo para ponernos a porfiar sobre nuestra embaxada y tu sospecha, y porque veas que es verdad lo que te dezimos y no lo que tú presumes, toma y lee esse
25 memorial escripto de la mano de Cómodo, y aý verás quánta razón tuvimos de matar a él anoche, pues nos avía de matar él oy."

Tomado el memorial Pertinax en las manos, reconosció la letra de Cómodo, y halló en él puesto a sí mismo en el
30 quarto grado, es a saber que avía de matar Cómodo otro día a Marcia y a Leto y a Electo y a Pertinax, y assí por orden otros muchos senadores y cónsules romanos. Leýdo el memorial Pertinax, quedó quasi como espantado, y tornó de nuevo a preguntar si era verdad ser del todo muerto
35 Cómodo, y como le dixessen que sí, començó muy desapiadadamente a llorar, diziendo que no llorava por la muerte de Cómodo sino porque se acabava en él la memoria del buen Marco Aurelio. Y alçando los ojos Pertinax al cielo, dixo, "¡O infelice de ti, Marco Aurelio! ¡O infelice de ti, Marco Aure-

lio! ¡O infelice de ti, Marco Aurelio! Y llámote tres veces infelice y desdichado porque fueste desdichado en la muger que tuviste y en las hijas que criaste y en los hijos que engendraste."

CAPITULO .iiii.

De una muy notable plática que hizo uno
que se llamava Leto al exército romano en favor de Pertinax.

Después que Pertinax uvo llorado la muerte de Cómodo, y esto no por él, sino por aver sido hijo del buen Marco Aurelio, dixo a Leto y a Electo que por ninguna manera él tomaría el imperio si el senado no se lo mandava y el exército lo consentía, porque para tener él el imperio seguro y no entrar en él como tyrano, al senado pertenescía eligirle y al exército confirmarle. Offrescióse Leto de acabar todo esto que Pertinax pedía, es a saber, que el senado le eligiesse y los del exército la tal election aprobassen, y la esperança que dava desto alcançar era tener él allí muchos parientes y amigos, y el plazer que de la muerte de Cómodo tomarían todos.

Fuese pues Leto a hablar a los principales capitanes y caudillos del exército, a los quales hizo un breve y compendioso razonamiento en esta manera:

"Lo que agora yo os quiero dezir, O excellentes príncipes y comilitones míos, bien descuydados estávades de lo oýr, aunque no apartados de lo dessear; porque de muchas cosas que desseamos, las menos dellas son las que alcançamos. Ni son los dioses tan largos que nos den todo lo que desseamos, ni son tan sacudidos que nos nieguen todo lo que les pedimos; y esto hazen ellos porque los reconozcamos por dioses por lo que nos dan, y reconozcamos a nosotros por malos en lo que nos niegan. Los buenos y los virtuosos no sólo se conoscen en las buenas obras que hazen, mas aun en los buenos desseos que tienen, porque los malos, si osassen, nunca dexarían de hazer mal, y los buenos, si pudiessen, nunca dexarían de hazer bien.

"Nunca los dioses cumplieron juntamente los desseos de tantos como han cumplido oy los desseos de todos vosotros; porque siendo como soys nobles, generosos, esforçados y verdaderos y no espurios romanos, no es de pensar que desseareis sino la libertad de nuestra madre Roma y la reformación de la antigua república. Ya avéys visto quién ha sido el emperador Cómodo, es a saber, quán libre en el mandar, quán cruel en el matar, quán descuydado en el governar y quán suzio en el bivir, por cuya causa no sólo teníamos perdidas nuestras casas y en peligro nuestras personas, mas aun estávamos infamados entre las naciones estrañas. El príncipe moço y loco y absoluto y dissoluto pierde su pueblo e infama su reyno. Pues vistes las maldades y crueldades que hizo, quiero que veáys y oygáis las que tenía ordenadas de hazer, y según paresce por este memorial escripto de su mano, tenía voluntad de matar a todos los del imperio, y si pudiera salir con ello, es de creer que degollara a quantos avía en el mundo. Jamás se vio ni se oyó aver en el mundo otro tyrano de la condición y manera de Cómodo, porque naturalmente se holgava en carescer de amigos y se presciava de tener enemigos. Cómodo, pues, vuestro emperador, es ya muerto, y si yo no me engaño, pienso que muere en conformidad de todo el imperio, porque no ay cosa más cierta que el que en perjuyzio de todos bive, en conformidad de todos muera.

"Ya que los dioses han tenido por bien libertarnos de servidumbre deste tyrano, necessario es se provea y se elija otro emperador de nuevo; y esta election no suffre tardança, sino que ha de ser luego a la hora, porque de otra manera, como la gran dignidad del imperio sea una cosa que la desseen muchos y la merezcan pocos, podría ser que al tiempo que nosotros la quisiéssemos dar a algún hombre virtuoso, la tuviesse ya usurpada algún tyrano estrangero. Si a cada uno de todos los que estáys presentes se os uviesse de dar a respecto de lo que merescéys, a los immortales dioses juro faltassen imperios y sobrassen emperadores; mas como el imperio no sea más de uno y no se aya de dar más de a uno, al fin no lo ha de llevar sino el que los dioses quisieren y los hados permitieren.

"El príncipe que avéis de elegir, sería yo de parescer fuesse natural de vuestra tierra, porque el príncipe que no es natural sino estrangero, primero pierde la vida que acabe de tomar amor con su república. Devéis así mesmo eligir y escoger emperador que tenga edad y gravedad, porque mucho haze para la reputación de la república las barbas en la cara y las canas en la cabeça. También es necessario que el emperador que uviéredes de elegir no sea nescio ni covarde, sino que sea sabio, agudo, animoso y experto; porque en la natural sciencia y en la larga experiencia consiste todo el buen govierno de la república.

"Aclarando pues más mi ánimo, digo allende de lo que tengo dicho, que si mi parescer se toma en este caso, devríamos poner los ojos en Publio Pertinax, en el qual concurren todas las condiciones que hemos dicho, es a saber, naturaleza, edad, gravedad, sciencia y experiencia; y que esto sea verdad, no ay para creerlo otro mayor testimonio que es averle tenido Cómodo por enemigo. No es de pensar que en vano los dioses han conservado a Pertinax hasta agora la vida, procurando Cómodo mil maneras para darle la muerte, como sea verdad que a todos los criados antiguos de su padre aya muerto y que solo Pertinax sea bivo. Como hemos visto todos los que aquí estamos, Pertinax ha sido el hombre más aflicto, desterrado, embidiado, afligido, trabajado y perseguido de quantos oy son bivos en este mundo; y cierto que éste es un muy gran argumento para pensar que para él y no para otro estava guardado el imperio, porque nunca los dioses conservan entre tantos peligros a un hombre la vida, si no es para darle después alguna muy gran cosa. A gran ventura hemos de tener y mucho a los dioses lo hemos de agradescer, según los que son muertos en la república, hallemos agora tal príncipe para nuestra madre Roma, al qual no menospreciarán porque él es anciano, ni ternán temor, porque es animoso, ni le notarán de simple, porque es sabio, ni le accusarán de malo, porque es virtuoso, ni le redargüirán de liviano, porque tiene gran reposo; finalmente, ninguno le podrá engañar con palabras, porque tiene experiencia de todas las cosas.

"No quiero más deziros, O excellentes príncipes y comilitones míos, sino que si os persuadís en eligir a Pertinax, no sólo daréis buen emperador a vuestra república, mas aun hallará cada uno en él padre para su casa, porque aviendo, como nos ha, criado a todos, no podrá tractarnos sino como a hijos."

Todo el tiempo que estuvo razonando estas cosas Leto al exército estava todo el exército espantado y abobado, lo uno de oýr el memorial de la traycíón que tenía ordenada Cómodo y lo otro en saber que era ya muerto, y aun por ver quán al natural y elegantemente les hablava Leto. Luego pues a la hora que Leto acabó de hablar, començaron los del exército a clamar y dezir, "¡Biva, biva Pertinax Augusto! ¡Biva por largos años Pertinax, nuestro emperador romano!"

Fueron pues todos los principales del exército a buscar a Pertinax a su casa, y no le hallaron sino en el templo de la Victoria, y tomáronle en hombros y lleváronle por toda Roma; y como entonces no era aun bien de día, espantávanse los plebeyos romanos de oýr tal nueva, porque no sabiendo como era muerto Cómodo, oýan pregonar por emperador a Pertinax. Juravan y affirmaban después los romanos que avía grandes tiempos que nunca se avía divulgado nueva en Roma que generalmente diesse a todos tanta alegría, lo uno en oýr que era muerto Cómodo, lo otro en ver hecho emperador al buen viejo Pertinax.

CAPITULO .v.

De un notable razonamiento que hizo Pertinax
en el senado luego que fue emperador.

Muy grande era la alegría que todo el pueblo mostrava en tener a Pertinax por su señor, mas no menos era la tristeza que mostrava Pertinax de verse emperador; porque dezía el que este nombre de imperio era la cosa que para sí cada uno más desseava y la que en poder de otro, cada uno más aborrescía. Ninguna insignia de emperador quiso Pertinax llevar consigo hasta que se viessen y se hablassen él y los del senado; y como todos juntos subiessen en el alto Capitolio, do estava el estrado imperial assentado, no quiso Pertinax assentarse en la imperial silla; antes tomó del braço al cónsul Glabrión, y como por fuerça le quería hazer assentar en la silla, diziéndole que él muy mejor que no él merescía assentarse en ella.

Era Glabrión un romano en edad muy anciano, en condición muy manso, en govierno muy cuerdo, en vida muy limpio y en sangre muy extimado, porque descendía por línea recta del rey Eneas, hijo que fue de Anchises, yerno del rey Príamo y padre de Ascanio. De que vio Glabrión que Pertinax le rogava con el imperio, díxole, estando presente todo el senado, "La humildad que muestras, O Pertinax, de no merescer el imperio, éssa te haze digno del imperio, en la qual elección consentimos todos los del senado; y a esto nos mueve no la eleción del exército, sino vértelo tener a ti en poco, por manera que esse tu no querer, te lo haze merescer."

Muy gran espacio de tiempo estuvieron todos los del senado persuadiendo a Pertinax quisiesse condescender a su ruego, es a saber, acceptasse el imperio; mas fue tan grande su repugnancia que casi por fuerça le hizieron assentar en la silla, y lo que más es, que conoscieron dél todos los del senado que lo que hazía, no lo hazía fingido, porque era lástima oýr las lástimas que dezía y ver las muchas lágrimas que derramava.

Después que ya se assentó en la silla imperial Pertinax, habló al senado desta manera: "Lo que agora yo, padres conscriptos, os quiero dezir, séame testigo el dios Jovis, en cuya casa estamos, que no os quiero con ello engañar; porque siendo como es este lugar consagrado a los dioses, gran sacrilegio sería osar en él mentir los hombres. Para todas las flaquezas que los hombres cometan pueden tener excusa, si no es para excusar la mentira, porque a los otros vicios combídanos la carne humana, mas a mentir, no nos mueve sino la malicia propria.

"Ya veys, padres conscriptos, que Cómodo, vuestro emperador, es muerto; y los hados han querido que le suceda yo a él en el imperio. Por ventura, como él a mí me quería mal y a mí sus obras no me parescían bien, podráos passar por el pensamiento que la manera de su muerte fue primero a mi notoria, y que yo fuy en que le quitassen a él la vida; para en recompensa de lo qual, yo juro a los immortales dioses que desta culpa yo no tengo culpa, porque yo estava tan innocente della, que quando me dixeron que Cómodo era muerto, yo pensé entonces que él me embiava a matar. Dado caso que él y nosotros todos hemos de morir, yo no quisiera que con tan desastrada muerte él uviera de acabar, no porque Cómodo no la merescía, sino por la gran obligación que a su padre Marco tenía nuestra madre Roma; porque muchas vezes acontesce que los aviessos de los hijos se recompensan con los merescimientos de los padres. Yo fuy criado y hechura del buen Marco Aurelio, y éste es el mayor bien que los hados me dieron en este mundo; y esto digo porque me pesaría mucho si en mi presencia se dixesse o en mi absencia se hiziesse alguna cosa contra su hijo Cómodo, aunque sea ya muerto, porque en mi coraçón por muy más obligado me tengo a reconoscer las mercedes que rescebí de mi señor Marco Aurelio que no de vengar las injurias que suffrí de su hijo Cómodo. Creedme, padres conscriptos, que si lo contrario desto hiziéredes, podrá ser que por el tiempo en que me hallare, será necessario de lo dissimular, mas no lo dexaré mucho de sentir.

"La providencia de los dioses muy differente es del querer de los hombres; y lo que me mueve a dezir esto es que quando yo era moço y desseava el imperio, no le pude alcançar, y agora que soy viejo y le tengo aborrido, me lo hazen por fuerça tomar; por manera que nos dan lo que aborrescemos y nos niegan lo que buscamos. Quando yo comencé a tener officios en la república, teníame por dicho que no era cosa humana sino dignidad divina ser emperador de Roma, mas después que gusté los trabajos del mandar y conoscí el peligro del imperar, vi claramente que entre todos los trabajos humanos, ser emperador es el mayor de todos. No os maravilléys ni os escandalizéys, padres conscriptos, verme estar tan rezio y verme con tantas lágrimas resistir el imperio; porque si pensasse de averme en él como tyrano, no sólo no le desecharía, sino que le procuraría; mas como

pienso de bivir más en provecho de la república que no en augmento de mi casa, según mis pocas fuerças, es el imperio para mí gran carga. Estando yo, como de verdad estava, satisfecho de saber y conoscer los trabajos del imperio, nin-
5 guna razón ay para pensar que yo desseava el imperio; porque no ay ninguno tan loco como es el hombre que con esperança del remedio, se quiere offrescer al peligro.

"Hasta agora yo era tenido en possessión de rico; ya que soy emperador esme forçado ser pobre, porque un príncipe,
10 según con los que ha de cumplir, tiene pocas cosas que dar y tiene mil necessidades que le constriñan a cohechar y robar. Hasta aquí tenía quietud y reposo, mas de aquí adelante esme forçado bivir inquieto y desassossegado; porque del trabajo e inquietud del príncipe procede la quietud y
15 assossiego del pueblo. No es el officio del príncipe dormir sino velar, no es holgar sino trabajar, porque toda recreación excessiva que tomare su persona, luego ha de redundar en daño de su república.

"Desde que nascí hasta agora, no sé otra cosa sino ver,
20 oyr, leer, tractar, suffrir y experimentar trabajos, muchos de los quales mirava desde lexos; mas ¡ay de mí! que agora todos los tengo de tener cerca, porque es tan liviano y tan vario el apetito del vulgo, que si oy les dan y eligen un príncipe bueno, mañana querrían gustar a qué sabe la go-
25 vernación de otro. Naturalmente todos los hombres en todas las cosas y todas las horas dessean oýr y ver novedades, y mucho más dessean esto en las governaciones que en todas las otras cosas, porque ningún príncipe govierna tan bien que no piense que governará otro mejor. Hasta aquí era yo
30 muy bienquisto, servido y reverenciado, mas de aquí adelante todos o los más me ternán embidia y odio, porque es tan embidiado el estado de los príncipes, que faltarían arenas en la mar para contar sus enemigos y sobrarían de los cinco dedos de la mano para señalar sus amigos.

35 "Todo esto digo, padres conscriptos, para que no os maravilléys si resistía la carga del imperio; antes os devéys escandalizar, conosciendo lo que conoscía, de verme dél encargado, porque para dexarle mil cosas me movían y para tomarle ninguna me combidava. Ya que los dioses lo han

querido y mis hados lo han permitido y vosotros assí lo avéis ordenado, determino de encargarme desta carga, aunque sé que me ha de costar la vida; mas yo la doy por bien empleada, si ella se empleare en augmento de la república."

Dichas pues estas palabras por Pertinax, tomó en sí muy sobrado plazer el senado, mayormente le loaron mucho dezir y mandar que ninguno dixesse mal de Cómodo, sabiendo como sabían todos, que avía sido su mortal enemigo. Tomaron los del senado a Pertinax en medio y lleváronle por todos los templos, y en cada templo offrescía a los dioses muy notables sacrificios; y por cierto ésta era notable y exemplaria cosa en Roma, es a saber, que los príncipes nuevamente electos primero visitavan a los dioses, que se dexassen visitar de los hombres. Como Pertinax tenía la persona tan autorizada y avía sido electo por el exército y por el senado en tanta concordia, y allende desto era viejo y cano y de tan largos tiempos en Roma conoscido, era cosa monstruosa verle salir por Roma y lo que hazían todos por ver su cara; porque a la verdad, les parescía a todos que era poco obedescerle como a príncipe, sino amarle y servirle como a padre.

CAPITULO .vi.

De muchas cosas que hizo después que fue emperador.

Lo primero que Pertinax mandó y proveyó fue que la gente de guerra fuesse bien pagada y junto con esto, estuviesse muy disciplinada; y puso en esto más que en otra cosa luego remedio, porque so el imperio de Cómodo, andava el exército muy dissoluto. Gastava Cómodo tantos dineros en sus vicios que no avía para pagar los exércitos, y con esta occasión capeavan de noche, salteavan los caminos, saqueavan las casas, talavan los campos, robavan a los pobres y cohechavan a los ricos; finalmente, eran tan libres y tan esentos que por miedo de la pena, nunca se abstuvieron de la culpa.

No pocos días después que Pertinax fue declarado por emperador, como estuviesse un día en mucha poridad y familiaridad hablando con Leto y Electo, díxole un cónsul que avía nombre Falco, "Qué tal emperador tú, O Pertinax, ayas de ser, tus obras lo comiençan a demostrar, pues traes empós de ti a Leto y a Electo, los quales como traydores mataron a su señor Cómodo. Haziendo lo que hazes y consintiendo lo que consientes, no puede ser menos sino que allende del mal exemplo que das a Roma, pones tal escrúpulo en tu fama, a que pensemos que si no fuiste tú el inventor de le matar, holgaste a lo menos de su muerte encubrir."

A esto respondió Pertinax, "Bien paresce que aunque eres cónsul, que eres moço, pues no sabes hazer differençias de un tiempo a otro. No es mucho que haga yo con Leto y Electo lo que ellos hizieron con su señor Cómodo, es a saber, que le obedescían y le seguían, y lo que mucho desseavan, aquello más dissimulavan, y después, avida oportunidad y llegada la hora, quitaron a Cómodo la vida."

El mesmo día que fue Augusto y emperador nombrado, le llamaron Padre de la Patria, y esta excellencia a ninguno antes ni después dél se dio aquel día. Llamávase su muger Flavia Ticiana, a la qual, el mesmo día que llamaron a él Augusto, llamaron a ella Augusta. Trabajava mucho el emperador Pertinax de favorescer todo lo que Marco Aurelio su señor favoresció, de acabar lo que él començó, de substentar todo lo que él dexó, de rehedificar todo lo que él fabricó y de imitar todo lo que él hizo; porque dezía él que era impossible errar, el que las pisadas del buen Marco Aurelio quisiesse seguir. Otro día que fue en emperador electo, hizo un solenníssimo combite a todo el senado, y también se hallaron en él otros varones nobles assí de Roma como de otras partes del imperio, y dar en tal día esta comida era muy antigua cerimonia en Roma; y desde el tiempo de Cómodo se avía ya olvidado este uso, porque ninguno ossava con él comer por miedo que con tósico no le uviesse de matar.

Divulgada la fama por el imperio de como Cómodo era ya muerto y Pertinax estava por emperador declarado, davan los pueblos y las ciudades y provincias y reynos muy grandes albricias a los mensajeros que las llevavan, las unas por la muerte de Cómodo y las otras por la elección de Pertinax. Como fue tantos tiempos y en tantas provincias pretor, censor, quirite, edil, cónsul, procónsul y censorino, era Pertinax uno de los más afamados romanos que avía en el imperio; y de aquí succedió que como se supo entre los bárbaros que Pertinax era emperador de los romanos, los que dellos estavan revelados dexaron las armas, y los que estavan en treguas hizieron pazes. Tenía Pertinax un hijo al qual los romanos quisieron criar en Augusto, con intención que succediesse a él después de sus días, en el imperio; mas él ni lo amó oýr ni lo quiso consentir, diziendo que nunca los dioses quisiessen que con esperança del imperio su hijo se criasse occioso y vicioso.

Avía impuesto Cómodo inexquisitos tributos a los pueblos, y Pertinax mandó quitarlos, diziendo que de querer los príncipes llevar a sus reynos iniustos tributos succedía después a no querer pagar los tributos que son obligados. Fue Pertinax un día a visitar la Cárcel Mamortina y halló en ella muchos testigos falsos que estavan presos, a los quales todos mandó dar la pena del talión, es a saber, que executassen en ellos por justicia lo que ellos accusaron en otros con malicia. Ordenó que el testamento que hazían el marido y la mujer juntos, si por caso muriesse alguno dellos primero que el otro, no pudiesse el que quedava bivo revocar lo que avía hecho en compañía del muerto.

Ordenó así mesmo que muriendo alguno *ab intestato,* no succediesse en la herencia el fisco, sino que heredasse el hijo o el pariente más propinquo, diziendo que no avía ley ni razón justa por do el que moría sin habla uviesse de perder la hazienda. Dixeron un día a Pertinax los del senado como los qüestores del erario y los officiales del fisco se avían dél quexado por la ley que en favor de los muertos *ab intestato* avía hecho, a los quales él respondió, "Padres conscriptos, yo sé que no son tantos los que desta ley se quexan quantos los que la aprueban y loan; mas a mí ni me da que blasphemen unos ni me lisongeen otros, sino que a mi parescer no es obra de romanos sino invención de tyranos querer de robos y cohechos y rapiñas henchir el erario de riquezas."

Hizo ley que con ninguno pleyteasse el fisco sobre alguna hazienda o herencia que estuviesse dubdosa, diziendo que el fisco no avía de llevar sino lo que era muy claramente suyo, y que en caso de dubda, más seguro y más conforme a justicia era que se quedasse con ello el que lo posseýa que no el fisco que lo pedía.

Mandó que todo lo que paresciesse aver Cómodo, su predecessor, injustamente adquirido fuesse a sus dueños restituido. Al tiempo que el escrivano fue a firmar esta ley para pregonarla, como Pertinax la leyesse y dixesse en ella, "Mandamos que todo lo que Cómodo, nuestro predecessor, aya robado...," borró él con la pluma do dezía *robado*, y puso encima el renglón *adquirido*, diziendo, "Abasta que la ley sea en favor de los bivos sin que injuriemos con palabras feas a los príncipes muertos."

Todo lo que paresció dever particularmente Cómodo, mandólo pagar, y todo lo que avía prometido, mandólo dar; y allende desto, trigo, azeyte y otras cosas que particularmente se solían por todo el pueblo romano repartir, con mucha diligencia, de diversos reynos las hizo traer, y con gran abundancia y largueza las mandó repartir. Aviendo Pertinax quitado muchos injustos tributos, succedióle después una gran necesidad para socorrer el exército de Affrica, por cuya occasión uvo de echar ciertas imposiciones nuevas en la república; y como le dixesse el cónsul Gelliano que hazía contra lo que antes avía hecho en el imperio y contra lo que avía dicho en el senado, respondióle Pertinax, "Quando yo era cónsul como tú eres, maravillávame de lo que hazían los príncipes, y agora que soy príncipe, maravíllome de lo que dezís los cónsules. Esto digo, Gelliano, porque sepas que los emperadores unas vezes hazemos las leyes conforme a lo que devemos y otras vezes no como queremos, sino como podemos."

Las mancebas y los mochachos que tenía Cómodo para sus plazeres, aunque fue persuadido y rogado que los matasse o desterrasse, no quiso matarlos ni desterrarlos, sino venderlos; y como las mancebas eran muy hermosas y los mochachos no feos, subió la venta a gran quantía de dineros. Tenía assí mesmo Cómodo muchos truhanes y muy ricos, a los quales mandó Pertinax vender en pública almoneda y confiscar sus bienes para común utilidad de la república. Algunos de aquellos mochachos que Cómodo tenía en su casa y Pertinax vendió en la plaça vinieron después a ser censores y prefectos y cónsules en Roma, por manera que vinieron a mandar y a ser señores de aquellos que los compraron por esclavos. Vendió assí mesmo Pertinax las ropas y joyas de Cómodo, es a saber, sedas, brocados, oro, plata, unicornio; y dado caso que todo esto valió muchos dineros, sin comparación valieron más los instrumentos que tenía para sus vicios, porque Cómodo más era vicioso que cobdicioso.

CAPITULO .vii.

De muchas cosas que ordenó y reformó en la república.

Avía en Roma y en los confines de Ytalia muchas tierras gruessas para pan, las quales estavan eriales y montes hechas, y mandó pregonar Pertinax que todos los que las desmontassen y labrassen por espacio de diez años, fuessen libres de todo lo que en ellas cogiessen.

Antes que Pertinax hiziesse esta diligencia en Ytalia, de Egipto y de España y de Sicilia traýan trigo para bastecerla, y por esto dezía Trajano que más tributaria era Roma que ningún lugar de toda la tierra, pues no podía comer sin que de otros reynos se lo uviessen de dar.

Avía muchas cosas particulares que se llamavan *del emperador*, es a saber, montes, dehesas, huertas, ríos, lugares y casas, a las quales todas mudó los nombres, mandando que dende en adelante no dixessen, "Este es el monte del emperador," o "la huerta del emperador," sino dezir, "Este es el monte de la república," o "Este es el río de la república;" porque dezía él que el día que a uno hazían emperador de Roma, ninguna cosa podía tener propria suya. Y dezía más: "Si quiere ser bien entendido este nombre de príncipe, no quiere dar otra dignidad al que le tomare sino hazerle deffensor de las tierras de la patria y procurador de los bienes de la república."

En tiempo de sus predecessores avíanse intentado unas imposiciones nuevas, es a saber, en los puertos de la mar, en las puertas de la ciudades, en el passar de los caminos en las varcas de los ríos y en los hornos de los pueblos, lo qual todo era en gran detrimento de la república y de la antigua libertad de Roma, y por esto mandó Pertinax que dende adelante no se cogiesse más. Como le preguntasse el cónsul Tortelio por qué avía deshecho aquellos tributos, pues le eran tan provechosos, respondió, "Porque sin comparación son más los enojos que me dan que los dineros que me traen, y a mi parescer no podemos dezir que son muy limpios los dineros que vienen ensangrentados con enojos."

Mandó que en los casos criminales fuessen los culpables muy oýdos, y que si por caso uviesse alguno de morir, dentro de quarenta días no le pudiessen matar. Estavan en la casa de Cómodo muchos esclavos huýdos de sus señores, porque todos los malhechores tan seguramente se acogían a su casa como los cristianos a la yglesia, y mandó Pertinax que fuessen todos por sus excessos castigados y restituidos a sus dueños.

Era cosa monstruosa y escandalosa lo que se gastava en tiempo de Cómodo en la despensa, y proveyó Pertinax en este caso de tal manera que no menos murmuravan dél por lo poco que gastava que de Cómodo por lo mucho que desperdiciava. Culpavan mucho a Pertinax que a los combidados que comían a su mesa ponían medias lechugas y medios cardos, y que muchas veces embiava presentadas entre dos platos no más de dos sopas y otras vezes una pierna de faysán y otras vezes las ancas de un capón y otras veces lo que sobrava a la mañana mandava guardar para la noche. Mucho deven mirar los príncipes, no los noten de míseros en sus mesas, porque es muy poco lo que en semejantes poquedades pueden ahorrar, y es mucho lo que dan en su república que dezir. Avía en Roma muchos romanos golosos y boraces, los quales por exemplo de Pertinax reformaron sus mesas y quitaron gastos superfluos de sus casas.

Salíase muchas veces al Campo Marcio y allí hazía hazer exercicios de guerra a todos los del exército, y premiava a los que en las armas eran industriosos, y reprehendía a los descoraçonados y floxos. Avía muchos romanos y otros de los confines de Ytalia, los cuales devían gran quantidad de dinero assí al fisco como al erario, y como supiesse que avía algunos entre ellos que en otro tiempo fueron sus amigos y otros que eran necessitados, mandó que a los unos y a los otros les soltassen lo que devían al fisco, pues era suyo, y pagassen por ellos todo lo que devían al erario. Entre otras virtudes, de dos fue muy notado y muy loado el emperador Pertinax, es a saber, de piadoso y agradescido, porque fue compasivo de los aflictos y agradescido a sus amigos.

Tenía Pertinax un hijo, el qual, después que fue emperador, no sólo no le quiso traer a su casa, mas aun ni le consintió entrar en Roma, sino que le tenía allá en su tierra y casa labrando y grangeando su propia hazienda. Como el cónsul Fulvio Turbón dixesse a Pertinax que su hijo parescía más hijo de labrador que no de emperador, alçó los ojos al cielo y con muy gran sospiro dixo, "Contentarse deve mi madre Roma que yo offrezca y ponga por ella en peligro mi vida, sin que ponga en el mesmo peligro a mi hijo y casa." Fue por cierto palabra muy lastimosa, y quanto más en ella se pensare, parescerá más profunda, do paresce que se tenía a sí mismo por malaventurado en verse con el imperio, y que dexava a su hijo muy bienaventurado en no le dexar emperador.

Aunque Pertinax era viejo y grave y estava en la cumbre del imperio, siempre se presció de ser a todos urbano y bien criado, por manera que jamás hombre le hizo reverencia a quien no hiziesse él alguna mesura, considerada en cada uno la calidad de la persona.

Amotináronse una noche cinqüenta siervos en Roma, los quales en un hora mataron a sus amos, y puso Pertinax tan buena diligencia en buscarlos que solos cinco faltaron dellos; y la pena que les mandó dar fue que truxessen los cuerpos de los muertos a cuestas, atadas espaldas con espaldas, por manera que el hedor de los muertos acabó la infelice vida de los bivos.

En la escuela que aprendió Pertinax, estudió un romano que avía nombre Valerio, y como avían estudiado juntos dende niños y eran en la edad quasi contemporáneos, eran muy grandes amigos, y a esta causa muchas veces Pertinax combidava a cenar a Valerio, y durante la cena jamás los oyeron hablar sino en cosas de sciencia, de cavallería o en reparos de Roma o en reformación de la república. Bien se paresció en Pertinax que tomó el imperio de mala gana, que a la verdad ni en comer ni en vestir ni en andar ni en hablar ni en otra cosa alguna él como emperador se tractava, por manera que no se presciava representar lo que era, sino parescer lo que avía sido. Muchas vezes dezía él que no avía hecho ygual yerro en este mundo como aver acceptado el imperio, y hartas vezes ponía en plática de dexarle y tornarse a su casa, si no fuera porque se consolava con dezir que según la mucha edad que tenía, presto se le acabaría la vida y saldría de aquella pena.

CAPITULO .viii.

De los vicios que tuvo y de los prodigios de su muerte.

Como el emperador Pertinax era viejo, mucho le cargaron las enfermedades de la vegez, es a saber, ser cobdicioso y avaro, porque en allegar y guardar el dinero era diligente y en darlo o gastarlo muy pesado. Grangeava mucho la hazienda de su casa, como si no tuviera de que bivir otra cosa; y hallóse por verdad que a unos cambiadores de las salinas de Sabacia tenía dados dineros a usura, mas en estos tractos ni dava ni tomava dineros de la república, sino que el daño o el provecho redundava en su casa. También fue notado de hombre flexible en los negocios, es a saber, que no tenía nervio ni contradición en ellos, sino que lo que unos le aconsejavan, fácilmente lo contrario otros le persuadían, y causávalo esto que era de su natural tan bien acondicionado que no podía ver triste a ninguno.

Fue también Pertinax culpado que nunca cosa que le pidiessen negó, aunque muchas de las que prometió no cumplió, porque las más vezes prometía de dar lo que después no le era posible cumplir. Como toda la grandeza de los príncipes consista en tener que dar, mucho deven advertir en mirar lo que les piden y lo que prometen; porque teniendo, como tienen, con tantos y con tantas necessidades de cumplir, si los súbditos fueren inverecundos en el pedir, sean ellos graves en el prometer. Junto con esto deven advertir los príncipes que do una vez empeñaren su real palabra, pospuestas todas las cosas, deven cumplirla.

Casó Pertinax dos veces, y la segunda fue con una hija del jurisconsulto Vulpiciano, al qual él hizo prefecto luego que le dieron a él el imperio. Acerca de la pudicicia de su muger fue también Pertinax muy notado, es a saber, de descuydado en guardarla y de remisso en reprehenderla, porque a la verdad era moça y hermosa, absoluta y dissoluta, y era pública fama en Roma que amava más a un mancebo músico que no a Pertinax su marido. Fue también Pertinax muy notado que tuvo amores con Conificia, sobrina que era suya, a la qual él avía criado desde niña, y se la avía dado su padre en confiança; y fue esta cosa no menos escandalosa que fea y fea que escandalosa, porque semejante liviandad ni se suffría en hombre de tanta edad ni se permitía en príncipe de tanta gravedad.

Algunos prodigios acontescieron antes que él muriesse, en especial, estando un día offresciendo sacrificios a los dioses penates, quando los carbones estavan más encendidos, súbitamente los vieron todos muertos, lo qual era señal que estando en lo más seguro de la vida, repentinamente le avía de saltear la muerte. No seys días antes que le matassen, como en el templo del dios Júpiter estuviesse offresciendo grandes sacrificios, quiso con su propria mano offrescer un pabo, en el qual no halló coraçón quando le abrió, y de súbito desaparesció la cabeça quando le degolló. Ocho días antes de su muerte, estuvo junto al sol una estrella, la qual resplandecía y se parescía a mediodía como si fuera a medianoche. Tres días antes que le matassen, soñó Pertinax que caýa en una piscina y que estava un hombre con un cuchillo en la mano denodado para le matar y él que quería y no podía huyr.

Juliano, que después succedió a Pertinax en el imperio, como tuviesse un sobrino y le casare con una su sobrina y viniessen a ver a Pertinax, dixo Pertinax al mancebo desposado, "Sey bueno, y tenerte he como hijo, y sirve a tu tío Juliano como a padre, porque es mi collega y successor." Avían sido ambos juntos cónsules y después en el proconsulado fue succesor de Pertinax el Juliano; mas aunque habló él de la successión del proconsulado, agüero fue lo que dixo de succederle el otro en el imperio.

Fuele descubierto a Pertinax que el cónsul Falconio desseava y procurava de succederle en el imperio, y para esto dava orden como le quitarían la vida sin que se supiesse en Roma, del qual cosa se quexó Pertinax gravemente en el senado. Averiguada y sabida la verdad, rogó Pertinax al senado que fuesse el cónsul Falconio perdonado, diziendo que más quería alabarse de aver usado con él de clemencia que no preciarse de aver tomado dél vengança. Fue pues Falconio perdonado, y lo que después bivió, bivió en su casa seguro, mas como avía sido hombre honrrado y entre todos los romanos muy extimado y que por aquella trayción avía perdido el crédito, dentro de breves días de pura tristeza dio él fin de sus días.

CAPITULO .ix.

De la occasión que tomaron los pretorianos para le matar.

Los officiales que tenía Cómodo para su servicio en palacio, es a saber, camareros, secretarios, porteros, cozineros, mayordomos y despenseros, no los avía mudado Pertinax, esperando de los mudar en el día que se celebrava la hedifficación de Roma, porque según él dezía, antes que se uviessen de quitar aquellos que eran malos, era razón que despacio se hiziesse election de otros buenos. Lo que Pertinax pensava hazer en su casa, determinava también executar en los capitanes de la guerra y en los otros officiales de la república, a causa que estavan tan absolutos en el mandar y tan cobdiciosos en el robar, que si se recompensara la pena con la culpa, muy poco era quitar a cada uno dellos la vida.

Quando se alarga la execución de los negocios arduos, mucho peligro tiene el secreto dellos, y a esta causa, como

este negocio difirió Pertinax de día en día, sospecharon todos
los officiales lo que dellos quería hazer, y determináronle de
matar. En extremo estava Pertinax muy odioso con la gente
de guerra y con los particulares officiales de la república,
5 y este odio no procedía de hazerles el buen príncipe malas
obras, sino porque no les consentía robar y hazer cosas feas.
Muchas vezes se enemistan y appassionan los malos con los
buenos, no porque los buenos les dexan de hazer bien, sino
por no les consentir hazer mal, porque es tan perversa la
10 malicia de algunos perversos, que más gusto toman en hazer
mal a otros que en rescebir bien ellos mismos. A todos los
officiales de la república mandava Pertinax que llevassen
por entero los derechos que les pertenescían de su officios,
y a todos los pretores y militares de la guerra proveýa en
15 que les pagassen muy bien sus sueldos, y allende desto, no
los tractava como a vasallos, sino que a los mayores honrrava
como a hermanos y a los menores hablava como a hijos; mas
con todo esto, bivían muy apassionados y descontentos, porque de antes, más era lo que extraordinario robavan que no
20 lo que de sus gages cogían.

Fue pues el caso que se juntaron un día a comer ciertos
pretores del exército y ciertos officiales del pueblo y otros
criados de palacio, y después que uvieron largamente comido y abundamente bevido, començaron a hablar de los
25 tiempos de Cómodo, es a saber, como entonces eran libres
y ricos y honrrados, y que agora después que imperava Pertinax estavan pobres y captivos y abatidos, y que la culpa
desto más consistía en la covardía dellos que no en el atre-
vimiento dél. Dando pues y tomando en el negocio, vinieron
30 a concluyr de quitar a Pertinax la vida y de eligir a su voluntad otro emperador de Roma, el qual renovasse la memoria de su señor Cómodo y deshiziesse todo lo que Pertinax
avía intentado, y que más seguro les era governarse por un
moço cuerdo como fue Cómodo que no por un viejo loco
35 como era Pertinax. Lo uno, como tenían las cabeças turba-
das del bever, y lo otro, como tenían los estómagos calientes
del comer, y sobre todo, como avían ayrado sus coraçones
con el hablar, repentinamente se levantan todos de la mesa
y se va cada uno a armar a su casa, con determinación de

morir en la demanda o de quitar a Pertinax dentro de aquel día la vida.

Estando pues el pueblo assossegado y Pertinax muy descuydado, vienen los pretorianos del exército con gran gente armada, unos trayendo lanças enrristradas y otros las espadas sacadas, y vanse al palacio imperial, do estava Pertinax reposando la siesta (porque era poco más de mediodía), y començaron a dar gran grita luego que le cercaron la casa, diziendo, "¡Biva la memoria de Cómodo y muera el falso viejo de Pertinax!" Los que estavan con Pertinax en palacio ni sabían qué hazer ni menos qué aconsejar, en que unos dezían a Pertinax que embiasse por socorro al pueblo, otros que se abscondiesse en algún lugar secreto, otros que peleasse entretanto que le venía socorro; finalmente, estava la cosa tan confusa que el que menos temía, temía perder la vida, porque a todos aquellos palatinos les sobravan ropas para yr a ruar y les faltavan armas para salir a pelear. Parescióle a Pertinax que para pedir socorro no era ya tiempo; querer también intentar de pelear, estavan con él pocos; ponerse pues en huyda, no avía lugar; trabajar por absconderse era muy gran poquedad. Determinóse el buen príncipe de salir a hablar a los pretorianos, por ver si podría con sus palabras amansarlos. Según después contavan los que se hallaron con él en aquel gran conflicto, bien mostró Pertinax la grandeza de su ánimo y quan en poco tenía el imperio y aun quan harto estava ya de las vanidades deste mundo, porque ni mostró miedo en lo que oýa, ni mudança en la cara, ni menos se turbava en lo que dezía. Hizo Pertinax abrir las puertas de su palacio, y él salióse de su cámara sin llevar en las manos ni sola una arma, y començó a razonar con los que le tenían cercado desta manera.

CAPITULO .X.

De un muy notable razonamiento que hizo el emperador Pertinax quando le querían matar.

"Si esta tan gran commoción que oy avéys movido, O comilitones y amigos míos, es porque os paresce yo no merescer el imperio romano, acordaros devéys que no le alcançé con ruegos ni le compré por dineros, sino que por fuerça me la hezistes tomar, empleando yo mis fuerças en le resistir. Si lo avéys porque yo no entienda en la república, ya sabéys quántas veces he rogado me dexen tornar a mi casa; y pues esto es verdad, no sé por qué agora me queréys quitar por fuerça lo que antes yo dexaba de grado. Si por ser yo ingrato a mi madre Roma o por tener mal govierno en la república queréys vosotros quitarme la vida, no puede ser obra más justa ni justíssima, aunque desto se me siga a mí no sólo pena, mas aun infamia, porque semejante muerte, más afrenta es merescerla que no suffrirla.

"Si os tenéys por afrentados en tener por príncipe al que no es del linage de los Fabios ni de los Metelos ni de los Fabricios o de otros muy notables romanos, en este caso, echad la culpa a los dioses que tal me quisieron criar y a vosotros mismos, que con tales condiciones en emperador me quisisteis eligir; porque en las cosas de naturaleza ni merescemos ser loados por las que tenemos ni reprehendidos por aquéllas de que carescemos. Más justo es, O comilitones y amigos míos, que en este caso se tenga respecto, no a la liviandad y vanidad del linage, sino a la virtud y gravedad de la persona, porque muy poco haze al caso para la buena governación, que sea uno limpio en la sangre y torpe en la vida.

"Si vosotros os avéys alterado a razón que se os deve todo o parte de vuestro sueldo, dezidlo luego, que yo os juro y prometo sea cada uno enteramente pagado; y si assí es, yo soy en este caso sin culpa, pues no ha venido hasta agora a mi noticia. Pues soys cavalleros poderosos y romanos generosos, devéys en tal caso considerar que conforme a nuestras leyes, la innocencia y ygnorancia de la culpa afloxa y disminuye mucho de la pena. Si por caso os avéys escandalizado de ver que yo soy príncipe rezio, dessabrido y riguroso, y que por tal soy tenido en el pueblo, tan poco tenéys en esto razón como en lo otro, porque todos universalmente piden que se haga justicia, y todos aborrescen la execución della.

"Si me queréys inculpar de la muerte de Cómodo, mi predecessor y vuestro señor, ya vistes por la experiencia quánto yo estuve sin culpa, y que a mí más que a ninguno pesó de su muerte tan desastrada; y que esto sea verdad, traed a la memoria el día que a Cómodo mataron, en el qual, de plazer vi yo a vosotros cantar y de pesar me vistes a mí llorar. No me podéys negar, romanos, que la muerte de Cómodo no fue de todos vosotros desseada, y la eletión mía fue también por todos vosotros aprobada; y pues esto es assí, maravillado estoy, hombres de tanta auctoridad y gravedad aver querido inventar tal novedad como ésta, es a saber, tener en tan breve espacio hastío de lo que procurastes y apetito de lo que revessastes. A los immortales dioses juro, yo no siento cosa fea que aya cometido contra la república, porque me ayáys de aborrescer, ni sé qué aya hecho Cómodo después que murió, porque le ayáys de amar y dessear; porque si sospiramos por los muertos, no es por las hazañas que les hemos visto hazer después que murieron, sino por las buenas obras que hizieron en quanto bivieron.

"Si no para más de quitarme a mí la vida os avéys juntado y armado toda la gente de guerra, por cierto ella es cosa superflua y vana, que según yo soy enfermo y viejo y estoy con el imperio tan descontento y con la vida tan aborrido, muy poco se me da de bivir y mucho menos de morir. No me pesa tanto perder la vida quanto me pesa de la infamia que ponéys a vuestra madre Roma, es a saber, que los romanos que suelen tener fama de ser leales a sus señores, se diga por todo el mundo que mataron a su emperador.

"Ya sabéys que vosotros, siendo como soys gente de guerra, no para otra cosa soys tan bien pagados y de los tributos relevados sino para castigar a los que alteran a la república y para guardar la casa e imperial persona. Pues si esto es assí ¿qué cosa puede ser tan alevosa y escandalosa, que los que están depositados para mi guarda, aquéllos y no otros vengan a quitarme la vida? Pues soys gente de guerra, obligados soys a guardar las leyes della, es a saber, que aun en las guerras de los enemigos no podéys ni devéys matar a los niños ni a los viejos. Pues si yo soy viejo y ciudadano romano ¿por qué queréys hazer comigo lo que no haríades con un enemigo?

"En las palabras que dezís y en la desorden que traéys y en la hora que venís, se conosce muy claro que para emprender tan gran negocio, pensastes muy poco en ello; porque si lo pensárades y examinárades, hallárades por verdad que de quererme vosotros matar, no se saca otro fruto sino levantar en vuestra madre Roma un gran escándalo y poner a vosotros en muy gran peligro. Pues ha de heredar el imperio uno y no todos ¿qué locura os toma, romanos, querer perderos todos porque se gane uno, y no sabéys después si aquel uno os será grato o ingrato?

"No puedo huyr de lo que los hados tienen de mí ordenado y de lo que vosotros tenéys determinado; mas si por caso es éste mi postrimero día y es llegada mi fatal hora, ruego a los immortales dioses que la sangre innocente que fuere de mí derramada, no cayga la vengança de ella sobre mi madre Roma, sino que cada uno de vosotros la sienta en su persona y casa."

Quando Pertinax llegó al punto de dezir estas palabras, a todos los más de los que allí estavan se les saltaron las lágrimas y se començaron a yr, bolviendo las espaldas y abaxando las armas, porque uvieron muy gran vergüença offender y desacatar a canas tan honrradas y a palabras tan bien dichas.

El que más feamente avía hablado contra Pertinax y el que más a la gente de guerra avía alterado era uno que avía nombre Tausio, de nación theutonio, y este malaventurado, como vió que ya todos se tornavan y de matar a Pertinax desistían, echóle por medio del cuerpo una lança, de la qual herida cayó Pertinax en tierra, y allí le dieron otras heridas de que murió luego. Muy gran pesar tomó todo el pueblo romano de ver a Pertinax muerto; porque no aviendo imperado más de veynte días y catorze meses, aprovechó a la república más en ellas que otros en catorze años. [63] No

---

[63] Pertinax ruled less than three months (January to March 27, 193).

contento el traydor de Tausio de matar a Pertinax, acordaron él y los de su capitanía cortarle la cabeza y ponerla en una lança y traerla por todas las calles de Roma.

Murió Pertinax a cinco días andados del mes de abril, siendo cónsules Falconio y Claro; y la cabeça, echáronla en Tyberín sus enemigos, y el cuerpo, enterráronle en el sepulchro de su suegro los parientes y amigos, y no osaron al presente hazerle ninguna funeral pompa, porque matavan a todos los que mostravan por él tristeza.

F I N

COMIENÇA LA VIDA del emperador Juliano, el que compró el imperio, copilada por el señor don Antonio de Guevara, obispo de Mondoñedo, predicador y chronista y del consejo de su magestad.

5   CAPITULO PRIMERO

Del linage y naturaleza del emperador Juliano.

El emperador Didio Juliano tuvo por visabuelo a un romano que uvo nombre Saliano, que fue jurisconsulto y dos vezes cónsul y pretor de la ciudad, y murió en el segundo
10 año del imperio de Nero, y dizen que murió de pura tristeza por ver en poder de tan gran tyrano como era Nero la república. [64] Llamóse su abuelo Salbio Juliano, y éste dióse más a las armas que no a las letras, y anduvo en las guerras de Dacia con Trajano, y fue capitán de la segunda
15 legión y repartidor de los bastimentos mucho tiempo, y al fin murió en su officio, es a saber, en la guerra contra el rey daco. [65] Su padre se llamó Didio Petronio, el qual ni se dio a la sciencia ni siguió la guerra como sus passados, sino que residió y bivió siempre en Roma, trabajando en su
20 hazienda y teniendo officios en la república; y fue muy gran amigo de Antonino Pío, y murió so el imperio del buen Marco Aurelio. Su madre se llamó Clara Emilia, noble y

---

[64] *Saliano* (Salvius Julianus) *proavus*, who was probably no relation to Didius Julianus, was born toward the end of the first century (SHA, I, 348, note 1), about 30 years after Nero's death.

[65] Another Salvius Julianus, *avunculus* (uncle), is mentioned by Spartian but nothing seems to be known about him.

generosa romana y muy gran amiga y parienta de Domicia Lucilla, madre que fue de Marco Aurelio; y assí ella le tractava y favorescía como a hijo, y él obedescía a ella como a madre. [66]

El primero officio que tuvo en la república Didio Juliano fue decemvirato, es a saber, ser uno de los diez visitadores del pueblo; [67] y dado caso que le faltava edad para tenerle, no le faltó favor para alcançarle, porque Domicia, madre de Marco Aurelio, pidió este officio para él en el senado. Fue también questor dos años arreo, y esto dos años antes que conforme a las leyes romanas lo pudiesse tener, porque avía de tener cumplidos treynta años, y no tenía edad más de veynte y ocho; mas assí como el officio de decemvirato alcançó por ruego de la madre, assí este otro concedieron por favor del hijo, es a saber, de Marco Aurelio. [68] Ya que Didio Juliano passó de los treynta años, nunca le faltaron en la república officios, porque hasta aquella edad más querían los romanos que se occupassen los mancebos en aprender que no en mandar y governar. Fue Juliano edil y pretor y censor diversas vezes y en diversos años y en interpolados tiempos; mas el officio en que duró él más tiempo fue pretor romano, porque tenía letras para governar y era executivo en el justiciar. Naturalmente era amigo de guerra, y con este desseo fuese una vez a la guerra de Germania, en la qual ni alcançó fama ni augmentó hazienda, porque a la verdad él tenía mejor manera en governar que ardid en pelear. Governó por espacio de tres años la provincia Bélgica, que agora se llama la Suiça, en la qual governación se uvo tan venturosamente que alcançó en ella lo que avía perdido en la guerra, es a saber, mucha reputación en la república y gran hazienda para su casa. [69]

---

[66] Didius' father was from Milan; his mother was not related to Domitia Lucilla.
[67] His first mentioned office was as one of the *viginti viri*.
[68] The minumum age for a quaestor was 25.
[69] On the rule of Didius in Belgium, the source says simply *sancte et diu rexit*, but oddly enough Pauly's *Real-Encylopädie* estimates three years (V, 415 a 4); the *provincia belgica* included the western part of Switzerland (*Real-Encyclopädie*, III, 206 b 25-28).

En el segundo año del imperio de Marco, reveláronse los que moravan a las riberas del río Albo, que es en el reyno de Bohemia, a la qual commoción acudió Didio Juliano, y como era sabroso en el hablar y sagaz en el nego-
5 ciar, dentro de muy breve tiempo los reduxo al servicio del Imperio Romano. Como se supo en el senado lo que Juliano en Bohemia avía hecho, túvose dello el emperador por muy servido y el senado por muy contento, mayormente que lo avía hecho sin ser rogado ni mandado; y en recompensa
10 deste tan señalado servicio, embiáronle el consulado sin ser por él pedido ni menos solicitado. [70] Quando le llegó a Juliano la nueva del consulado, dizen que dixo, "A los immortales dioses juro que ni solicité el consulado ni aun de alcançarlo me passava por pensamiento; mas en esto se paresce
15 claro que solicita más el bueno con buenas obras, que no el malo con muchas mañas." Después que cumplió el año de su consulado, fue embiado a la inferior Germania por pretor, y esta tierra es la que agora se llama Flandes, en la qual estuvo dos años; y dende tornó a Roma y allí tuvo
20 cargo de los bastimentos, el qual officio era más provechoso que honrroso entre los romanos.

Muerto ya el emperador Marco, siendo emperador Cómodo su hijo, fue Juliano accusado de traydor, es a saber, que él y Silvio su tío tenían concertado de matar a Cómodo;
25 y el que depuso dél fue un noble cavallero que avía nombre Severo; mas como no pudo provar lo que dezía, dieron por libre a Juliano y cortaron la cabeça a Severo. En un tiempo estuvo Juliano en gracia de Cómodo y en otro tiempo en desgracia, mas después que de la conjuración fue acusado,
30 siempre le tuvo mortal odio, y como conosció esto de Cómodo, assí en las obras que le hazía como en las palabras que le dezía, estávase lo más del tiempo en su casa, y excusávase de los officios de la república.

Fue Juliano jurisconsulto, es a saber, en las letras muy
35 doctíssimo, y dízese dél que avía pocos que le sobrepujassen

---

[70] Didius became consul in 175; Guevara identifies the war with that of 162, but it is undoubtedly not the same and probably began around 170. (*Real-Encyclopädie*, V, 415 a 47-55.)

en la sciencia y ninguno que ygualasse con él en la oratoria, porque nunca abogó en el senado por alguna causa que no alcançasse la victoria della. Era prompto en el hablar, agudo en el proponer y grave en el determinar; y en la estatura
5 del cuerpo fue algo baxo y el rostro tenía blanco y colorado, y començó a canescer desde moço; y en este caso se puede dezir que fue monstruo *a natura,* porque ni tenía pelo blanco en la barba ni cabello negro en la cabeça.

Su muger se llamó Malia Escantila, y no tuvieron más
10 de una hija, la qual uvo nombre Didia Clara, y también en esto como en lo otro se quiso extremar natura, porque la madre fue la más fea romana que jamás se vio en Roma, y la hija fue la más hermosa dama que nunca se vio en Ytalia. Como avía Juliano governado muchos pueblos y como avía
15 tenido cargos de los bastimentos y como era el mayor abogado que avía en Roma de pleytos, alcançó a tener muchas joyas y a thesorar gran summa de dineros, por cuya occasión desseavan todos los principales romanos ser sus hijos e yernos, lo uno por casar con la hija, que era tan hermosa,
20 y lo otro por heredarle la hazienda, que era tan grande.

Fue Juliano delgado y seco y de su natural condición colérico-adusto. Nunca bevía vino, y a esta causa comía mucho, aunque es verdad que era tan curioso y tan costoso en las maneras que tenía para bever el agua, que a menos
25 costa pudiera bever vino. Como era ya viejo y rico y no tenía más de una hija, y aquélla estava ya casada, dávase Juliano a muy buena vida, es a saber, que ya no se occupava sino en yrse a las riberas, passearse por las plaças, recrearse con sus amigos, hablar de los tiempos passados, buscar man-
30 jares exquisitos y tener siempre nuevos combidados, por manera que todo lo que le podía dar enojo huýa y todo lo que le podía dar plazer procurava. Mucho tiempo perseveró Juliano en esta manera de bivir en Roma, según la qual vida ni tenía amigos verdaderos ni enemigos formados, por-
35 que si le amavan algunos, era porque les dava parte de sus dineros, y si le querían mal otros, era, porque no partía con ellos sus riquezas.

CAPITULO .ii.

De cómo se vendió a pregones el Imperio Romano y le compró Juliano.

A la hora que las pretorianas cohortes mataron al emperador Pertinax, acordaron de hazerse a una y occupar los muros y tomar las puertas de Roma, y esto *manu armata*, lo uno porque no se levantasse contra ellos el pueblo, lo otro por elegir de su mano emperador romano. Aunque los del pueblo vieron cercada la casa imperial, no pensaron que mataran al emperador, porque fue fama entre ellos que Pertinax avía salido y que con sus mansas palabras los avía amansado; mas como succedió después que se retiraron los muchos y fue muerto por los pocos, quando la muerte de Pertinax vino a noticia de la república, ya estava puesta en armas toda Roma.

Muy grande era la confusión que aquel día avía en toda Roma, lo uno por ver a Pertinax muerto, lo otro porque el exército estava contrario al pueblo, y cada hora estavan para se matar, sino que no sabían quiénes contra quiénes avían de pelear; porque el pueblo quería tomar vengança de los que fueron a su príncipe traydores, mas los del exército no querían entregarlos, por manera que ya eran en el hecho todos culpados, los unos en hazerlo y los otros en aprobarlo. Los más principales del senado y muchas matronas romanas y los que se tenían por hombres ricos y los que se presciavan ser mansos y no bulliciosos, de que vieron occupados sus muros, tomadas las torres, cerradas las puertas y atajadas las calles de toda Roma, fuéronse a las heredades que tenían en el campo hasta ver en qué parava aquel tan peligroso y escandaloso tumulto; porque tenían ya experiencia que ninguno podía estar en su casa seguro hasta que uviesse emperador nuevo, y que la electión de uno se avía de consagrar con las cabeças de muchos.

Visto por las pretorianas cohortes que los más del pueblo avían huydo y que no avía quien ossasse la muerte de Pertinax vengar ni a ellos resistir, perdieron el miedo y cobraron

nuevo ánimo, no para enmendar el aviesso que avían hecho, sino para dar y vender el Imperio Romano. Fue pues el caso que se subió encima del muro que estava a la Puerta Salaria un hombre darmas, el qual en nombre del exército dava
5 pregones, y a grandes bozes dezía, "¿Ay quién dé más por el Imperio Romano? ¿Ay quién le ponga en precio? Porque quien diere por él más dineros, se le daremos por suyo." [71]

De quantas injurias y affrentas y calamidades que los gallos y los assirios y los hunnos y los godos y los longobar-
10 dos hizieron a Roma, ninguna se le yguala con ésta, es a saber, poner en pública almoneda la grandeza y magestad romana. Gran lástima fuera de verlo (que aun agora la pone escrivirlo), ver y oýr pregonar quién dava más dinero por el Imperio Romano, al qual, en otro tiempo, dava todo el
15 mundo tributo. Deste tan notable exemplo deven los príncipes y grandes señores tomar exemplo de ver quánta mutabilidad ay en las cosas deste mundo, pues los mismos que vieron a Roma ser señora de tantos y tan grandes reynos la vieron vender y pregonar y comprar por dineros.

20 Todos los veteranos y los patricios y los antiguos romanos no se hartavan de llorar en sus casas, de que veýan los pregones que se daban encima de las almenas; y lo más que sentían era la gran infamia que de ponerla en prescio se le seguía a Roma, y que por ventura no comprasse algún tyrano
25 el señorío de la república. Los que quisieran comprar el imperio no tenían dinero a causa que Cómodo se lo avía tomado todo, y los que le podían comprar, de lástima y vergüença no lo querían hazer, porque según la injuria que hazían a su madre Roma, no se podía dezir que la compra-
30 van por dineros sino que la vendían a sus enemigos. Anduvo pues el señorío de Roma y la grandeza del imperio en públicos pregones por espacio de tres días, el qual ninguno quiso comprar ni aun en prescio poner, sino que los pretorianos estavan desesperados porque no le compravan, y los de la
35 república estavan tristes porque le vendían.

---

[71] Guevara makes Rome the place in which the Praetorians fortified themselves rather than their camp. The *Puerta Salaria* seems to be his favorite Roman landmark. The chronology of this chapter is Guevara's.

El quarto día después que Pertinax fue muerto, como Didio Juliano estuviese con mucho plazer cenando y le dixessen que andava en pregones el imperio, la muger y la hija y el yerno persuadiéronle que se atreviesse a comprarle, pues los pretorianos se desvergonçavan a venderle. Visto por Juliano lo que por una parte dezían los pregones y por otra lo que le persuadían los suyos, dexó de comer y abaxó la cabeça y púsose a pensar muy profundamente en aquella empresa, es a saber, si era poquedad dexarla o si cometía vileza en comprar por dineros el señorío de la república. Estando pues Juliano consigo mismo muy pensativo e indeterminado, tornó la muger y la hija y los parientes a dezirle que no era tiempo ya de cevarse de pensamientos sino de aprovecharse de los dineros, y que mirasse también que menos mal era comprar él el imperio con sus thesoros proprios que no como le alcançaron otros con vidas agenas y que no curasse de poner más dilaciones en la venta, pues los pretorianos se enojaban y los pregones se acortavan. Como de su natural era Juliano superbo, y se halló rico y se vio de los suyos importunado, acordó de comprar el imperio, y para esto vase luego al pie de la muralla y da bozes a las guardas que estavan encima, diziendo que ya sabían como él era en sangre patricio y en riquezas el más rico y que él les daría tanto dinero por el imperio que se espantassen de verlo y se cansassen en contarlo.

El cónsul Sulpiciano, suegro que fue del emperador Pertinax, solicitava de secreto que los pretorianos le diessen el imperio, y esto no que le comprasse él, sino que le eligiessen ellos; mas los pretorianos, aunque veýan que era romano generoso y que cabía muy bien en él el imperio, no ossavan ponerse en sus manos porque después, acordándose de la muerte de Pertinax su yerno, no hiziesse en ellos algún riguroso castigo. Era Sulpiciano varón cuerdo, sabio, reposado y anciano, y a voluntad del senado y a petición del pueblo a él y no a otro se diera el imperio, y cierto si no fuera por el gran parentesco que con Pertinax tuvo, en aver sido su suegro, más quissieran dársele a él de balde que a otro por dineros.

Muy desesperados estavan los pretorianos de ver que no les davan por el imperio dineros, aunque avía ya quatro días que públicamente lo pregonavan y desvergonçadamente le vendían, mas como vieron que Juliano se avía llegado al muro y ponía en prescio el imperio, echan luego las escalas y súbenle encima de las almenas. Ya que Juliano se vio en gracia de los pretorianos y los pretorianos le tuvieron en sus manos, ellos le pidieron mucho de lo que poseía, y él les offresció más de lo que tenía. Fue pues el caso que ellos con él y él con ellos capitularon entre sí quatro cosas, ninguna de las quales fue en honrra de Roma y menos en provecho de la república. Lo primero que capitularon fue que les diesse luego trezientos mil sextercios, y lo segundo, que ni vengasse la muerte ni substentasse la fama del emperador Pertinax; lo tercero, que tornasse las estatuas y renovasse la memoria de Cómodo; lo quarto, que libremente pudiessen hazer so su imperio lo que hazían en el tiempo de Cómodo; por manera que Juliano no sólo compró el imperio por dineros, mas aun les dio licencia para que fuessen viciosos.

Esto hecho y capitulado, rematóse la venta del imperio en Juliano, y tomáronle luego los pretorianos en medio y llévanle por toda la ciudad diziendo a grandes bozes, "¡Biva, biva el emperador Juliano Cómodo *semper* Augusto!" Quiso Juliano tomar el sobrenombre de Cómodo por hazer plazer a los que le avían vendido el imperio, los quales en la criança eran de Cómodo criados y en las costumbres y vicios como naturales hijos.

CAPITULO .iii.

Del grandíssimo odio que tomaron los romanos
contra Juliano porque compró el imperio.

Criado en emperador Juliano, lo primero que hizo fue offrescer a los dioses sumptuosos sacrificios, porque ésta era la costumbre de los nuevos emperadores romanos. Embió luego por el dinero que tenía en su thesoro, para pagar a los que le avían vendido el imperio, y fue cosa monstruosa de ver las joyas que sacava y la diversidad de monedas que tenía; y la causa desto era que como él avía sido governador en diversos reynos, tenía de todos ellos dineros. Luego que Juliano alcançó el imperio, traxo a su muger y a su hija a palacio, las quales tomaron el nombre de Augustas y començáronse a servir, no como emperatrizes sino como diosas, porque según el fausto que mostravan y la presumpción que tenían, más querían que las adorassen que no que las sirviessen. El cónsul Sulpiciano, a la hora que supo aver Juliano comprado el imperio, fuese a una heredad que tenía en el campo, y Juliano dio su officio a Cornelio Repentino, yerno suyo, el qual dezían parescer mucho a Cómodo, es a saber, en la dispusición del cuerpo y en la corrupción de las costumbres. Dio Juliano immensas gracias a los del exército por averle dado el impero, lo uno, y porque llamaron Augustas a su muger y hija, lo otro, y aun porque le llamaron sin él lo pedir Padre de la Patria, el qual título era el más famoso que dava a sus emperadores Roma.

Otro día después que le llamaron *Pater Patrie*, amanescieron escriptas en sus puertas estas letras: P. V. E. P. En latín quiere dezir *perditor, venditor, emptor patrie*, como si en romance dixesse, "Tú eres el traydor y el vendedor y el comprador de la patria". Inextinguible fue el furor y odio que tomaron todos los del pueblo con Juliano no por más de porque avía comprado el imperio; y este rencor y aborrescimiento no lo tenían tan abscondido en sus coraçones que no lo pregonavan con las lenguas y aun le mostravan con las manos; porque el día primero que salió por Roma, no sólo contra él por las calles blasfemavan, mas aun desde las ventanas le apedreavan. Ni comían ni cenavan ni caminavan ni hablavan de otra cosa en Roma y en toda Ytalia sino de la trayción que avían hecho los pretorianos en vender el imperio, y de la maldad que avía cometido Juliano en comprarlo. Yendo el senado al alto Capitolio a visitar al nuevo emperador, hiziéronles resistencia, no los consintiendo yr allá, y esto no fue con gente armada, sino que los mochachos por las calles los apedreavan y las mugeres desde las ventanas los maldezían, lo qual visto por el senado, acordaron por entonces de tornarse a sus casas, no menos corridos que temerosos y temerosos que corridos.

 Lloravan todos en sus casas muchas lágrimas y offrescían a los dioses muchos sacrificios, pidiéndoles y rogándoles que tuviessen por bien de quitar a Juliano muy en breve la vida, y de los que mataron a Pertinax tomassen vengança. Queriéndose un día jugar los juegos circenses, como estuviesse puesta en lo más alto del theatro la silla imperial, do se avía de sentar Juliano, atreviéronse unos del pueblo no sólo a quitarla mas aun a quebrarla; y él, como era sabio y cuerdo, sintiólo como hombre y dissimulólo como discreto. Allende de lo que dezían dél en absencia, le desacatavan en presencia, y muchas vezes le acontescía oýr con sus proprias orejas palabras no poco lastimosas e injuriosas, sino que era él tan astuto en lo que dezía y tan dissimulado en lo que oýa que todas las injurias que le dezían y hazían, o las tomava de burla o dissimulava que no las oýa. Naturalmente era Juliano príncipe muy urbano, es a saber, cortés, bien criado, affable, gracioso y regozijado; y honrrava y acatava a cada uno según el merescimiento de su persona y el estado que tenía; más con todas estas cosas ni podía ganar amigos ni aplacar a los enemigos.

 Ni Catilina con sus tyranías ni Silla con sus sediciones ni Nero con sus crueldades ni Cómodo con sus vicios fueron universalmente tan malquistos en el Imperio Romano como lo fue este Didio Juliano; y fue este aborrescimiento tan excessivo que cerravan los ojos por no le ver y se abstenían de murmurar por no le nombrar. De que veýan por la calle passar algún cavallo en que él andava, todos rogavan a los dioses que le arrastrasse, y de que llevavan a su despensa algo que comiesse, todos dezían que con ello se ahogasse; finalmente, todos aborrescían su vida y todos desseavan su muerte.

 Los que querían mal a Juliano sembraron por el pueblo que el día que mataron los pretorianos a Pertinax, él avía hecho en su casa un generoso y curioso combite en el qual dio a comer ostras del mar Adriático y capones de Capua, y dio a bever vino de Creta y agua de Cantabria, y lo peor de todo, que tuvo música quando comía, y bailaron y

dançaron después de comer. Otros dizen que esto fue falso, sino que aquel día él se estuvo en su casa, y de pura tristeza de ver muerto a Pertinax no comió aquel día hasta que al cuerpo muerto dieron sepultura. También dizen que Juliano,
5 aunque era regozijado, plazentero y vicioso, no se desmandava en gastar extraordinario y que era impossible aver él hecho combite tan sumptuoso, porque muchas vezes fue a todos notorio no comerse en su casa más de una liebre por espacio de tres días, y ésta con que se la uviesse alguno em-
10 biado, que no porque él la uviesse comprado. Era tan mísero en el gastar y tan desseoso de ahorrar que si no era en días de sacrificios o tenía combidados, no se comía bocado de carne en su casa, sino que se passava con sola ortaliza.

Muchas costumbres malas que avía quitado Pertinax de
15 la república, las quales avía introduzido en su tiempo Cómodo, consintió que los pretorianos y otros hombres viciosos se tornassen a ellas; y esto hazía él no porque avía gana que los exércitos fuessen viciosos, sino por no cobrarlos por enemigos. Todas las vezes que delante él se offrescía a ha-
20 blar de Pertinax su predecessor, ni dezía bien ni dezía mal, sino que mudava la plática o dissimulava lo que oýa. Preguntado por qué nunca aprobava o condenava lo que de Pertinax delante dél dezían, respondió, "Por una parte fue tan sancto Pertinax que no ay en él que reprehender, y por
25 otra, fue tan malquisto de los pretorianos que no le oso delante dellos loar."

CAPITULO .iiii.

De dos capitanes romanos que se revelaron contra él,
es a saber, Severo y Pescenio.

30 En los tiempos que Juliano compró el imperio en Roma, era pretor de los exércitos en Assiria uno que avía nombre Pescenio Nigro, al qual sobrepujava Juliano en riquezas, mas él exedía a Juliano en virtudes. Era Pescenio hombre gruesso, robusto y animoso, y naturalmente era más dichoso
35 en las cosas de la guerra que no fortunado en la governa-

ción de la república; y todo esto le procedía de no tener temor en los peligros y de no tener suffrimiento en los trabajos. A las primeras letras que resçibió Pescenio del emperador Juliano, dizen que respondió, "El Imperio Romano no suele dexarse governar por tan mal hombre como es Juliano. Por esso, si el mandato es solamente del emperador, obedézcole; mas si lo manda Juliano, appello de su mandamiento." Fue pues el caso que dende en adelante, quando de Roma se embiava algún mandato a Pescenio, no se nombrava en la firma por su nombre Juliano, sino que solamente firmava "Emperador de Roma." Después que esto fue descubierto, hazíanse en Roma grandes apuestas sobre quál era más de loar, el ánimo de Pescenio en tal cosa intentar o la paciencia de Juliano en quererlo dissimular.

Governava assí mesmo los exércitos del Yllírico en aquel tiempo un capitán que avía nombre Septimio Severo, nascido en Affrica y criado que fue en Roma, el qual era en la justicia recto, en la condición áspero y en las cosas de la guerra varón fortunatíssimo. Este Septimio Severo, desde la hora que supo ser muerto el emperador Pertinax y que avía succedido en su lugar Juliano, ni letra quiso rescebir ni mandamiento obedecer, que le viniesse por parte de Juliano, ni tanpoco del senado, diziendo que ellos, por lo consentir, y él, por el imperio comprar, se avían inabilitado para poder mandar y governar. Y dixo más: "Mal amigo fue Juliano de Pertinax, pues vendió su sangre a los enemigos y compró su imperio por dineros."

Fue pues el caso que Pescenio en Assiria y Severo en el Illírico se amotinaron y revelaron con todos sus exércitos contra Juliano, lo qual, como fuesse sabido por él, dizen que dixo, "Conserven los dioses en mi servicio a los que están en paz, que poco se me da se despidan los que están en la guerra." Aunque Juliano esto dixo en público, otra cosa sentía en lo secreto, y conosciósele después más en las obras que hizo que no en las palabras que dixo.

Si Severo aborrescía a Juliano, no por cierto Juliano amava a Severo, porque a la hora que supo que contra él se avía revelado, acabó con el senado que Severo fuesse pregonado por enemigo público del pueblo romano y fuessen despedidos y condennados todos los de su exército. Proveyó el senado, a ruego de Juliano, que fuesse a Assiria y al Illírico Vespertino Cándido, varón viejo y consular, el qual no sólo no fue obedescido de los exércitos, mas aun ni oýdo; y la causa de esto fue por la infame embaxada que llevava y porque fue en otro tiempo muy malquisto, siendo pretor de la guerra. De que se bolvió a Roma Vespertino Cándido, tornaron a embiar al Illírico a Valerio Catulo; mas poco les aprovechó, porque si desobedescieron las provisiones de Cándido, corrieron a lançadas a Valerio. Tornados a Roma Cándido y Valerio, tornó Juliano y el senado a embiar a Aquilio Centurio, el qual llevó mandato de matar a Severo, y esto en cualquier manera que pudiesse, es a saber, peleando con él en el campo o dándole veneno en secreto. Avisado Severo de como el senado y el emperador Juliano embiavan la tercera vez a Aquilio contra él, determinóse de sacar sus hueste del Yllírico y de venir a Roma a buscar a Juliano; y diose en el camino tanta priessa que quando Aquilio salió de Roma, ya Severo estava en los confines de Ytalia.

Increýble fue el espanto que cayó sobre los romanos, de que supieron que Severo venía contra ellos con todos sus exércitos, y púsoles más espanto ver que era capitán de Roma y hasta allí avía sido gran deffensor de la república, y aun porque se apressuró tanto en el camino y traxo tan recogido su exército que en un mismo día supieron su venida y le vieron la cara. Los capuanos embiaron una solenne embaxada a Severo para saber dó yva y a qué yva y a offrescerle socorro y ayuda, a los quales Severo rescibió con mucha benignidad, y les dixo estas palabras en mucha poridad: "Yo no vengo a destruyr a Ytalia, ni he tomado las armas para yr contra mi madre Roma; a lo que vengo son a tres cosas, es a saber, a rescatar el imperio de manos del tyrano Juliano que le compró, y a vengar la muerte del emperador Pertinax, viejo que fue y honrrado, y a reformar el senado de los que se atreven en él a dar mal consejo; porque no menos pienso que sirvo a mi república en alimpiarla de viciosos que en echar della a sus enemigos." Lo que Severo dixo a los embaxadores de Capua en secreto, luego ellos lo dixeron en público, lo qual sabido en Roma, tomaron los del senado mucho pesar y los del pueblo muy gran plazer; porque los unos esperavan libertad y los otros temían el castigo.

Juntó toda la más gente que pudo de guerra Juliano y embióla contra Severo; y crió por capitán de su campo a Tulio Crispino, el qual, como supo que ya Severo avía tomado a Ravena y a toda la tierra circunvezina, tornóse a Roma, el qual femenil hecho hizo desmayar a Juliano y poner mayor ánimo a Severo. Mandó assí mesmo Juliano que hiziessen alarde en el Campo Marcio todos los exércitos pretorianos, y salió él mismo a verlos y a contarlos; mas cotejados los que allí vinieron con las nóminas de los que estavan escriptos y llevavan del sueldo dineros, de tres partes no acudió la una, y de allí colligió Juliano que no venía Severo en confiança de solos los que traýa consigo de la guerra sino de los que estavan también en Roma. Muy gran plazer tomavan todos los populares de ver como a Juliano los capitanes le desamparavan y los pretorianos no le acudían, porque cada día les crescía el odio contra él y el amor con Severo. No por esso dexava Juliano de procurar bastimentos, reparar los muros, hazer fossos, adereçar los ingenios y echar corredores por los campos; mas todo esto le aprovechava muy poco al triste emperador Juliano, porque si él tenía los muros de Roma, su enemigo Severo tenía los coraçones de los romanos.

Tuvo Juliano sospecha que Leto y Marciano, dos varones consulares que eran y de gran reputación, se carteavan con Severo, a los quales mandó matar sin que los accusassen ni ellos se excusassen.

CAPITULO .v.

De cómo por mandado del senado
fue muerto el emperador Juliano.

Hasta que Juliano mató a los dos varones consulares, no le tenían los romanos sino por cobdicioso y ambicioso; mas dende en adelante, infamávanle de cobdicioso y ambicioso y sospechoso y cruel, porque era ley entre ellos muy usada de no quitar al ciudadano romano la vida sin primero oýr la desculpa de su culpa. De que vio Juliano que por aver muerto a Leto y a Marciano el senado se avía entristecido y el pueblo escandalizado, vínole muy gran arrepentimiento; mas aprovechóle muy poco, porque ya no era en su mano de dar a los muertos la vida ni reconciliar a los bivos en su gracia. Mucho se deven guardar los príncipes y los ministros de justicia de no se fiar en sus sospechas ni ser coléricos ni acelerados en las execuciones dellas, porque les acontesce después que lo que hizieron en un día tienen que remediar y aun que llorar toda su vida.

Con mucha instancia rogó Juliano al senado que ellos y los sacerdotes y las vírgines vestales saliesen en procesión contra el exército de Severo, para ver si aplacarían con ruegos lo que él no podía resistir con armas. A este ruego resistió el cónsul Faustio, diziendo que no convenía saliessen los del sacro senado ni los sacerdotes de los templos ni las sanctas vírgines vestales a entender en cosas de guerra, porque el officio de los tales era entrevenir con los dioses para que les diessen paz. Y dixo más el cónsul Faustio: "El que possee el imperio y no sabe deffender el imperio, indigno es del imperio." Quanto desplugo esta respuesta a Juliano tanto plugo a todos los del senado, y assí fue que él no alcançó lo que desseava, y ellos le dixeron lo que querían.

No contento Juliano con lo hecho, llamó en secreto a ciertos capitanes amigos suyos, a los quales mandó que se armassen y de súbito entrassen en el senado y dixessen a todos los senadores que escogiessen una de dos cosas: es a saber, perder las vidas o obedescer sus mandamientos. Entre los otros capitanes avía uno que se llamava Crispino, el qual dixo a Juliano, "Gran enemigo devía ser tuyo el que te dio este consejo, porque si bien te acuerdas, por tu amor declaró el senado por su enemigo a Severo, y si agora los intentas matar, responderán que te quieren obedescer, y por otra parte, a Severo declararán por amigo del pueblo y a ti por enemigo suyo." Y dixo más: "Nunca los dioses manden que tal tú mandes ni que yo haga, porque si es malo el que mal aconseja, muy peor es el que el mal consejo executa." Mudó pues de parescer Juliano, y tractó con el senado que él partiría con quien ellos quisiessen el imperio, lo qual ellos amaron oýr, mas no osaron al presente en ello hablar, porque estava ya Severo tan cerca de Roma que era más en su mano de tomar el imperio que no darse por manos del senado.

Acordó Juliano de embiar a su capitán Crispino contra Severo; y Severo embió contra Crispino a otro capitán suyo que avía nombre Julio Lacio, el qual venció el exército y mató a Crispino. De que vio Juliano que prevalescían sus enemigos y le desamparavan sus amigos, acordó de tomar lengua de los agoreros y encantadores para saber qué fin era el suyo y qué ventura la de Severo. Fue pues el caso que después de aver juntado muchos agoreros en su casa, hízoles hazer muchas agorerías y cantar y rezar muchas cosas torpes y espantables y feas; y según contavan después los que allí se hallaron, a él mismo se le demudava la cara y se le espeluzavan los cabellos, y mostrava tener grandes temblores. Entre otros encantamentos, hizieron uno entorno de unos espejos, es a saber, que atapados los ojos y puesto a las espaldas un espejo y dichas ciertas palabras, veýan en el espejo puesto a las espaldas como si le tuvieran en las manos; y allí vio un agorero como Severo entrava en Roma y a Juliano desamparavan todos. Fuese Juliano a los senadores y rogóles que le diessen su parescer en lo que avía de proveer y hazer, porque Severo se allegava y la Fortuna a Severo favorescía y a él contradezía. Ninguno de los del senado le respondió palabra, si no fue el cónsul Gemmio, el qual le dixo, "Ni eres digno de consejo ni merescedor de remedio, pues dexaste a los senadores que te avían de aconsejar y te fuiste a los agoreros que no te podían sino engañar; porque en tal caso, si la Fortuna sentías siniestra, más sano y más seguro consejo era yrte a los sacerdotes, que aplacassen a los dioses con sus sacrificios, que no a los agoreros, que los indignassen con hechizos."

Embió Juliano a Capua la gente toda de su guarda y a todos los gladiatores de Roma, y embió por capitanes a Lelio

Ticiano y a Claudio Pompeyano; y esto hizo él porque pensasse Severo que pues tenía ánimo para embiarle a offender, mejor le ternía para le esperar. Era consuegro de Juliano uno que avía nombre Atratinente, al quel rogó y persuadió Juliano que tomasse la mitad del imperio, por manera que ambos a dos se intitulassen emperadores romanos, y junto con esto, jurávale y perjurávale que no lo hazía por remediar la necesidad en que estava sino por el amor que le tenía.[72] El qual respondió, "Esso que me dizes, Juliano, sey cierto que ni lo tengo de hazer ni aun lo amo oýr, porque para governar el imperio soy ciego, para trabajar soy flaco y para le gozar soy ya viejo, quanto más que según la edad que tengo y los trabajos que he passado, más estoy para hazer paz con los dioses que no emprender la guerra con los hombres."

Toda la gente de la guerra que estava en Etrucia se passó al servicio de Severo, y nunca quiso recebirlos hasta que juraron no aver sido en la muerte de Pertinax culpados. Amanesció una mañana Severo dos leguas de Roma con todo su exército, lo qual sabido por el senado, juntáronse todos y determinaron dos cosas: es a saber, que a Juliano se le quitasse el imperio y le privassen de la vida, y que en su lugar fuesse Severo emperador. Salió pues uno de los senadores del senado y dixo a altas bozes a todos los del pueblo se tuviessen por dicho que por auctoridad del sacro senado era Juliano privado del imperio y en su lugar era Severo por su emperador eligido. Immenso fue el plazer que tomó todo el pueblo de oýr que a Juliano avían privado del imperio, y luego a la hora quien más podía más presto salía a rescibir al nuevo emperador, y ninguno passava por casa de Juliano que no apedreasse las ventanas o no escupiesse en las paredes.

A la hora que salió el senado a rescebir a Severo, embiaron un cavallero que matasse a Juliano, el qual, como le dixesse la triste embaxada que le traýa, con muchas lágrimas

---

[72] Claudius Pompeianus was called from Tarracina ("e Tarracinensi" whence "Atratinente") by Didius to rule jointly; he was the son-in-law of Marcus Aurelius, a fact which Guevara should have remembered.

le rogó Juliano que no le matasse hasta que se viesse con Severo; mas aquel cavallero no osó hazer menos de cortarle la cabeça, porque el senado estava esperando a la Puerta Salaria y avía jurado de no salir a rescebir a Severo hasta
5 que supiessen de cierto como quedava ya muerto Juliano. Muerto el infelice emperador Juliano, su muger Malia y su hija Escutila tomaron el cuerpo y enterráronle en un sepulchro de su visabuelo, a la mano derecha del Camino Lavicano. Fue Juliano muy notado de goloso y de jugador y de
10 cobdicioso y ambicioso; y por otra parte fue piadoso, amoroso y eloqüente, grave y astuto. Bivió cinquenta y seys años y quatro meses. Imperó onze meses y cinco días. Después de muerto, ni hizieron honrra funeral a su cuerpo ni tanpoco hizieron desacato a su sepulchro. Este pues fue el fin de
15 Juliano, el qual, siendo viejo y honrrado y rico, quiso a trueque del imperio dar la hazienda, aventurar la fama y perder la vida.

FIN

COMIENÇA LA VIDA del emperador Severo, copilada por el señor don Antonio de Guevara, obispo de Mondoñedo, predicador y chronista y del consejo de su magestad.

CAPITULO PRIMERO

5   Del linage y naturaleza del emperador Severo.

El antiguo linage del emperador Severo fue de Affrica, y su abuelo se llamó Fulvio Pío y su abuela Agripa, los quales bivieron y murieron en Lepa, antigua ciudad del reyno de Mauritania, la qual fue destruyda en las guerras
10 de Jugurta y Massimila.[73] Llamóse su padre Geta y su madre Fulvia Pía, varones que fueron ni nombrados por las armas ni esclarecidos por sangre ni aun dotados de riquezas.

Nasció Severo en Etrucio, siendo cónsules Claro y Se-
15 vero, a quatro días andados del mes de abril; y según después contava su madre, tuvo dél muy rezio preñado, y después fue peligroso de parir y muy enojoso de criar. En su primera infancia, ningún otro juego jugava con los otros sus sodales niños sino al juego de los juezes, y quando a él le
20 cabía la suerte de ser juez, tan ásperamente castigava los excessos de burla como después castigava los de veras. Deprendió la lengua griega y latina en summa perfectión, y

---

[73] Severus was born in Leptis ("Lepa") in Libya in 146 A. D. six (not four) days before the ides of April, 150 years after the death of Jugurtha. "Massimila" is an error for Metellus or Marius. The grandmother Agripa is an addition of Guevara's.

tan prompto era en hablar y escrivir y leer y disputar en latín y griego como si en ellas fuera nascido y otra lengua no uviera aprendido. En el año de diez y ocho de su edad, públicamente ya abogava y pleytes y causas deffendía, por manera que si siguiera la sciencia como siguió la guerra, no menos fuera nombrado en las letras que fue famoso en las armas. Veynte años menos tres meses avía Severo quando la primera vez entró en Roma, en el qual tiempo emperava el felice emperador Marco Aurelio; y por intercessión de Septimio Severo, pariente suyo, fuele dado el officio de escrivir todos los que nascían y morían cada día en Roma, el qual officio, aunque no era provechoso para ganar, era occasionado para se hazer conoscer, porque cada noche avía de yr a palacio a dezir los que aquel día avían nascido y muerto.

La primera noche que entró en Roma, acaso el mesonero do se fue a posar estava leyendo la vida del emperador Adriano, y como en ella se relatasse por los grandes peligros que avía passado para venir al imperio, dixo Severo al mesonero, burlando, "En los trabajos y peligros yo voy immitando a Adriano. Espero que también le succederé en el imperio." Acaso como el emperador Marco diesse una noche una pública y generosa cena a muchos nobles romanos, hallóse en ella Severo, y al tiempo de assentarse a la mesa, no parando mientes en lo que hazía, assentóse en la silla del emperador, y como otros se burlassen con él del descuydo que avía hecho, díxoles Severo, "Callad y no burléys, que possible es sean tales mis hados que como agora me assenté en la silla imperial de burla, algún día me assiente en ella de veras." Soñó Severo una noche que mamava las tetas de la loba que crió a Remo y a Rómulo, y este sueño tuvo él por muy buen agüero para su futuro imperio.

En los tiempos de su mocedad fue muy absoluto y aun dissoluto, especial en cosas de mugeres y otras liviandades, por las quales fue muchas vezes preso, desterrado y affrentado. Fue una vez tomado con una muger casada, y como el marido diesse dél querella y extimasse en mucho su infamia, en muy gran peligro estuvo Severo de perder la vida. En los officios de la guerra, fue por orden en todos ellos proveýdo. En especial el officio de qüestor tuvo mucho

tiempo, y dízese dél que como en aquel officio tuviesse cargo del dinero, era solícito en cobrarlo y fiel en repartirlo. En el mes de Jano, en el año quinto del imperio de Marco Aurelio, cúpole por suerte de ser procónsul en la provincia
5 Bética, que agora en España se llama el reyno del Andaluzía, do estuvo por espacio de año y medio, en la qual governación fue no menos amado que temido y temido que amado. [74]

Siendo Severo procónsul en la provincia Bética, le llegó
10 nueva como era muerto su padre en Affrica; y a la hora que desto fue certificado, se partió de España y passó en Affrica, lo uno para hazer los officios funerales y dar a su padre honrrada sepultura y lo otro para poner en cobro una hermana que le quedava y la hazienda que heredava. El cónsul
15 que estava a la sazón en Affrica embió por su embaxador a Severo a los sardos, los quales estavan amotinados contra los romanos; y como entrasse en Cerdeña con unas antorchas ardiendo delante sí a manera de embaxador romano, llegóse a él un hombre plebeyo a manera de truhán, que se
20 llamava Letitano, y diole un abraçado, al qual Severo mandó açotar, y dixo, "En aucto de tanta gravedad no conviene que intervengan cosas de liviandad." Por lo que este truhán hizo y por la affrenta que dello recibió Severo, ordenaron en Roma que dende en adelante entrassen los embaxadores
25 en las ciudades siempre cavalgando, como de antes fuesse costumbre de entrar siempre a pie. Siendo procónsul en Affrica, quiso saber de un mathemático o astrólogo a qué se extendía o allegava su fortuna; y como le diesse el día y hora y ascendiente de su nascimiento, espantado el astró-
30 logo de lo que Fortuna le prometía por su nascimiento, díxole, "No es posible que éste sea tu nascimiento. Por esso, conviene que me des el tuyo y no otro ageno, porque a ser verdad que nasciste tú en tal signo, tú serás emperador romano." Según contava después muchas vezes Severo, nin-

---

[74] Severus went to Spain in the summer of 172 and remained about a year (*Real-Encyclopädie*, 22, 1945, 5-18); this was the 11th year of Marcus Aurelius' reign.

guna cosa le acontesció grave y de grande memoria que primero no se la dixesse aquel mathemáthico de Affrica.

En edad de treynta y dos años, fue en Roma elegido por tribuno del pueblo, y esto más por complazer a Marco Aurelio, que le tenía en su casa, que no por los servicios que Severo tenía hechos a la república; mas después él se dio tan buena maña y fue tan recto en las cosas de justicia, que ni la república se arrepintió de averlo eligido ni Marco de averlo procurado. Acabado el tiempo de su tribunado, fue nombrado por pretor del pueblo, y el día de la election, por más honrrarlo, sacólo consigo Marco a passear por Roma, llevándole dentro de su litera, el qual hecho fue no de pocos retraýdo de los unos por embidia y de los otros por malicia. Un año solo fue Severo tribuno, como fuesse costumbre de serlo dos años arreo, y esto no porque le quitaron por sus deffectos sino porque él quiso ahorrar de enojos, que a la verdad era officio más enojoso que provechoso.

Andaban en aquellos tiempos los pueblos de España entre sí muy rebueltos, y el senado embió por embaxador a Severo para apaziguarlos, el qual, como viniesse en una ciudad que avía nombre Turditana, que agora se llama Tortosa, soñó que el templo muy famoso que hizo Augusto en Tarragona se yva a caer y que era voluntad de los dioses que él le fuesse a reparar. Fuese Severo para Tarragona, y visto que el templo se yva todo a tierra, rehedifficóle de tal manera que valió tanto lo que él añadió y hizo de nuevo como lo que avía hecho en otro tiempo Augusto. Como le dixesse uno que era poquedad gastar tantos dineros por creer en sueños, respondióle él, "Las cosas de los dioses no se han de medir por las reglas de los hombres, porque a los dioses hémoslos de entender por señas y obedescerlos por palabras y creerlos entre sueños." Subióse Severo encima de los montes Hispos, que agora en Aragón se llama la sierra de Moncada, y de allí miró la mar y la tierra, y la variedad y grandeza della, y estúvose allí por espacio de cinco días, de los quales el más tiempo gastó en tañer y cantar, porque naturalmente tañía bien una bihuela, y para cantar tenía buena garganta.[75]

CAPITULO .ii.

De los officios que tuvo en el imperio antes que fuesse Severo emperador.

Despachadas las cosas de España, navegó Severo camino de Asia, y luego que puso pies en tierra, se fue para Athenas, lo uno por ver la governación de los griegos y lo otro por oýr la doctrina de los philósophos, porque en aquellos tiempos no se hablava otra cosa en el mundo sino de la gran fortuna de los romanos y de la profunda eloqüencia de los griegos. No pocos días estuvo en Athenas oyendo a los philósophos, platicando con los senadores, visitando los templos y contemplando los hediffícios, porque naturalmente era amador de inventar cosas nuevas y de saber las antiguas. Aunque Severo tenía valerosa persona y era capitán de Roma, y aun era de mediana eloqüencia, ningún buen tractamiento le hizieron en Grecia, por cuya causa después que vino a ser emperador, muy sagazmente vengó los antiguos enojos que tenía de los griegos, y esto fue con disminuyrles cada día los previlegios.

Buelto de Asia en Roma, embiáronle por embaxador a la provincia de Lugduno, que agora en Francia se llama Lyon de Sonorona; y como a la sazón estuviesse biudo, tractáronle allí casamiento con una dama que era en sangre limpia y de gesto hermosa.[76] Llamávase aquella dama Julia, y era de sangre real; y como quisiesse darle y presentarle algunas joyas ricas, no hallava maestros para hazerlas, y como supiesse que avía un gran platero en Siria, el mismo

---

[75] The detail about Turdetania is added and the section on Severus' dream is greatly changed. The *sierra de Moncada* is apparently the hill from which the town of Moncada (in the prov. of Barcelona) takes its name; the *montes Hispos* are unknown.

[76] Lyon de Sonarona: perhaps *Sonarona* comes from Saône-Rhône.

Severo fue a traerle en persona; y según él dezía después a su muger Julia, con lo que dio a aquel maestro y con lo que gastó en el camino, se pudiera dos vezes aver casado. Embiaron los del senado a reñir con Severo, no porque se avía casado sino por el camino largo que por una muger avía andado y por los grandes gastos que por ella avía hecho, diziéndole que no convenía al ciudadano romano emplear su persona si no era por augmentar la honrra, ni gastar la hazienda si no era por deffender la república. A esto respondió Severo que por ninguna de aquellas cosas de que era redargüido, él merescía ser penado ni culpado, pues sin comparación era muy mayor el merescimiento de aquella dama con quien él avía casado que no los gastos y trabajo que por su servicio avía padescido. Y dixo más: "Parésceme, padres consciptos, que deste hecho más merezco ser honrrado que no accusado, pues dél saca Roma honrra e yo provecho por ver, como han visto, los reynos estraños que los capitanes romanos tienen para ganar las riquezas esfuerço y para gastarlas ánimo."

Estuvo Severo tres años continuos en Francia, y fue muy temido y muy amado y muy reverenciado de los franceses, lo uno por ser justo en el juzgar, lo otro por ser largo en el gastar, y sobre todo, por ser limpio en el bivir. Nascióle allí en Lugduno una hija a la qual llamó como a su madre Julia; y fue cosa maravillosa en que caresciendo Severo en el dedo pulgar del pie derrecho de una uña, en el mismo pie y en el mismo dedo nasció la hija sin ella.

Venidas las calendas de enero, al tiempo que en Roma se repartían los officios, cúpole a Severo por suerte el proconsulado de Sicilia, de la qual eleción él tomó supremo pesar, lo uno porque se hallava bien en Francia y lo otro porque temía la condición de los de Sicilia. Estando pues en la ysla de Sicilia, fue accusado de los émulos y enemigos que tenía en Roma que no se occupava tanto en la governación de la república quanto en pesquisar de los adevinos y agoreros quién avía de ser emperador de Roma, porque a la sazón era emperador Cómodo, y teníanse todos por dicho que por ser tan malo, le avían de matar o él mismo, por ser tan vicioso, se avía de morir. Muy grande enojo tomó

Cómodo de saber que siendo como era bivo y aun mancebo, hablava Severo en la successión de su imperio, por cuya occassión le fue forçado a Severo partir luego de Sicilia y venir a Roma y allí pagar y mostrar su innocencia, porque no le yva más en ello de la honrra y de la vida. Luego que vino a Roma, se presentó en la Cárcel Mamortina, y no quiso de allí salir hasta que por sentencia pública él mostró no tener culpa y a los que le accusaron quitaron la vida. Dos meses después que esto passó, vinieron las calendas de enero, en las quales Severo fue electo en cónsul juntamente con Apuleyo Ruffino; y el día que esto fue publicado, dizen que dixo Severo, "En mí se paresce oy que los hombres ni saben qué prosperidades les convienen ni qué adversidades les empescen; y digo esto porque fuy accusado criminalmente en Roma y en el lugar de los malhechores estuvo presa mi persona, de lo qual se me siguió salir de Sicilia, venirme a Roma, assegurar mi vida, augmentar mi hazienda, cobrar mayor fama, tomar de mis enemigos vengança y ser cónsul de la república."

Passado el tiempo de su consulado, estúvose un año entero sin tener ningún officio, y según después dezía muchas vezes, los mejores y más alegres días de su vida fueron los del año que no tuvo officio en la república. En aquel tiempo era muy gran privado del emperador Cómodo un capitán de su guarda que avía nombre Leto, y por intercessión déste, encomendaron a Severo las guarniciones de gente de armas que estavan en Germania; y diose en aquella jornada tan buena maña que bolvió desde a dos años a Roma muy honrrado y no poco rico. En torno de Roma compró Severo un término redondo para labrar panes y apascentar ganados, y a la ribera del río Týber compró unas generosas y muy fértiles huertas do labró unas superbas casas, las quales muchos tiempos después se llamaron Severianas.

Estando un día cenando en aquella huerta, en un prado echado, y como fuesse la verdura mucha y la vianda poca, fue el caso que un niño, hijo suyo de edad de cinco años, dava y repartía a todos todo lo que allí avía, al qual dixo el padre, "Tiempla, hijo, la mano en el repartir, que no tienes riquezas reales para dar." Respondió el niño, "Si no las tengo agora que soy niño, tenerlas he de que sea hombre." Todos los que allí estavan se espantaron en ver que de edad tan pequeña procediesse sentencia tan grave.

CAPITULO .iii.

De cómo los pretorianos le eligieron en emperador
y vino luego a Roma.

En el décimo año del imperio de Cómodo, fue por legado a la provincia de Germania Severo, en la qual embaxada ganó mucha honrra y no poca hazienda, porque naturalmente era expeditivo en los negocios y astuto en allegar dineros. Estuvo en las partes de Germania continuos tres años, es a saber, hasta que en Roma mataron al emperador Cómodo, de la muerte del qual tomó mucho plazer y de la elección de Pertinax muy mayor plazer, porque el bivo era su supremo amigo y el muerto su mortal enemigo. No pocos meses después desto, le llegó nueva como al buen emperador Pertinax avían los pretorianos muerto y que Juliano, a puro dinero, avía comprado el imperio, y pesóle mucho de la muerte del muerto y de la elección del bivo. Fue avisado Severo como Juliano estava en gran odio del pueblo a causa de aver comprado el imperio y luego a la hora, la gente de guerra que estava con él le declararon por emperador, y esto fue en una ciudad de Germania que llamavan Carnuto, a doze días andados del mes de agosto.

El día que los exércitos le levantaron por emperador, les dio y repartió tanta summa de dineros quanta nunca emperador avía dado en los tiempos passados, porque no sólo dio todos los suyos, mas aun dio los de sus amigos. Con mucha presteza embió Severo a las guarniciones que estavan en Illírico y en Pannonia y en España y en Francia y en Bretaña a hazer saber como Pertinax era muerto y que Juliano avía comprado el imperio y que a él los exércitos de Germania le avían en emperador eligido, mas que él no lo quería acceptar sin que ellos, como verdaderos deffensores del imperio, en tal elección uviessen de consentir. Todos pues en conformidad aprobaron la electión que los de Germania avían hecho de Severo, y dieron por ninguna la de Juliano, y esto fue con condición que Severo jurasse primero que la muerte del buen emperador Pertinax vengaría y que a la gente de guerra favorescería.

Luego que Severo vio confirmado su imperio por la gente de guerra, tomó el camino muy apressuradamente para Roma, en el qual camino no sólo no halló resistencia, mas aun en todos los lugares era rescebido con mucha alegría. Ya se dixo en la vida de Juliano como le mandó matar el senado un día antes que entrasse en Roma Severo. Dos cónsules y cient senadores y treynta questores y veynte y dos censorinos y catorze tribunos y diez pretores y quatrocientos sacerdotes y cincuenta vírgines vestales salieron a rescebir a Severo, a los quales todos embió a dezir que si querían ver su cara mansa y pacífica, convenía que ninguno llevasse arma pública ni secreta, porque abastava que él fuesse de guerra y que ellos le rescibiessen en paz. Como eran varones honrrados, generosos, ricos y ancianos todos los que le salieron a rescebir, mucho se affrentaron de que Severo los mandó desarmar; mas al fin cumplieron lo que les fue mandado, y dende aquel día, concibieron con Severo mortal odio, porque si desarmaron las personas de armas, armaron los coraçones de malicias. Como estava Severo tan superbo con el imperio, y los cónsules y senadores eran tan cuerdos, ni él sintió ellos estar sentidos, ni ellos mostraron estar afrentados, porque si tuvieron paciencia para suffrir aquella injuria, no les faltó cordura para dissimularla.

Como era sagaz y astuto Severo, dos cosas hizo antes que entrasse en Roma, con las quales ganó mucho la voluntad de todos los de la república. La primera cosa que hizo fue que públicamente se mudó el sobrenombre, es a saber, que de antes se llamava Septimio Severo, y después se llamó Severo Pertinax; y esto hizo para que viessen todos que tomando el nombre del buen emperador Pertinax, también seguiría su vida y se aprovecharía de su doctrina, porque Pertinax no sólo fue quisto como hombre, mas aun adorado como dios. La segunda cosa que hizo fue que mandó a todas las cohortes pretorianas, que era la gente darmas que guardava a Roma, que dexadas las armas, viniessen todos a hazerle reverencia; y estos eran los que al emperador Pertinax avían muerto, no por lo que él merescía sino por los males que no les consentía. Tenía en secreto concertado Severo con los capitanes de su exército que los guardassen y cercassen en rededor, de manera que después que los viessen desarmados, ni pudiessen cobrar armas para se deffender ni tener lugar para huyr. Ya que todos estavan desarmados y cercados, mandó Severo que callassen todos los que estavan cerca y los que estavan lexos, y dirigiendo sus palabras a aquellos homicianos, hablóles en esta manera.

CAPITULO .iiii.

De cómo luego vengó la muerte del buen emperador Pertinax y de una plática que hizo.

"Aunque todas las cosas humanas sean subjectas a vanidad y a mutabilidad, esta preeminencia tienen los dioses sobre los hombres, que mudándose todas las cosas, ellos son immutables, y peresciendo y acabándose todo, ellos para siempre permanescen; porque no ay cosa perpetua sino aquélla a quien los dioses dan perpetuidad. El gran Imperio Romano muy gran semejança tiene con los immortales dioses del cielo, porque todos los reynos del mundo son finibles, y él es perpetuo, todos flacos y él poderoso, todos subjectos y él solo libre, todos vencidos y él invencible; finalmente, él es el que nunca suffrió a otro mayor ni se compadesció con otro ygual.

"Como sea verdad que nunca den los dioses premio sin que preceda merescimiento ni den pena sin que aya en el que castigan culpa, síguese desto que pues los dioses dan a los romanos tantos y tan grandes triumphos, deve aver en ellos muchos y muy notables merescimientos. Dos cosas son las que hazen a los romanos tener amistad con los dioses y ser señores de los hombres, es a saber, ser grandes cultores de los templos y conservar en justicia a los pueblos; porque la tierra do los templos no son honrrados y los malos castigados, mejor se podrá llamar cueva de ladrones que no reyno de hombres buenos.

"Ya sabéys, los que aquí estáys, como matastes al buen emperador Pertinax, varón por cierto que fue tan sancto y tan sanctíssimo que cotejada la grandeza del imperio con la pureza de su merescimiento, era para él muy poco aun ser señor de todo el mundo, porque para un bueno, muy poca paga es darle toda la monarchía del mundo. En esto que avéys hecho, avéys offendido a los dioses, escandalizado a los hombres, cometido trayción a vuestro señor, infamado a vuestra patria, perturbado a vuestra república y puesto en confusión a toda Roma, por manera que siendo tan excessiva la culpa, no meresce que aya templança en la pena. Ya que matastes, es verdad que no matastes a Calígula, a Nero, a Sergio, a Bitello, a Domiciano o a Cómodo, sino a Pertinax, que fue uno de los príncipes más sin reprehensión que uvo en el Imperio Romano. Como los príncipes son pocos y voluntariosos, es muy gran ventura acertar en algunos que sean buenos; y tanto soys vosotros dignos de mayor pena quanto el buen Pertinax era más provechoso para la república. ¿De quién se osará ya fiar Roma, pues los que están puestos por su guarda la pusieron en almoneda? ¡O trayción nunca pensada, O delicto nunca oýdo: matar al emperador y vender el imperio!

"Después de matar los vassallos a su señor, y de aver vendido los naturales a su república, yo no sé cómo los dioses no mandaron a la tierra que os absorviesse y luego no pusieron fuego a Roma para que se quemasse; porque después de tan grande infamia, no avía de nombrarse en el mundo más Roma. ¿Quién dixera a Quinto Cincinato y a Numma Pompilio y a Camilo y a Marco Fabricio y a Mucio Cébola y a Silla y a Mario y a Scipión y a Julio César y a Augusto y a Germánico, los quales esclarescieron con muchos triumphos a Roma, que avíades de poner vosotros a Roma en pública almoneda?"[77] Creo y no dubdo que de pura tristeza

---

[77] *Sergio* is Catilina; *Marco Fabricio* is an error for Gaius Fabricius; *Silla* is Sulla; *Mucio Cébola* is easier to recognize as C. Mucius Saevola.

se murieran o a los progenitores de quienes vosotros descendís mataran.

"Desde que partí de Germania, he venido pensando por el camino qué pena os daría, porque por una parte, si dexo a cada uno de vosotros con la vida, redundará en escándalo de la república, y si quiero quitárosla, es muy poca pena según vuestra sobrada culpa; porque a uno que es malo, no poco bien le hazen en sacarle deste mal mundo. Yo mando que os hiendan las narizes y que os harpen las lenguas y que os corten por la cinta las haldas y que os raygan las medias barbas y que sin honrra ni libertad biváys esclavos en las repúblicas, por manera que no moriréys, como los buenos mueren, para bivir, sino que biviréys como los malos biven, para morir.

"No os dexo con la vida porque merescéys la vida, sino por no macular mi fama con vuestra sangre suzia. Si por dar a vosotros la muerte, diesse al buen Pertinax la vida, no sólo la vuestra, mas aun de voluntad offrescería la mía; porque no ay venta más justa que a trueque de muchas vidas malas, se compre una vida buena. Si los dioses permitiessen que a la hora que os mandasse matar tornássedes a resuscitar, mil vezes os quitaría la vida, porque mil muertes meresce vuestra culpa; mas pues en un momento quita al malhechor el verdugo la vida, y después no ay en que tomar dél más vengança, más vale que viváys desseando cada día la muerte que no que muráys aborresciendo la vida. No ay cosa más justa que matar al que mata, mas yo no os mando matar, aunque al buen Pertinax osastes matar; y esto, no lo hago por no hazer justizia ni por hazer a vosotros honrra, sino porque por muchos años tengáys tiempo para llorar vuestra infelice vida y su innocente muerte."

CAPITULO .v.

De las cosas que hizo en Roma
luego que tomó el imperio.

Después que Severo uvo hablado y condenado y desterrado a los que mataron al emperador Pertinax, determinó de entrar en Roma; y fue su rescebimiento mixto de plazer y tristeza, porque de una parte, viéndole tan amigo de justicia, holgávanse, y por otra, verle arrodeado de tantos exércitos, temíanle. Luego que entró en Roma, fuese a visitar los templos según que lo tenían de costumbre los emperadores romanos, y allí offresció no pequeños sino muy generosos y aun costosos sacrificios. Aunque en su rescebimiento se tardó gran parte del día y en visitar los templos se consumió lo que quedava, como ya fuesse noche y todos le rogassen que se retruxesse a descansar a su palacio, no lo quiso hazer hasta que visitó la sepultura del buen Marco Aurelio, delante de la qual estuvo muy gran espacio, de rodillas, y derramó muy lastimosas lágrimas. Otro día fuese al alto Capitolio, do estava junto todo el senado, y allí habló a todos los senadores y cónsules y a todos los otros officiales romanos, a los quales dixo muy buenas palabras y les dio esperança de muchas mercedes.

Todo el pueblo romano estava atónito y espantado de ver la audacia y fortuna tan grande de Severo, y esto procedía de ver que sin peligro y menos sin trabajo alcançó el imperio; porque ni le uvo derramando sangre agena ni a trueque de su hazienda propria. El primero día que Severo habló en el senado, hizo voto solenne delante todos de jamás matar a ningún romano si no fuesse por justicia sentenciado, y que tampoco tomaría la hazienda a ninguno si no fuesse por el fisco condenado. Si en Severo se hallara por obra lo que aquel día juró por palabra, es a saber, que no le pudiessen accusar de cruel ni notar de cobdicioso, muy gran bien fuera para el Imperio Romano; porque no ay cosa con que los príncipes más destruygan las repúblicas, y aun infamen sus personas, que con ser vengativos de las injurias proprias y cobdiciosos de las haziendas agenas.

Luego en los principios se mostró Severo manso, benigno, piadoso, largo, magnánimo, affable, gracioso y humano, abraçando a los naturales y riéndose con los estrangeros, por manera que todos los romanos se andavan empós dél, oyendo lo que dezía y loando lo que hazía. Si en las cosas humanas era proveýdo, no por cierto en las divinas era descuidado, porque cada día visitava los templos, honrrava los sacerdotes, offrescía sacrificios, reparava los hedifficios y oýa de voluntad a los afflictos y huérfanos, por manera que en las victorias le comparavan a Julio y en la policía humana a Augusto y en las cosas divinas a Numma Pompilio.

5 Los senadores viejos y los antiguos romanos que se avían criado con Severo desde niños estavan atónitos de ver como avía su condición mala mudado, y por otra parte, pensavan entre sí que todo aquello que hazía era fingido; porque de su proprio natural era astuto, versuto, manso y doblado y 10 sabía abnegar su voluntad por algún tiempo en lo que quería, por después hazer con todos todo lo que desseava. Ardid es de hombres sagazes y mañosos vencer sus voluntades en cosas pequeñas por atraer después las de los otros a cosas grandes. Aunque se ha de dar más crédito a lo que vemos que no a 15 lo que sospechamos, en este caso más se engañaron los que loavan en Severo sus obras buenas que no los que sospechavan sus antiguas astucias, porque en breve espacio se conoscieron en él muy grandes crueldades y muy desordenadas cobdicias. Los que desde niños no son en obras virtuosas 20 criados o que de su natural no son virtuosos, podrán por algún tiempo engañar algunos con sus astucias, mas al fin, al fin de venir han a noticia de todos sus malicias. Todo esto se experimentó en Severo, el qual hizo fuerça a su inclinación propria hasta que se vio enseñoreado de la re-25 pública.

El primero officio que dio en Roma fue a Flavio Juvenal, al qual hizo pretor del pueblo, y desta provisión por una parte plugo a todos, porque el Flavio era varón virtuoso, y por otra pesóles mucho, porque fue criado de Juliano. Todo 30 el exército que traýa consigo Severo, todo le metió dentro de Roma consigo, y como era en quantidad grande y en condición superbo, no podía caber por toda la ciudad, y a esta causa aposentávanse no sólo en las casas libertadas y en los templos sagrados, mas aun por fuerça quebravan las 35 puertas y se entravan en las casas. A muy gran injuria tomaron esto los romanos, porque no sólo sentían la affrenta que se hazía a sus personas, mas aun lloravan de ver quebrantar sus libertades. Tres días después que Severo entró en Roma, embiaron los capitanes de su exército a pedir al senado que les diessen cient mil pesantes de oro que les venían de derecho, diziendo que en otro tiempo, otro tanto avían dado a los que la primera vez entraron con el emperador Augusto. A la hora que los capitanes embiaron a dezir esto al senado, luego todos juntos se armaron y se salieron al campo, jurando y perjurando por la vida de Severo y por el siglo de Marco que si no se los davan aquel día, meterían aquella noche a saco a Roma.

De que oyó Severo que el exército estava armado en el Campo Marcio, y no por su mandado, escandalizóse mucho, pensando que avía trayción contra él en el pueblo, mas al fin, sabida la verdad, rogóles que se apaziguassen y se desarmassen, diziendo que no era de capitanes cuerdos sino de hombres sediciosos pedir con amenazas lo que les darían por ruegos. En mucho trabajo se vio Severo en acabar de concertar a los unos con los otros, mas al fin, como dio algunos dineros de su casa y tomaron otros de la república, todos vinieron a concordia; y la concordia fue que diessen a los capitanes menos de lo que pedían, y los romanos diessen algo más de lo que offrescían.

Antes de todas las cosas hizo celebrar Severo las obsequias de Pertinax, en las quales se hallaron presentes todos los romanos, y él offresció a los dioses aquel día muy grandes sacrificios, y contaron a Pertinax entre los dioses, y pusiéronse allí sacerdotes que sacrificassen sobre su sepultura y que para siempre substentassen su memoria. Quando Severo entró en el imperio, halló empeñadas muchas rentas del erario, es a saber, del real patrimonio; y dio orden como se rescatassen y a la corona imperial se reduxessen.

Tenía Severo dos hijas grandes, la una en edad de veynte y cinco y la otra de treynta años, y casólas dentro de veynte días que entró en Roma, la una con Prolio y la otra con Laercio, varones que eran ricos en hazienda y generosos en sangre. Offresció Severo el officio de censor a su yerno Prolio, mas él no le quiso acceptar, diziendo que él no se avía hecho yerno del emperador para ser verdugo de malos sino para ser servido de buenos. Hizo Severo a sus yernos cónsules, y allí cerca de Roma les compró muy buenos réditos, y allende desto, dióles a ellos dineros que gastassen y a las hijas dio joyas con que se honrassen.

CAPITULO .vi.

De cómo passó en Asia contra el capitán Pescenio, que se reveló contra él

Uno de los capitanes famosos que se revelaron contra el emperador Juliano, según se contó en su vida, fue Pescenio Nigro, el qual, con los exércitos que estavan en Assiria, governava y enseñoreava a toda la Asia. Severo se levantó en Germania y Pescenio en Asia, y dado caso que ambos a dos fueron a su señor traydores, la differencia que uvo entre ellos fue que a Severo, por venirse a Roma, le alçaron por emperador, y a Pescenio Nigro, por estarse en los plazeres de Asia, le condennaron por traydor.

A la hora que el emperador Juliano fue muerto, luego Pescenio tomó el título de emperador y de Augusto, por manera que Severo en Europa y Pescenio en Asia tenían divididas entre sí todas las tierras y provincias, y mucho más tenían divisas el uno del otro las voluntades. Bien fue avisado Pescenio en Asia en como avía entrado Severo con muy gran potencia en Roma y que governava ya como natural emperador la república, mas ni por cartas que le escrevían ni por cosas que le dezían, quiso a Severo obedescer ni menos le mostró temer. Era Pescenio Nigro hombre gruesso, animoso y bellicoso y de todos los con que tractava bien quisto, y cierto, si él perdió el imperio, no fue por faltarle amigos en Roma sino por sobrarle vicios en Asia.

De que vio Severo que ni por amenazas que hazía ni por promessas que prometía ni por cartas que escrevía ni por partidos que sacava no podía atraer a Pescenio Nigro a su servicio, acordó de conquistarle como a enemigo, aunque según él dezía después, no quisiera venir con él en rompimiento, porque Pescenio era amigo de veras y no enemigo de burla. Mandó Severo hazer alarde de toda la gente que tenía, y hizo nóminas de toda la que podía sacar de Ytalia, y mandó a ellos que se adereçassen y a sus officiales que les pagassen, y esto que se hiziesse con suprema diligencia; porque era su intento de entrar él tan presto en Asia quan presto fuesse a Pescenio la nueva de su yda. Todos los exércitos del Illírico que él avía dexado en Tracia, mandó que se passassen en Asia, y a todos los senadores y officiales romanos bulliciosos y a todos los hombres ricos y a todos los hijos de grandes señores que avía en Ytalia, a todos, los llevó consigo a la guerra. Armó en el mar Mediterráneo cient galeras, dozientas naos, cincuenta zabras e innumerables fustas, las quales todas yvan cargadas de hombres y de armas y de bastimientos, por manera que según su grandeza y potencia, ni avía quien le acometiesse por la tierra ni quien le esperasse por la mar. Solos treynta días estuvo Severo en Roma, y despidiéndose del senado, fuese para el puerto de Hostia a ver su armada, y dende partióse a Nola de Campania, do tenía junta su gente de guerra, y allí añadió muchas cosas que faltavan y quitó otras que sobravan; porque las cosas de gran importancia, no se contentava con encargarlas a los hombres expertos, sino que las yva él a ver con sus ojos proprios.[78]

Llegada la nueva a Pescenio Nigro en como por mar y por tierra yva contra él Severo, dizen que dixo esta palabra, "Si los hados me son contrarios, poco me pueden favorescer los hombres, y si los dioses me quieren ayudar, poco me pueden los hombres empescer." Y dixo más: "No se contentó Severo con aver muerto a su señor Juliano y aver usurpado el imperio, sino que me hizo enemigo del pueblo romano. Yo ruego pues a los immortales dioses que si por caso no me dieren en esta guerra victoria, en aquella guerra sea Severo vencido en la qual él más desseare vencer." Aunque Pescenio puso su ventura en manos de los dioses, no por esso dexó de encomendarse a los hombres, y para esto escrivió

---

[78] Along with the Puerta Salaria, Ostia and Nola de Campania form a trinity of landmarks whose names occur many times, notably when not in the source. Ostia is the port of Rome, whereas Nola is far to the south in Campania; it would make little sense for Severus to go to Ostia, down to Nola (an insignificant town), and back to Ostia.

y embió embaxadores al rey de los parthos y al rey de los trebanos y al rey de Armenia, y que le favoresciessen en sus huestes y le socorriessen con sus dineros, porque Severo venía con ánimo de destruyr a él y de castigar a ellos.

El rey de los armenios respondió a los embaxadores de Pescenio Nigro que ni quería ayudar al uno ni offender al otro, sino defender y conservar su reyno; y lo que le movía a hazer esto era que si Pescenio era su amigo, no era Severo su enemigo. El rey de los parthos luego embió cartas por su reyno, mandando que acudiessen a Pescenio y no rescibiessen a Severo, y esto no lo hazía él por la estrecha amistad que tuviesse con Pescenio sino por la antigua enemistad que tenía con el Imperio Romano. El rey de los arthabos embió a Pescenio diez mil vallesteros, todos naturales de las provincias Bersezanas, los quales en todo el mundo eran muy nombrados y en las guerras muy temidos, porque tenían animoso ánimo para pelear y suprema destreza en el tirar.

Allende desto, mandó Pescenio Nigro que se hiziessen de nuevo veynte mil hombres de pie y cinco mil de cavallo, y como los más dellos se hiziessen en la ciudad de Antiochía, do la gente es más liviana, muchos de los que se assentaron en la nómina y rescibieron la paga no fueron después a la guerra. A todos los que hizieron este engaño, castigó después Severo, no porque fueron traydores a Pescenio sino porque otro día no fuessen traydores a él. El monte Tauro parte a Capadocia y Sicilia, y Pescenio, como hombre experimentado en cosas de guerra, proveyó de hazer atalayas en lo más alto del monte y de poner gente de guarda en los lugares más peligrosos y estrechos, de manera que ninguno de los enemigos podía allegar, que no le viessen, ni podía passar, que no le matassen. En aquellos tiempos no avía en todo el reyno de Tracia ciudad más opulentíssima que era Bizancio, que por otro nombre agora se llama Constantinopla, la qual en hedifficios sobrepujava a todas las de Asia y en fertilidad ygualava con las mejores de Europa.

Entre las cosas que avía en ella muy hermosas de ver y muy de loar eran los muros, las piedras de los quales se avían traýdo de Milesio, y ninguna piedra era labrada a escoda, sino a manera de madera las avían asserado con sierra, y ésta era la causa que siendo los muros de muchas piedras, no parescía ser más de una. Aunque con la calamidad de los tiempos estén ya los muros aruynados, todavía paresce algún vestigio en ellos, en el mirar de los quales ninguno avrá que no loe el ingenio de los que los hizieron y maldiga las manos de los que los assolaron.

Como se vio Pescenio señor absoluto de Asia y rodeado de tanta y tan noble gente de guerra, bien pensó tener por sí la victoria; mas como en semejantes casos sea muy differente lo que guía Fortuna a lo que dessea la persona, muy al revés de lo que él pensó entonces le succedió después.

CAPITULO .vii.

De la guerra que passó entre Pescenio y Severo en Asia.

Mucho pesar tomó Severo de que supo en como Pescenio estava de tal manera apercebido que no sólo pensava de se deffender, mas aun publicava que le avía de offender. Certificado Severo que estava Pescenio apoderado de la gran ciudad de Bizancio, diose muy mayor priessa en el camino con pensamiento de combatirla y que no tuviesse tiempo Pescenio de socorrerla, porque con tractos secretos tenía dentro de la ciudad Severo algunos nuevos amigos, y Pescenio en la governación avía cobrado algunos enemigos. Ni los tractos que truxo secretos ni las diligencias que hizo públicas aprovecharon a Severo para poder recobrar a Bizancio, y esto sabido por él, trabajó de ocupar otra ciudad no lexos de allí que avía nombre Cizica, la qual era roquera y riparia, es a saber, que un río la cercava y su sitio era sobre una peña.

Tenía Pescenio por capitán general de todas sus huestes a un cavallero que avía nombre Emiliano, y déste fiava él no sólo las cosas que se avían de despachar en la guerra, mas aun las que se expedían en la paz, porque avía en él cordura para lo uno y esfuerço para lo otro. Metióse el capitán Emiliano en la ciudad de Cizica, y vino luego la gente de Severo a cercarla, y allí uvo entre ambos exércitos en diversas vezes, diversos combates y rebates, en los quales la próspera ni adversa fortuna no mostrava demostrarse por la una parte ni por la otra, porque todas las vezes que peleavan al muro, eran vencidos los de Severo, y todas las vezes que peleavan en el campo, eran vencidos los de Pescenio. No dos meses después que la ciudad Cizica estava cercada, como los que estavan dentro saliessen a pelear con los de fuera, al tiempo que se quisieron retraer, entraron los capitanes de Severo rebueltos con los de Pescenio; y dado caso que entre los unos y los otros uvo muy gran matança sobre el tomar de una puerta y hazerse fuertes en una plaça, al fin perdió la ciudad Pescenio y quedó con la victoria Severo.

Mucho se quexava Pescenio y aun assí fue fama en el vulgo, es a saber, que el capitán Emiliano se avía de secreto concertado con Severo, porque según los superbos muros que tenía la ciudad de Cizica y según la valerosa gente que la guardava, todos juzgavan que era impossible tomarla, y que era locura cercarla. El motivo que tuvo el capitán Emiliano para hazer lo que no devía hazer ningún bueno fue que como sus hijos estuviessen en Roma y después se fuessen con Severo a la guerra y Severo los truxesse en muy gran guarda, es de creer que por libertar los hijos que avía engendrado quebrantó la fidelidad y juramento que avía hecho. El emperador Cómodo, como era tan sospechoso de los con quien tractava y tan malquisto de los que le servían, tenía en costumbre que todas las más vezes que embiava algún noble romano a governar alguna provincia, a los hijos del tal metía luego en una fortaleza, y esto hazía él porque teniendo presos a los hijos, no le serían traydores los padres. Desde el tiempo que imperava Cómodo en Roma, governava las provincias Emiliano en Asia, y ésta fue la occasión por do Severo cobró los hijos y Pescenio perdió al padre.

Divulgada la fama por toda Asia que la ciudad de Cizica era perdida y que Severo estava en el campo con victoria, todos los cavalleros de Pescenio que de allí escaparon y todos los otros sus compañeros que esto oyeron, todos echachon a huyr y buscaron lugares fuertes para se absconder. No sólo cobró Severo honra y provecho desta victoria, mas aun puso en espanto y discordia a todos los más pueblos de

Grecia, porque los unos dellos se revelaron contra Pescenio y los otros obedescían a Severo. Aunque la gente de Grecia por una parte es muy ábil para deprender sciencia, también es muy mudable en las cosas de guerra, porque en las guerras que andan, no siguen ellos al príncipe que tiene más justicia sino al que le dize mejor la Fortuna. Los ciudadanos de Bithinia embiaron embaxadores a Severo diziendo que ellos y sus hijos estavan a su servicio, y por contrario los de Nicena hizieron saber a Pescenio que si embiava allí su exército, no sólo le rescebirían, mas aun le manternían, y esto no lo hazían aquellos dos pueblos por la amistad que tuviessen con aquellos dos príncipes romanos sino por la enemistad antigua que tenían entre sí mismos. Estavan pues los de Severo en Bithinia y los de Pescenio en Nicena, y de allí como de dos fortalezas salían a pelear, y al fin entre ambos exércitos se travó un día una tan fuerte escaramuça que en sangre y mortandad no fue menor que batalla, do quedó por Severo el campo y fueron desbaratados los de Pescenio.

Ni por aver Pescenio perdido a la ciudad de Cizica ni por aver sido desbaratado en Bithinia mostró tener temor ni flaqueza, sino que luego el exército que le quedó, dividió en dos partes. La una embió al monte Tauro, para que deffendiessen por allí el passo a Severo, y la otra parte tomó consigo y se fue con ella a Antiochía, lo uno para sacar dinero de su thesoro y lo otro para rehazer de gente su exército. El exército de Severo tomó el camino desde Bithinia para Galacia, y de Galacia para Capadocia; y Capadocia estava por Pescenio, y començaron los de Severo muy de veras a combatirla, en la qual jornada rescibieron mucho daño los severianos, porque la ciudad, como estaba assentada en la ladera de una cuesta, para matar a los de fuera no hazían más de echar a rodar piedras los de dentro.

Estando las cosas en este estado, acontesció que en la provincia de Fenicia se revelaron dos ciudades a Pescenio y se tornaron de la opinión de Severo, es a saber, Laodocia y Thiro, de la qual nueva tomó muy gran pesar y aun odio Pescenio, el qual odio y passión que tomó contra los de aquellas ciudades no sólo lo mostró en las palabras feas que les

embió a dezir, mas aun en las crueles obras que les mandó
hazer. Tenía Pescenio en sus exércitos quinze mil flecheros
que se llamavan los Mauros, gente que de su proprio natural
era inclinado a matar y que no tenía ningún temor ha morir;
5 y a estos mandó Pescenio que fuessen a Laodocia y Thiro
para que las quemassen y saqueassen y a los vezinos degollassen,
con apercibimiento y juramento que si alguno tomavan
bivo, al prisionero daría la vida y al que le truxesse daría
la muerte. Fueron pues sobre Laodocia y Thiro aquestos
10 quinze mil flecheros que se llamavan los Mauros y otros
muchos que se juntaron con ellos, y como los tomaron de
improviso y no tuvieron tiempo de pedir a Severo socorro,
tan feroz e inhumanamente se uvieron aquellos bárbaros
con aquellos dos tan generosos pueblos que ni dexaron pie-
15 dra sobre los muros y casas que no derrocassen ni cabeça de
hombres ni de mugeres que no cortassen.

Quando estas cosas passavan en Assiria, los cavalleros de
Severo estavan en Capadocia, trabajando mucho por apoderarse del monte Tauro, mas como él de su natural era
20 altíssimo y montuoso y pedregoso y tenía todos los passos
peligrosos tomados Pescenio, no sólo no le podían combatir,
mas aun ni avía esperança de le poder tomar. Encima deste
monte Tauro juntaron los de Pescenio gran muchedumbre
de peñascos muy grandes, para que si los de Severo inten-
25 tassen a querer en lo alto subir, echassen los cantos a rodar,
para que con ellos los pudiessen matar. Como en la ladera
del monte avía muchos árboles muy espessos, muy altos y
muy gruessos, cortaron los de Severo infinitos dellos para
que si los de Pescenio echassen a rodar las piedras, topassen
30 en los árboles y no tropellassen a los hombres. En tener
capitanes diestros para pelear y hombres mañosos para se
defender, ninguno de los dos exércitos se podía quexar ni de
sus enemigos embidia tener, excepto que Pescenio era más
virtuoso y Severo más venturoso.

CAPITULO .viii.

De una cruel batalla que uvo entre Pescenio y Severo, en la qual fue muerto Pescenio.

En unas quebradas que suelen en los semejantes lugares
5 hazer las aguas, avían hecho los de Pescenio unas palizadas de piedras y ramas, las quales servían para cegar el camino, que no passassen, y para offender desde allí a los enemigos, si quisiessen passar. Ni por el trabajo de subir ni por el miedo del morir dexavan cada día y cada hora los capitanes
10 de Severo de intentar a subir al monte Tauro, mas eran los passos tan estrechos y las montañas y riscos tan inaccessibles, que diez se deffendían de ciento y ciento de mil y mil de diez mil. Fue pues el caso, que estando los severianos exércitos más desesperados que con esperança, súbitamente
15 una noche cayeron en aquellas montañas unas nieblas grandíssimas, y éstas fueron occasión que luego los pescenios desampararon aquellas sierras, y lo que fue peor de todo, que muchas personas y bestias allí peligraron, y las vituallas todas se les perdieron. La Fortuna que lo avía de hazer y
20 los tristes hados de Pescenio que lo avían de encaminar, acontesció que al tercero día después que avía nevado, vino un sol tan caluroso como si fuera en el verano, y como derritió toda la nieve que avía caýdo, con el ímpetu grandíssimo del agua, derrocó y llevó empós de sí todos los ba-
25 luartes y reparos que Pescenio en aquel monte avía hecho, por manera que hizo Natura en una hora lo que el arte no pudo hazer en muchos días, es a saber, que la nieve alançó la gente y el sol abrió el camino.

Los exércitos severianos, como vieron que los de Pesce-
30 nio avían desamparado el monte Tauro y que las nieves derretidas les avían abierto el camino, no sólo cobraron mucho esfuerço, mas aun presumían tener el favor divino, diziendo que Severo los governava, mas que los dioses los guiavan. Al quinto día después que nevó, subieron los de
35 Severo al monte Tauro, y como la nieve era toda derretida y los arroyos estavan ya secos, hallavan a cada passo hombres

muertos, bestias ahogadas, armas quebradas y vituallas estragadas, en el mirar de lo qual todos tomavan no poco plazer, porque tenían puestos los pies do antes no empleavan más de los ojos.

Sabido por Pescenio que los suyos avían desamparado el monte Tauro, partióse con toda su hueste de Antiochía, y tomó el camino de Sicilia, y era cosa espantosa la muchedumbre de gente que llevava, aunque de verdad más eran para mirar que no para pelear, porque dado caso que eran muchos y mancebos y bien armados, más acostumbrados estavan a tener con los vicios paz que no a hazer a los enemigos la guerra. Severo con su exército y Pescenio con sus huestes se hallaron en Sicilia no una legua el uno del otro, y en el comedio de los dos exércitos avía una muy gran llanura que llamavan los de aquella tierra el Campo Yssico, do se dio la postrera y muy famosa batalla entre Alexandro y Dario, en la cual el gran rey Dario fue vencido y el magno Alexandro quedó por monarcha del mundo. En memoria de aquella tan immortal batalla, está allí oy fundada la muy nombrada ciudad de Alexandria, en la qual está una estatua de cobre, hecha al natural, de Alexandre; y es tan al natural que dizen todos los que la miran que por una parte los espanta y por otra se haze tener en gran reverencia. Dos días después que llegaron allí los dos príncipes, determinaron en conformidad de dar la batalla, pues cada uno dellos tenía allí todos sus exércitos juntos y sus personas proprias, y hasta en esto tuvieron entre sí muy poca differencia, porque cada uno dellos esperava alcançar para sí la victoria.

La noche antes que peleassen, estuvieron Severo y Pescenio muy tristes y todos sus exércitos desvelados, porque como se allegava la fatal hora de pelear, aunque sus generosos coraçones les davan esperança de vencer, sus mortales cuerpos temían de morir. Ya que quería reýr el alva y venir el día, todos los capitanes se pusieron en orden para dar la batalla, y dos horas antes, no hizieron otra cosa de la una parte y de la otra sino tocar los instrumentos que tenían para música, los quales con melodía ponían en los coraçones tanta tristeza que annunciavan bien el triste successo que avía de aver de aquella batalla. Juntas pues las unas huestes con las otras, travóse entre ellos una tan cruda pelea y trabajó cada parte dellos tanto por alcançar la victoria que era acabado el día y no era acabada la batalla. Fue tan herida y tan porfiada y tan ensangrentada aquella batalla, que en torno de dos leguas no avía tres pies de tierra que no estuviesse cubierto con sangre humana.

Si se mostraron los dos exércitos en el pelear animosos, no fueron por cierto los dos príncipes sus señores covardes, mas al fin, de que vino la noche, los pescenios bolvieron las espaldas a los severianos, y el fin de todo fue que Pescenio huyó herido y Severo quedó señor del campo. En un cavallo muy ligero y con muy pocos de los suyos acompañado, tomó el camino de Antiochía Pescenio, y como le siguiessen los enemigos, aportó a un casar o cortijo pequeño do ni tuvo tiempo de descansar ni lugar para se absconder, sino que beviendo a pechos un cántaro de agua, de un golpe le cortaron los enemigos la cabeça. Este pues fue el triste fin de Pescenio Nigro, en la sepultura del qual se puso este epitaphio: "Aquí yaze Pescenio Nigro, antiguo romano, el qual en merescimientos ygualó con muchos buenos y en desdichas excedió a todos los desdichados."

De que Severo se vio con tan gran victoria y que ya no avía en toda Asia contra él lança enhiesta, lo primero que hizo fue prender a todos los principales que escaparon del campo de Pescenio, y a todos mandó no sólo matar, mas aun matarlos con muchos tormentos. Muchos se hallaron en el campo de Pescenio, los quales le seguían no porque le querían seguir sino porque no podían más hazer, y a éstos también como a los otros mandó Severo también matar, la qual obra por cierto fue más de crudo tyrano que no de príncipe virtuoso. Tenía Severo consigo a la madre y a los hijos de Pescenio, después de la muerte del qual, a la madre con los hijos embió a una ysla desterrados.

Puestas en orden todas las cosas que convenía a proveer en la buena governación de Asia, puso Severo en plática entre sus muy familiares amigos de yr a conquistar al rey de los parthos y al rey de los trebanos, y esto no porque ellos tenían a Severo por enemigo sino porque fueron amigos de su enemigo Pescenio. Aconsejáronle sus amigos a Severo que por ninguna manera publicasse ni aun pensasse hazer guerra al rey de los parthos ni al rey de los trebanos, porque dado caso que Pescenio era muerto en oriente, quedava Albino bivo en los reynos de poniente y que no tenía tan seguro el imperio que no le fuesse mejor consejo buscar amigos nuevos que no despertar enemigos antiguos. Tractó muy mal Severo a los de Antiochía, lo uno porque siendo él allí governador, se reýan de lo que dezía, y lo otro porque rescibieron y obedescieron a su enemigo Pescenio, por cuya causa les dixo palabras injuriosas y les quitó las libertades todas que tenían antiguas. A los neapolitanos y a los palestinenses quitó las juridiciones que sobre otros lugares tenían, porque ayudaron a Pescenio desde el principio de la guerra. A todos los senadores romanos mató, es a saber, los que siguieron a Pescenio y tomaron nombre de capitanes y tribunos; y de los otros no mató alguno, si no fue a uno, y a ninguno quiso dezir por qué aquél más que otros fue muerto.

CAPITULO .ix.

Del cónsul Albino y de cómo se reveló contra Severo, estando en Ynglaterra.

Entre los muy extremados mancebos que se criaron en casa del buen emperador Marco Aurelio fueron tres, los quales en aquellos tiempos estavan puestos por capitanes en los tres más famosos y aun peligrosos lugares del imperio: es a saber, Severo estava en Illírico, Pescenio en Asia y Albino en la Gran Bretaña. Avíalos su señor Marco Aurelio criado tan expertos en las sciencias, tan acostumbrados a las virtudes, tan diestros en las armas, tan cautos en los peligros y tan hechos a los trabajos, que si ellos mismos a sí mismos no se guerrearan y destruyeran, todo el mundo no abastava a los destruyr. Arriba se ha dicho como Severo vino a tomar el imperio a Roma y como fue vencido Pescenio en Asia. Resta agora de dezir de Albino, que estava en Bretaña, el qual en la vida fue muy venturoso y en la muerte muy desdichado.

Albino fue natural de Roma, y desde que tuvo edad fue senador, y era de los más antiguos patricios romanos, y heredó de sus passados muchas riquezas, las quales él supo bien conservar y muy bien mejorar y por excellencia gozar, porque dado caso que el ditado no era más de senador, el servicio de su casa y el tractamiento de su persona era de emperador. En los tiempos que imperava Pertinax, fue Albino embiado por capitán y governador a la Gran Bretaña, en la qual governación fue muy amado y no poco temido, porque como era tan justo, hazíase temer, y con la gran liberalidad, hazíase amar. Quando Severo partió para Asia a la guerra de Pescenio, sabiendo quan nombrado era el nombre de Albino en todo el mundo y quan quisto de todo el Imperio Romano, temióse mucho no se le alçasse con el imperio, y movióle a pensar esto ver que todos los principales romanos tenían en Albino puestos los ojos.

Acordó pues Severo de usar de una cautela con Albino, y fue que antes que saliesse él de Roma, le escrivió a Bretaña diziendo que le quería por compañero en el imperio y que dende entonces le nombrava y llamava Augusto y que pues él se partía para la guerra de Asia, le rogava tomasse cargo de la governación de la república. Con éstas y semejantes palabras que le embió a dezir y con unas cartas que le escrivió y con unas joyas que le embió, dexóse Albino engañar, no pensando que era engañado. Tenía Albino consigo un cavallero anciano que avía nombre Cipro Albo, el qual dizen que dixo a Albino, "No eres tú tan propinquo deudo ni tan caro amigo de Severo, para que sin tú lo pedir, quiera él contigo partir el imperio, que a la verdad, aun para entre padre y hijo esto es mucho, sino que pienso yo que te quiere agora assegurar para desque venga de la guerra te destruyr; porque de hombre tan doblado como es Severo, cartas tan amorosas y joyas tan preciosas no pueden proceder sino embueltas en malicias." No quiso Albino crer lo que le dixo Cipro Albo; antes leýa en público las cartas y mostrava a todos las joyas, lo qual, como supo Severo, tomóle dello muy sobrado plazer, y por mejor le acabar de engañar, hizo en nombre de ambos a dos hundir dinero y poner la estatua de Albino en el senado. Ganada pues la voluntad de Albino para tener seguros los reynos de Europa, partióse para Asia, y desde allá más vezes escrevía a Albino que no al senado, dándole cuenta de lo que hazía y pidiéndole consejo para lo que pensava hazer.

Quinze meses no más tardó Severo en la guerra contra Pescenio, al qual, después que le uvo vencido y muerto, determinóse de destruyr a Albino; y porque no tenía occasión pequeña ni grande para hazerle guerra pública, acordó de matarle por maña. Algunos quieren culpar a Albino, que no le aviendo Severo dado más de el nombre de Augusto, le escrevían algunos y le llamavan otros el gran nombre de César; y en respuesta desto, dizen otros que jamás él consintió que en su casa se lo llamassen ni en sus letras se escriviesse. Muchos de los senadores y nobles romanos escrevían cartas y otros persuadían con palabras a Albino que se alçasse con el imperio, y para esto jurávanle y perjurávanle que aunque estava Severo muy lexos de sus tierras, sin comparación lo estava mucho más de sus voluntades.

Fue pues el caso que acabada la guerra de Asia, llamó Severo en mucha poridad a ciertos correos con los quales él solía escrevir cartas, y mandóles que fuessen a la Gran Bretaña y que las cartas que llevassen las diessen a Albino en público y que le dixessen luego que le querían hablar en secreto y que si con ellos se apartasse, que luego le matassen; y prometióles que si salían con esta empresa, los haría ser unos de los mayores hombres de Roma. Dioles también una buxeta muy fina de ponçoña, y mandóles en la instructión, que si por caso no pudiessen matar a Albino de aquella manera, trabajassen de darle en algún manjar aquella ponçoña.

Ya estava Albino algo sospechoso de Severo, lo uno porque no le escrevía ya tan a menudo y lo otro porque fue avisado que no hablava bien dél en secreto, y a esta causa bivía muy recatado, no sólo de los que le avían de entrar a hablar, mas aun de los manjares que avía de comer. Llegados pues los correos a la Gran Bretaña, dieron las cartas de Severo a Albino en público y dixeron que querían hablar a él solo en secreto; y como él estava ya sospechoso de las cosas de Severo, mandó a los correos prender y gravemente atormentar, los quales luego confessaron que no los embiava

Severo a otra cosa sino con hierro o con ponçoña quitar a Albino la vida.

Luego fue avisado Severo en como avía Albino preso y atormentado y muerto a sus correos, de lo qual succedió que el uno del otro se publicaron por públicos enemigos y por tales se lastimavan con palabras y se desafiavan por cartas y aun se lo mostravan en las obras. Muy gran tristeza cayó sobre Severo de que se declaró por su enemigo Albino, y lo que le dava más pena era que dezían todos los que mal le querían que avía querido matar a Albino a trayción como covarde y no tomarse con él en público como animoso. También tenía mucha pena Severo porque le dezían muchos que dezía y se presciava Albino, delante todos los que lo querían oýr, que eran muchos los pueblos y exércitos que le obedescían en la Gran Bretaña y muchos más los que le amavan y desseavan en Roma. No pudiendo ya suffrir Severo lo que le dezían que dezía y hazía Albino, acordó de juntar todo su exército, al qual habló en esta manera.

CAPITULO .x.

De una famosa plática que Severo hizo a los del exército para indignarlos contra Albino su enemigo.

"No es justo que ningún príncipe sea notado de liviano si por caso le vean aborrescer en un tiempo lo que amó en otro, porque mudando los súbditos las costumbres, no es mucho que los señores muden los paresceres. En quanto fuere el amigo virtuoso, tanto y no más ha de ser amado de su amigo, porque si es cosa loable amar al bueno, es muy vituperable amar al malo. Dado caso que los príncipes maltracten a unos y favorezcan a otros, ni por lo uno an de ser loados ni por lo otro vituperados; porque el premio o la pena ni se da ni se ha de dar conforme a lo que los príncipes quieren sino conforme a lo que los súbditos merescen.

"Ya sabéys como siendo mancebos Albino e yo, nos criamos en casa del buen emperador Marco Aurelio, y de verdad después acá yo le he tractado no como a compañero sino

como a hermano; y paresce ser verdad en que partí con él el imperio, el qual no suele partir el padre con el hijo. No sólo le tracté siempre como a hermano y partí con él el imperio, mas aun quando me partí para la guerra de Asia, a
5 él solo encomendé la governación de la república; y según la possessión en que yo le tenía y la confiança que dél hazía quando confié dél la república, partiera si fuera partible con él el alma. Estando que estava yo emboscado en las guerras de Asia y él puesto en la governación de Bretaña,
10 aunque avía de lo uno a lo otro grandíssima distancia, apenas passava mes que no le escrevía, dándole muy larga cuenta de lo hecho y no le abscondiendo nada de lo que entendía hazer, por manera que en él se registravan todos mis triumphos y él era sabidor de todos mis profundos secretos. Entre
15 Albino y mí nunca uvo cosa que no fuesse común; en mi casa nunca para él uvo puerta cerrada; las cartas que me escrevía, de grado las leýa; lo que me rogava, siempre lo hazía; lo que me amonestava, siempre lo corregía; finalmente nunca de mi quiso cosa que no la alcançasse, y jamás tuvo
20 trabajo que cabe sí no me hallasse.

"Después de todas estas cosas, han querido sus tristes hados y no menos lo a hecho mi infelice fortuna, que la amistad se ha tornado en enemistad, la felicidad en trayción, los beneficios en ingratitud, el amor en odio, la comunica-
25 ción en divorcio y la confiança en sospecha, por manera que al presente no se habla otra cosa en todo el Imperio Romano sino de la gran amistad que tuvimos y de la cruel enemistad en que estamos. Que Albino dessee ser señor, y procure ser emperador, ni me maravillo ni es de maravillar. De lo que
30 yo me maravillo es que teniéndole yo dada en confiança la governación de la república, procurasse él de se alçar con Roma; que hablando a ley de bueno, si Albino pensava tan fea cosa intentar, aunque yo se lo rogara, de tal cargo no se avía de encargar, porque no puede aver ygual traydor en
35 el mundo como aquél de quien yo confié mi casa, me robe la honrra y se me alçe con la hazienda.

"Mayor crimen *lese magestatis* acometió Albino que no cometió Nigro Pescenio, porque Pescenio, desde que yo fui electo en emperador, luego se declaró por mi contrario, y lo que más es, que jamás le tuve yo a él por amigo ni él a mí reconosció por señor; y porque digamos agora lo que nunca pensamos dezir, Pescenio Nigro nos escrivió que si le perpetuávamos el principado de Asia, él nos daría espontáneamente la obediencia, y como no se lo quisimos dar, hablando sin passión, aunque no tuvo razón de se revelar, tuvo occasión de se alterar. No passa desta manera el caso entre Albino y mí, sino que sin pedirme él ni otro por él aun la governación de Bretaña, le di el principado de toda Europa y le embié la insignia del imperio y mandé pregonar que se llamasse Augusto, y lo que no es de tener en poco, que hize con su ymagen y con la mía esculpir moneda, y con mis proprias manos puse en el senado su estatua. En pago de tantos y tan notables beneficios, ha cometido cient mil insultos, es a saber, que ha amotinado los exércitos, alterado los pueblos, robado los thesoros, alçádose con los castillos, rebuéltome con los romanos y agora de nuevo ha muerto a mis correos; y lo que siento más que todo es que les hizo dezir en el tormento lo que nunca por el pensamiento me avía passado.

"Aviendo yo muerto al príncipe Pescenio y estando como estoy triumphador en el campo, ¿ha de creer nadie que tenía yo tan en poco mi honrra, que siendo él mi público enemigo, le avía de mandar matar en secreto? ¿En qué coraçón puede caber que teniendo como tengo tan extremados exércitos aquí en mi presencia, le avía yo matar con ponçoña? Matar yo a Albino a traycíón, a mí fuera culpa, a vosotros affrenta y a él fuera gloria; porque según es affamado su nombre y divulgada su fama, dixeran todos en el imperio que era tan invencible su persona que no le osávamos dar batalla como enemigos, sino matarle como traydores. Ni lo consientan los dioses ni lo permitan mis venturosos hados que el renombre de traydor que él cobró con su mala vida a mí se me apegue de su secreta muerte, porque al fin más quiero tenerle por enemigo todos los días de mi vida que no poner escrúpulo en mi fama.

"Albino juró en el simulachro de Diana, no una vez sino tres, no con una mano sino con dos, no en un templo sino en muchos, de tener para siempre a los dioses acatamiento, a los pueblos en justicia, a los templos reverencia y a mí obediencia, lo qual todo el pérfido Albino ha quebrantado, y no tiene temor ni vergüença de averlo hecho; mas yo espero en los dioses que no se hará lo que él piensa, que es morir con ponçoña, sino que verná tiempo do pague en el campo lo que juró en el templo. Si este hecho tan infame hiziera contra alguna particular persona, oyeran y vieran en todo el mundo la enmienda que yo dello tomava, mas como no toca más de a mí solo, y al presente a mí tengan por sospechoso y a Albino por abonado, abaste que a mí no es dado más de os lo dezir, y a vosotros pertenesce de lo vengar. En la guerra contra Nigro vosotros me avéys seguido; en ésta contra Albino yo os quiero seguir, y espero en los immortales dioses que a vosotros darán victoria y por mí tomarán de Albino vengança."

CAPITULO .xi.

De cómo Severo partió de Asia para Francia y se combatió con Albino y le mató.

A la hora que Severo acabó esta plática, començó todo el exército a dar grandes bozes, con las quales de nuevo confirmavan a Severo el imperio y declaravan a Albino por enemigo del Imperio Romano. Como ninguno de los que allí estavan sabía la trayción que Severo contra Albino avía intentado, creyéronle todo lo que avía dicho, y assí todos en general concibieron tan gran odio con el uno como amor con el otro, y todo esto causó la presencia de Severo y la absencia de Albino, porque según dize el proverbio, "No ay absente sin culpa ni presente sin disculpa."

De que vio Severo que tenía ganada la voluntad de todo su exército, cobró nueva esperança de vencer a Albino, y para esto mandó hazer alarde general de todo su campo, y halló diez mil de cavallo y quarenta mil peones, a los quales todos pagó luego no sólo todo lo que se les devía, mas aun les hizo muchas mercedes y les dio grandes esperanças. La primera jornada que hizo Severo fue cercar a Bizancio, porque estavan allí acogidos los capitanes que escaparon de la batalla do fue vencido Nigro, y al fin tomóla, no por fuerça sino por hambre, y apoderado de la ciudad, aportilló los adarves, assoló las torres, derrocó los theatros, deshizo los vaños, quemó las casas, degolló a los estrangeros, captivó a los naturales; finalmente, él se uvo con ella no como príncipe romano sino como tyrano crudelíssimo. De las riquezas que tomó en Bizancio y con lo mucho que robó en otras partes, mandó reparar las ciudades que los de Nigro avían saqueado, y mandó hazer las fuerças que avían deshecho, y dexados los officiales necessarios para governar y la gente de guerra para aquellas tierras guardar, él se partió con mucha celeridad para Bretaña, con pensamiento de hazer a Albino muy furiosa guerra.

Era tan desordenado el desseo que tenía de toparse ya con Albino que de noche, de día, con aguas, con soles, por bueno y por mal camino caminava, y lo que en esto más le acriminava era que ni guardava los grandes días festivos ni tenía compassión de los que yvan cansados. En aquel camino, muchas vezes nevando yva descubierto, haziendo lodos caminava a pie, lloviendo se yva en cuerpo, no hallando que comer, comía pan de cevada y vellotas crudas; y según él dezía, por vengarse de su enemigo, todo lo dava por bien empleado. Embió delante sí a capitanes esforçados y a hombres muy ligeros para que dellos estuviessen por atalayas encima de los montes muy altos y para que otros se pussiessen a guardar los passos más peligrosos, y esto hizo él al tiempo de passar los Alpes de Ytalia porque Albino no le tuviesse allí alguna celada abscondida. Ya que Severo se vio con todo su exército en la Gallia Transalpina y que en camino tan largo no avía hallado ningún tropieço, si hasta allí yva con esperança, dende en adelante estava con certinidad de alcançar victoria, porque el temor que él llevava era pensar que como yva su exército tan cansado, no saliesse de súbito a darle la batalla Albino.

En todo este tiempo, siempre Albino se estuvo en la ysla de Bretaña, que agora es Ynglaterra; mas luego que supo Albino que Severo avía ya passado los Alpes, sacó todo su exército de la ysla y embiólo a Francia, y esto más para que deffendiessen la frontera que no desmandarse a hazer guerra; porque fue tan súbita la venida de Severo, que estava ya en Francia y no creýan ser partido de Ytalia. Con mucha furia escrivió Albino a todas la ciudades comarcanas, rogándoles que le socorriessen con dinero y mandándoles que estuviessen fuertes en su servicio, de las quales muchas le obedescieron y otras se le revelaron, no obstante que todos confessavan hazerlo más por el temor que tenían a la potencia de Severo que no por el odio que tuviessen con Albino.

Juntos pues los dos exércitos y partidas en parcialidades todas las ciudades, cada día tenían entre sí recuentros, cada día salían a escaramuças; y por la mayor parte, salían los de Severo descalabrados, y bolvían los de Albino victoriosos. Travóse un día entre ellos una tan rezia escaramuça que fue necessario a Severo salir armado a ella, y como no les pudiesse hazer retraer a los suyos ni constreñir a que huyessen los contrarios, pensando que entrava a despartir, fuele necessario pelear, en la qual pelea le dieron los de Albino tan gran golpe con una pelota de plomo que dieron con él en el suelo, y estuvo tan gran espacio amortescido que a su hijo Geta le besaron algunos por emperador la mano. De que Severo escapó de aquel peligro y convalesció de la herida, llamó en mucha poridad a los adevinos y agoreros que traýa consigo, rogándoles y amenazándoles y prometiéndoles muchas cosas si le dixessen el fin que avía de aver aquella guerra, porque si avía de ser vencedor, proseguirla ýa, y si le avían de vencer, se tornaría a Ytalia. Los adevinos y agoreros le respondieron que su exército recibiría mucho daño, mas al fin que sería vencido su enemigo Albino, y que no alcançaría lo que en este caso desseava, es a saber, matar a Albino con sus manos, mas que le vería muerto delante de sus ojos.

A diez de março uvo esta respuesta Severo de los adevinos, y luego otro día, que fueron onze del mes, hizo alarde de su gente y mandó a todos herrar los cavallos y reparar las armas, y al tercero día, que fue a doze, dio a Albino la batalla cabe una ciudad que se llamava Lugduno, que agora se llama en Francia Lyon de Sonarona, la qual por ambas partes fue muy porfiada, y por muy gran parte del día no se pudo conoscer cuya sería la victoria. Ya era de noche obscuro y passado todo el día, y aun peleava el un exército con el otro, mas al fin fueron vencidos los de Albino, según los adevinos lo avían dicho a Severo, y fue tan ensangrentada aquella batalla, que de tan gran número de gente que las dos huestes tenían, no escapó hombre que no quedasse en el campo muerto o bolviesse a la tienda herido. Avíase quedado Albino a guardar la ciudad, y embió sus capitanes a dar la batalla, la qual, como fue desbaratada, fácilmente los severianos entraron en la ciudad, en la qual saquearon la ropa, quemaron las casas y degollaron a los vezinos.

Tenía Severo un capitán que llamavan Leto, y éste fue causa de vencer aquella batalla, porque estando ya los de Severo casi vencidos y Severo puesto en huyda, socorrióle él de reffresco con gente descansada, y de industria no quiso Leto aquel día pelear hasta que vio a Severo huyr y aun del cavallo caer, pensando que si Severo moría y él vencía la batalla, se alçaría con el imperio de Roma. No ignoró Severo la buena obra que a tal hora el capitán Leto en su servicio hizo, ni se le abscondió la intención con que la hizo; y a esta causa, después de acabada la guerra, mandóle cortar la cabeça, no por lo que hizo sino por lo que quisiera hazer.

Al tiempo pues que los severianos destruýan la ciudad de Lugduno, entre los que mataron, mataron al triste de Albino, al qual assí muerto truxeron a Severo, y mandó que le cortassen la cabeça y que al cuerpo, que le despedaçassen, lo qual hecho, él cavalgó encima de un cavallo brioso, y con los pies y con las manos hizo al cavallo que anduviesse encima del cuerpo despedaçado de Albino. Todos los que vieron a Severo usar de tanta inhumanidad con el cuerpo de Albino lloravan, y todos los que después lo oýan contar se escandalizavan; y por cierto tuvieron muy gran razón los unos de llorarlo y los otros de affearlo, porque officio de los príncipes clementíssimos es perdonar a los bivos y enterrar a los muertos. Andando Severo encima del cuerpo de Albino pateándole y acoceándole con su cavallo a manera de león ravioso, espantósele el cavallo y dio con él tan gran golpe en el suelo, que estuvo gran espacio desmayado y transportado, por manera que en muy poco estuvo de pagar allí con la vida aquel tan enorme injuria. Esto hecho, despachó Severo correos que fuessen a todas partes con la nueva de la victoria, y embió la cabeça de Albino a Roma, y a su cuerpo assí como estava despedaçado y pateado y arrastrado, mandó echarle en el río Ródano a fin que como le avía quitado la vida, por ninguna manera uviesse de Albino memoria.

CAPITULO .xii.

De cómo muerto Albino, se tornó Severo a Roma y mató allí a muchos.

No contento Severo con aver muerto a su enemigo Albino y acoçeádole con su cavallo el cuerpo y echádole después en el río Ródano hecho pedaços y embiada su cabeça a Roma para que la pusiessen en la picota, mandó buscar los cuerpos de los nobles romanos que en servicio de Albino murieron, y como no pudo castigarlos siendo bivos, acordó de vituperarlos después de muertos, haziendo que los arrastrassen y despedaçassen y quemassen los cuerpos, dellos alançándoles en los ríos por que más no paresciessen y dellos echando a los animales porque los comiessen. En todas las ciudades que rescibieron o obedescieron o socorrieron a Albino y a los suyos, hizo Severo muy grandes daños, robándoles las haziendas y castigándoles las personas. Muchas personas y muchas ciudades se excusavan, diziendo que ellos no avían seguido ni rescebido a Albino porque le querían seguir sino porque el mismo Severo no los fue a tomar ni a amparar, y ni por esto los dexava de castigar y de robar. Tenía Albino tres hijos y una hija y una mujer generosa en sangre y hermosa en rostro, a la qual con sus hijos degolló y los cuerpos hizo echar en el río Ródano, do primero fue echado el de Albino. Como Albino estava apoderado en todo el imperio de Europa y él de su natural era gracioso, liberal, esforçado y animoso, avían seguido su parcialidad casi todos los nobles varones de España y Francia, a los quales Severo después de la batalla hizo degollar; y si mató a los padres, no por esso perdonó a las mugeres y hijos. Degollado Albino y sus hijos y muger, y hecha justicia de todos los que su opinión seguían, aplicó Severo las haziendas y riquezas de todos estos para su cámara, las quales fueron tantas y de tan gran prescio que dubdan averse visto con tantas ningún emperador romano.

Ordenadas las provincias de España y de Francia y puestos dos governadores en la Gran Bretaña, partióse Severo para Roma, y llevó consigo todo el exército, no porque uviesse contra él lança enhiesta en toda Ytalia sino por espantar y atemorizar a la Romana República. Era Severo de su proprio natural tan bullicioso, orgulloso, inquieto, sanguinolento y arriscado que aunque tuviesse paz, quería andar a manera de guerra. Fue Severo recebido con mucho regozijo de todos los romanos, aunque es verdad que muchos dellos estavan atemorizados a causa que avían desseado que prevalesciera y venciera Albino, y esto sabíalo muy bien Severo; y era él tan mal acondicionado que para hazer un grave castigo le abastava una muy pequeña occassión. Después que uvo visitado el gran templo del dios Jovis, repartió entre los capitanes que le siguieron en la guerra muchas joyas y riquezas, y allende desso, dioles algunas libertades: es a saber, que pudiessen traer anillos de oro en los dedos y tener mugeres por mancebas en sus casas. Mucho les pesó a todos los de Roma de las libertades que dio Severo a la gente de guerra, diziendo que dende en adelante la gente militar, por traer anillos de oro, gastarían las haziendas proprias y robarían las agenas, y que por tener mugeres concubinas en sus casas, pornían dissensión en las repúblicas y aun se les debilitarían más las fuerças.

Avía en Roma un cónsul que avía nombre Clodio, al qual en el senado pusieron una estatua, y fue loado delante todo el pueblo en una oración pública a causa que avía hecho hazañosas cosas en los reynos de Asia; y tomó desto muy gran pesar Severo, porque este Clodio era pariente de Albino. No supo Severo con qué se vengar del senado, si no fue con que mandó públicamente pregonar que so pena de la vida, llamassen todos a Cómodo dios; y para confirmación desto, puso su estatua no sólo en el senado para que la reverenciassen, mas aun en los templos para que la adorassen. Mandar a los romanos que adorassen y reverenciassen a Cómodo por uno de los dioses, aviendo él sido el peor de los hombres, fueles tan grave de oýr y tan rezio de cumplir que se determinaron de no yr a los templos ni de offrescer a los dioses sacrificios porque no cupiesse al dios Cómodo parte dellos.

Fue un día Severo al senado, y allí hizo una muy larga y muy truculenta oración en la qual, después de aver dicho muchas lástimas y no pocas malicias, hizo leer allí unas cartas las quales tenía Albino entre sus escripturas, y éstas eran de muchos cónsules y senadores y otros hombres generosos del pueblo, los quales las avían escripto a Albino, offresciéndole las personas y embiándole de sus haziendas, y que no desmayasse en la guerra porque todos ellos le desseavan en la república. Acabadas de leer las cartas, mandólas luego rasgar, y por entonces dissimuló o por mejor dezir, alargó el castigo, porque después assí de los absentes como de los presentes tomó tanta vengança, que según las calles estavan vañadas de sangre y los campos llenos de muertos y los caminos poblados de quartos y las picotas rodeadas de cabeças, dezían en Roma que avía resuscitado Silla y que no era muerto Nero.

Hizo Severo un memorial de todos los hombres ricos, valerosos y poderosos que avía en todo el imperio, y a todos, o a los más dellos, levantó que avían sido criados o amigos o favorescedores de Juliano o de Nigro o de Albino, que fueron sus mortales enemigos; y por esta occasión, de libres los tornava esclavos, de señores siervos, de bivos muertos y de ricos pobres, por manera que a muchos matava no por las culpas que avían cometido sino por robarles las haziendas que avían allegado. A algunos mató Severo con alguna razón y a otros con poca occasión, y a todos estos que se siguen mató sin razón ni sin occasión: es a saber, a Munio, a Sellio, a Claudio, a Bitalio, a Papianio, a Elio, a Julio, a Lolio, a Aurelio, a Antonino, a Postamio, a Sergio, a Fabio, a Nenio, a Mussio, a Casperio, a Ceyonio, a Sulpiciano, a Coceyo, a Eructo, a Astilonio, a Clodio, a Honorato, a Petronio, a Pescenio, a Festo, a Aureliano, a Materio, a Juliano, a Albino, a Cerelio, a Faustiniano, a Herenio, a Valerio, a

Nobio, a Arabiano, a Marco, y a Fabato. Todos estos fueron varones muy yllustres assí en sangre como en hazañas y en riquezas, porque todos ellos fueron o cónsules o censores o pretores o senadores o ediles o tribunos o capitanes, las haziendas de los quales, no las aplicava al herario público, sino encorporávalas en su patrimonio para gozarlas él en la vida y dexarlas a sus hijos después en la muerte.

Infamó Severo a Ciucio, varón consular y antiguo, diziendo que tenía veneno para matarlo, y mandóle por esto matar, y sabida la verdad, no fue assí como lo dixo Severo, sino que Ciucio era amigo de andar a caça y tenía yerva muy fina para matar a los puercos y venados en la montaña. Mandó también echar a los leones a Narsisso, el qual por ruego de Marcia ahogó a Cómodo; y no era nada mandarlos matar, sino que con sus ojos los veýa justiciar, lo qual solía ser tan ageno de los príncipes romanos, los quales no sólo no veýan jamás a ninguno justiciar, mas aun en la ciudad do ellos residían, si de alguno se avía de hazer justizia, salíase el emperador a caça.

CAPITULO .xiii.

De cómo Severo tornó en Asia y de muchas provincias que sojuzgó.

Después que Severo venció y mató a tres emperadores, es a saber, a Juliano en Roma, a Nigro en Asia y a Albino en Francia, paresci óle que pues ya tenía castigados y subjectos a los romanos, devría esclarescer su nombre entre los bárbaros; porque todas las guerras de hasta allí, más eran para hazerse señor de la república que no para engrandescer su fama. Acordó Severo de yr en persona a hazer guerra a los parthos, y la occasión que tomó para emprenderla fue que el rey de los atrenos avía favorescido a la parcialidad de Nigro quando contra él tenía guerra el pueblo romano, y que dado caso que Nigro fue muerto, no se pudo tomar del rey de los atrenos vengança por yr a conquistar a Albino, que estava en la Gran Bretaña. Si Severo en este caso tomara el parescer del pueblo o se siguiera por la voluntad del senado, ni emprendiera aquella guerra ni hiziera caso de aquella injuria, lo uno porque a la sazón aquellos reynos de Asia ni estavan bien ni mal con Roma, y los romanos, según estavan de las guerras fatigados, contentávanse con no tenerlos por enemigos, sin cobrarlos por vassallos.

Partióse pues Severo para Asia, y de camino quiso tomar primero el reyno de Armenia la alta; y de que supo el rey de los armenios como venía Severo tan poderoso de exército y tan determinado de tomarle el reyno, salióle al camino no armado de guerra sino vestido de paz, y assentando con Severo sus treguas, diole al presente mucho dinero y offresció le de embiarle socorro; y para cumplir todo esto, dio dos hijos en rehenes a Severo, y Severo no sólo le confirmó el reyno, mas aun tomóle so su amparo. Despachadas las cosas de Armenia, fuese Severo para el reyno de los hosdroenos, y el rey se llamava Anguaro, y era tuerto y coxo, aunque no nescio, porque supo tan bien ganar la voluntad de Severo que no sólo no le tomó por vasallo ni le cohechó dinero ni le pidió rehenes ni le hizo daño en las tierras, mas aun le tomó por familiar amigo y le hizo confederado del pueblo romano. Passado el reyno de los hosdroenos, entró Severo por tierras de los albanos, y como era ya el mes de abril y la primavera, halló los campos llenos de flores y muy poblados de yervas, y por espacio de quinze días mandó que paciessen allí los cavallos y que se reffrescassen y recreassen los exércitos, porque los cavallos venían flacos y los hombres desmayados.

Salido Severo de los campos de los albanos, entró en las tierras de Arabia Félix, en las quales hallaron lo que no hallaron en todos los reynos del mundo, es a saber, los árboles que llevaban las preciosas aromatas y especias, y las matas o ramas de que se coge el bálsamo fino, y la haya do cría el ave fénix, a la qual ave vio Severo bolar, mas nunca la vio en el suelo abatir, porque dizen que se ceva en el ayre y duerme en el agua. Todas las villas de Arabia Félix saqueó Severo, y a todas las aldeas robó y todos los campos taló y a todos los pueblos cohechó; y según él dezía después, no quisiera aver entrado en ella a causa que como era tan rica, alegre, deleytosa y sabrosa, viose en muy gran trabajo de no poder sacar de allí el exército, porque los suyos mejor se hallavan con los vicios de Arabia que no con los peligros de la guerra.

Passadas las muy deleytosas tierras de Arabia Félix, entró Severo en los reynos de los athrabanos, contra el rey de los quales él yva principalmente; y Athras era una ciudad muy grande, puesta encima de un monte muy altíssimo; y esta ciudad era cabeça de reyno, y por causa della se llamava el reyno de los athrabanos. Luego se fue derecho Severo a cercar y a combatir a la gran ciudad de Athras, como a cabeça del reyno; mas como el rey estava dentro apercebido y el muro era rezio, la ciudad arriscada, la gente bellicosa y de bastimentos estava bien abastecida, el daño que hazía Severo a los de dentro era muy poco, y el que rescebían los romanos era mucho. Como Severo no echó fama cuando salió de Roma sino yr a vengarse de los athrabanos, hazía tan de veras aquella guerra que no uvo día que a la ciudad de Athras no la combatiessen y que todos los ingenios no jugassen y que todas las maneras de combatir no se buscassen y que todos los romanos señalados allí no se señalassen; mas al fin, no sólo no la pudo tomar, mas aun ni un solo captivo prender ni una almena derrocar. Los que estavan dentro de la ciudad cercados, por burlar de los de fuera atavan muy subtilmente unas ollas o jarros de barro a un género de aves del tamaño de cuervos, y como yvan bolando sobre los exércitos de Severo, a los que paravan a mirarlas, caýanles los jarros sobre los ojos, y a los que no miravan, dávanles en las cabezas, de la qual burla estavan muchos descalabrados y todos los romanos affrentados por ver que los tenían en tan poco que no querían pelear con ellos con armas sino con jarros y con ollas.

Los ayres de aquella montaña eran muy subtiles, las aguas muy delgadas, las frutas eran muchas y el sol muy rezio y la tierra algo húmeda, por cuya occasión enfermó todo el campo de Severo de correncia, y muriéronsele allí, entre otros, siete capitanes muy señalados y dos sobrinos suyos que avía criado desde niños y un hijito suyo bastardo,

el qual de todos era tenido también por sobrino, mas en las muchas lágrimas y tristeza, mostró ser el mochacho de su carne propria. Visto por Severo la ciudad de Athras, como era inexpugnable y la gente que estava dentro era invenci-
5 ble y que su gente estava enferma, acordó de alçar el cerco antes que se la acabasse de perder todo el exército; y esto hizo él no sin muy gran pena y gravíssima affrenta, estando como estava abezado a tantos triumphos, porque pensava que yva vencido, pues no avía podido vencer.

10 Mas la Fortuna, que de su natural en breve espacio se muestra próspera y adversa, la victoria que negó a Severo peleando, se la dio muy mayor de camino huyendo. Fue pues el caso que yendo por la mar con todo su exército navegando, fue su dicha que se levantó una tormenta, y como
15 les fuesse forçado de yr do los ayres los llevavan y no do sus desseos querían, aportaron a las riberas del reyno de los parthos, no tres leguas de la gran ciudad de Thesiphonte, en la qual estava el rey más metido en fiestas que no arrodeado de armas. Entró pues Severo por los campos de Thesi-
20 phonte haziendo tantos robos y daños que puso gran pavor en todos los pueblos, los quales, como los tomó Severo tan descuydados, andavan como atónitos, en que ni sabían qué dezir si hablavan ni qué responder si les preguntavan, porque para huyr no avía tiempo, para resistir no tenían fuerças,
25 y lo peor de todo, que hazer partido no estava en su mano, pues darse a los romanos, no lo podían acabar con sus coraçones. Llegado a Thesiphonte Severo, derrocóla por el suelo, y mató a todos los que le quisieron hazer resistencia, y prendió a todos los que tomó bivos, y captivó a las mugeres
30 y niños, y tomó todo el thesoro y alhajas de la ciudad y del palacio real; finalmente, todas las tierras y haziendas y personas vinieron a manos de Severo, si no fue el rey Arthabano, que se escapó en un cavallo.

Traýa Severo consigo muy grandes pintores, los quales,
35 como él yva caminando, yvan ellos pintando todas las ciudades, castillos, ríos, montañas, naciones, reynos, provincias por do passava, y todas las batallas y triumphos que avía. Embió Severo a Roma una muy gran embaxada al senado y pueblo romano, en que embió muchos captivos, muchas

riquezas y las tablas en que estavan pintadas sus victorias; y los romanos dieron muchas gracias a los dioses y muchas alabanças a Severo, aunque es verdad que a todos plazía de las victorias, mas no quisieran que por sus manos fueran alcançadas.

Salido del reyno de los parthos, dividió entre los de sus exércitos todo lo que avía tomado a los parthos, y para sí no dexó ni tomó ninguna cosa más de lo que embió a los del senado sino un anillo de unicornio y un papagayo blanco y un cavallo verde, las quales cosas tomó no por lo que valían sino por las extremadas colores que tenían. Vínose Severo por el reyno de Palestina, y dioles muchas leyes conformes a las de los romanos, y mandó, so pena de muerte, que ninguno fuesse osado de llamarse judío ni guardar la ley de los judíos ni llamarse christiano ni guardar la ley de los christianos. De Palestina vínose por Assiria a la ciudad de Alexandria, en la qual también puso nuevas costumbres y hizo nuevas leyes, las quales les hizo escrevir y guardar; mas esto duró no más de quanto bivió Severo, porque después de él muerto, no sólo las quebrantaron, mas aun las tablas do estaban las leyes escriptas quemaron.

CAPITULO .xiiii.

De los hijos que tuvo el emperador Severo y de quán mal inclinados fueron.

Vencidos los reyes que eran enemigos y hecha nueva confederación con los amigos, reformó Severo todas las provincias de Asia, lo qual hecho, vínose para Roma; y como los romanos le tuviessen aparejado el párthico triumpho, no pudo entrar triumphando, porque venía tan flaco de una quartana y tan manco de la gota, que ni pudo tenerse en el carro ni suffrir el rescebimiento del pueblo. A ninguno del Imperio Romano acontesció lo que acontesció a Severo, es a saber, que matasse a tantos príncipes y alcançasse tantos triumphos y nunca entrasse en Roma triumphando; y esto no fue por deméritos suyos ni repugnancia de los romanos, sino que de las primeras tres victorias no pudo triumphar porque fueron contra príncipes romanos, y el triumpho de las otras victorias de Asia, estorvólo su dolencia.

Tuvo Severo dos hijos legítimos, el mayor de los quales se llamava Bassiano y el otro Geta, y caso que eran hermanos en la sangre, eran muy differentes en las condiciones, y conoscióseles muy bien esta enfermedad, no sólo siendo ya hombres, mas aun siendo niños; porque ni en las burlas se podían compadescer ni en los negocios arduos los podían concertar. Notóse mucho en Roma que siendo estos dos hermanos niños, jamás se podían concertar aun en los juegos de niños, es a saber, en hazer casas de barro, jugar a la corregüela, correr los captivos, medir las pajas, rodar las bolas, sonar las rodajas y hazer otras semejantes niñerías. El juego que quería jugar el uno, no le quería jugar el otro, y lo que affirmava el mayor, negávalo el menor, y si por caso alguna vez les mandavan sus ayos que burlassen juntos, sobre si ganava el uno o perdía el otro, messávanse los cabellos arañávanse las caras, tirávanse de pedradas y dávanse de puñadas, por manera que según la sangre que de los dientes y de la cara se sacavan y la messapela que hazían, más parescía que se querían matar como enemigos que no burlar como hermanos.

Mucho le pesava a Severo de que oýa ser mal acondicionados sus hijos y de saber que entre sí estavan siempre divisos, y trabajava por todas las maneras que podía de hermanarlos; mas nunca ellos lo quisieron hazer, aunque se lo rogó, ni le quisieron obedescer, aunque se lo mandó, porque eran tan voluntariosos sus hijos, que querían más seguir lo que a ellos les parescía que no lo que el padre les mandava. No dexavan en Roma muchos de culpar a los ayos destos niños, no porque no los doctrinavan sino por las embidias que entre sí mismos tenían para favorescer al uno y desfavorescer y poner mal con su padre al otro, de do se sigue que de las embidias de los ayos nascen las passiones entre los hermanos.

También tenía Severo un hermano que se llamava Geta, varón animoso y bellicoso, el qual en todas las guerras siguió a Severo, y si Severo tenía los pensamientos altos, no por cierto los tenía Geta pequeños, porque se tenía por dicho que le avía de dexar Severo el imperio. Allende de ser Geta hombre animoso y bellicoso, era también muy mañoso y solícito, es a saber, en servir a Severo y contentar al senado y no desplazer al pueblo, y las differencias y renzillas que passavan entre Bassiano y Geta sus sobrinos, él las representava a todos, de manera que pensava Geta de alcançar por mañas el imperio que alcançó Severo con armas. Bien supo Severo que Geta su hermano andava grangeando el imperio, y para atajar esto, en el año quarto de su imperio, yendo a la guerra de Albino, estando en la ciudad de Milán antes que passasse los Alpes, crió a su hijo el mayor en César y a Geta, que era el menor, en cónsul. La noche que en los reales se pregonó ser Bassiano César y su hermano cónsul, dixo un capitán romano a Severo, "Bien paresce, Severo, que no tienes en memoria los enojos que te han hecho Bassiano y Geta tus hijos y los grandes servicios que te ha hecho Geta tu hermano." Respondióle a esto Severo, "Bien paresce que hablas más por lo que has oýdo, que no por lo que en este caso has experimentado; que como no tienes hermanos ni te casaste para tener hijos, no sabes qué va del amor de los unos al amor de los otros, porque te hago saber que sin comparación amamos más los padres las travesuras de los hijos que no los servicios de los hermanos."

Al hijo mayor, que se llamava Bassiano, mudóle el nombre, y mandó que se llamasse Antonino Aurelio, el Antonino por memoria de Antonino Pío y el Aurelio por memoria de Marco Aurelio, porque estos príncipes fueron en las vidas muy esclarecidos y en sus repúblicas muy amados. Otros dizen que le puso este nombre de Antonino porque soñó una noche que se llamava Antonino el que le succedía en el imperio, mas a la verdad él lo hizo porque este nombre Antonino era nombre en aquellos tiempos muy dichoso y el más accepto en todo el Imperio Romano.

Quando Severo bolvió de la guerra de los parthos ya eran hombres sus hijos, y como conoscía que los romanos estavan dellos sospechosos, trabajava con los hijos que aunque fuessen entre sí discordes, que con los del pueblo fuessen pacíficos; mas ni con esto pudo domeñar la condición de los moços ni persuadir a que los quisiessen bien los romanos, porque quanto él soldava con sus buenas palabras tanto ellos escandalizavan con sus malas obras. De verse Severo con muchas enfermedades y de tener como tenía muchos enemigos y de ver a sus hijos tan mal inclinados, estava siempre triste, pensativo y casi desesperado, y por cierto él tenía razón, porque los malos hijos no sólo no augmentan los estados que les dexaron, mas aun pierden la honra que heredaron.

Visto por Severo las quexas que cada día de sus hijos en el senado davan y los enojos que a él le hazían, acordó de desterrarlos de los vicios y plazeres de Roma y embiar a Germania al uno y a Pannonia al otro; mas si malos eran en su casa, muy peores eran en su absencia, porque de antes, con la subjectión, absteníanse de algunos vicios, mas después, con la libertad, cometíanlos todos. Los padres que no pueden con sus proprias manos y en sus proprias casas que sean sus hijos virtuosos no lo podrán alcançar por manos agenas y en casas agenas, porque no está la virtud en buscar tierras nuevas sino en emmendar las costumbres antiguas.

CAPITULO .xv.

De un gran privado que tuvo Severo que se llamava Plauciano.

En los tiempos que imperava el buen Marco Aurelio, vino de las partes de Affrica a Roma un cavallero que avía nombre Plauciano, hombre que era vizco en los ojos, sagaz y astuto en las costumbres; y como de su natural fuesse reboltoso y bullicioso y que doquiera que se hallava siempre rebolvía algún ruydo, mandóle desterrar de Roma Marco Aurelio, porque era príncipe tan pacífico que no suffría en su república a hombres viciosos ni a mancebos atrevidos. Desterrado de Roma Plauciano, fuese para las guarniciones de Illírico; y como de allí también le echassen por sedicioso y reboltoso, finalmente paró en la compañía de Severo, del qual fue muy bien tractado y honrrado, y en todas las cosas era a todos antepuesto; y unos dizen que lo hazía Severo por ser de su tierra, otros porque era su deudo, y otros osan dezir que no sólo se servía dél para las cosas de la guerra, mas aun para los plazeres de la cama.

Después que Severo vino a ser emperador, dava tanto crédito a Plauciano y seguíase tanto por su consejo que ni leýa carta sin que él la viesse ni firmava provisión sin que él la señalasse ni dava merced sin que él la pidiesse. En el senado, él se assentava en el más honrrado lugar de los senadores; quando salía por Roma, acompañávanle todos los cavalleros; a salir de su casa, aguardávanle todos los embaxadores; si avía guerra, con él negociavan todos los capitanes; si avía juegos y passatiempos, no se representavan sino delante sus palacios; si se avían de dar o rescebir dineros, todos avían de passar por sus manos, por manera que jamás se vio en Roma a hombre que sin tener título de emperador, gozasse assí de la grandeza del imperio. Era Plauciano naturalmente superbo, ambicioso, cobdicioso y cruel, y para mostrar más su ferocidad y grandeza, traýa delante sí siempre una espada sacada, y quando yva por la calle, quería que ninguno osasse mirarle a la cara, sino que abaxassen los ojos a mirar la tierra, y quando yva camino, siempre yva uno delante a dar aviso que se apartassen de los caminos por do avía de passar, por manera que ni quería ver a los estraños ni dexarse ver de los naturales. Hizo merced Severo a Plauciano de los bienes de todos los que en el imperio condennassen y confiscassen, y como de su natural era cobdicioso y avaro, fueron infinitos los que en el imperio hizo matar, no porque lo merescían sino por los bienes que tenían.

El hijo mayor del emperador Severo, que se llamava Bassiano, como ya tenía edad y se le entendía toda cosa, pesávale de muerte porque Plauciano tenía tanta mano en la governación de la república; y Plauciano, a la hora que sintió tenerle odio y embidia Bassiano, trabajó con Severo que con una hija suya se casasse Bassiano, y assí se casaron luego la hija de Plauciano con el hijo mayor de Severo. De verse Plauciano no sólo ser único privado, mas aun consuegro de Severo, parescíale poco aun ser señor de todo el mundo; y a la verdad, de acumular honrra a honrra y estado a estado, le nasció a Plauciano todo su perdimiento, porque no enferman los hombres de comer todo lo que les es necessario sino de bever y comer más de lo que lleva su estómago. Aunque la hija de Plauciano era hermosa y bien acondicionada y que llevó consigo dote riquíssimo, muy mal la quería su marido Bassiano, y mostrávaselo en obras y en palabras, diziendo que era hija de un hombre baxo y que algún día avía de matar a su padre y a ella; y no contento con esto, ni se acostava con ella en una cama ni la assentava a su mesa. Dixo un día Bassiano a unos romanos que le rogavan que tractasse bien a su muger y honrrase a su suegro, "Hágoos saber, romanos, que yo no me casé, sino que mi padre me casó; y esto no lo hiziera aunque él me lo mandara si no fuera por deshonrrar a la hija y por gozar los thesoros de su padre, y pues ya esto es hecho, busque él marido para ella, que yo buscaré muger para mí."

Como supo Plauciano lo que avía dicho Bassiano su yerno y que su hija no sólo no estava casada sino deshonrrada, y que Severo estaba viejo y enfermo y que Bassiano no le tenía por suegro sino por enemigo, determinó de vengar aquella injuria y perder allí la vida y la honrra. Bassiano dezía a su padre Severo muchas tyranías que hazía Plauciano en la república, y Plauciano quexávase también de los malos tractamientos que hazía a su hija, y desta manera andavan entre sí los dos muy enemigos, y davan cada día a Severo muchos enojos; mas al fin las quexas que dava Plauciano, oýalas como de criado, mas las quexas que le dava Bassiano, sentíalas como de hijo. Considerando Severo los enojos que cada día le dava Plauciano y las tyranías que hazía en el imperio y la enemistad que estava entre él y Bassiano y aun también que con la mucha privança le tenía en poco, passóle por pensamiento que algún día se le alçaría con el imperio; y por esta causa dende en adelante ni le mostrava tan buena cara ni le dava tanta auctoridad en la república. Bien sintió Plauciano que no sólo le tenía por enemigo Bassiano, mas aun estava en desgracia de Severo, y pensó en sí que a mejor librar, le avían de quitar la vida o alançarle de la privança, y por no verse en tal infamia, determinó de matarlos antes que ellos matassen a él.

CAPITULO .xvi.

De una trayción que tenía ordenada Plauciano
contra Severo y de cómo se descubrió.

La orden que tuvo Plauciano en querer matar a Severo y a Bassiano, más fue desorden que orden, porque lo hizo más como tyrano apassionado que no como hombre cuerdo, y assí redundó después en su perdición y daño. Fue pues el caso que en Roma avía un tribuno que avía nombre Saturnino, natural de Assiria, y éste era el mayor amigo que tenía Plauciano y con quien él más se comunicava y de quien sus secretos fiava y aun por quien más hazía. A este Saturnino embió a llamar Plauciano casi una hora de noche, y encerrándose con él en una cámara, díxole estas palabras en muy gran poridad, "Saturnino, ya sabes el amor que yo te he tenido y las buenas obras que en ti y en tu casa he hecho; y desto no tomes otra señal sino que viéndote tan adelante en palacio y ser tan accepto a mi servicio, muchos tenían de mí enojo y todos tenían de ti embidia. Amigos, parientes, conoscidos, recomendados y criados tenía yo por quien hazer, a algunos de los quales yo devía mucho, y de otros me avía tenido por servido; mas esto no obstante, en ti solo puse los ojos para te engrandescer, y en ti empleé mi coraçón para te amar. Embiéte agora a llamar para contarte mis trabajos y para que me ayudes a salir dellos, y en esto verás el grandíssimo amor que te tengo, en que quiero fiar de ti lo que no fiaría de mi proprio hijo, porque los hijos no piensan sino como heredarán la hazienda de sus padres, mas los amigos no entienden sino cómo librarán a sus amigos de trabajos.

"Bien sabes tú, Saturnino, los grandes servicios que yo he hecho a Severo y como le he seguido en todas sus guerras desde moço, y digo que le serví de tan moço que yo solo soy el más antiguo criado suyo, aunque agora soy el más olvidado y aborrescido. Dexados los servicios que por su servicio he hecho y en los grandes peligros que por sacarle a él de peligro me he visto, yo he tenido tan sobrado amor a Severo mi señor que le dexava de querer como a hombre y le adorava como a dios; y que esto sea verdad paresce claro en que le dí a mi hija para su hijo Bassiano, y a mí me dí por su esclavo perpetuo. Gasté mi mocedad en su servicio al padre, seguíle por todo el mundo: a Bassiano su hijo criéle en mis braços desde niño; entreguéles mi hazienda; díles mi única hija; governéles en paz su república; su mala vida a todos hazía yo entender que era buena; sus crueldades y tyranías, dezía yo a todos que no era sino el gran zelo que tenían de justicia; por manera que nunca cosa torpe hizieron, que yo no la soldasse, ni cosa ardua mandaron, que yo no la cumpliesse. Ha venido pues la cosa a que, o los dioses lo permitiendo o mis tristes hados lo procurando, he venido en tanto odio de Severo y en tan gran enemistad de Bassiano, que en pago de lo que les he servido toda mi vida están determinados de quitarme la vida. Ya vees tú, Saturnino, si es razón que yo suffra esto, a lo qual, si diesse lugar, yo perescería, mi casa se perdería, los dioses se desservirían y los del imperio se escandalizarían; y por esso, conviene que execute yo en ellos lo que ellos quieren executar en mí, porque más cónsono es a razón que los malos sean corregidos por los buenos, que no que los buenos vengan a poder de los malos.

"Mira quánto te quiero, Saturnino, que como he fiado de tu pecho este tan gran secreto, quiero poner en tus manos este espantable hecho. Conviene pues que luego a la hora vayas a palacio y entres en la cámara do está durmiendo Severo, y a él cortarás la cabeça y a Bassiano su hijo quitarás también la vida. Dirás a las guardas de palacio que agora me llegó un correo de Asia y que vas de mi parte a dar parte a Severo de la embaxada y que por esso vas a tal hora, porque ay peligro en la tardança; y pues no has tenido temor de oýrlo, no tengas pavor de executarlo, que por los immortales dioses te juro que después de muerto Severo y apoderado yo del imperio, conforme al gran peligro en que te pones agora, serán tan grandes las mercedes que rescibirás entonces."

Estas y otras semejantes cosas dixo Plauciano a Saturnino, el qual le respondió que era contento de hazer lo que le mandava, con condición que le diesse por escripto en como le mandava matar a Severo y a Bassiano su hijo, y esto no para fin que él lo avía de dezir ni porque lo avía de dexar de hazer, sino para que si en algún tiempo se olvidasse de pagarle aquel tan gran servicio, le mostrasse aquel escripto, de como él se lo avía mandado. No dubdó Plauciano de dar a Saturnino el escripto, firmado de su mano, en el qual le mandava matar a Severo y a Bassiano su hijo; y lo que el escripto dezía era esto: "Yo, Plauciano, ruego como amigo y mando como censor a ti, Saturnino, tribuno, que mates al emperador Severo y a Bassiano su mayor hijo; y por ésta te prometo, y por los immortales dioses te juro, que como eres solo en el peligro, de te hazer único en el imperio."

Saturnino, como hombre sagaz y versuto, por más assegurar a Plauciano, hincadas las rodillas, besóle la mano como que ya tenía seguro el imperio; y de allí, siendo ya gran parte de la noche, fuese a palacio, y las guardas luego le dieron lugar y los camareros por semejante, el qual, puesto delante la cama de Severo, que estava ya acostado, díxole estas palabras: "O quán descuydado estás, Severo, de la embaxada que te embía el tu gran privado Plauciano, el qual me embía no a avisarte como te aviso sino a matar a ti y a tu hijo Bassiano; porque aviendo fiado dél tu honrra y dádole tu hazienda, paréscele que le deves también servir con la vida."

Gran admiración cayó sobre el coraçón de Severo de que oyó lo que le dixo Saturnino, aunque es verdad que luego luego no pudo creer ni creyó que tal trayción cupiesse en Plauciano, sino que pensó que su hijo Bassiano avía inventado aquello y lo avía dicho a Saturnino para indignarle contra Plauciano. Dormía Bassiano dentro de la recámara de su padre, y a las bozes que davan Severo y Saturnino despertó, al qual, como le viesse Severo, començó a increparle y reñirle con palabras muy ásperas, diziéndole por qué inventava contra Plauciano tales malicias, y que jurava por los inmortales dioses de favorescer mucho más dende en adelante a Plauciano no por más de por vengar la traryción que le avía levantado, porque no era hombre Plauciano que tan gran maldad le avía de passar por el pensamiento. Como Bassiano no avía oýdo el principio de lo que Saturnino avía dicho, espantóse mucho de ver tan enojado a su padre Severo, y como le declarassen por orden el caso, començó a dezir y a jurar que dado caso que en otros crímenes él fuesse culpado, que de aquél él estava limpio, no porque no lo hiziera si pesara de hazer mal a Plauciano, sino porque nunca cayó en inventarlo.

De que vio Saturnino la incredulidad de Severo y quan de coraçón amava a Plauciano, mostró el escripto que le avía dado Plauciano, en el qual le mandava que matasse a él y a su hijo; y allende desto, rogóle que le dexasse embiar a llamar a Plauciano, haziéndole saber como ya era degollado Severo y su hijo, y vería como luego venía, no vestido de brocado sino cargado de hierro. Fue pues uno de parte de Saturnino a llamar a Plauciano, el qual, como entrase en palacio y hallasse que todos estavan en silencio, salió Saturnino a la puerta de la cámara a rescebirle y como a nuevo emperador besóle otra vez de rodillas las manos, y tomándole por la mano assí ascuras, dixo que le quería meter do a Severo tenía degollado y a Bassiano su hijo muerto. Bien pensava Plauciano que era verdad todo lo que Saturnino le avía dicho, y como dexasse los que con él venían fuera de casa a causa que no sintiessen cosa alguna, entráronse ambos a dos a la cámara, y hallaron a Severo en la cama assentado y a Bassiano su hijo en pie, a los quales, como Plauciano viesse bivos, pensando que estaban ya degollados, demudósele la cara y quitósele de súbito la habla.

Gran espacio de tiempo estuvo Severo reprehendiendo a Plauciano, trayéndole a la memoria todas las cosas que por él avía hecho. En especial le encaresció mucho los enojos que por él avía passado y como a todos los del imperio le avía antepuesto, y sobre todo, que de todos sus enemigos le avía vengado. Ya que Plauciano avía tornado en sí un poco, hincadas las rodillas delante de su señor Severo y con grandes lágrimas, començóle a pedir perdón de lo hecho, prometiendo la enmienda en lo por venir, diziendo que le devía perdonar no porque él merescía ser perdonado sino porque no dixessen en el imperio que a un tan mal hombre como él avía tenido por privado.

Visto las lágrimas de Plauciano y las promessas que hazía y las barbas y canas que se pelava y el gran amor que le avía tenido, ya casi estava Severo determinado de le perdonar, sino que a la vislumbre de la candela le reluzió entre los pechos un jubón de malla, del qual tomado con la mano Bassiano, dixo, "Di, Plauciano ¿a las cámaras de los príncipes suelen a tal hora entrar sus criados vestidos de brocado, o armados de hierro? ¡Por los immortales dioses te juro que pues traías hierro para nos matar, a hierro has aquí de morir!" Apenas uvo Bassiano dicho estas palabras, quando començó a dar a Plauciano de puñaladas, el qual en muy breve fue allí muerto y descabeçado; y la cabeça pusiéronla en la puerta de Hostia, y el cuerpo entregáronle a los mochachos de la república para que le truxessen arrastrando por toda Roma. Este pues fue el fin del gran privado Plauciano, al qual sublimó Fortuna, y después se perdió por locura.

CAPITULO .xvii.

De los vicios y virtudes particulares que tenía Severo.

Derramada la nueva por Roma que Plauciano era muerto, tomaron muy gran plazer todos los del pueblo; y no menor plazer tomaran si Plauciano matara a Severo y a Bassiano su hijo, porque todos tres ellos eran tan malquistos en toda la república que el menor mal que les desseavan era quitarles la vida. Los officios que tenía Plauciano, dividiólos Severo entre dos tribunos, hombres que eran llanos y no bulliciosos, mas el amor y privança que él tenía con Plauciano, nunca después dél muerto la fio de ninguno, porque según dezía él, no sabía de quién se fiar, pues el su gran privado Plauciano le quiso matar.

Muerto Plauciano, no avía quien pudiesse con el príncipe Bassiano, assí en suffrir sus cueldades como en tolerar sus tyranías, porque a Plauciano teníale Bassiano miedo, lo uno porque era su suegro y lo otro porque desde niño le avía criado. Como veýa Severo que sus hijos Bassiano y Geta quanto más crescían en edad descrecían en seso, hazía traer bestias fieras que matassen, cavallos que corriessen, inventar juegos en que se occupassen porque, occupados los cuerpos y divertidos los juyzios en aquellos juegos, se apartassen de los vicios. Visto que no aprovechavan aquellos militares exercicios para que sus hijos fuessen virtuosos, muchas vezes los llamava su padre en secreto y les dezía muchos exemplos antiguos de como se avían perdido tales y tales príncipes por estar entre sí discordes y que lo mismo sería dellos que fue de los passados, si no se tractassen como amigos y se favoresciessen como hermanos, porque con concordia las cosas muy pequeñas crescen, y con discordia aun las muy grandes perescen. Allende que los dos hermanos eran aviessos en las costumbres y muy perversos en las condiciones, según ya arriba se dixo, mucho los dañavan sus ayos, es a saber, en dissimularles los vicios y en incitarlos a mayores enemistades, de lo qual, como fuesse Severo avisado, dellos desterró, dellos despidió y aun dellos empozó, diziéndoles que más pena merescían los que despertavan las enemistades que no los que las tenían.

Dexó Plauciano una hija, muger que fue de Bassiano, y della quedó un niño, nieto de Severo y nieto de Plauciano y hijo de Bassiano; y assí a la madre, que era moça, como al hijo, que era niño, desterraron en Sicilia, dándoles de todo lo que tenían no más de lo que para comer avían menester, lo qual hizo Severo no porque no quería bien a la nuera y al nieto sino por no enojar a su hijo Bassiano. Preciávase Severo que sus antepasados eran de una ciudad de Affrica que avía nombre Trípol, a la qual él noblesció no sólo en hedifficios, mas aun en previllegios y rentas, y puso allí un olivar, el qual dava tanto azeyte que abastava para gran parte de Affrica e Ytalia.

Fue Severo amigo de hombres sabios, y favorescía los estudios y tractava muy bien a los hombres estudiosos y doctos; mas junto con esto, aborrescíalos más que a otros si eran bulliciosos y reboltosos, porque dezía él que los hombres nescios rebolvían a vezinos con vezinos, mas que los hombres sabios y maliciosos rebolvían reynos con reynos. Era también muy inclinado a leer libros y a saber cosas antiguas, y muchas vezes, de que no podía con las grandes occupaciones leer él mismo, hazía que le leyessen otros, y lo que más es, que acaescía estar tan occupado que no podía leer ni oýr leer, y en tal caso, o le leýan estando comiendo o quando se yva a acostar. El mismo escrivió la vida de sí mismo, y escrivióla tan verdadera como si fuera chronista, es a saber, loando sus victorias y reprehendiendo sus vicios, aunque es verdad que escrivió a todos los que mató, mas no escrivió de algunos la poca razón que tuvo de los matar.

Fue muy culpado Severo en que era muy cobdicioso de hazienda y poco cuydadoso de su honrra, porque su muger Julia públicamente fue adúltera, y él no sólo no la castigó ni desechó, mas aun ni se escrive que la avisasse ni retrayesse. Abastava a Severo, para saber que su muger era mala, que se llamava Julia, el qual nombre siempre fue infame en las mugeres de Roma. Aunque era enemigo de los vicios y de hombres viciosos, mucho más lo fue de los ladrones que de todos los otros géneros de hombres malos; y assí se halla y se dize dél que con muchos malhechores dissimuló, mas a ningún ladrón jamás le perdonó. En el vestir no fue hombre curioso ni costoso, sino que siempre se traýa y vestía como hombre honesto. En especial le loavan mucho que jamás le vio hombre en Roma vestirse de seda ni de púrpura. No fue tanpoco en el comer desordenado, verdad es que de ciertas legumbres y frutas de Affrica era muy goloso; y dezía él que le sabían mejor que otras, porque siendo niño se avía criado con ellas. Era amigo de comer pescado más que carne, y muchas vezes se le passava un mes entero que ni comía ni probava bocado de carne; y de las carnes, lo que mejor comía era ternera, y de los pescados trucha. La templança que tuvo Severo en el comer y la honestidad en el vestir le faltó en el bever, porque bevía mucho vino y amargávale si estava aguado.

En muchas ciudades del imperio se hizieron por su mandado obras muy notables. En especial en la ciudad de Trípol, que es en Affrica, do él nasció, hizo una fortaleza y una casa, y la cercó toda de muy rezia muralla. Todas las casas que estavan viejas y para se caer en Roma, a todas reparó y renovó; y lo que más de loar fue que las casas y hedifficios que reparava, si tenían títulos esculpidos en las piedras, de los que los avían hecho, no quería él poner otros nuevos, sino que se quedassen los antiguos. Fue príncipe muy cuydadoso en que la ciudad de Roma estuviesse siempre muy proveýda, y paresciose bien en su muerte, porque después que él murió, tuvieron siete años que gastar en el trigo que dexó encerrado y en el azeyte que tenía guardado.

CAPITULO .xviii.

De cómo Severo passó en la Gran Bretaña
y murió de solo enojo en aquella guerra.

Estando Severo muy descuydado y entendiendo en algunos hedifficios de Roma, llegáronle letras del governador de la Gran Bretaña, que agora se llama Inglaterra, como la ysla toda estava rebuelta y alterada y que para apaziguarla y enseñorearla era necessaria su presencia, porque al mismo prefecto no sólo no le querían obedescer, mas aun le avían querido matar. No le pesó a Severo con aquella nueva, que aunque era ya viejo y enfermo, todavía desseava que se le offresciessen grandes hechos por engrandescer su fama y perpetuar más su memoria. Plúgole también a Severo con aquella guerra para tener occasión de sacar a sus hijos de los vicios de Roma; y assí fue que a Bassiano, el hijo mayor, hizo capitán del exército que yva por tierra, y a Geta, el menor hijo, dio cargo de la armada que llevava por mar.

Partióse pues de Roma Severo, en la qual jornada sin comparación era muy mayor el ánimo que llevava que no las fuerças que tenía, porque allende de ser viejo, era del mal de la gota muy apassionado, de manera que ya no podía caminar si no era yendo en litera o llevándole a hombros. Muy de sobresalto tomó Severo a los de Bretaña, los quales a la hora que supieron que ya estava en la ysla, embiáronle sus embaxadores, lo uno para darle cuenta y descargo del levantamiento y lo otro para assentar con él alguna concordia; mas Severo no lo quiso hazer ni menos lo amó oýr, porque él más annelava alcançar el renombre de Bretaña que no por la razón que tenía para hazerles guerra.

5 Desembarcados pues todos los exércitos y despedidos los embaxadores, pónense en orden todos, los unos para offender y los otros para se deffender, y lo primero que proveyó Severo fue hazer puentes a las lagunas porque la gente de cavallo tuviesse por do passar y la de pie no tuviesse occas- 10 sión de se anegar. Tenían en costumbre los de Bretaña de salirse de los pueblos en el tiempo de guerra y aguardar a sus enemigos en las lagunas, en las quales se metían hasta los sobacos; y desde allí peleavan, y quando les tiravan con saetas o lanças, se murgujavan debaxo del agua las cabeças, 15 por manera que acontescía allí algunas veces lo que jamás acontescía en parte del mundo, es a saber, que cient hombres desnudos vencían a mil armados. No sólo no se cargavan de armas, mas aun ni sabían qué cosas eran vestiduras, sino que solamente traýan un cinchón con que cubrían sus ver- 20 güenças y una argolla de hierro a las gargantas; y en los cuerpos hazíanse pintar varias colores, es a saber, que pintavan los dioses que adoravan o los amigos que amavan; y a las vezes, por escarnio, pintavan en las partes traseras a los enemigos que aborrescían. Quando alguna vez querían pe- 25 lear en campo, usavan de unos escudos a manera de rodelas y unas medias espadas ceñidas sobre las carnes desnudas, y esto hazíanlo ellos muy pocas vezes porque al tiempo que se uviessen de acoger a las lagunas no les embaraçassen las armas. Como naturalmente do ay aguas ay nieblas, muy 30 gran pena y aun peligro era pelear con aquellos bárbaros porque al tiempo de pelear, abscondíanse en el agua, y no se podían divisar con la niebla.

Puestas pues a punto todas las cosas de la guerra, puso Severo a su hijo el menor, que se llamava Geta, por gover- 35 nador en cierta parte de la ysla, la qual no se avía levantado, y tomó al hijo mayor consigo, Bassiano, y començó a hazer cruda guerra a los bárbaros, los quales, quando pensavan hazer daño, con muy gran osadía morían, y quando no, poníanse en huyda, en la qual huyda sus enemigos eran los

perdidosos, porque ellos sabían do se podían absconder, y los romanos no sabían la tierra para los buscar. Andando pues assí travada la guerra, cargóle muy mucho a Severo el mal de la gota, por manera que ya ni podía salir al cam-
5 po ni aun tener con sus capitanes consejo, y fuele necessario de encomendar a su hijo Bassiano el exército, el qual trabajava más en lo secreto por enemistar a su hermano Geta con los exércitos que no por vencer a los bárbaros sus enemigos.
10 No sólo no le pesava a Bassiano de ver a su padre tan gotoso y tan lisiado que ni podía andar con los pies ni comer con las manos, mas aun pesávale de que le veýa mejorar algo o que no se quexava tanto, porque era tanta la ansia que tenía ya de heredar, que no veýa la hora de ver a su
15 padre morir. Queriendo Bassiano añadir maldad a maldad, sobornó a los médicos que curavan a su padre y a los criados que le servían, que de tal manera le sirviessen los unos y le curassen los otros, que pues no le acabava el mal de la gota, le acabassen ellos con ponçoña. Aunque ninguno se lo dixo
20 a Severo por palabra, bien sintió él lo que Bassiano su hijo le desseava, y assí fue que visto la desobediencia que le tenía el hijo y quan mal los criados ya le servían y quan poco los médicos le visitavan, aunque era muy viejo y enfermo, murióse de pura tristeza y pensamiento, más que de
25 otro mal ninguno. Las postreras palabras que dixo Severo antes que muriesse, dizen que fueron éstas: "Quando tomé el imperio hallé en todo el mundo a la república turbada, y agora que muero, la dexo pacífica; y aunque muero sin poder testar ni firmar, yo dexo el imperio firme a mis dos hijos los
30 Antoninos. Si fueren buenos, quedan hechos príncipes; y si fueren malos, no les dexo nada." Antes que Severo muriesse, mandó hazer dos Fortunas de oro para dar a cada hijo la suya, porque ésta era la señal del imperio y porque después de él muerto no tuviessen occasión ninguno dellos de alçarse
35 solo con el imperio, sino que ygualmente quedassen apoderados del señorío.

Este pues fue el fin de Severo, al qual no pudieron matar sus enemigos con armas; y matáronle sus proprios hijos con enojos. Bivió Severo setenta y cinco años, e imperó veynte y dos, y fueron quemados sus huessos y llevados a Roma sus polvos. [79] Deste emperador Severo determinó el senado lo que de ningún otro príncipe determinó, es a saber: *Illum aut nasci non debuisse aut mori*. Que quiere dezir que fuera bueno, según las crueldades que hizo, no nascer; e ya que nasció, según los provechos que hizo en la república, fuera bueno no morir.

FIN

---

[79] He was sixty-five and had ruled 17 or 18 years.

COMIENÇA LA VIDA del emperador Bassiano, hijo de Severo, copilada por el señor don Antonio de Guevara, obispo de Mondoñedo, predicador y chronista y del consejo de su magestad.

5   CAPITULO PRIMERO

De cómo Bassiano y su hermano Geta heredaron
el imperio de Severo su Padre.

Luego que murió el emperador Severo en la Gran Bretaña, succedieron en el imperio sus dos hijos, que avían nom-
10 bre Bassiano y Geta, entre los quales uvo a la hora muy gran odio y discordia; porque dado caso que en la sangre eran hermanos, en obras y voluntades se tractavan como enemigos. Como Bassiano era hermano mayor y aun más caviloso y bullicioso, començó de secreto a tractar y a sobornar a los
15 capitanes del exército para que a él solo diessen el imperio y excluyessen de la herencia a Geta su menor hermano, y para atraerlos a esto, dezíales palabras muy sabrosas, cevávalos con grandes esperanças y aun dávales riquíssimas joyas. Ninguna cosa pudo alcançar Bassiano con los capitanes de
20 su exército, porque cada uno en particular y todos en general le respondieron que pues eran hijos de su señor Severo y ambos a dos hermanos y juntamente los juraron por sus señores y príncipes, que no era justo fuessen traydores en lo que avían prometido a su padre, y quebrantassen lo que en
25 los templos de los dioses avían jurado.

Bassiano, de que no pudo a los de su exército atraerlos con palabras ni con dádivas, hizo paz con los de Bretaña a fin de partirse luego para Roma; y como su hermano Geta fuesse avisado que Bassiano quería para sí solo el imperio, aviéndole dexado a ambos a dos su padre Severo, escandalizóse e indignóse mucho contra su hermano, por manera que dende en adelante no sólo los dos hermanos se tractavan como enemigos, mas aun la corte estava ya partida en vandos. Bassiano y Geta eran hermanos de padre, mas no de madre, porque Bassiano era hijo de la primera muger, y Geta era hijo de Julia, que fue la segunda; y la madre de Geta y los ancianos y honrrados romanos que se hallaron allí, después de la muerte de Severo trabajavan mucho por confederarlos y concertarlos, mas al fin ni se convencieron con las muchas lágrimas de la madre ni les persuadieron los grandes ruegos de los amigos.

Puestas pues en orden las cosas de Bretaña, partiéronse los dos hermanos muy sin orden para Roma, y llevaron consigo las reliquias de su padre Severo, es a saber, los huessos hechos polvos, los quales eran en todas las ciudades por do passavan rescebidos con tanta reverencia como quando Severo bivía. Desde que partieron de Bretaña Bassiano y Geta hasta que entraron en Roma, nunca posaron en una posada ni comieron a una mesa ni se hablavan ni se comunicavan por el camino; antes trayá el uno del otro muy gran sospecha de que en el comer o en el bever se avían de dar ponçoña. De yr tan mal avenidos y tan sospechosos fue occasión de tardar poco en el camino, aunque el camino era muy largo, y antes que llegassen a Roma, cada uno dellos avía embiado por sí mensageros secretos no sólo a tomar las mejores posadas de Roma, mas aun a solicitar y a ganar las voluntades de los de la república, porque ellos bien conoscían que no se podrían conservar juntos en el señorío, sino que con uno avía de quedar el imperio.

El día que Bassiano y Geta su hermano uvieron de entrar en Roma, salió toda Roma a rescebirlos; y el rescebimiento fue mezclado de tristeza y alegría, la tristeza por traer a Severo muerto y a le enterrar, y la alegría por venir los hijos bivos y nuevamente a imperar. Al entrar de la ciudad los dos hermanos y nuevos emperadores, yvan delante vestidos de púrpura y a cavallo, y luego empós dellos yvan los

senadores todos a pie, los quales llevavan sobre los hombros una caxa de unicornio en que yvan los huessos de Severo, y los que yvan cabe el muerto yvan llorando, y los que acompañavan a Bassiano y Geta yvan cantando. Todos los que
5 salían de la ciudad a ver y a solennizar el rescebimiento yvan a besar las ropas de los nuevos príncipes, y luego hincavan las rodillas y adoravan los polvos de Severo; y la differencia que en esta cerimonia avía era que a los hijos, estando en pie, reverenciavan y al padre, aunque era muerto, adoravan.
10 Entrados pues en la ciudad y siendo ya gran parte del día, fuéronse al templo del gran emperador Marco Aurelio, y lo primero que hizieron los dos nuevos príncipes fue prostrarse de rodillas y adorar aquel sepulchro, como de hombre sanctíssimo, acerca del qual collocaron los polvos de su
15 padre Severo. Antes que Severo se partiesse para la segunda guerra de Bretaña, avía començado un sepulchro muy sumptuosíssimo en el Campo Marcio, y entre otras cosas que él tenía era siete colunnas muy altas y polydas en las quales estavan esculpidas todas sus victorias y hazañas; mas pri-
20 mero se le acabó a él la vida que se acabasse su sepultura.[80]

CAPITULO .ii.

De cómo enterravan en Roma a los emperadores
y de las grandes cerimonias que allí se hazían.

Después que Bassiano y Geta su hermano depositaron el
25 cuerpo de su padre Severo en el templo del emperador Marco Aurelio, luego començaron a entender en consagrar su cuerpo y poner su ánima con los dioses, según lo tenían de costumbre los romanos, la qual cerimonia no se hazía sino a los emperadores muertos; y la orden que se tenía para
30 ellos era ésta:

Luego que el emperador moría, juntávase el senado a determinar si merescía ser sepultado con los dioses o si,

---

[80] Severus' tomb: Perhaps the seven columns are assumed from the Septizonium. He was placed in Hadrian's tomb.

después de enterrado, le dexarían y olvidarían como a los otros hombres; y si avía sido malo, no se hallava el senado en su enterramiento, y si havía sido bueno, todos se cobrían allí de luto y venían a consagrar su cuerpo. Para hazer esto, lo primero que hazían era enterrar sin ninguna cerimonia el cuerpo del príncipe muerto, y luego componían una ymagen de palo a manera de hombre enfermo, flaco y amarillo, y poníanla encima de un cadahalso alto en el portal del palacio real, y aquella ymagen, aunque era de hombre enfermo, vestíanla tan ricamente de oro y seda y brocado como si al que representava fuera bivo. En lo más alto de aquel cadahalso o trono assentávase a la mano yzquierda todo el senado y a la mano derecha todas las matronas romanas, y ninguna persona de todas éssas se podía para aquella cerimonia vestir ropa rica ni ponerse joya de oro, sino que hombres y mugeres estavan allí vestidos de blanco, porque toda ropa blanca tenían por luto en Roma. Assentávanse los senadores y las matronas quando salía el sol, y no se quitavan de allí hasta que se ponía; y allí ni se podían hablar ni menos tenían licencia de se mirar, sino que avían de gastar todo aquel tiempo en llorar o sospirar. De hora a hora yvan y venían los médicos a visitar aquella ymagen, y assí la tentavan y miravan y tomavan el pulso, como si el mismo emperador estuviera allí bivo; y cada vez que se partían de allí, dezían a los senadores y a las matronas, como aquel enfermo se yva a morir, la qual palabra, en oyéndola que la oýan, començavan las matronas a gritar y los senadores a llorar.

Esta pues era la orden que tenían siete días arreo, y llegado el sexto día, desahuziavan los médicos al enfermo, y al seteno día finalmente dezían que era muerto; y luego que le denunciavan por muerto, tomavan las andas en que yva la ymagen del deffuncto en los hombros, y llevávanlas los más ancianos y más honrados senadores yendo a cavallo, que no a pie; y assí yvan hasta la plaça que llamavan Vieja, y no podían yr sino por la Vía Sacra, que era una carrera por do no osava nadie yr sino los emperadores muertos y los sacerdotes bivos. En aquella Plaça Vieja, avía otro hedifficio hecho de piedra, a manera también de trono, y tenía de una parte y de otra muchas gradas para subir a lo alto;

y allí ponían encima la ymagen del emperador deffuncto, y en las unas gradas estavan muchos niños, hijos todos de patricios romanos, y en las otras estavan muchas donzellas romanas; y allí cantavan ellas muchos cantares tristes, y los niños dezían en alabança del muerto muchos hymnos.

Desde allí llevavan aquellas andas con la ymagen del muerto hasta el Campo Marcio, do ya estava hecho otro altíssimo cadahalso; y éste era todo de madera muy seca, y en lo hueco dél avía astillas y retama y otros materiales fáciles de encender y arder, y de fuera estava muy pintado y con ropas muy ricas tapizado, y encima de lo más alto ponían la ymagen del emperador deffuncto. El día que esta cerimonia se hazía en Roma, concurrían a verla de todas las partes de Ytalia, y cada señor o señora de los que se hallavan presentes avían de echar sobre las gradas de aquel trono myrrha, encienso, áloes, ámbar, anime, rosas o otras cosas muy olorosas. Ya que todos avían offrescido aquellos olores, escaramuçavan a cavallo los senadores, y luego empós dellos davan una buelta los dos cónsules encima de sus carros muy adornados, y empós déstos yvan a pie todos los antiguos romanos vezínos de Roma y los que avían sido capitanes en la guerra, los quales todos, después que avían dado una buelta al trono, derrocávanse, dando muy grandes bozes, en el suelo. Ya que las tres processiones eran hechas, es a saber, de los senadores y de los cónsules y de los capitanes, venía el que avía heredado el imperio, y tomando una hacha ardiendo en la mano, ponía fuego a aquel trono, y como era todo de madera seca, en muy breve espacio se quemava.

Antes que se començasse a hazer esta tan gran cerimonia, buscavan los del senado para aquel día un águila brava, la qual ponían dentro de las andas do estava la ymagen del muerto, y con mucha subtileza y destreza, al tiempo que la ymagen ardía, el águila se soltava y bolava, y como naturalmente sea su propriedad de bolar hazia lo alto, dezían todos a grandes bozes que aquélla era el ánima del emperador muerto, que se yva con los dioses al cielo. Todas las vezes que de algún príncipe o de otra notable persona se halla escripto en los libros esta palabra: *inter divos relatus est,* que quiere dezir, "Assentáronle con los dioses," se hazían todas estas cerimonias; y dende en adelante podían al tal adorarle, sacrificarle, hazerle templos y ponerle sacerdotes, de manera que le avían de honrrar como a dios y no hablar dél ya como de hombre.

CAPITULO .iii.

De la mortal enemistad que avía entre Bassiano y Geta su hermano

Después que uvieron los dos hermanos cumplido el officio funeral de su padre Severo, vanse ambos a dos aposentar en el sacro palacio, no porque posassen juntos, sino que partieron entre sí los aposentos, y cada uno tomó por sí porteros que le guardassen y gente de guarda que le acompañasse. Aunque la posada dellos era una, las voluntades y paresceres eran muy diversos, y los que avían de negociar negocios de gran importancia no negociavan con ellos sino con su madre, la qual tomava el parescer del uno y el parescer del otro, y después hazíase lo que acordava el senado, porque de otra manera perdiérase la república. Nunca estos dos príncipes salían juntos si no era quando yvan al senado o a visitar el templo del gran emperador Marco Aurelio, porque Severo avía mandado en su testamento que cada semana offresciessen en aquel templo sacrificios y cada mes visitassen aquel sepulchro sus herederos. Bassiano y su hermano Geta muy poco cuydado tenían de visitar los templos, offrescer sacrificios, yr al senado, reformar la república ni proveer las cosas necessarias para la guerra, sino que todo su intento y estudio era en engañar el uno al otro y ganar las voluntades del pueblo para que muerto el uno, imperasse sin contradición el otro.

Ambos a dos hermanos estavan entre sí divisos, y ambos a dos tenían puesto todo el imperio en vandos: y caso que cada uno dellos tenía amigos y enemigos, todavía la mayor parte de la república se afficionava más al hijo menor, que era Geta. Era Geta blanco, roxo, alto, agudo, manso y ligero y muy bien acondicionado, aunque sobre caso de imperar

también era superbo como Bassiano. Bassiano su hermano era verdinegro, colérico, adusto, pequeño de cuerpo, ancho de frente, vellosas las manos, ronco en la boz, agudo, versuto, solícito y embaydor; porque si avía menester alguna cosa,
5 embaucava a todos con buenas palabras, y después todo parava en mentiras.

Yendo pues cada día de mal en peor las divisiones y differencias que ellos trayan entre sí, no pudiendo ninguno concertarlos ni hazerles amigos, acordaron ambos a dos, sin
10 que nadie lo supiesse de dividir el imperio; y la división fue que dividiessen en yguales partes todos los reynos y que el nombre de emperador le tuviessen ambos. Cúpole a Bassiano a toda Europa y a Geta su hermano le cupieron los reynos de Asia, y el fin que tuvieron en dividir el imperio no
15 fue por ser dende en adelante amigo el uno del otro sino por tener libertad y gente y riqueza para alçarse luego con Roma y el que más pudiesse quitar al otro la vida. Ya que tenían hecho su concierto, determinaron de llamar a su madre Julia y a todos los antiguos criados y amigos de la casa de Severo
20 su padre, a los quales todos dixo Bassiano como él y su hermano estavan concertados y se avían hecho amigos, y el concierto era que avían dividido el imperio en que él quedava con la silla de Roma y Geta su hermano hazía cabeça de imperio a Antiochía y se quedava con toda Asia. Según dixo
25 allí Bassiano, también quedó en el concierto que la hazienda de su patrimonio se dividiesse en tres partes, las dos para los dos hermanos y la tercera para Julia su madre, y allende desto que todos los senadores y capitanes y hombres notables del imperio libremente pudiessen, si quisiessen, yrse con
30 Geta a Asia o quedarse con Bassiano en Roma.

A ninguno de los que allí estavan y oyeron este concierto les plugo de oýrlo ni menos de aprobarlo, porque veýan que todo era fingido y que en breve espacio se abrasaría con guerras el imperio, como se hizo en tiempos de Julio César y
35 Pompeyo y de César Augusto y de Marco Antonio. Aunque a todos les pesava de lo que dixo Bassiano, todos callavan y dissimulavan, mostrando las caras tristes y los ojos en el suelo, lo qual no pudiendo suffrir su madre Julia, les dixo.

CAPITULO .iiii.

De una muy excellente plática que hizo la madre
a los hijos, para que estuviessen en paz.

"Bien puedo llamaros hijos, o hijos de mi coraçón, pues
5 tú, Geta, saliste de mis entrañas y a ti, Bassiano, crié a
mis pechos; y por los immortales dioses juro que es muy
mayor el amor que tengo contigo que no el deudo que tengo con tu hermano. Bien sabes tú, Bassiano, que desde la
hora que yo vine a palacio y fuy muger de tu padre Severo,
10 el nombre tenía de madrastra y las obras de madre y que
muchas vezes me rogavas tú que halagasse a Geta tu hermano, porque te parescía que andava desfavorescido, por
manera que si era él solo el que yo avía parido, tú solo eras
el muy regalado.

15 "Razón tengo pues de llamaros hijos y lloraros como a
hijos y hablaros como a hijos, pues el día que salió el uno
de mis entrañas, entró el otro en mi coraçón. No os maravilléys de verme tantas lágrimas derramar y de verme que
a cada palabra me voy amortescer, porque si como veys mis
20 tristes ojos viéssedes a mi lastimado coraçón, veríades dél
correr más sangre que de los ojos lágrimas. Si mi marido
y vuestro padre oyera lo que yo oyo y viera lo que yo veo,
pesárale de aver nascido y mucho más de averos engendrado,
pues a vuestros amigos no avéys querido creer ni a vuestra
25 triste madre obedescer ni aun lo que él mandó cumplir. ¿Por
qué queréys vosotros para uno lo que él dexó para ambos?
¿Qué es esto, hijos míos? Criáronos los dioses hermanos ¿y
tornáysos vosotros enemigos? La gloria que tenéys vosotros
de aver tenido tal padre ¿queréys que tenga él de pena por
30 tener tan aviessos hijos? Por dexar el imperio entero, mató
vuestro padre a Juliano y a Nigro y a Pescenio, que le tenían
en tres partes dividido. ¿Y agora queréys vosotros despedaçarle y dividirle de nuevo? ¿No sabéys que los príncipes que
tienen entre sí unidas las voluntades no tienen necessidad de
35 partir las tierras? ¿No avéys oýdo dezir que por alcançar
honrra y por deffender la hazienda, por estas dos cosas

y no por más se levante entre los príncipes la guerra? Pues si esto es verdad, como es verdad, si os desavenís ambos a dos sobre la hazienda, ¿no sabéys que os dexó más vuestro padre solo que dexaron todos los príncipes juntos? Si por ventura os desconcertáys sobre alcançar honrra, yo no sé para qué queréys más honrra, de ser emperadores de Roma.

"¡O immortales dioses! A vosotros invoco y húmilmente ruego que no paréys mientes a las mocedades destos moços sino a los grandes servicios que os hizo su padre, y a las muchas lágrimas que llora su madre; porque de otra manera, la memoria de mi señor Severo se perderá y la grandeza del imperio peligrará.

"Si pensássemos, hijos míos, que la división que avéys hecho del imperio fuesse occasión para que de aquí adelante os tractássedes como hermano a hermano, todos lo terníamos por bueno. ¿Mas qué aprovecha que dividistes el imperio no más de en dos partes y quedáys vosotros divisos en cient mil differencias? Si queréys ser favorescidos de los dioses y obedescidos de los hombres, acordaos de lo que vuestro padre os mandó; condescended a lo que vuestra madre os ruega y dexaos al parescer de lo que vuestros amigos os dizen; porque nunca los príncipes moços sabrán bien governar si de buenos no se dexan governar. Catad, hijos, que soys muy moços y en negocios grandes no estáys experimentados y la moçedad combidaros ha a muchos vicios y la poca experiencia dexaros ha caer en grandes yerros. Devéys también hijos, mirar que tenéys los coraçones muy apassionados y andáys acompañados de muchos lisongeros, las quales dos cosas son muy enormes en las casas y personas de los príncipes; porque con la passión cometen muchas injusticias y con la lisonja dissimúlanles cosas muy feas. El coraçón apassionado y furioso, abástale su passión sin que busque quien más le apassione, porque de otra manera, la furia y la yra házele a cada passo errar, y el lisongero no le dexa su error conoscer. Si os ponéys a pensar que soys hombres e yo que soy muger, con razón ternéys en poco lo que os digo; mas si os acordáys que soys mis hijos e yo soy vuestra madre, estimaréys en mucho lo que os aconsejo, porque el crédito que pierdo por ser muger, cóbrole en ser madre.

"Si amássedes vosotros a vuestro padre como vuestro padre os amó a vosotros, no ternía la triste de vuestra madre tanto que persuadiros a que fuéssedes amigos; porque por no poner en disputa su honrra, posporníades qualquier inte-
5 resse de hazienda. Ya que no queréys bivir en paz por lo que toca al servicio de los dioses y el daño que se sigue a vosotros mismos y la infamia que ponéys a vuestro padre que es muerto, lo devríades de hazer por lo que toca a vuestra madre que es biva; porque las dissensiones, los trabajos y
10 las infidelidades de los hijos, muchos son los que las miran, y al fin las madres son las que las lloran. Contra el testamento de vuestro padre, sin voluntad de vuestra madre, contra la costumbre del senado y sin parescer de ningún amigo vuestro avéys entre vosotros dividido el imperio,
15 dexándome a mí por dividir, porque hablando conforme a justicia, más razón era que dividiéssedes la madre propria que no la tierra agena.

"¡O immortales dioses! ¿Por qué llevastes a mi señor Severo para vosotros y dexastes a mí puesta en tantos tra-
20 bajos? Ya que me distes dos hijos ¿por qué no me distes dos coraçones? Y si pido dos coraçones, éstos son no más de para amarlos, que menester he otros mil coraçones para suffrir sus desatinos.

"O hijos míos, aunque no hijos de mis consejos ¿por qué,
25 si soys míos por el parto, soys estraños por la desobediencia? No sé, hijos míos, más que os diga, sino que pues vosotros soys dos y mi coraçón no es más de uno, le saquéys y le abráys por medio y le partáys como partistes el imperio; y aun por la Madre Vestal os juro que si el coraçón me partís
30 y escudriñáys, halléys en él lo mucho que os amo y lo muy mucho que os suffro."

CAPITULO .v.

De cómo Bassiano, por quedarse solo con el imperio,
mató a su hermano en los braços de la madre.

35   Lástima era de oýr a la emperatriz Julia, y muy mayor era de verla, porque de ver a los hijos tan divisos y tan mal

hermanados, a cada palabra que dezía, los cielos rompía con sospiros y la tierra regava con lágrimas. Luego pues que acabó Julia su plática, se levantó de su silla y se fue para sus hijos, y con la mano derecha tomó a Bassiano y con la yzquierda a Geta, y abraçándolos consigo, trabajava por hazerlos abraçar y reconciliar; y como todos tres juntassen en uno las caras, de las muchas lágrimas de la madre quedaron mojados los rostros de los hijos. Muchos de los romanos que allí estavan se tomaron a llorar de que oyeron lo que Julia dixo y lo que después con sus hijos hizo, y ninguno replicó ni habló más palabra de quanto todos aprobaron lo que la madre avía dicho e improbaron la división del imperio que los hijos avían hecho.

Estavan ya los coraçones de aquellos dos príncipes tan apassionados, y junto con esto, de su natural seso tan enagenados que quando la madre los estava hablando, no parescía sino que estavan en otra cosa pensando, y paresciose esto bien en que ni los movió a compassión sus lágrimas entonces ni se aprovecharon de sus consejos después. No sólo no aprovechó lo que la madre trabajó por reconciliarlos, sino que dende en adelante se mostravan mayores enemigos, es a saber, en que cada uno trabajava de corromper al cozinero del otro, prometiéndole gran hazienda en Roma si consentía que a su amo le diessen en un manjar ponçoña. No pudo Bassiano corromper a los cozineros de Geta, ni Geta pudo convencer a los officiales de Bassiano, porque se tenían ambos a dos por dicho que el que primero pudiesse, daría ponçoña al otro.

De que vio Bassiano que no podía matar con ponçoña a su hermano Geta, y junto con esto, que le amavan algo más que no a él en Roma, determinóse un día, estando todos durmiendo en siesta, de passarse al aposento de su madre Julia, con la qual estava su hermano Geta, y como los hallasse juntos reposando, dio tantas de puñaladas a Geta hasta que allí le sacó la vida. Al tiempo que Bassiano arremetió para Geta, la madre, por guarescerle, echóse sobre él, mas ni él por esso dexó de herirle y matarle, y fue el caso que con un mismo puñal hirió las carnes del hermano y rompió las vestiduras de la madre; finalmente, el hermano quedó muerto y la madre ensangrentada. Esto hecho, sálese Bassiano por todo el palacio real, dando bozes y muy despavorido, diziendo, "¡Trayción, trayción, que mi hermano Geta me ha querido matar a trayción en mi cama! y si no fuera porque salté por una ventana y los hados que me fueron favorables en aquella hora, yo no escapara con la vida."

No contento con dezir esto, mandó a los de la guarda que le sacassen de palacio y le llevassen al monte Celio, do estavan las cohortes pretorianas aposentadas, diziendo que en palacio no estava seguro, porque ya avía intentado de matarle su hermano.[81] Todos los que oyeron las bozes que dio Bassiano creyeron que como él lo dezía, assí passava, y los armígeros de la guarda acompañáronle hasta ponerle con los pretorianos; y como llegó a la tienda do ellos tenían las armas y los pendones, hincadas las rodillas dio muchas gracias a los dioses, porque hasta allí le avían guardado, y a los de la guarda, porque le avían en tiempo de tanta necessidad socorrido. De ver a Bassiano yr a tal hora y con tan gran calor por medio de Roma, y esto con gran furia, todos los que le vieron se encandalizaron e ymaginaron entre sí que avía muerto al hermano o hecho algún desacato a la madrastra. Luego que se vio entre los pretorianos, repartió entre ellos dos mil y quinientas dramas de oro al peso de Athenas, y allende desto, prometióles de darles cada un año todo el trigo que para sus mugeres y hijos uviessen menester, allende del sueldo que por gente de guerra se les avía de dar.

Divulgada pues la fama por toda Roma y sabida la verdad de la trayción tan grande por Bassiano cometida, juntáronse los amigos de Geta y fueron a buscarle con pensamiento de hazer dél lo que él avía hecho de Geta, y como la cosa se pusiesse en armas y llegassen a las manos, los de Geta, como eran pocos, fueron en muy breve vencidos. Aunque fueron los de Geta vencidos no merescen por cierto ser desloados, porque siendo en número pocos y viendo

---

[81] The *castra praetoria* was not on "el Monte Celio" and was practically on the opposite side of Rome.

a su señor muerto y a Bassiano apoderado del exército, no les faltó osadía para pelear y muy gran ánimo para morir, mas ¿qué haremos? Que si era justa su querella, les era muy contraria la Fortuna. Poco aprovecha que el ánimo sea
5 generoso y el cuerpo bellicoso, si el que toma las armas es desdichado; porque más vale una hora de felice fortuna que todos los ardides de guerra. Muy grande fue la compassión que tomaron todos de la cruel muerte de Geta, y no menor fue el odio que concibieron contra Bassiano, lo
10 uno por matarle sobre seguro, lo otro por matarle en lugar tan previlegiado, es a saber, dentro del sacro palacio y abraçado con los pechos de su madre.

De que vio Bassiano que su hermano Geta era muerto y todos sus aliados y criados vencidos y que todo lo que
15 avía hecho con temeridad le avía succedido con prosperidad, fuese para los templos y robó dellos todos los thesoros, por manera que lo que muchos príncipes avían dado en muchos años, tomó él en un día. Mucha cantidad de aquellos thesoros repartió Bassiano entre los cavalleros preto-
20 rianos, los quales, de que se vieron ricos de dineros y que avían vencido a sus enemigos, vanse por toda Roma, y comiençan a entrar por las casas y a matar a todos los que con ellos avían differencias, y lo que era peor de todo, que sobre apuesta matavan toda una parentela hasta no de-
25 xar persona en quien quedasse la memoria. Muchos nobles romanos estuvieron determinados de matar a Bassiano luego que començó a imperar, y no lo dexaron de hazer por él no lo merescer y ellos no lo desear, sino por temor de pensar que después de él muerto se levantarían muchos
30 con el imperio; porque al presente, por menos mal tenían suffrir a uno, que no resistir a muchos. Ya que Bassiano se vio rico con los thesoros de los templos y se vio obedescido de los cavalleros pretorianos, determinó de subir al alto Capitolio y allí hablar al senado, lo uno para darles cuenta
35 de lo hecho y lo otro para avisarlos de lo que avía de hazer. Puesto pues en medio del senado, assentóse en la silla imperial, y callando todos, habló él desta manera.

CAPITULO .vi.

De un razonamiento que hizo Bassiano a los del senado, excusándose de la muerte de Geta su hermano.

"Aunque en la edad soy moço y en las obras que hago me tienen por atrevido, no dexo de conoscer que estoy en gran odio del pueblo y que les plazería tanto mi muerte quanto les desplaze agora mi vida. Como los príncipes están en el miradero de todos, por esso son de todos todas sus obras juzgadas, y de aquí viene que son loados de muchos en lo que aciertan y son vituperados de todos en lo que yerran. Los que se ponen a juzgar las obras de los príncipes no son todas vezes tan justos que siempre las juzguen conforme a justicia, porque assí como muchas vezes los loan con lisonja, también puede acontescer que los accusen con malicia. Uno de los supremos trabajos que los príncipes tienen es que los que se ponen a hablar de nuestras vidas y a examinar nuestras obras no hablan según nosotros bivimos sino conforme como a ellos tractamos; porque si los honrramos y engrandescemos, dizen que no somos príncipes sino dioses, y si los abatimos y castigamos, dizen que no somos hombres sino Furias. Muchas vezes castigamos los príncipes a muchos no porque los queríamos por nuestra voluntad castigar, sino que a la auctoridad imperial conviene assí se hazer; porque assí como con mercedes y perdones engrandescemos nuestra clemencia, assí conviene que con rigores y castigos hagamos que se estime nuestra justicia. Muchos se ponen a juzgar los vicios de los príncipes, los quales, si fuessen príncipes, no sólo harían obras por do meresciessen ser juzgados, mas aun que justamente fuessen del imperio privados, porque saber bien governar no es cosa que alcançan por sí a saber los hombres, sino don que dan a quien quieren los dioses. No ay príncipe tan absoluto ni aun tan dissoluto que a lo menos en la governación no dessee ser justo, mas ¿qué haremos? Que no es más en nosotros de dessear acertar, y en solos los dioses está dar gracia para bien governar.

"Viniendo pues al caso agora acontescido, por el qual está de mí todo el pueblo escandalizado, a los immortales dioses juro que si la verdad de cómo passó les fuesse manifiesta, ellos me hallassen sin culpa; mas soy yo por una parte tan desdichado y por otra es el vulgo tan vario que muchas vezes acontesce que lo público que hago no dizen y de lo que aun no me passó por pensamiento me accusan.

"¡O dioses justos! A vosotros pongo yo por testigos de quién quiso primero matar a quién, Geta mi hermano a mí o yo a él; porque bien sabéys vosotros que, estando yo sesteando en mi cámara, entró él a mí con una espada sacada, con la qual él me sacara el ánima si no tuviera yo otra en la cabecera.

"Si él fue agressor de aquella alevosía y quiso Fortuna favorescer a mí y no a él en aquella hora ¿por qué a mí, que no tengo culpa, echan toda la culpa quantos ay en Roma? ¿Qué mayor testimonio queréys de mi innocencia que siendo él el que offendía e yo el que me deffendía, hizieron dél los dioses lo que él quería hazer de mí? En ningún buen juyzio deve caber, ya que yo quisiera con malicia o con embidia matar a mi hermano, que le avía de matar a hurto y dentro del sacro palacio; porque en tan enorme caso, no merescía tanta pena por lo que hazía quanto por hazerlo en el lugar do lo hazía.

"No quiero negar que a mi hermano yo no era obligado a honrrarle, amarle, ampararle y bien tractarle; mas no quiero confessar que era obligado a ninguna trayción ni injuria suffrirle, porque quan honesto es a los grandes príncipes dissimular y perdonar las injurias que les hazen los menores, tan necessario les es vengar los desacatos que les hazen sus yguales o mayores. Notorio es a todos que en los tiempos passados muchos príncipes del Imperio Romano tuvieron hermanos y no se pudieron compadescer con ellos, sino que a muchos dellos mataron y a otros del imperio alançaron; porque al fin, al fin, no ay ninguno tan comedido que en el mandar quiera tener por compañero ni aun a su hermano. Mirad cómo se uvieron Remo y Rómulo, Thiberio y Germánico, Thito y Domiciano, Marco y Lucio y otros infinitos que fueron hermanos, entre los quales sobre el mandar y governar uvo tantas passiones y enojos como si no fueran proprios hermanos sino crueles enemigos.

"Vosotros, padres conscriptos y amigos, dad gracias a los dioses por averos guardado incólumen y sano a vuestro príncipe, pues no sin causa quisieran a él dar la muerte y a mí conservar la vida; porque las obras de nuestros dioses son tan profundas y tan occultas que aunque vemos lo que hazen, no sabemos el fin porque lo hazen. Entre todos los dioses sólo Júpiter tiene el dominio, y assí entre todos los hombres no quiere el dios Júpiter que tenga más de uno el imperio, porque no menor monstruosidad sería governarse el imperio por dos personas que tener un solo cuerpo dos cabeças. Si para todos los cielos abasta un dios y todas las avejas no tienen más de un rey y todos los miembros se goviernan con un coraçón y todas las aves no llevan más de una guía, pregúntoos amigos: para governar la República Romana ¿no abastará una persona? Según lo que hemos leýdo de nuestros passados en los libros y según lo que hemos visto en nuestros tiempos, ninguna cosa le conviene tanto al Imperio Romano como es ser governado de uno solo, porque más guerras hemos visto levantarse sobre quál de los príncipes ha de mandar, que no sobre no quererles los súbditos obedescer. ¡Qué tan ferozes guerras se levantaron entre Silla y Mario, entre César y Pompeyo, entre Augusto y Marco Antonio, entre Galba y Otho, entre Otho y Bitello, y entre Bitello y Vespasiano y agora poco ha, entre Severo mi padre y entre Juliano y Albino! Todas estas grandes calamidades que padesció la mísera República Romana, no las padesció por no querer ser todos mandados sino porque la querían mandar muchos.

"Dado caso que mi padre mandó en el testamento que Geta mi hermano e yo dividiéssemos el imperio, muchos lo saben, y no son pocos los que lo presumen, que él no lo quisiera hazer, sino que su mujer y mi madrastra le constriñó assí a testar; y en caso tan grande y tan arduo, no se ha de tener respecto a lo que hizo sino a lo que quisiera hazer, porque la grandeza del imperio y la cordura del senado no han de estar atadas a lo que procura una muger vana sino a lo que más conviene a su república."

CAPITULO .vii.

De quán crudelíssimo era Bassiano
y de los que mandó matar en Roma.

Todo el tiempo que Bassiano estuvo hablando a los del senado, ninguno le atajó la plática, ni después que acabó, persona le osó responder palabra, sino que él en acabando de hablar miró a todos sus amigos; y a los que tenía por sospechosos no quiso mirarlos, de lo qual quedaron ellos no sólo affrentados, mas aun temerosos, porque las cosas que el coraçón ama, por las ventanas de los ojos las mira.

Ni por lo que Bassiano dixo en público ni por lo que sus amigos le avisaron en secreto dexó de continuar sus crueldades, sino que luego mandó matar no sólo a los que Geta su hermano tuvo por amigos, mas aun a los amigos de sus amigos. Mató a todos los criados y officiales de su hermano, no sólo a los que le servían en la república, mas aun a los que tenían officios muy viles en su casa, es a saber, cozineros, botilleres, despenseros, barrenderos y azemileres y moços de cozina, en la muerte de los quales, dado caso que antes y después mató otros muchos, de ningunos tanto como destos tuvieron en Roma tanta compassión todos. Mató assí mesmo a todos los que guiavan los carros de su hermano y a los que le curavan los cavallos y a los juglares que le hazían plazeres y a las panaderas que le amassavan el pan y a las que le lavavan la ropa y a los que le davan música y a los que le cortavan y cosían la ropa; finalmente mató a todos los que su hermano amava y a todos los con quien él se holgava y a todos los de quien él se servía. Mató a todos los senadores y officiales romanos que siguieron la parcialidad de Geta su hermano, y mató a todos los questores y pretores y valerosos capitanes que estavan derramados por el imperio.

Mató a Lucilla, excellente matrona romana, hermana que fue del emperador Cómodo y hija del gran Marco Aurelio, a la qual todos los emperadores passados la honrravan como a emperatriz y la servían como a madre, y era esto en tanta manera que como uno de los templos de Roma, estava previlegiada su casa. La causa porque dizen que mató a la infanta Lucilla fue porque, oyendo que Geta era muerto, fuese a palacio a consolar a su madre y que avía llorado con ella, lo qual, como supiesse Bassiano, dixo, "Pues Lucilla llora la muerte de Geta mi hermano con mi madrastra, señal es que holgara que él biviera e yo muriera. Pues yo biviré y ella morirá."

Mató también a muchas vírgines vestales, a unas porque les levantava que avían quebrantado la virginidad y a otras porque presumían de ser vírgines, diziendo que era cosa de burla pensar que ninguno podía morir virgen en esta vida. Mató a un antiguo cavallero que se llamava Leto, el qual fue en la muerte de Cómodo y también fue sabidor de la muerte de Geta su hermano. Mató a Rufo, cavallero affricano y muy propinquo pariente suyo, es a saber, hijo que fue de un su tío, al qual a boca de noche combidó consigo a cenar, y a la mañana le mandó matar. Mató a Pompeyano, hijo de Lucilla y nieto de Marco Aurelio, varón muy animoso en las guerras y muy venturoso en las armas; y a éste mandóle matar yendo camino, y echó fama que ladrones le avían muerto. Mató a Papiniano, jurisconsulto, el qual en aquellos tiempos era el más famoso hombre que en letras y consejo avía en todo el Imperio Romano; y fue el caso que Bassiano tomó consigo al lado derecho a Papiniano al tiempo del salir del senado, y quando venía por la calle traýa Bassiano sobre su hombro la mano derecha hasta que llegaron a casa, en la qual entrando, al pie de la escalera, con una hacha de partir leña le mandó cortar la cabeça.

Mató a Petronio el bueno, el qual avía sido cónsul y senador y qüestor y pretor y edil y flamen quarenta años, en los quales nunca a hombre enojó ni dél se quexó, y por esso le llamavan Petronio el bueno. Mató a Samonico Sereno, que fue también jurisconsulto, y déste se dize que fue en el hablar muy suave y en el escrevir muy satýrico. Mató a un hijo del emperador Pertinax, que se llamava también Elio Pertinax, del qual por excellencia se dezía en Roma que en dicho ni en hecho nunca dél se conosció annelar el imperio, de lo qual no es poco de loar y aun de maravillar, porque naturalmente los hijos quieren de sus padres no sólo heredarles la hazienda, mas aun succederles en la honrra.

Mandó también matar a un romano muy famoso que avía nombre Chilo, porque avía trabajado de hazerle amigo con Geta su hermano, mas como presumiesse que le yvan a matar, desnudóse toda la ropa y escapóse por un alvañar de su casa. Mató a su primera muger, hija de Plauciano, la qual estava desterrada en Sicilia, y mandó pesquisar en Roma y en el imperio por todos los que fuessen hijos o primos o sobrinos o nietos o tíos o parientes propinquos de sangre imperial, a los quales todos mandó matar, assí hombres como mugeres, porque no quedasse en Roma raýz ni memoria de sangre antigua ni generosa.

Assí en Roma como por el imperio mandó matar a otros muchos Bassiano, y lo que más es, que los verdugos tenían auctoridad para quitar a aquellos míseros la vida, mas no para dar a sus cuerpos sepultura, sino que después de muertos, los llevavan arrastrando por las calles los mochachos, excepto que a los que eran generosos, los llevavan en unos carros y después los quemavan a todos juntos. No sólo era malo y cruel, mas aun presciávase de ser amigo de los que fueron notados de malos y crueles, porque jamás le oyeron dezir bien de ningún príncipe de los passados, si no era de Silla el cruel y de Bruto el traydor y de Catilina el tyrano y de los Grachos sediciosos y de Domiciano el infame y de Cómodo el dissoluto.

Para cumplimiento de sus crueldades, acontesció que como un día se representassen los juegos circenses en Roma, a la fiesta de los quales avía concurrido gran muchedumbre de gentes, y como el que guiava el carro imperial no pudiesse passar por estar tomadas todas las calles de la gente, quiso el carretero passar por fuerça y tropellar a unos, los quales le resistieron de hecho y aun le denostaron de palabras. Como yva en aquel carro el emperador Bassiano, aunque a él no le dixeron palabra, tomó la injuria del carretero por suya, y mandó que luego encontinente todos los pretorianos, que era la gente de su guarda, matassen arreo a quantos quisiessen. Como todos los que allí estavan, estavan adereçados más para la fiesta que no apercebidos para la guerra, fue grandíssima lástima ver la muchedumbre de gente que sin culpa allí murió y la sangre de tantos innocentes que allí se derramó, porque si fueron diez o doze los culpados, fueron más de quinze mil los muertos. Ni comían ni bevían ni dormían ni negociavan los romanos sino con grandíssimo temor, pensando no qué los avían de accusar sino quándo los mandaría Bassiano matar, porque nunca tyrano hizo lo que él ordinariamente hazía en Roma, es a saber, que sin preceder accusación del fisco o quexa de enemigo o deservicio suyo mandava matar a uno.

CAPITULO .viii.

De las provincias que anduvo Bassiano y de las cosas que en ellas hizo.

Después que Bassiano mató a su hermano Geta y a sus enemigos y a muchos de sus amigos y a otros que ni eran amigos ni enemigos suyos, salióse de Roma y tomó el camino para Germania, que agora se llama Alemania la alta, con pensamiento de visitar aquellas provincias y de reformar sus exércitos, porque como avía ya días que no tenían guerra, estava toda la gente de guerra muy mal corregida. Todo un verano se aposentó a las riberas del Danubio, y el exercicio que allí tenía era caçar, pescar, jugar, correr, tornear, y algunas vezes se sentava a oýr pleytos y sentenciar; y de lo que se espantavan todos era que en oyendo una cosa la sentenciava, y que nunca erró en sentenciar, sino que siempre sentenciava conforme a justicia.

Parescióle bien aquella tierra y las condiciones de la gente della, y tomó y escogió los más fuertes y más dispuestos mancebos de Germania para guarda de su persona, de lo qual se sintieron mucho todos los romanos que con él venían y todos los antiguos criados de su padre que le acompañavan, porque les parescía que pues no fiava ya dellos la guarda de su persona, no los amaría ni tractaría como solía. Muchas vezes se desnudava las ropas romanas y se vestía las de Germania, y lo que más es, que por parescer en todo

a los alemanes, traýa cabellera de cabellos rubios, y tanto quanto más destas cosas hazía tanto más a los romanos pesava. Tomó Bassiano por costumbre de no tractarse en el comer y en el bever y en el vestirse y en el servirse y en
5 todos los trabajos que consigo trae la guerra más que uno de los que a sueldo andavan en la guerra. Acontescía muchas vezes que si avían de hazer un fosso, él cavava el primero y sacava tierra a cuestas; si caminavan a pie, él también; el pan que comía, él lo molía con sus manos y lo cozía
10 so la ceniza; y si los otros no tenían cama, no dormía él sino en tierra; y no quería bever en plata ni en oro sino en unos vasos de palo; finalmente, aborrescía no sólo lo que parescía ser regalo, mas aun lo que muchas veces le era necessario. Mandó también que nadie le acompañasse si él no se lo man-
15 dasse y que ninguno le llamasse emperador sino compañero; y todo esto hazía él porque le amassen los unos y se espantassen de sus trabajos los otros.

Puestas pues en orden las provincias que están comarcanas al Danubio, passóse en Tracia y de aý en tierra de
20 Macedonia, con pensamiento de visitar la tierra y naturaleza del magno Alexandro. Todas las cosas en que estavan pintadas y esculpidas las hazañas de Alexandro, todas las reparó y renovó y mejoró, y otras muchas añadió e inventó, por manera que no uvo ciudad ni templo en todo el reyno
25 de Macedonia do no hiziesse algún hedifficio y pusiesse alguna estatua. Muchas cosas notables hizo hazer Bassiano en Macedonia dignas por cierto de loar, y otras también hizo merescedoras de burlar, porque en muchas partes hizo pintar y en otras esculpir un cuerpo con dos cabeças, y la una
30 intitulava a sí mismo y la otra al magno Alexandro. Burlavan mucho desto los macedonios, es a saber, querer ygualarse Bassiano con Alexandro, porque tienen ellos a su rey Alexandro en tal possessión que dizen y affirman que ninguno de los hombres le ygualó en esta vida ni ninguno de
35 los dioses le sobrepujó en la otra. Ensoberbecióse tanto Bassiano de ver que todos le loavan las obras y memorias que avía hecho en Macedonia, que mandó a todos los de su casa que le llamassen no Bassiano sino Alexandro, y mandó a los capitanes de su exército que se intitulassen de

los nombres que antiguamente se llamavan los capitanes de Alexandro. Mandó también que todo su exército se dividiesse en tres partes, y la una, que se llamasse Macedónica, la otra Licaónica y la otra Espartana, y esto por memoria de tres famosas provincias de Grecia, las quales siguieron al magno Alexandro en toda la guerra, y dellas era la gente que él tenía más esforçada.

De Macedonia tomó el camino para Pérgamo, que es una ciudad famosa de Asia, por ver el templo de Esculapio, padre que fue de la medicina; y en aquel templo durmió muchas noches, y según él dezía después, rescibió allí del dios Esculapio muchas respuestas y muchos consejos assí para la conservación de su salud como para la buena governación de su república. De Pérgamo fuese Bassiano a la ciudad llamada Illion, que en otros tiempos fue cabeça del reyno de Troya, do fueron las grandes guerras entre griegos y troyanos, la qual halló no sólo destruyda, mas aun arada y sembrada. Desseó Bassiano mucho enterrar allí alguno a la manera que en otro tiempo enterraron a Patroclo, y para cumplir su desseo, mandó dar veneno a Festo, un su muy gran privado, al qual después de muerto enterró allí a la manera que los troyanos enterraron a Patroclo. (Otros quieren excusar a Bassiano de la muerte de Festo, diziendo que él se murió y no que le hizo matar.) Al tiempo que quemavan el cuerpo de Festo, tenía Bassiano una redoma de vino en la mano, y bevió della delante todos, y después de bien aver bevido, maldezía los vientos. Tenía aquel su criado Festo muy pocos cabellos en la cabeça, y Bassiano dávale muchas bueltas a ella por hallar algunos cabellos que le quemar, y al fin, con sus proprias manos le trasquiló aquellos pocos que tenía, del qual hecho se rieron todos los que le vieron y aun los que le oyeron.

Antes que Bassiano subiesse a Alemania, quiso visitar a la Gallia Transalpina, y dentro de pocos días que entró en ella, mandó matar al procónsul de Narbona, del qual hecho y de otras cosas que hazía, de hecho cayó en muy gran odio del vulgo, y meresció el nombre de tyrano. Quando navegava de Germania para Asia, viose una vez en tanto peligro en la mar que la nao do él mismo yva se abrió y se perdió, y él en un varco pequeño se escapó. Cobró tan gran miedo a la mar después que escapó de aquel peligro, que dizen que dixo, "No sé quál es el hombre que tiene un pan que comer y una capa que se cobijar en la tierra que, por ser emperador, se mete en la mar."

CAPITULO .ix.

De una muy fea crueldad que hizo en Alexandria Bassiano.

Después que Bassiano vio al gran Illion y a la mayor parte de Asia y Bitinia, vínose para la ciudad de Antiochía, do fue con muy grandes cerimonias rescebido y en todo el tiempo que allí estuvo, muy festejado. De Antiochía tomó el camino para Alexandria, con desseo de ver aquella ciudad afamada que avía hedifficado el magno Alexandro, lo qual, como los ciudadanos lo supieron, aparejáronle muy solenníssimo y costoso rescebimiento, qual nunca antes avían hecho a príncipe griego ni romano, y esto no por más de porque les dezían que Bassiano era amigo de Alexandro. Con muchas leguas antes que llegasse Bassiano a la ciudad, repararon las puentes, adobaron los passos malos, proveyeron los caminos de bastimentos, hizieron muchas ramadas, hincharon los caminos de flores, y lo que más es, que todos los que con Bassiano venían tomavan todo lo que querían, y ningún prescio por ello les llevavan. Ya que llegó a la ciudad, saliéronle todos a rescebir, y en aquel rescebimiento salieron los alexandrinos muy vestidos y de muchos géneros de música e instrumentos acompañados.

Luego que entró Bassiano en Alexandria, fuese a apear a los templos, do offresció muy grandes sacrificios y hizo quemar dentro dellos mucho encienso, myrrha, áloes y otros semejantes olores. Visitados los templos, fuese a visitar el sepulchro del magno Alexandro, con el qual usó de una imperial magnificencia, es a saber, que se desnudó una ropa riquíssima que traýa y se quitó de la gorra una medalla y del pescueço un collar y de los pechos una piedra y de los dedos todos los anillos, y puestas las rodillas en el suelo,

lo offresció todo al sepulchro del magno Alexandro. Yncreýble fue el plazer que tomaron los alexandrinos de ver que un príncipe romano bivo hazía tan gran cuenta de un príncipe griego que era ya muerto, y por este respecto, de co-
5 raçón le amavan y con quanto tenían le servían. Todas estas cosas no las hazía Bassiano con ánimo de honrrar a Alexandro ni hazer plazer a los alexandrinos sino por más assegurarlos y después matarlos a todos juntos.

Muchos días avía que tenía Bassiano muy gran odio con
10 los de Alexandria, y la occasión que tomó de quererlos mal fue porque le dixeron que ellos burlavan dél assí en palabras que dezían como en farsas que representavan, diziendo que era cosa de burla querer Bassiano ygualarse con Alexandro y llamarse Achiles e imitar a Hércules. Supo también
15 Bassiano como le avían afeado mucho la muerte de su hermano Geta y avían puesto la lengua en su madre propria, notándola no de muy casta, las quales injurias supo dissimular muchos días y después vengarlas en uno.

Fue pues el caso que después de acabadas las fiestas de
20 su rescebimiento, mandó pregonar que todos los mancebos naturales y estrangeros que fuessen más fuertes y bellicosos se juntassen en el campo, porque los quería ver y armar a la manera antigua, diziendo que en todo y por todo era su voluntad que toda la gente de guerra peleasse dende en
25 adelante no como los emperadores de Roma sino como los capitanes de Grecia. Mucha gloria y vanagloria tomaron los alexandrinos de que oyeron dar estos pregones, y quien más podía más presto al campo salía, pensando que quales eran las palabras del pregonero tales avían de ser las obras de
30 Bassiano. Puesta pues toda la juventud de Alexandria en el campo, salió Bassiano con todo su exército armado a verlos, a los quales todos mandó que se hiziessen un esquadrón porque uno a uno los escogiessen y delante del emperador passassen y allí luego después los armassen.

35   Ya que los míseros alexandrinos estavan como ovejas todos juntos y desarmados, hizo Bessiano señal a sus cavalleros para que diessen sobre ellos, los quales repentinamente arremetieron como contra enemigos, y danse tanta priesa en los matar que dentro de una hora estavan aquellos campos

no sembrados de flores sino cubiertos de muertos. Muy grande fue el daño que en los alexandrinos hizo Bassiano aquel día, porque dexó a las biudas sin hijos, a los abuelos sin nietos, a los tíos sin sobrinos, a los hermanos sin hermanos y a los vezinos sin amigos, por manera que ninguno quedó que no fuesse muerto o quedasse de la muerte de otro lastimado. Do Bassiano cometió aquella traycion y hizo tan inhumana crueldad era un campo grande y llano, y estava cerca del gran río Nilo; y fueron tantos los que mató, que la sangre a manera de arroyos corría por aquellos campos y entintó al río Nilo, por manera que aquel tan superbo río parescía no que llevava aqua, sino que corría por él sangre.

No se pueden excusar de culpa los alexandrinos en dezir mal de Bassiano e infamar a su madre y de representar en farsas sus malas obras; porque dado caso que de lo malo no podemos dezir sino mal, no entran en esta cuenta los príncipes, las obras de los quales tenemos licencia solamente de juzgarlas con el coraçón, mas no de affearlas con la lengua. Dado caso que fue grave y que fuera muy más gravíssima la culpa de los alexandrinos, sin comparación fue muy mayor la crueldad de que Bassiano usó con ellos, lo qual, siendo él el que avía de ser, lo avía de hazer al contrario, porque en las casas de los heroycos y excellentes príncipes, el castigo dan por onças y la clemencia sin medida.

CAPITULO .x.

De una carta que escrivió Bassiano al rey de los parthos, pidiéndole por muger a su hija.

Parescióle a Bassiano que robar los templos, saquear los pueblos, derrocar los muros y matar a todos los vezinos de Alexandria, que era pequeña culpa, según a lo más que le inclinava su condición mala; y para esto, determinóse de intentar una traycion tan cruel y fea que los que la viessen o oyessen tuviessen por pequeña a la passada. Assí como entre los virtuosos una virtud despierta otra virtud, assí entre los malos una maldad trae consigo apetito de otra maldad, por manera que ay algunos tan malos que en muy breve vienen a caer en la profundidad de todos los vicios.

Fue pues el caso que, como Bassiano se vio en las partes de oriente, tomóle ganas de triumphar de los parthos; y para esto, como no osó hazerles guerra en lo público, acordó de ordenarles una traycíón en secreto, y tanto fue ella más fea quanto avía menor occasión para hazerla, porque a la sazón los parthos con los romanos, y los romanos con los parthos, estavan muy amigos y confederados. Sin dar parte a sus parientes ni amigos ni consegeros, embió Bassiano una gran embaxada a Arthabano, rey de los parthos, y embióle muchas joyas y ricas, y de su propria mano escrívele una carta en esta manera:

"Bassiano Antonino, único emperador de los romanos, a ti, Arthabano, el gran rey de los parthos, salud y buena fortuna.

"Los famosos romanos antiguos y muchos de los príncipes mis antepassados vinieron de occidente a Asia no por más de hazer a esse tu reyno guerra; mas yo no vengo a hazerte guerra sino a buscar paz, y esta paz tú y yo hemos de buscar medios para que sea perpetua, porque de otra manera, más sano les es a los príncipes justa guerra que fingida paz.

"Según lo leemos en los libros y lo oýmos de nuestros antepassados, no ay más breve y más seguro camino para que los grandes enemigos vengan a ser verdaderos amigos que es cobrando nuevo deudo por vía de casamiento, porque en los verdaderos matrimonios, si los que se casan se juntan en los cuerpos, también los que los casan se confederan en los coraçones. Aunque algunos príncipes se han casado con hijas de cónsules y de senadores y de otros plebeyos, y dado caso que ellos lo hizieron, yo no lo quiero hazer, porque yo nascí príncipe y soy príncipe y tengo de morir príncipe; por esso, no quiero casar sino con hija de príncipe. Quando congrua y buenamente se puede hazer, no conviene a la grandeza del imperio que tenga oy el príncipe por suegro al que tenía ayer por vassallo. Aunque las mugeres de los príncipes no han de governar ni mandar, no podemos negar que quando las princesas son hijas de altos príncipes y descienden de sangre real, no estén más honrrados y contentos los pueblos y ellas no paran los hijos más generosos. El imperio de los romanos y el imperio de los parthos son los dos príncipes más famosos del mundo, porque dado caso que el uno al otro algunas vezes se han vencido, nunca del todo el uno ha enseñoreado al otro. Yo soy príncipe de los romanos y tú lo eres de los parthos; si quieres casar tu hija comigo, de voluntad casaré yo con ella, y desta manera, de dos imperios divisos haremos uno en concordia. Estando juntos estos dos imperios ¿por ventura dexará algún reyno de obedescerlos ni osará algún rey contradezirlos? No pido a tu hija porque es hermosa, que otras ay más hermosas en mi imperio, ni lo he por tus riquezas, que yo hartas tengo, ni lo he por cobrar más vassallos, que hartos reynos tengo a mí subjectos; helo porque de antiguos enemigos nos tornemos immortales amigos, por manera que como hasta aquí nos motejávamos de bárbaros, de aquí adelante nos tractemos como hermanos.

"No pienses que te escrivo esto por vengarme con tu favor de mis enemigos o porque se ayan revelado contra mí mis reynos, que como sabrás de essos mismos embaxadores, mi padre me los dexó tan llanos y a obedescer a sus príncipes tan abezados que no sólo cumplen lo que les mando, mas aun me ruegan que les mande más. Si en esto que te escrivo piensas que ay engaño, deves también pensar que yo seré el más engañado, lo uno por yo ser como soy príncipe romano y lo otro por ser yo el que lo pido; porque en este casamiento tú no aventuras más de a tu hija, mas yo cometo a la Fortuna mi honrra y mi hazienda y mi persona.

"En ésta no quiero más dezir sino que te ruego essas joyas que te embío recibas y a lo que mis embaxadores te dixeren creas."

El rey de los parthos, desque uvo leýdo esta carta y oýdo lo que los embaxadores le dixeron de parte de Bassiano, respondióle en esta manera.

CAPITULO .xi.

De otra muy solenne carta que le respondió
el rey de los parthos a Bassiano.

"Arthabano, rey del antiguo reyno de los parthos, a ti, Antonino Bassiano, único emperador romano, salud y prosperidad.

"Antes de todas las cosas, a los immortales dioses doy gracias, porque pusieron en tu coraçón lo que nos escreviste y por lo que con tus embaxadores nos embiaste a dezir. Por lo que leý en tu carta y por lo que oý de tu embaxada, conoscí que creýste a los dioses y no te aconsejaste de los hombres, porque los hombres siempre aconsejan a los príncipes que hagan guerra, mas los dioses siempre les persuaden que tengan paz.

"Dizes que los príncipes romanos tus antepassados, siempre que passaron en Asia, vinieron con ánimo de hazer a los parthos guerra; mas junto con esto también quiero que consideres que como la guerra que contra nosotros emprendían era injusta, siempre la Fortuna les fue adversa, porque no es voluntad de los dioses que de injusta guerra se saque entera victoria. Tomastes por empresa los romanos de ser únicos señores del mundo, y para conseguir esto, armastes muchas flotas, juntastes grandes exércitos, conquistates estrañas provincias, destruystes muchos reynos, matastes muchas gentes, robastes infinitos thesoros y offrescístesos a immensos peligros; y después de todo esto, lo ganado se perdió y los que lo ganaron se murieron, porque todo lo que en perjuyzio ageno se gana, con daño proprio se pierde. Lo que por tu letra prometes y lo que en tu nombre los embaxadores me offrescen, no sólo soy obligado de lo acceptar, mas aun merescía gran pena si lo osasse contradezir, porque muy justa cosa es que hagan los dioses guerra al príncipe que ruegan los hombres con la paz.

"Dizes que el mejor medio para alcançar la paz es tractar casamiento los príncipes entre sí. Yo no niego esto ser verdad en algunos, mas no es regla general para todos; porque no vemos cada día otra cosa sino que entre los más parientes y propinquos nascen mayores pleytos y escándalos. Mi visabuelo fue consuegro del rey Arsacido, y después mató el uno al otro en el campo; y lo mesmo oýmos acá dezir que entre vosotros, Pompeyo casó con hija de Julio, y después Julio venció y destruyó a su yerno Pompeyo, de manera que los casamientos que hizieron para tener paz los despertó a tener muy mayor guerra.

"El príncipe que de los dioses es temeroso y de su natural no es bullicioso no puede hallar para alcançar la paz otro mejor medio que es estarse quieto en su reyno, porque hablando la verdad, el príncipe que se quiere contentar con lo suyo proprio no tiene necessidad de tomar parentesco en reyno estraño. A mi padre offrescían ricos, generosos y valerosos casamientos en reynos estraños, a los quales no sólo no quería condescender, mas apenas los quería oýr, y dezíame él a mí que a muchos reynos y reyes avía visto perdidos por quererse casar en reynos estraños, y assí él no me quiso casar sino dentro de su reyno; y a la hora de la muerte me dixo que si quería bivir en paz largos años, apartasse de mis hijos casamientos peregrinos. Yo tuve tres hijos y todos son ya muertos, y no me ha quedado sino sola una hija, en la qual está toda mi esperança, y si los dioses lo quisiessen y mis hados lo permitiessen, querríala dar dentro de mi naturaleza un marido, al qual tuviesse yo por hijo y él a mí por padre, porque no es mi intención de darle marido que tenga mucha hazienda sino que merezca mucho por su persona.

"A lo que dices que el reyno de los parthos y el imperio de los romanos estarían muy bien juntos, razón tienes en lo que dizes, si tan fácilmente se hiziesse como se dize. Mas ¿cómo es possible que sean todos unos, siendo como son tan estraños en las naciones, tan peregrinos en las tierras, tan distinctos en las lenguas, tan diversos en las leyes, y sobre todo, tan contrarios en las condiciones? Pues entre vosotros y nosotros ay tantas tierras, tantas naciones, tantos montes y tantas mares ¿cómo es possible que estando los cuerpos tan apartados, estén los coraçones juntos? Muy mejor nos conoscen los dioses que nos conoscemos nosotros mismos, y pues ellos nos criaron y nos apartaron unos de otros ¿cómo es possible que nosotros bivamos y nos conservemos juntos? Por mucha solicitud que tengan los hombres ni por mucha potencia de que usen los príncipes, impossible es derramen lo que los dioses ayuntan ni junten lo que los dioses apartan.

"Si tú quieres gente para tus guerras, yo te la embiaré; si quieres dineros para tus gastos, yo te socorreré; si quieres tener paz comigo, yo la otorgaré; si quieres seamos hermanos en armas, yo lo juraré; finalmente, entre ti y mí no excepto otra cosa sino que no me pidas por muger a mi hija, porque estoy determinado que ni por casar bien a mi hija tengo de dexar tributaria a mi tierra a gente estrangera.

"Las joyas y riquezas que me embiaste recebí con grato ánimo. Aý te embío otras, aunque no tales ni tan ricas; mas todavía conoscerás en ellas que los reyes de los parthos tienen grandes thesoros que guardar y no pequeño ánimo para los gastar.

"No más, sino que los dioses sean en tu guarda; y tú de mí, e yo de ti, veamos buena fortuna."

CAPITULO .xii.

De una gran trayción que Bassiano hizo a los parthos.

Rescebida esta letra por Bassiano, mostró tener muy gran tristeza por no le querer dar por muger el rey de los parthos a su hija; mas ni por esso no dexó de tornarle a rescrevir y más dones le embiar, para que hiziesse con importunidad lo que no quería hazer por voluntad. Visto por el rey Arthabano la importunidad de Bassiano en el escrevir y la largueza que mostrava en más joyas le presentar, pensando que no avía engaño en aquel matrimonio, dexóse al parescer de sus amigos, los quales le aconsejaron que no dexasse de tomar por yerno al emperador de los romanos, porque ya podría ser le cobrasse por enemigo, no le querriendo por yerno.

Divulgada pues la fama por toda Asia que la hija del rey se casava con el emperador de Roma, acordó Bassiano

de tomar su camino para allá, al qual, en todas las ciudades de los parthos por do passava, no sólo no le resistían, mas aun con grande alegría le rescebían y festejavan, porque tenían ellos muy gran vanagloria de ver que a su princesa
5 heredera pedía por muger el gran emperador de Roma. Por los lugares do passava Antonino, offrescía grandes sacrificios en los templos y hazía grandes mercedes a los que le acompañavan y rescebían, y todo esto hazía él fingido, a fin que no cayesse en sus coraçones sospecha de la grandíssima
10 malicia que llevava pensada.

Llegado pues Antonino a la gran ciudad que avía nombre Parthemia, do lo más del tiempo residía el gran rey de los parthos, salió Arthabano a rescebir a su yerno Antonino, y por cierto él salió tan conforme a la paz como An-
15 tonino venía apercebido para la guerra. Salieron con el rey Arthabano no sólo los generosos y valerosos de su casa y corte, mas aun todos los poderosos y ricos hombres de su reyno, los quales para aquel día estavan llamados y apercebidos, por manera que en la compañía mostró el rey bien
20 lo que valía y los suyos lo que podían y tenían. Ya que los parthos se començavan a juntar con los romanos y de una parte y de otra se hazían grandes mesuras y se tocavan infinitos instrumentos, hizo Antonino señal a sus cavalleros que venían armados, para que diessen en los parthos, en los qua-
25 les hizieron tan gran estrago y mortandad qual hizo Haníbal en Canas y Scipión en Carthago. El rey Arthabano, como venía en la reçaga de toda su cavallería, tomó el cavallo a un criado suyo y dio a huyr, y como era ya noche y el cavallo ligero, tuvo tiempo de escapar la vida, aunque no para
30 deffender su tierra. Esto hecho, saqueó Antonino la casa real y toda la ciudad, y mandóla después poner fuego; y lo mesmo hizo por todas las ciudades que después passó, hasta que salió de tierra de los parthos; y dio licencia a los de sus exércitos para que libremente tomassen lo que pudiessen y
35 matassen a quien quisiessen.

Esta pues fue la manera que tuvo Antonino para vencer a los parthos, al qual vencimiento con más razón se podrá llamar invención de traydor que no victoria de emperador, porque los innocentes parthos fueron vendidos, mas no vencidos. A la hora que esto passó, escrivió Antonino al senado diziéndoles como avía subjectado a todas las provincias y reynos de oriente al Imperio Romano, dellas por fuerça y dellas de grado, y que los príncipes romanos sus predecessores excedíanle en los años y riquezas, mas que no ygualavan con él en las victorias. El senado, como estava ygnorante de la gran trayción que avía cometido Bassiano contra los parthos, a causa que escrivió él antes que otro ninguno, hizieron hazer grandes alegrías en Roma, y pusiéronle a él por todas las puertas estatuas; mas después que supieron la verdad de la trayción cometida, pesóles tanto de aquel tan feo hecho, que si los parthos lo padescieron, los romanos lo lloraron.

CAPITULO .xiii.

De cómo Bassiano fue muerto por mandado de su privado y capitán, Macrino.

Salido el emperador Bassiano de tierra de los parthos, vínose a la provincia de Mesopotania, a causa que era ya el mes de octubre; y como avía allí muchos bosques en que se críavan venados, quísose hallar a la brama dellos, porque era más amigo de la caça de montería que cetrería. Eran capitanes del exército de Bassiano dos romanos que avían nombre Audencio y Macrino, de los quales el Audencio era hombre rústico para las cosas de la república y muy diestro y valeroso en las cosas de la guerra, y el Macrino, por contrario, en la governación de la república era sabio y mañoso y en las cosas de la guerra algo descuydado y no muy venturoso. Estava bien Bassiano con Audencio y mal con Macrino, y no sólo le quería mal, mas aun dezía dél mal, murmurando dél que era floxo, covarde, vicioso, regalado, glotón, y comía mucho y no bevía poco, y que en llegando a Roma, le avía de quitar el cargo que tenía en la guerra. Era Macrino en las letras hombre muy docto y en el hablar muy corregido, y a todo lo que le dezían que dezía dél Bassiano, respondía que todo aquello dezía dél su señor

Bassiano con el amor que le tenía, no para infamarle como a enemigo sino para corregirle como a hijo. Aunque en lo público dezía esto Macrino, otra cosa tenía en su coraçón secreto, y paresciose bien después en el successo del nego-
5 cio, porque al tiempo que Bassiano quiso quitar a Macrino la honrra y la hazienda, quitó Macrino a él la vida.

Fue pues el caso que como Bassiano fuesse de su propria natural inclinación de saber los secretos no sólo de los hombres mas aun el de los dioses y demonios, temiéndose siem-
10 pre que por acechanças, a trayción le avían de matar, siempre tenía conversación con los magos y adevinos y agoreros, para que le dixessen qué tanto avía de bivir y qué muerte avía de morir. Muchos magos y agoreros y adevinos traya él consigo, y como no le dezían cosa que no fuesse para
15 él el successo della bueno, tomó dellos mucha sospecha, diziendo que se servían más de lisongeros que no de adevinos. El prefecto de Roma se llamaba Materniano, y a éste tenía Bassiano por secreto de sus secretos, y escrivióle una carta de su propria mano, mandándole que con gran solicitud y
20 secreto juntasse a los magos y agoreros y adevinos y astrólogos, para que dellos supiesse no sólo qué tanto avía de bivir y cómo avía de morir, mas aun les preguntasse si avía alguno en su imperio que desseasse y procurasse ser emperador. Hizo Materniano lo que le escrivió su señor Bassiano,
25 y ora que algún mago o adevino se lo dixo, ora que alguno quería mal a Macrino y halló tiempo para mostrárselo, rescrivió Materniano a Bassiano en como él avía juntado los magos y adevinos y astrólogos y agoreros, y que la resolución de su consejo era que si quería gozar del imperio, convenía
30 que matasse a Macrino.

Quando el correo llegó con el emboltorio de las cartas que venían de Roma, acabava Bassiano de subir en el carro para se yr a caça, y como no se acordava de lo que avía escripto ni presumió lo que le podían escrevir, dixo a
35 Macrino que desatasse aquellas letras y las leyesse todas y que si avía en ellas alguna cosa de gran importancia, se la consultasse, y a todas las otras cosas menudas que respondiesse y proveyesse. Leyendo pues Macrino las cartas, assí las de Bassiano como las suyas, vino a leer la de

Materniano, en la qual escrevía a Bassiano que dezían los magos y astrólogos que convenía que Macrino fuesse luego muerto. Fue dello muy espantado, y tuvo a muy gran dicha venir primero a su mano aquel secreto que no a otro alguno; porque a la hora que rescibiera Bassiano aquella carta, mandara cortar a Macrino la cabeça. Temiéndose Macrino que tornaría a escrevir Materniano sobre el mesmo negocio a Bassiano y que no por más de por no aver abscondido la carta le cortara la cabeça, acordó de tractar la muerte a Bassiano antes que Bassiano la experimentasse en él.

Entre los que guardavan el cuerpo de Bassiano, uno dellos era Marciano, el qual tenía un hermano en la mesma guarda, y por un pequeño enojo que tomó dél Bassiano, mandóle matar, y no sólo mató a él, mas aun dixo lastimosas palabras a Marciano, por manera que de las palabras quedó el Marciano affrentado y de la muerte del hermano lastimado. De que conosció Macrino reynar esta passión en Marciano contra Antonino, tomóle primero por su muy familiar amigo y diole plata y oro y favorescíale mucho y traýale cada día a la memoria la injusta muerte de su hermano, y esto para que no se le resfriasse, sino que más se le augmentasse el odio contra Bassiano. Ya que Macrino sintió tener con beneficios y offrescimientos cobrado por verdadero amigo a Marciano y le tenía contra Bassiano muy indignado, concertó con él que matasse a Bassiano, del qual hecho él sería bien satisfecho, lo qual Marciano amó oýr y se obligó a hazer, lo uno por vengar la muerte de su hermano, lo otro por condescender al ruego de su amigo Macrino.

Estando Bassiano en una ciudad de Mesopotania que avía nombre Carruca, salió a visitar un templo de la diosa Luna, que distava de la ciudad dos millas. Yendo pues por el camino, tomóle gana de exonerar el vientre, y como se metiesse entre unos espessos matorrales, acompañado no más de con un criado, Marciano, que andava buscando oportunidad para cumplir lo prometido, fuesse para Bassiano entre las matas muy abscondido; y como estava haziendo su necessidad Bassiano, abaxado y solo en el suelo, arrojóle una lança y cosióle con ella en el suelo. Fue la herida que dio Marciano a Bassiano tan mortal que sin más dezir ni se poder más mover, por do le entró la lança se le salió la vida. Después que Marciano mató a Bassiano, cavalgó en su cavallo y dio a huyr; mas como la guarda imperial estava cerca, dentro de una legua lo alcançaron y a lançadas le mataron, por manera que después que de su enemigo tomó vengança, aun no bivió una hora.

Este pues fue el fin del infelice emperador Bassiano, el qual justamente meresció aver tan mal fin, porque razonable cosa fue que aviendo él muerto a trayción a tantos amigos, le matassen a trayción sus enemigos.

CAPITULO .xiv.

De cómo Macrino fingió no aver mandado él matar a Bassiano y se alçó con el imperio.

El mesmo día que nasció Antonino Bassiano, que fue a ocho de abril, en aquel día le mataron, cumplidos quarenta y tres años de su edad, y fue emperador seys años. El primero que llegó a él después de muerto fue Macrino, el qual tan dissimuladamente lloró su muerte como si no fuera él el que le avía quitado la vida. Fue muy dichoso Macrino en que matassen y no prendiessen a Marciano, porque todos pensaron, y assí lo dixeron, que Marciano avía muerto a su señor Bassiano no por induzimiento de alguno sino por vengar la muerte de su hermano. Muchos otros fueron en la conjuración de matar a Bassiano allende de Macrino que lo ordenó y Marciano que lo effectuó, es a saber, Nemesiano y su hermano Apolinaro y Reúno y Marcio Agrippa, los quales todos se juramentaron de le matar, los unos por injurias que dél avían rescebido y los otros por servicios que no les avía pagado. Luego que Bassiano fue muerto, mandó Macrino quemar su cuerpo y poner los polvos en una redoma de oro, y assí muy guardados y acompañados los embió a Julia su madrastra, que estava a la sazón en Antiochía, la qual a la hora que vio delante sí a Bassiano muerto, bevió un poco de ponçoña, con que acabó su vida.

Estando las cosas en este estado, llegó nueva al exército romano que Arthabano, rey de los parthos, venía empós de Antonino a tomar vengança dél de la injuria que dél avía rescebido, y para esto el rey y sus cavalleros, antes que sa-
5 liessen en campo, hizieron voto a sus dioses de no bolver ninguno dellos bivo si no dexassen primero muerto al emperador Bassiano. En gran confusión se vieron los romanos lo uno por hallarse en tierras estrañas para ser socorridos, lo otro por ser su príncipe muerto y ver a su enemigo tan
10 cercano; y para remediar y reparar esto, eligieron con mucha presteza por príncipe a uno que se llamava Audencio, hombre de honesta vida y de larga experiencia en la guerra; mas él no quiso rescebir el imperio, excusándose que era viejo y enfermo y que de su election no podía él sacar sino
15 trabajo y la república daño. Dos días estuvo el exército romano sin emperador, y al fin, como no quiso acceptar el imperio Audencio, eligieron por emperador a Macrino; y esta election no la hizieron los cavalleros tanto por voluntad como por necessidad, porque los parthos sus enemigos esta-
20 van cerca y los que merescían el imperio estavan lexos.

Por qué hizimos mención de Julia, madrastra de Bassiano, es de saber que siendo biuda y estando en el palacio real retraýda, viola Bassiano en una fiesta de verano, medio desnuda, y enamoróse della y díxole esta palabra: "Si
25 fuesse possible renunciar este nombre de madre que te devo, llamarte ýa de aquí adelante mi muger." Respondióle Julia, "Si quieres, puedes; porque los príncipes tienen auctoridad para hazer leyes, mas no tienen obligación de guardarlas." Como en Bassiano sobrava el amor, y en Julia halló prompta
30 la voluntad, casóse luego con ella, de manera que al parricidio añadió incesto, es a saber, que aviendo muerto a Geta su hermano, tomó por muger a su madrastra.

Fue Bassiano naturalmente mal inclinado y mal acondicionado, y si su padre fue cruel, él fue crudelíssimo; y en
35 el comer era desordenado y en el bever mal templado, porque muchas vezes, con el mucho bever, era largo en el hablar. Fue dende niño muy malquisto de todos, assí de los suyos como de los estraños, excepto de los cavalleros pretorianos; y éstos, si le querían bien, no era por los bienes

que les hazía sino por los robos y males que les dissimulava. Algunos hedifficios hizo en Roma notables, en especial unos muy generosos vaños, los quales llamó de su nombre; y dízese que fue la obra tal que el suelo en riqueza y la techumbre
5 en subtileza excedió a todas las obras que avía en Roma. Hizo también una puerta en Roma, y llamóla Severiana, en reverencia del nombre de su padre Severo, en la qual hizo esculpir todas las victorias y triumphos que su padre uvo antes y después que uvo el imperio. El fue el primero que
10 truxo a Roma la ymagen de la diosa Ysis, a la qual hizo un generoso templo, y constituyó en él sacerdotes. No dexó ningún hijo legítimo ni expurio, si no fue a Heliogábalo, al qual uvo en una sobrina de su muger Julia, del qual diremos en la siguiente hystoria.

15   F I N

COMIENÇA LA VIDA del buen emperador Heliogábalo, copilada por el señor don Antonio de Guevara, obispo de Mondoñedo, predicador y chronista y del consejo de su magestad.

CAPITULO PRIMERO

Del linage y criança del emperador Heliogábalo.

La segunda muger del emperador Severo se llamó Julia, madre que fue de Geta y madrastra de Bassiano, y esta Julia, quando casó con Severo, truxo consigo a palacio una hermana suya mayor que no ella, la qual se llamava Mesia, muger que fue en su compostura assaz hermosa y en su condición muy astuta. Esta Mesia tenía dos hijas donzellas consigo, a la mayor de las quales llamavan Semiamira y a la segunda Mamea, las quales nascieron en el palacio del emperador Severo y se criaron y estuvieron después mucho tiempo en casa del emperador Bassiano su hijo. Los escriptores que de aquel tiempo escrivieron no nombran quién fue marido de Mesia y padre de Semiamira y de Mamea, y por esso se presume que fueron concebidas de adulterio o que el padre fue de linage muy ínfimo. Estando pues Mesia en el palacio de Severo con sus dos hijas donzellas que eran moças y hermosas, Bassiano, hijo de Severo, uvo acceso a la Semiamira, y parió dél un hijo que se llamó Antonino Caracalla, y por amor de Julia, su tía, y por que la donzella no fuesse de Severo menospreciada, diose la abuela tan buena maña en el negocio que ninguno de palacio sintió a la hija parir ni menos supieron dó se dio el niño a criar. El antiguo

linage desta muger Mesia fue de Fenicia, nascida en una ciudad que se llamava Mesania, acerca de la qual en otros tiempos uvo una muy cruel batalla entre los rodos y fenices. Fue pues Antonino Caracalla por partes del padre hijo del
5 emperador Bassiano y por partes de la madre hijo de Semiamira y concebido en adulterio. Ya que el niño avía cinco años, truxéronle a palacio, y allí se criava con la madre y abuela, mas en todo el tiempo que bivió su padre Bassiano, no osaron dezir que era su hijo, a causa que Julia su tía y
10 madrastra de Bassiano se avía casado con el mismo Bassiano, y si ella tal supiera, al mochacho matara y a la sobrina desterrara y a la hermana despidiera. [82]

Fue esta muger Mesia tan astuta y sagaz que en tiempo de Severo la servían en palacio todos, y después en tiem-
15 po de Bassiano lo mandava y governava todo, y fue esto en tanto extremo que con ella se aconsejava él para la governación de la república y consigo la llevava quando salía de Roma, aunque fuesse a la guerra. Era esta Mesia muy libre en el hablar y no muy recogida en el bivir, aunque muy
20 cautelosa en todo lo que se atrevía a hazer; porque dado caso que todos tenían della grandes sospechas, muy poquitos alcançavan sus secretas obras. Aunque por una parte la accusan de ser absoluta en su bivir, también la loan que era muy cuerda en todo lo que avía de aconsejar, y paresció
25 esto bien porque en diez y seys años que estuvo en la corte y casa de aquellos príncipes, los quales por su parescer y consejo se governavan, jamás la vieron poner en ninguno la lengua ni aconsejar cosa que estuviese mal a la república. Con ser hermana de Julia la emperatriz y ser tan accepta de
30 aquellos príncipes, fue esta Mesia muy riquíssima, y la causa desto fue porque todo lo bueno que vacava en el imperio pedía y todo lo que le davan tomava.

---

[82] Maesa ("Mesia") was not an adulteress but was married to Julius Avitus; both of her daughters were also respectably married and both had sons who were probably reared in the palace. Maesa was forced to leave when Macrinus became emperor, returning to Phoenicia; there she gave out the story that Elagabalus was Bassianus's son to win the favor of the soldiers.

La segunda hija de esta Mesia, que se llamava Mamea, casó con un cónsul que uvo nombre Verio, y parió dél un hijo al qual llamaron entonces Alexio, que después se dixo el emperador Alexandro, por manera que esta Mesia tuvo a una hermana por emperatriz y vio a dos nietos suyos emperadores.

Temiéndose Mesia que algún día no viniesse a noticia de Julia su hermana que Antonino Caracalla su nieto era hijo de su marido della, acordó de embiar ambos nietos a su propria tierra de Fenicia, por tenerlos allí más guardados y mejor doctrinados. Avía en la provincia de Fenicia un templo muy sumptuosíssimo dedicado al dios Heliogábalo, la fábrica del qual era todo de piedras asserradas como madera, entre las quales no se parescía ninguna juntura, sino que juzgavan todos los que no sabían el secreto ser todo el templo de una piedra. No avía en aquel templo lo que avía en los otros templos, es a saber, alguna ymagen o simulachro de algún dios. Lo que avía en él era una piedra negra muy luzia y grande, debaxo ancha y en lo alto angosta, y estavan esculpidos en ella el sol y la luna, y era tan prima y tan subtil la obra que se perdía en ella la vista humana. Dezían los de Fenicia que el templo avía sido fabricado por manos de hombres; mas la piedra, que la avían embiado desde el cielo los dioses; y a esta causa offrescían en él plata y oro y joyas y otras muy grandes riquezas, y venían a visitarle no sólo los naturales de Fenicia, mas aun de muchos pueblos de Asia. Avía en aquel templo no sólo sacerdotes, mas aun muchos philósophos, a fin que sacrificassen los unos y que doctrinassen y enseñassen los otros, porque estava aquel templo de tantas riquezas dotado que avía para lo uno y para lo otro.

Siendo Heliogábalo de edad de catorze años y Alexio su primo de doze, púsolos su abuela Mesia en aquel templo, para que se abezassen a offrescer sacrificios y aprendiessen philosophía de los philósophos. Andavan los dos hermanos vestidos a la manera de sacerdotes, es a saber, las camisas de lino y lana, las vestiduras de oro y algodón, las mangas abotonadas con botones de yedra, las ropas arrastrando, las cabeças cubiertas con redes de seda, collares de oro en los

pescueços, los pies descubiertos por lo alto, anillos de plomo en los dedos meñiques y de oro en los pulgares, y sobre todo, que no podían comer sino en sus casas y dormir sino en los templos. Por causa que Antonino se crió y fue sacerdote
5 en el templo del dios Heliogábalo, que quiere dezir "sacerdote del sol," le llamaron a él después Antonino Heliogábalo, y aun porque muchos días después que subió a la alteza del imperio, tenía las vestiduras y llevava las rentas de su antiguo sacerdocio. Era Heliogábalo de mediana estatura, los
10 cabellos roxos, la cara blanca, la boca pequeña, las piernas algo cortas, pocas pestañas, muchas barbas, y como a la sazón era mancebo y hermoso y que las vestiduras de sacerdote le adornavan mucho, aunque ninguno sabía el secreto de quién fuesse hijo, todos presumían que fuesse generoso.

15   CAPITULO .ii.

De cómo el capitán Macrino se alçó
y tyranizó el imperio, muerto Bassiano.

Después que Marciano mató a Bassiano su señor por consejo del capitán Macrino, luego Macrino se alçó, o por
20 mejor dezir, tyranizó el imperio; y dado caso que le eligieron los exércitos y le aprobaron los romanos, no fue porque les plazía con Macrino, sino por verse ya libres de Bassiano. Fue tanta la alegría en todo el pueblo romano de ver a Bassiano muerto que no echaron de ver si Macrino, que le
25 succedía, era bueno o malo, porque los coraçones lastimados y los hombres affrentados, quando a sus manos vienen sus enemigos, no miran el provecho que sacan sino la vengança que toman.

Onze días después que Macrino se vio hecho emperador,
30 le dio una batalla Arthabano, rey de los parthos, para vengar la injuria que el emperador Bassiano le avía hecho, la qual batalla fue por ambas partes tan porfiada y tan ensangrentada que por nadie quedó aquel día la victoria, aunque es verdad que la parte de Macrino fue la menos dannificada.
35 Ya que el rey Arthabano supo que su enemigo Bassiano era muerto y aun porque la cólera se le avía amansado, hizo

paz con los romanos y retraxo a sus tierras los exércitos. Después que Macrino se vio eligido y confirmado en el imperio y que el rey Arthabano era retirado y que no avía lança enhiesta contra él en toda Asia, fuese para la ciudad
5 de Antiochía, no con intención de reformar los exércitos sino a fin de darse todo a los vicios. Fue pues el caso que puesto en Antiochía, no entendía en otra cosa sino en yrse a los vaños, curarse los cabellos, untarse la barba, andarse a caça, entender en glotonías, darse a mugeres y lo que era peor
10 de todo, que huýa de los negocios y se yva empós de los vicios.

Quando alguna vez salía a ver Macrino su gente de guerra, no llevava lança, sino una caña en la mano, lo qual sentían los exércitos por muy grande injuria, porque era
15 ley entre ellos que ninguno pudiesse atravessar por sus vanderas si no fuesse armado de algunas armas. Ley era muy usada y guardada entre los romanos que sus príncipes nunca entrassen en el senado con armas ni visitassen sus exércitos sin ellas, pues en el un lugar se tractava la paz
20 y en el otro no sino guerra. Oyó dezir Macrino que el buen emperador Marco Aurelio hablava poco y muy baxo; y él, por remedarle, respondía a los negociantes pocas palabras y aquellas muy baxas, de manera que en el hablar immitó a Marco y en el bivir a Nero. A ninguno de los de Antiochía
25 ni de toda Asia consentía que le hablasse a solas palabra ni le sirviese a la mesa ni entrasse a su cámara ni durmiesse en su casa, sino que a manera de tyrano andava de los suyos recatado y de los estraños muy sospechoso. A los hombres ancianos y a los mílites veteranos y a los capitanes de
30 sus exércitos no los mandava levantar, aunque se hincassen de rodillas, ni los mandava cubrir, aunque le quitassen los bonetes, en lo qual siempre los príncipes romanos solían ser muy mirados y muy comedidos, porque la buena criança cuesta poco y aprovecha mucho. Los dineros que a Macrino
35 le traýan de sus rentas o le presentavan de las ciudades, todos los expendía en sus vicios y en buscar passatiempos, y por otra parte ni quería pagar lo que devía ni socorrer a su gente de guerra, por manera que los pueblos estavan desesperados y los exércitos andavan mal pagados.

Muy affrentados estavan todos los romanos de ver lo que el tyrano Macrino hazía y de ver lo que los asianos les dezían y corrían, porque les dezían que él no avía heredado el imperio, sino que ellos le avían eligido y que tanto eran dig-
5 nos de mayor culpa quanto avían eligido por emperador a tan mala persona. En las ropas que traýa y en los manjares que comía y en las costumbres que tomava quería Macrino immitar a los de Asia y no a los de Roma, de lo qual los romanos tenían grande enojo porque los olvidava y los asianos
10 también estavan affrentados porque tan mal hombre los immitava.

Los exércitos romanos, como no avía ya guerra en Asia ni en todo levante por mar ni por tierra, quisiéronse bolver a Roma, mas Macrino no les quería dar licencia, porque se
15 temía que como andavan descontentos, no se juntassen con el senado y concertassen de quitarle el imperio. Muy culpado fue Macrino en no se partir luego para Roma, y muy mayor la tuvo en no pagar o despedir luego a su gente de guerra, porque a las vezes más daño se les sigue a los prín-
20 cipes de tener a sus exércitos descontentos que no de ver a sus enemigos armados. Dentro de breve tiempo cobraron los exércitos muy mortal odio con su príncipe Macrino, lo uno por verle tan absoluto tyrano, lo otro por verle tan dissoluto vicioso y aun lo otro por verle tan elato y superbo; porque
25 se presciava de mandar y se affrentava de rogar. Era Macrino hombre baxo de cuerpo, bullicioso y ambicioso y aun cobdicioso, mas junto con esto era muy animoso en las cosas de la guerra y que buscava buenos medios para venir a la paz, y con todas estas condiciones buenas y malas, nunca
30 le quitaran el imperio y la vida, si no se mancara en los vicios de Asia.

CAPITULO .iii.

De cómo la gran matrona Mesia compró el imperio
para su nieto Heliogábalo.

35   En el tiempo que Macrino residía en Antiochía, estavan las huestes romanas en guarda de la provincia de Fenicia a

causa que aquel año estava aquella tierra abundosa de pan y no estavan los pueblos fatigados de guerra. Ya diximos como avía allí un templo dedicado al dios Heliogábalo, el qual era superbo en hedifficios y muy poblado de sacerdotes. Muchos de los capitanes romanos se yvan muchas vezes a ver y visitar aquel templo, los unos por le ver y los otros por orar y aun otros por algunos sacrificios allí ofrescer, porque naturalmente se presciavan los romanos de ser grandes cultores de sus dioses y de tener en grande reverencia los templos. Estavan a la sazón en aquel templo dos mancebos sacerdotes, primos hijos de hermanos, el uno de los quales se llamava Heliogábalo y el otro Alexio, los quales mancebos, aunque en las ropas que traýan y en la vida que hazían los juzgaran como sacerdotes, por otra parte bien parescían en la gravedad que tenían ser hijos de príncipes. Fue la matrona Mesia tan discreta y secreta y astuta que avían los moços más de cada quinze años, y ni ellos ni otro por ellos sabían ni aun sospechavan quiénes eran sus padres ni que era ella su abuela, sino que dezía ella a todos que eran aquellos niños huérfanos, hijos de unos criados suyos antiguos.

Quando Macrino tyranizó el imperio, entre otros yerros que hizo fue que mandó echar de palacio a la gran matrona Mesia, no porque él sospechasse que de mano della le podría venir algún daño, sino de puro malacondicionado y vicioso, porque todos los príncipes sus predecesores la avían tenido como a madre y honrrádola como a señora. En palacio de ocho emperadores, por espacio de cincuenta y tres años, se avía criado la matrona Mesia, con los quales todos ella se supo tan bien valer y su persona tan bien extimar y aun dellos se aprovechar que quando Macrino la echó de palacio, llevó ella más riquezas al destierro que halló Macrino en el imperio. [83]

Fuese la matrona Mesia para Fenicia, a do estavan sus dos nietos Heliogábalo y Alexio, y como allí estavan otros

---

[83] Mesia had been in the palace only during the reign of two emperors, Severus and Caracalla.

cavalleros romanos mal pagados y peor contentos, juntávanse con Mesia y Mesia con ellos a platicar y murmurar de como Macrino avía muerto a traycíón a su señor el emperador Bassiano y de como avía tyranizado el imperio;
5 y esto hablavan ellos con personas que desseavan remediar aquella tyranía y aun tomar de aquel tyrano vengança. Ymmenso fue el plazer que tomó la gran matrona Mesia de oýr con sus orejas y de ver con sus ojos y sentirlo con su coraçón quán mal estavan todos los del exército con el tyrano
10 Macrino y que no estava en más el negocio de en hallar quién meresciesse el imperio; porque los romanos estavan muy aborridos de que no los avía pagado, y la matrona Mesia estava lastimada por su destierro. Como vio la matrona Mesia que avía muy buena coyuntura para hazer a su
15 nieto Heliogábalo emperador romano, llamó en gran poridad a seys capitanes romanos de los más principales que avía en todos los exércitos, los quales todos eran de mucha auctoridad y no menos gravedad. A estos seys capitanes dixo Mesia en gran secreto en como su nieto Heliogábalo era hijo del
20 emperador Bassiano y de Semiamira su hija y que le avía tenido abscondido en Asia por amor de la emperatriz Julia, la qual, si lo supiera, matara al hijo y desterrara a la madre.

No se contentó Mesia con dezirles y certificarles a los seys capitanes que era verdad ser aquel moço hijo del em-
25 perador Bassiano y nieto suyo, mas aun junto con esto los metió dentro de su cámara y les mostró muy grandíssima suma de oro y plata, la qual juró y prometió en las aras del templo de repartirlo todo en el exército, si a su nieto davan el imperio romano. A los seys capitanes de quien la
30 matrona Mesia fio el secreto y amostró el thesoro, prometióles y juróles de hazer con Heliogábalo su nieto que les daría los más honrrados officios que uviesse en el imperio, en caso que ellos se diessen maña en hazerle emperador, por manera que si todos los otros quedassen pagados, ellos
35 quedarían pagados y honrrados. Muy prudente fue la matrona Mesia en fiar aquel tan grande negocio de aquellos honrrados capitanes, los quales, como eran en los exércitos tan acreditados, luego fueron de todos creýdos, del qual exemplo pueden los príncipes y grandes señores colegir que

no ay más peligro ni seguridad en algún negocio, de pensar en cuyas manos está fiado.

Las cohortes pretorianas, como estavan maltractadas y peor pagadas, mucho amaron oýr que Heliogábalo era hijo de Bassiano y que para él pedía su abuela el imperio, lo qual todos ellos acceptaron y de rescebirle por príncipe se obligaron, lo uno por vengarse del tyrano Macrino y lo otro por gozar del dinero. Como el templo a do era sacerdote Heliogábalo estava fuera de la ciudad y él morava en él, concertaron los del exército con su abuela Mesia que luego aquella noche, ya que fuesse muy tarde, se llegassen ella y su nieto cabe el muro de la ciudad, y que con unas sogas los meterían dentro para que al reýr del alva ellos se alçassen con la ciudad y Heliogábalo con el imperio.

Ni la matrona Mesia fue perezosa en cumplir lo que le pidieron ni los pretorianos faltaron en lo que le prometieron, sino que llegada al pie del muro Mesia y su nieto Heliogábalo, los subieron y metieron dentro de la ciudad; y puesto el moço en medio de todos los capitanes romanos, creyeron ser él hijo de Bassiano, porque le parescía en el rostro y en una berruga que tenía como Bassiano en la mano. Muy gran plazer tomaron todos los del exército romano de ver a Mesia y a Heliogábalo su nieto, mayormente que el moço era dispuesto y hermoso; y en viéndole dezían todos que pues tenía buena cara, ternía buenos hechos; mas lo contrario paresció en él después, porque apenas uvo vicio de que no fuesse notado ni virtud de que fuesse loado. La gran matrona Mesia, como muger que tractava negocio peligroso y escandaloso, quiso primero que diesse su dinero, para assegurar para su nieto el imperio, y fue el caso que hizo a todos los principales del exército que jurassen luego allí a Heliogábalo por único emperador y le besassen la mano como a su natural señor. Cosa por cierto fue monstruosa y assaz digna de encomendar a la memoria la solicitud y presteza que truxo aquella noche Mesia, y paresció se bien en que dentro de seys horas sacó a su nieto del templo, lo hizo subir por el muro, le confessaron por hijo de Bassiano, le juraron por emperador, le besaron la mano por señor, repartió su dinero al exército, tomó las fuerças de la ciudad y puso a toda la hueste en armas.

Venida pues la mañana, tocan las trompetas por las torres, ponen las vanderas sobre las almenas, pintan las armas
5 en las puertas, appelidan todos por las calles, "¡Biva, biva el emperador Heliogábalo, hijo del buen Bassiano!" Esto hecho y pregonado, salió Heliogábalo por la ciudad, no a pie ni cavalgando sino en los hombros de los más honrrados y más ancianos de los exércitos, y llevava sobre su cabeça la
10 corona imperial y en la mano el ceptro real, sobre los hombros la insignia que llamavan augusta y delante sí el pendón del águila, porque en estas señales se conoscían los emperadores de Roma. Ya que las vanderas estavan puestas y las fuerças estavan tomadas por Heliogábalo y que pública-
15 mente los del exército avían pregonado y rescebido a Heliogábalo por su señor y emperador, luego allí les entregó la gran matrona Mesia todos sus thesoros assí de plata como de oro, sin faltar de lo que avía offrescido una palabra ni guardar para sí ni sola una joya. Quedaron los romanos tan
20 contentos de la matrona Mesia que a grandes bozes juraron y perjuraron allí luego de tener por madre a ella y por señor a Heliogábalo y de matar al tyrano Macrino.

CAPITULO .iiii.

De cómo el tyrano Macrino escrivió una carta
25 a la gran matrona Mesia, de que supo que ella le avía hecho privar del imperio.

Muy descuydado se estava el tyrano Macrino en la ciudad de Antiochía quando le descomponían a él del imperio en Fenicia, porque assí fue, y assí es, y assí será que,
30 quando los príncipes viciosos están más en sus vicos rebueltos, entonces se les están urdiendo los grandes peligros. No avía diez y siete años Heliogábalo quando fue alçado por emperador, y como llegó la nueva a Macrino, que estava en Antiochía, de lo que passava en Fenicia, tomóle muy
35 gran risa, y hazía dello burla, mayormente que se certificó

que Heliogábalo era tan mochacho y que Mesia su abuela avía tramado todo aquello, a la qual él tenía por muger ambiciosa y bulliciosa. Los que estavan allí con Macrino, de que oyeron aver otro emperador nuevo y que todas las huestes romanas le avían besado la mano, avisáronle y rogáronle que no tuviesse aquel hecho en poco, sino que con grande y maduro consejo mirasse y pensasse en el remedio dello, porque ya podría ser que, de tomarlo él de burla, se quedasse el otro con el imperio de veras. Como naturalmente era Macrino ambicioso, orgulloso y superbo, pidió tinta y papel allí luego, y escrivió una carta muy colérica de su propria mano a la matrona Mesia en esta manera: "Macrino Ancio, único emperador y universal señor, a ti, matrona Mesia, dessea poca salud a la persona y menos gracia con los dioses.

"Acá he sabido que en offensa de los dioses y en gran desacato mío, has intentado con los de mi exército de hazer otro emperador romano; y bien paresce ser obra ésta de muger sediciosa y ambiciosa, como tú eres, pues sabes bien que por miedo de tu lengua y por rebolvedora de la república te eché yo de mi casa. También me dizen que el emperador que hazes es moço, es sacerdote, es espurio, y es tu nieto; y a esto no ay que responder más de que a ti castigaré como a muger y a él como a niño, es a saber, mandando a él açotar y a ti a hilar. Yo te juro a los immortales dioses, Mesia, que si me pones en necessidad de tomar en la mano la lança, yo te constriña a ti a poner en la cinta la rueca, porque a las mugeres como tú, más honesto les es estarse en sus telares texendo que no andar por los reales amotinando.

"También me dizen que has dado immensos thesoros a mis exércitos para que contra mí se amotinassen y a tu nieto en emperador eligiessen; y también esto como lo otro son hazañas de tus mañas, porque de ti sola y de otra jamás se dixo ni se dirá que robaste el imperio para comprar el imperio. Si todos los príncipes passados te conoscieran como yo te conozco, ni dieran fe a tus palabras ni aun creyeran en tus fingidas obras; mas tú eras tan solícita en los servicios y tan entremetida en los negocios que mandavas sus casas y disfrutavas sus haziendas. Muchas vezes te oý alabar que naciste en casa del buen Marco Aurelio y te criaste con Antonino Pío y moraste en las casas de Cómodo, de Pertinax, de Juliano y de Severo, esclarescidos príncipes que fueron; y si desto tú te acordaras, nunca tan grande maldad como has hecho hizieras, porque no puede ser en el mundo mayor alevosía que quien se crió en casa real haga trayción a persona real. Si por caso los dioses lo permitieren y mis tristes hados lo acarrearen que en esta empresa yo pierda la honrra y la vida, séte dezir, Mesia, que los escriptores que de ti y mí escrivieren podrán con verdad dezir que el Imperio Romano vino a mis manos por elección y a las tuyas por trayción.

"Si tú fueras muger de honrra y de vergüença, no desonrraras tan públicamente a tu hija Semiamira, la qual dizes que se echó con Bassiano y parió dél a esse moço que llaman Heliogábalo, para el qual tú procuras agora el imperio; porque en las casas de los rostros vergonçosos y coraçones generosos, en más se tiene una onça de honrra que todos los estados y riquezas de esta vida. ¡No eres tú de éstas, O Mesia, no eres tú déstas! Sino que por vengarse de mí tu coraçón ravioso y por hazerle príncipe a tu nieto, has levantado testimonio falso a Bassiano, has infamado la casa real de averse allí hecho el incesto, has deshonrrado a tu hija Semiamira de impúdica, has puesto mácula en la emperatriz Julia de consentidora y has infamado a ti de encubridora.

"Pues era ya muerto Bassiano, era muerta Julia, era muerta Semiamira y era muerto Severo ¿por qué quisiste, O traydora de Mesia, desonrrar a tantos muertos por honrrar a un solo bivo? Agora conozco, O Mesia, quán trabajoso y aun quán peligroso es tractar los hombres pacíficos con las mugeres bulliciosas y apassionadas como tú, las quales, como no tenéys hierro para herir en nuestras carnes, hazéysnos obras que nos infaman y dezísnos palabras que nos lastiman. Esta trayción y esta alevosía que tú has cometido contra mí, yo espero de verme della vengado y mi coraçón muy satisfecho; porque es tan grave crimen el de la trayción que si es de los hombres cometerla, es a cargo de los dioses de vengarla.

"Dízenme también que esse tu nieto era sacerdote en el templo del dios Heliogábalo; y en este caso, yo no me entremeto ni hablo, pues la injuria no la hiziste a los hombres sino a los dioses; mas junto con esto te osaré dezir que pues le sacaste del templo, a do estava a los dioses consagrado, nunca dél verás buen gozo, porque para tú hazer servicio a los dioses, avías de príncipes hazer sacerdotes y no de sacerdotes príncipes. Los dioses ninguna cosa nos piden de las que tenemos; mas si por caso alguna cosa les ymos a offrescer, no quieren después que se la tornemos a quitar, y a esta causa te digo y prophetizo desde agora, O Mesia, que por aver sacado tú a tu nieto del templo sancto, él perderá el imperio y tú avrás menos el dinero.

"La confiança que tú tienes en la gente de guerra por averles dado y repartido entre ellos tanto oro y plata, yo espero en los immortales dioses que todo te saldrá a burla, porque antigua costumbre es en las huestes romanas no dar el imperio al que mejor le meresce sino al que mejor se le paga. La cosa que más en esta tu trayción siento, O Mesia, es pensar que siendo yo hombre y príncipe romano, me tomo con una muger, peleo con una muger y competo con una muger, porque no puede ser en el mundo ygual affrenta que yr hombre a tomar armas con quien no tiene sino palabras.

"Sea pues la conclusión que por aver tú nascido en el palacio del buen Marco Aurelio y por ser tu nieto Heliogábalo, si tú quieres apartarte de essa locura y reduzirte a mi subjectión y obediencia, a ti alçaré el destierro y a Heliogábalo tu nieto daré un consulado; donde no, a tiempo somos llegados tú e yo, a do los hombres harán lo que pudieren y los dioses lo que quisieren."

CAPITULO .v.

De una carta que escrivió la gran matrona Mesia
al tyrano Macrino en respuesta de la que él embió a ella.

Quando rescibió la carta del tyrano Macrino Mesia, estavan presentes su nieto Heliogábalo y todos los más principales capitanes del exército, los quales todos la estuvieron de industria mirando a la cara al tiempo que leýa aquella letra, y fue cosa de espantar y aun de notar que, viniendo la carta tan llena de malicias y tan poblada de lástimas, ni se demudó quando la leýa ni habló palabra después que la leyó. Sobre todos los hombres y sobre todas las mugeres de su tiempo tuvo dos excellencias la gran matrona Mesia, es a saber, gran solicitud en los negocios y suprema paciencia en los trabajos; y assí es que muchas vezes dezía ella que nunca se le perdió negocio por descuydo ni respondió palabra a hombre enojado. Heliogábalo y todos los que con él allí estavan le rogaron mucho a la gran matrona Mesia que les leyesse aquella carta o les dixesse lo que venía en ella; mas ella ni se la quiso leer ni menos mostrar, diziéndoles que ella haría gran mal si entonces se la leyesse y lo haría muy peor si después en su tiempo y lugar no se la mostrase. Esto hecho, retraýda a solas Mesia, respondió a la carta que le embió Macrino en esta manera:

"Mesia Fenicia a ti, Ancio Macrino, salud a la persona y consolación en los dioses consoladores te dessea.

"No te desbendigo ni te maldigo en el principio desta mi carta como tú me desbendixiste y me maldixiste en el principio de la tuya, porque mucho nos presciamos las personas que nos criamos en las casas reales de que nos alaben de bien criadas y no nos noten de maliciosas. La urbanidad y la benivolencia y la criança, ninguna enemistad ha de aver para que se pierda ni ocassión para que se olvide, porque entre personas generosas y vergonçosas, aunque se hagan obras malas, no se suffre que se digan palabras feas.

"Acordarte devieras tú, Macrino, que era yo muger a quien escrevías y que eras tú hombre el que me escrevías y que si de mí te tenías por offendido y desacatado, te avías de vengar con la lança como generoso y no con la peñula como covarde. Las armas de las mugeres es la lengua, mas las del hombre no han de ser sino la espada o lança, y por esso dezía Severo, mi señor, que en el hombre era poquedad vengarse con las palabras y en la muger era liviandad quererse aprovechar de las armas. Será el caso que pues tomas el officio mío, que es de hablar, tomaré yo el tuyo, que es de pelear; porque la gloria que tienes de aver muerto a tantos hombres, la pierdas toda en morir a manos de una muger.

"Dizes por tu carta que me desterraste de tu casa y me echaste de Roma por muger de mala lengua y rebolvedora de la república. Séte dezir, Macrino, que no me pesa tanto de lo que me embías a dezir quanto de la occasión que me das a te responder; porque no podré satisfazer a tu maldad sin prosponer mi gravedad. Si yo fuera muger de mala lengua y rebolvedora de la república como tú dizes, O Macrino maldito, ¿suffriéranme en sus palacios y tuviéranme en sus casas el buen Marco Aurelio, Antonino Pío y mi señor Severo? En los palacios de los príncipes y aun en las casas de los plebeyos, todos los vicios se cubren y se encubren excepto el hombre reboltoso y deslenguado, el qual ni se puede suffrir ni tanpoco absconder. A los immortales dioses pongo por testigos, si en cincuenta y tres años ha que me crío y resido en palacios de príncipes, si nunca fuy en hazer mal a alguna persona ni de mi boca salió una mala palabra; y en esto verás que es verdad en que era amada de todos porque hazía por todos. Desterrásteme tú, Macrino, de tu palacio por tener más libertad de ser vicioso; que bien sabes tú (y aun lo sabían todos en Roma) que no podía caber so un tejado tu liviandad y mi gravedad.

"Dizes en tu carta que a mi nieto Heliogábalo has de açotar por ser mochacho y a mí has de embiar a hilar pues soy muger. A palabra tan descomedida y tan lastimosa como es ésta no se suffre responder, sino que se ha de vengar. Si quando escrevías tan feas e ynormes palabras a mí y a mi nieto te acordaras quién yo era y quién tú eras, es de saber, que fue mi padre un cavallero de Fenicia y que fue el tuyo un herrero de Capua, avías de pensar que embiándome tú a hilar la rueca que te avía de embiar yo a soplar la fragua. A lo que dizes que más honesto me sería estarme en los telares texendo que no andar por los exércitos sobornando, como tú lo dizes, assí lo he hecho yo; porque te hago saber que yo he tramado una tal tela que ni tú la sabrás desatar de como ella está urdida ni tampoco la podrás cortar, aunque la halles texida. Menester avías, Macrino, saber más y aun poder más, para a mi nieto Heliogábalo açotar y a mí hazer hilar, porque nosotros tenemos los pensamientos baxos y la fortuna alta, mas tú tienes la fortuna baxa y los pensamientos altos.

"También dizes en tu carta que por hazer emperador a mi nieto Heliogábalo, repartí todos mis thesoros entre los del exército y que de mí sola se dirá que robé el imperio para comprar el imperio. A esto te respondo que avías dicho muy bien, si como eres tyrano fueras emperador; mas yo el imperio no le compré para mi nieto, sino que le rescaté de ti, que eres un tyrano; y soy cierta que los padres del sacro senado aprobarán mi eleción y desconpornán tu tyranía. Pues dezir tú que robé el imperio para comprar el imperio es muy gran maldad y no pequeña falsedad, pues sabes tú, Macrino, muy bien que para ser yo rica, no tenía necessidad de robar la república; porque mi patrimonio era muy gruesso, mi marido me dexó mucho, Julia mi hermana me mandó su thesoro, Severo mi señor siempre me dava dinero, el cónsul Furio mi tío cada año me dava un tanto, todos los por quien yo hazía siempre me presentavan algo, de manera que siempre tuve que dar y nunca me vi en necessidad de pedir. Pues si esto es verdad, como es verdad, siendo yo señora tan rica ¿por qué tú, Macrino, me infamas de ladrona? Créeme tú, Macrino, que si yo me diera a cohechar y a robar (como tú dizes) las repúblicas de los príncipes, nunca yo cupiera en casa de los emperadores, mayormente que las princesas y grandes señoras como yo alegrámonos de hazer mercedes y affrentámonos aun de recebir servicios. Estando como estavan los exércitos tan pobres, tan destroçados y tan mal pagados, si tú fueras hombre virtuoso y presumieras de limpio romano, no dixeras que mi liberalidad fue cohecho sino que fue generoso socorro.

"También dizes en tu carta que aviéndome yo criado en la casa real, cometí trayción a la persona real. A esto te respondo, Macrino, que averme yo criado en la casa real, confiéssolo; mas dezir que cometí trayción a persona real, niégolo; porque quitarte a ti el imperio y darlo a Heliogábalo es quitarlo a un traydor y darlo a un emperador, hijo de otro emperador. Llámasme tú a mí traydora, siendo tú el verdadero traydor; pues es ya notorio a todos que por tu consejo y mandado mató Marciano al emperador Bassiano, el qual por tus enormes hechos tenía determinado de cortarte la cabeça; y por esso tú le quitaste a él primero la vida, por manera que no llamarán traydora a mí porque eligí a Heliogábalo sino a ti porque mataste a Bassiano. Yo pongo por testigos a los dioses que agora lo veen y a los hombres que después lo sabrán, entre ti y mí, quál de nosotros es traydor; tú que mataste al emperador Bassiano o yo que para vengar su sangre dí todo mi thesoro. No has tú de dezir, Macrino, que la matrona Mesia es traydora a la casa real sino que es vengadora de la sangre real. Descuydo sería de los dioses si tal permitiessen, y affrenta sería de los hombres si tal consintiessen, es a saber, que tú, Macrino, siendo hijo de un herrero, sobrino de un ollero, enemigo de Severo y aviendo muerto a Bassiano, estuviesse en tu mano el imperio; porque la honrra no está en tener el imperio sino en merescer ser emperador.

"Si tú fueras criado en la casa real y fueras de la sangre real y tuvieras el ceptro real, yo te obedesciera la primera y nunca contra ti hablara palabra; mas siendo como eres un tan cruel tyrano, y que contra voluntad de todos usurpas el imperio, yo espero de averme contigo de tal manera que los muertos se den por vengados y los bivos por desagraviados. Pues tú, Macrino, me llamas traydora, assentémonos tú e yo a cuenta para ver a quién y cómo, quándo y por qué cometí la alevosía; porque en cosa tan fea como es ésta que se me levanta, justa cosa es que sea oýda la triste Mesia. Si tú, Macrino, dizes que eres el señor de todos y el emperador de los romanos, razón es que muestres la toga, la muça, la corona, el cetro, la Fortuna, el águila, el anillo y el sello; y aun también es razón que muestres quién te eligió, quién te pidió, quién te confirmó o quién te dio el imperio, porque si muestras alguna electión, yo confessaré my trayción. La actión que yo hallo tener tú el principado es que mataste a Bassiano, te alçaste con el exército, robaste el thesoro, tyranizaste el imperio y te hiziste llamar emperador, de manera que ni le alcançaste por justicia ni le uviste por herencia sino que le robaste con tyranía.

"También dizes por tu carta que si mi nieto e yo te queremos dar la obediencia, alçarás a mí el destierro y a él darás el consulado. A esto te respondo yo que están ya las cosas tan al cabo que no es tiempo de hablar en partido; e ya que uviéssemos de entender en esso, tú avías de tomar lo que te diessen y no escoger lo que quisiesses, porque los partidos en semejantes casos no los suelen hazer los traydores sino los señores. A tan estrecho tiempo somos llegados tú e yo, Macrino, que los dioses y la Fortuna y aun las armas han de declarar tu malicia y mi innocencia, tu tyranía y mi justicia, tu trayción y mi fidelidad, tu mentira y mi verdad, tu crueldad y mi zelo, tu soberbia y mi paciencia, tu alevosía y mi intención, lo qual hecho, darán el imperio no al que lo quisiera sino al que lo meresciere."

CAPITULO .vi.

De cómo el tyrano Macrino fue muerto en una batalla que uvo entre él y Heliogábalo.

Escripta Mesia su carta y despachados los mensageros de Macrino con ella, fuese Mesia para los más principales capitanes del exército, a los quales todos les leyó la carta que Macrino le avía escripto y la que ella le avía respondido; y affearon todos las descortesías que dezía Macrino y loaron mucho la respuesta de Mesia. Como en su carta dezía Macrino que las huestes romanas no davan el imperio a quien más le merescía sino a quien mejor se le pagava, mucho se affrentaron y lastimaron los capitanes romanos de aquella palabra, y luego allí juraron y perjuraron una y muchas vezes que no satisfaría Macrino aquella injuria menos de con la cabeça. Mucho erró Macrino en desterrar a Mesia y mucho más en escrevirle aquella carta y muy mucho más en dezir de los capitanes romanos aquella palabra, porque fue total occasión para que los exércitos cobrassen a Mesia más amor y que Macrino perdiesse con ellos el crédito. Deste exemplo tan notable deven tomar exemplo los príncipes y grandes señores, que quando sus pueblos o sus vassallos o criados estuvieren alterados o amotinados, miren mucho y muy mucho no sólo lo que hazen, más aun lo que dizen y escriven, porque en los tiempos enconados y reboltosos, a las vezes daña más una palabra o una carta que en otro tiempo una notable injuria.

Como la gran matrona Mesia estava del destierro affrentada y de la carta lastimada, ni dormía de noche ni parava de día, proveyendo lo que era necessario para la guerra y despachando correos para Ytalia, porque su fin era de sustentar lo de Asia con armas y lo de Roma con cartas y promessas. Era la ciudad do estava Mesia de dos mil fuegos, y hízola reparar y pertrechar de ingenios con que tirassen y baluartes con que se defendiessen, y más y allende desto, mandó que los hombres más esforçados y los capitanes más escogidos se metiessen dentro, para que a Macrino resistiessen y aun offendiessen.

Quando Macrino leyó la carta que Mesia le escrevía y le dixeron los suyos que quando ella leyó la de Macrino ni se avía turbado ni palabra dicho, mucho le pesó a Macrino dello, porque tenía a la matrona Mesia en possessión que las injurias sabía mucho dissimular y después vengar. Era prefecto del exército de Macrino uno que avía nombre Juliano, y a éste embió Macrino con toda la más gente que pudo a do estava Mesia y su nieto Heliogábalo, y dióle por mandato que trabajasse mucho de tomarlos bivos, por cumplir en ellos lo que avía prometido y jurado, es a saber, que a Mesia avía de hazer hilar y al nieto mandar açotar. Era Juliano capitán animoso y valeroso, y como pusiesse cerco sobre la ciudad do estava Mesia y la tuviesse a su parescer en más estrecho que ella estava, dándole un día un combate muy rezio, acordó de subir él mismo por el muro, el qual apenas uvo subido quando los de Mesia le cortan luego allí la cabeça y la cuelgan de una almena. Otro día que esto passó, mandó llamar Mesia a ciertos capitanes de Macrino, los quales, como sobre seguro se allegassen y hablassen cabe el muro, díxoles ella: "Lo que os quiero dezir, amigos, es que miréys quál está sobre aquella almena el triste de vuestro capitán Juliano y que digáys a vuestro amo Macrino que aquella lança es la rueca con que yo hilo y aquella cabeça es la maçorca que yo devano."

Quando llegó la nueva a Macrino del desastre que avía acontescido a su capitán Juliano y oyó lo que la matrona Mesia avía dicho a los de su exército, dizen que dixo a boz en grito, "¡Llegados son mis hados, venida es mi hora y acabada es mi fortuna!" Cayó sobre el coraçón de Macrino tan grande miedo que luego començó de tractar en secreto con la matrona Mesia de partir el imperio con su nieto Heliogábalo; mas ella, como estava tan apercebida y aun lastimada, ni lo quiso hazer ni aun lo amó oýr, diziendo que ya que se uviesse de partir el imperio, avía de ser con otro emperador y no con un traydor. Visto por Macrino que ni le aprovecharon los offrescimientos que hizo ni las palabras que dixo ni los medios que tomava ni las riquezas que dava a Mesia y a su nieto, acordó de tentar otra vez la Fortuna por ver si hallaría alguna mejoría en ella, porque es tan variable la Fortuna que muchas vezes hiere sin que amenaze y otras vezes amenaza y no hiere. Recogidas y pagadas todas las huestes que tenía Macrino entorno de Antiochía, fuese para Fenicia y assentó su real muy cerca de do estava la matrona Mesia y su nieto Heliogábalo, los quales embiaron a dezir luego a Macrino que no tomasse trabajo de combatirles el pueblo, que dentro de muy breves días saldrían a darle la batalla al campo.

Dos exércitos romanos y dos emperadores romanos estavan en Fenicia, los unos contra los otros; y la parte de Macrino cada día más se disminuía y deshazía, y la de Heliogábalo crescía y prevalescía, a causa que muchos de los que venían con Macrino se passavan al campo de Heliogábalo, porque a la hora que sabían que era hijo de Bassiano, le reconoscían por emperador y le besavan la mano por señor. En los muchos que cada día se le yvan y en las palabras dobladas que le dezían y en el servicio tibio que le hazían y en el poco y pocos que le acompañavan y en el tibio pelear que peleavan, conosció claramente Macrino que no sólo no avría victoria de sus enemigos mas aun que andava vendido entre los suyos. Acordó pues Macrino de mostrar buen coraçón a los suyos de pelear, y por otra parte siempre

estava apercebido para huyr, en que todas las vezes que yva a las escaramuças y salía a los rebatos cavalgava en cavallo ligero e yva disfraçado. Como fuesse avisada Mesia que el tyrano Macrino tenía más ojo a salvar la vida que no la
5 honrra ni la hazienda, proveyó que de súbito le saliessen a dar la batalla, la qual, aunque por ambas partes fue bien ensangrentada y no poco porfiada, al fin fue el tyrano Macrino vencido y en una aldea por do yva huyendo descabeçado.

10 Este pues fue el fin del tyrano Macrino, al qual duró el dominio romano quatorze meses y diez días, y fue tan cruel, allende de ser vicioso, que le llamavan los suyos no Macrino sino Macelino, que quiere decir carnicero, porque según la sangre humana que derramava, más parescía ser carnicero
15 que no príncipe romano.

CAPITULO .vii.

De una carta muy notable que escrevió
la gran matrona Mesia al senado romano, pidiéndoles la
confirmación del imperio para su nieto Heliogábalo.

20 Muerto y descabeçado el tyrano Macrino, luego los dos exércitos que estavan contrarios se hizieron a una, y dado caso que los unos avían seguido a Heliogábalo y los otros a Macrino, parescióle a la matrona Mesia de no poner en disputa quáles avían sido traidores ni quáles eran fieles, di-
25 ziendo que era más tiempo de ganar voluntades que no de vengar injurias. Aunque en todas las cosas passadas se mostró la matrona Mesia ser muy sabia, en esta más que en todas se mostró ser prudentíssima, porque hablando la verdad, en los tiempos reboltosos y en los pueblos bulliciosos,
30 no se han de occupar los príncipes en castigar sino en apaziguar y assossegar. Todos los capitanes del tyrano Macrino que escaparon de la batalla a do él murió y ellos se perdieron, visto que la matrona Mesia mandó por edicto público que ninguno fuesse osado de llamarlos traydores ni dezirles
35 feas palabras, ellos todos se fueron de su propia voluntad a

reconoscer a ella por señora y a besar la mano a Heliogábalo por emperador.

Supremo fue el gozo que tomó la matrona Mesia de verse vengada del tyrano Macrino y de ver que los dos exércitos reconoscían por señor a su nieto Heliogábalo, y paresciósele esto bien en que siendo ella ya en edad de sesenta y seys años, no parescía tener quarenta. Aunque la matrona Mesia tenía por seguro el imperio de su nieto Heliogábalo, lo uno por ser ya muerto su enemigo Macrino y lo otro por averle besado la mano el un exército y el otro, proveyó en que Heliogábalo no se intitulasse *universal señor* ni *único emperador* hasta que de los romanos fuesse rescebido y del senado confirmado. No seys días después que esto passava en Fenicia, despachó la matrona Mesia una solenne embaxada para Roma, y de secreto dio a los embaxadores muchas joyas que repartiessen entre los del senado y que de su parte les hiziessen grandes offertas para en lo futuro, affín de atraerlos a su propósito con las joyas y de entretenerlos con las esperanças. Esto hecho escrivió Mesia al senado una carta assaz bien escripta en esta manera:

"Mesia Fenicia al sacro senado de Roma, salud y gracia.

"A varones tan illustres en hazañas y tan graves en doctrinas como soys vosotros, padres conscriptos, cosa os parescerá muy nueva osar una muger escrevir al sacro senado de Roma, del qual affamado nombre los dioses se espantan y los hombres tiemblan. Las cosas que con mis embaxadores os embío a dezir, ni porque yo sea muger y pueda poco las avéys de tener en poco; porque no son los hombres tan prudentes que no yerre alguno ni son las mugeres tan inhábiles que no acierte alguna. Las cosas que en esta carta leyéredes y las que de boca de mis embaxadores oyéredes, yo os juro por los dioses immortales y por los sepulchros de mis mayores que todas son verdaderas y no fingidas, porque en una señora como yo, menos infamia le sería ser impúdica que no ser mentirosa. A Marco Aurelio mi señor oýa yo dezir, siendo niña, que en las mugeres siempre andavan juntas verdad y castidad y que nunca muger verdadera fue sino casta y que nunca muger mentirosa fue sino impúdica.

"Algunos de los que agora soys bivos os acordaréys quando la emperatriz Julia mi hermana vino a ser muger del emperador Severo y como vine yo en su compañía a palacio, en el qual yo estuve largos años servida de muchos y perseguida de hartos; porque en los palacios de los príncipes, como van allí todos a medrar, no se occupan sino en unos a otros perseguir. Aunque en los palacios de los príncipes que estuve fuy perseguida, infamada y embidiada, a los immortales dioses ruego que el tractamiento que yo hize entonces a los que me querían mal, aquél y no otro me hagan agora los que me quieren bien. En cincuenta y tres años que estuve en varios palacios de príncipes, nunca quité a nadie la habla, nunca dixe palabra lastimosa, nunca reñí a nadie con yra, nunca perjudiqué a nadie en la fama ni nunca tomé de injuria vengança; porque en las casas de los príncipes ninguno puede medrar si no sabe suffrir. Esto que aquí relato, padres conscriptos, no es porque me loéys sino para que me creáys, porque si no está bien acreditada mi persona, de ningún effecto será mi embaxada.

"Hablando más en particular, digo que bien sabéys como ha muchos años que con el emperador Bassiano salimos de Roma yo y mi hermana Julia, y al fin, después que el traydor de Macrino mató a nuestro emperador Bassiano, sintiólo tanto la sinventura de su mujer Julia que se murió de pura tristeza. No quiso Fortuna quitarme a mí la vida quando dio la muerte a mi hermana Julia, y esto no lo hizo ella por me querer olvidar sino por más me lastimar, porque en los grandes peligros e infortunios, si entonces con algunos dissimula Fortuna, no es tanto por honrrarlos entonces quanto por vengarse dellos después. De la muerte de Bassiano mi señor y vuestro emperador, si como fue en mi mano llorarle fuera también deffenderle, o nunca fuera muerto o ya fuera resuscitado, que a la verdad, aunque Bassiano era moço, vano, liviano, absoluto y dissoluto, era por otra parte paciente, suffrido, callado y piadoso, y pudiera ser que en cargándole más la vegez, olvidara los vicios de la mocedad. Ni ay que confiar de hombres cuerdos ni que desconfiar de moços livianos, pues no vemos otra cosa cada día sino que muchas vezes haze llevar fruta la edad a quien no pudo aun hazer llevar hojas la razón.

"El que de hecho puso las manos en Bassiano fue el malvado de Marciano, mas el que se le mandó matar fue el traydor de Ancio Macrino, hombre por cierto baxo de condición, infame en la vida, obscuro en el linage, ydiota en las letras, descomedido en las palabras, vicioso en las costumbres y tyrano en todas sus obras. Bien veys, padres conscriptos, que a un hombre tan infame era infamia tenerle por príncipe, porque en los grandes estados y señoríos, no abasta que los príncipes sean esforçados sino que sean también honrrados, es a saber, en las personas dispuestos y en las sangres yllustres. Ninguna cosa déstas avía en el tyrano Macrino, el qual, allende de ser en el linage obscuro, en la vida infame, en la condición cruel, en las palabras doblado y en las promesas fementido, tenía la cara negra, el cuerpo pequeño, los pies estevados y los ojos vizcos. No se contentó Macrino con matar a Bassiano sino que usurpó también el imperio, y por añadir maldad a maldad, juró y perjuró en las aras del templo sacro que no le avía él muerto, de manera que el pérfido Macrino, no contento con el homicidio, fue también perjuro. Como los dioses sean tan justos en pagar a los buenos y no descuydados en castigar a los malos, y que la electión que avían hecho los hombres, no la avían confirmado los dioses, dímonos acá tan buena maña Heliogábalo mi nieto e yo, que al tiempo que el tyrano Macrino estava más rebuelto en los vicios de Antiochía, le cortamos la cabeça, por manera que Asia quedó libre de la tyranía y la muerte de Bassiano bien vengada.

"Los exércitos que estavan derramados, descontentos, divisos y mal pagados, tenémoslos nosotros recogidos, contentos, pagados y unidos, y lo que más es de todo, que en tiempo del tyrano Macrino nadie en toda Asia osava nombrar a Roma, y agora todos le hazen obediencia y no ay quien contra ella tome lança ni aun abra la boca.

"También quiero, padres conscriptos, que sepáys en como siendo bivo y después muerto Macrino, eligieron los exércitos en emperador a mi nieto Heliogábalo, la qual electión no quiero negaros que la desseé, la negocié, la procuré y aun la compré; porque me parescía que estando el imperio en manos de un tyrano como era Macrino, no era comprarle sino rescatarle. Si en esta venta del imperio tengo culpa, yo quiero obligarme a toda pena; mas quiero que sepáys que le compré de mi dinero y públicamente y de vuestro exército y de un tyrano y fuera de Roma y en tiempo rebuelto y para el hijo de Bassiano; y digo para el hijo de Bassiano, el qual, por justo título el imperio heredara si Macrino no se le occupara. No me paresce, padres, que seré yo digna de culpar ni menos de castigar, pues con mi industria y propria hazienda pagué vuestros exércitos, assosseguí a Asia, maté al tyrano, rescaté el imperio y sobre todo vengué la muerte de Bassiano y dí la herencia que le pertenescía a su hijo. Según vuestros exércitos acá dizen y allá os escriven, estavan tan pobres y destroçados que más se puede con verdad dezir que los socorrió mis dineros que no que les soborné sus votos; porque los más dellos, como no tenían ya que comer ni vestir, se andavan por los montes a saltear y por los pueblos a hurtar. Pues mi nieto es hijo de Bassiano, nieto de Severo y el moço paresce de suyo ser bien inclinado, no me paresce que erramos en le eligir, y aun vosotros no erraréys en le confirmar, porque en la biveza paresce al padre y en el ánimo al abuelo.

"Tampoco reprobaréys esta election en dezir que mi nieto ha sido mal criado y peor doctrinado, que como sabéys, no se crió en los vicios sino en los templos, no con hombres profanos sino con sacerdotes honestos, no salteando caminos sino offresciendo sacrificios, no derramando sangre sino lágrimas, no andando dissoluto sino estando recogido, no persiguiendo a los hombres sino sirviendo a los dioses. Desde niño muy niño offrescía yo a mi nieto Heliogábalo a los immortales dioses en el templo, y allí le enseñaron a ser manso, casto, callado, suffrido, sobrio, piadoso y recogido; y si por caso fuere después otro del que es agora, serlo ha él por la libertad que terná, mas no por la doctrina que aprendió.

"Todos los príncipes passados fueron eligidos solamente de los hombres, mas mi nieto eslo de los hombres y de los dioses, porque yo le crié para offrescer sacrificios, y los dioses me lo tomaron para governar reynos. Loáysos mucho los romanos que a Quinto Cincinato le sacastes para ser ditador de donde estava arando; pues más es de loar mi nieto, que estava en el templo orando; porque de mayor excellencia es el que ora delante de los dioses que no el que ara empós de los bueyes. En los tiempos passados siempre en Roma el sacerdocio fue diviso del imperio, mas agora veys lo que nunca vuestros antepassados vieron, es a saber, que el sacerdote sea emperador y el emperador sea sacerdote, por manera que con el sacrificio nos reconciliará con los dioses y con el imperio nos deffenderá de los enemigos. Immensas gracias hemos de dar, padres conscriptos, a todos los dioses, pues nos dieron emperador que sabe orar y puede pelear; que como sabéys, pocas victorias se alcançan por lo que pelean los hombres sino por lo que disponen los dioses.

"Aunque la election de mi nieto fue por los exércitos hecha, y es de creer que fue por los dioses confirmada, ni quiero que rija el imperio ni aun que se firme emperador hasta que por vosotros sea vista y por todo el sacro senado confirmada, porque yo no tengo por emperador al que obedescen en Asia sino al que aman en Roma. Pues este mancebo Heliogábalo es hijo de príncipe, nieto de príncipe, sobrino de príncipe, hermano de príncipe y electo en príncipe, hemos de presumir que será buen príncipe; porque muy grande obligación tiene a ser bueno el que desciende de muchos buenos.

"En quanto yo biviere, trabajaré mucho que sea tal su vida qual yo le dí la doctrina y criança; y si fuere malo después de yo muerta, no será entonces mía la culpa, que como sabéys, padres conscriptos, no ay culpa que culpe a los ya muertos ni ay disculpa que disculpe a los que son bivos."

CAPITULO .viii.

De cómo el senado romano aprobó la election de Heliogábalo y se conosció luego en él que avía de ser malo.

Llegados los embaxadores a Roma y dada su embaxada, fueron muy espantados todos los del senado y aun todos los

del pueblo de saber las hazañas que Mesia avía hecho en Asia y de oýr la carta que avía escripto a Roma, de la qual se sacavan muchos traslados y se embiavan a otros pueblos. En muy gran confusión se vieron en Roma sobre determi-
5 narse en lo que les embiava a pedir la matrona Mesia, porque los del senado temían lo que adelante podría hazer, y a esta causa dilataron tanto la respuesta que los embaxadores se quexaron al tribuno de la república. Por letras de sus embaxadores fue avisada la matrona Mesia de la dissensión
10 que avía entre el senado y el pueblo acerca de la election y confirmación de su nieto Heliogábalo, y determinóse de partir luego de Asia y venir a Ytalia, con determinación y juramento que hizo de constreñir a los del senado a que hiziessen por fuerça lo que no avían querido hazer de grado.
15 Como supieron los del senado que la matrona Mesia partía de Asia y venía a Roma y que no traýa intención de negociar sino de pelear, acordaron de aprobar la election de Heliogábalo su nieto, mandando por públicos pregones que dende en adelante todos le tuviessen por su señor y le obe-
20 desciessen como a emperador. Si los del senado tuvieran en Ytalia a su gente de guerra y tuvieran en Roma de quien hazer cabeça, nunca aprobaran la election que de Heliogábalo avían hecho los de Asia, porque a la madre dél teníanla por impúdica, a la abuela por absoluta y a él por
25 dissoluto. Quando los del senado aprobaron la election de Heliogábalo, ya la matrona Mesia venía camino de Asia para Roma, la qual, como lo supo, detúvose en los confines de Grecia, porque para tornar atrás estava lexos y para navegar a Ytalia era muy tarde.
30 Passado el invierno, luego a la primavera navegó Mesia para Ytalia y se fue derecha para Roma, a do fue muy bien rescebida y no menos festejada, aunque es verdad que al principio fue de los romanos más temida que no amada; mas era ella tan astuta y tan suffrida que sabía muy bien
35 dissimular las injurias y agradescer los servicios. Fue tan cuerda y tan prudente Mesia que ni en gesto ni en palabras ni en obras ni en secreto ni en público conoscieron en ella estar con alguno mal ni quererle hazer mal, sino que a todos los tractava como a hijos y los honrrava como a herma-

nos. Estavan todos en Roma tan contentos de la gravedad que tenía en el hablar y de la honestidad que mostrava en el vivir que se juntaron un día los del senado con los del pueblo y le fueron a rogar con mucha instancia, fuesse servida de tomar la mano en la governación de la república, pues tenía de governar tanta experiencia y estava su nieto el emperador en Asia. A esta demanda les respondió Mesia, "Mucho os agradezco, padres conscriptos, lo que me dezís; mas a mí no conviene hazer lo que me rogáys, porque a las mugeres pertenesce parir emperadores y a los hombres governar los imperios."

Quando estas cosas passavan en Roma, estava Heliogábalo en Fenicia esperando la respuesta de su abuela Mesia, la qual, como le escriviesse que ya le avían rescebido en Roma por señor y declarado por emperador, vínose luego a Antiochía con intención del año siguiente passarse en Ytalia. Como se vio Heliogábalo salido del templo y confirmado en emperador y fuera de tutores y absente de su abuela y que tenía libertad para hazer lo que quisiesse, luego se conosció en él que avía de ser muy malo y que si algún bien avía hecho, avía sido fingido; porque las malas inclinaciones que tienen los moços puédense por algún tiempo dissimular, mas puestos en libertad, no las pueden encubrir. La primera insolencia y liviandad que Heliogábalo hizo en Asia fue que se vistió una ropa texida de oro y seda y algodón y lino y lana, la qual era larga hasta los pies, sembrada toda de perlas y piedras presciosas; y púsose en la cabeça una corona a manera de thiara, y en las muñecas traýa axorcas y en las orejas chocallos, de manera que a los simples dava que mirar y a los vanos que dezir y a los cuerdos de que se espantar. En todo aquel invierno no se occupó sino en deprender a tañer flautas, gaytas y tamborines y a baylar como pastores, a cantar como bárbaro y a burlar como juglar, de manera que qual pensó tener adelante la vida tal buscó para si la escuela.

Venido pues el principio del verano, partióse Heliogábalo para Roma, y salióle su abuela Mesia a rescebir al puerto de Hostia; y de que vio al nieto tan libre en el bivir y tan peregrino en el vestir, rescibió grandíssima affrenta por los romanos que yvan con ella y uvo muy grande enojo de los privados que venían con él. Como la matrona Mesia era tan sabia en lo que aconsejava y tan cuerda en lo que hazía, llamó al nieto en secreto y rogóle mucho que en ninguna manera fuesse osado de entrar con aquella vestidura en Roma, porque podría ser que, viéndole en hábito peregrino, se escandalizasse y alborotasse el pueblo. Bien oyó Heliogábalo lo que su abuela le aconsejó, mas no hizo nada de lo que le rogó, y fue esto para ella muy grande affrenta y no poca pena, porque oýa ella a sus orejas y aun se lo dezían los romanos en su cara quán contrario era lo que hazía su nieto a lo que ella dél les avía desde Asia escripto.

Fuese Heliogábalo para Roma, en la qual fue rescebido con mucha solennidad y alegría de toda la gente común de la república. Dezimos "de la gente común" y no "honrrada" porque todos los nobles y patricios romanos, como le veýan tan presumptuoso en el mandar, tan pressuroso en el hablar, tan vorace en el comer, tan peregrino en el vestir y tan liviano en el andar, no se hartavan de sospirar y menos de murmurar. Como dixese un senador a la matrona Mesia que por qué no mandava a su nieto Heliogábalo que dexase aquel vestido peregrino, respondióle ella con un muy grande sospiro, "No me pesa a mí tanto de su vestido peregrino quanto de las malas costumbres que ha tomado; porque la ropa, podémossela hurtar, mas las costumbres malas no se las podemos mudar."

Para celebrar unas fiestas que llamavan quirinales, hizo matar Heliogábalo muchos animales, las assaduras de los quales mandó que llevassen encima de las lanças los más ancianos y más honrrados del senado, de manera que no pensava él que hazía poca honrra al que dava una lança y una assadura.

Visto por la matrona Mesia que su nieto Heliogábalo se yva cada día más y más empeorando y que el pueblo se yva dél escandalizando y que a ella no la quería creer ni menos reverenciar, acordó de dexar a Roma y tornarse a Fenicia, a do ella avía dexado su casa y aun su riqueza.

CAPITULO .ix.

De muchos vicios que tuvo el emperador Heliogábalo.

Querer por menudo contar los vicios del emperador Heliogábalo sería obligarnos a agotar el río Nilo o a vadear
5 al gran Danubio, porque son tantos y tan feos y escandalosos que sería vergüença escrevirlos y tiempo mal gastado leerlos. De los muchos escreviremos algunos pocos y de los feos escreviremos los menos desonestos porque vean los que leyeren esta escriptura quán culpados fueron en Roma en tener
10 y suffrir por emperador a tal bestia; porque no sólo no era para governar república, mas aun que estava en él muy mal empleada la vida. Escrivimos su mala vida para que también sepan su mala muerte, porque según dezía el divino Platón, aunque los hombres las culpas que otros cometen dissimulan,
15 no por esso los dioses sus injurias perdonan.

Ya que este infelice príncipe fuesse tan vicioso y tan absoluto y dissoluto, de lo que más nos hemos de espantar dél es como no se cansava jamás de ser malo y vicioso, porque si cansan las virtudes, también empalagan los vicios.
20 En tomando Heliogábalo el imperio, luego hallaron en su casa cabida todos los mentirosos, fementidos, juglares, chocarreros y maliciosos, a los quales ni negava la entrada de su cámara ni los secretos de su casa. Holgávase mucho Heliogábalo en representar la fábula de Paris el troyano y de
25 la diosa Venus, y de tal manera se vestían él y los otros que la representavan que al mejor tiempo que estavan en la fábula, se les caýa de sobre sí toda la ropa que tenían vestida, por manera que a todos los hombres graves davan que dezir y a todos los livianos que reýr. Cosa era ésta no sólo
30 indigna de la hazer, mas aun escandalosa para delante un príncipe representar, porque a los príncipes y grandes señores no abasta que sean honestos sino que delante dellos no se hagan ni se hablen desonestidades.

Celebrava cada año una fiesta que en griego se llamava
35 *Salabona*, la qual fiesta durava tres días, en el primero de los quales se sangravan y lavavan, y en el segundo callavan

y sospiravan, y en el tercero se vestían y holgavan en memoria de Adónides, el mayor enamorado que uvo en el mundo; y el fin desta fiesta era representar qué trabajos, sospiros, dolores, favores y disfavores passan los enamorados hasta venir a gozar sus muy desseados amores.[84] Tuvo Heliogábalo en su cámara a un mancebo que llamavan Zotipo, en el cuerpo y rostro muy hermoso y en las costumbres y condiciones muy corrupto, porque era en lo que dezía mentiroso, en lo que tractava doblado, en lo que prometía fementido, en lo que assentava perjuro y en lo que pensava malicioso. Muchas vezes fue avisado Heliogábalo de lo que dezía y de lo que hazía Zotipo; mas como reynaba en él más la affectión que no la razón, no sólo no le quería de sí apartar ni lo que dél le dezían creer, mas aun las burlas contava por gracias, los engaños por bivezas, los tráfagos por diligencias, las travessuras por donayres y las malicias por subtilezas. Muy digno era Zotipo de ser castigado, y mucho más merescía Heliogábalo, su amo, ser reprehendido, porque los príncipes y grandes señores, si las culpas de sus criados y privados, tienen licencia de dissimularlas, no la tienen de aprobarlas, que de buena razón ninguno ha de ser al príncipe tan accepto que públicamente ose ser malo.

Al tiempo de su comer muchas vezes mandava venir allí filósophos y oradores, los quales disputavan no de los cursos naturales sino de los fornicios impúdicos. Quando con él negociavan embaxadores o senadores o otras personas graves, estava jugando de manos y guiñando a otros los ojos, de manera que los negociantes se yvan corridos y no respondidos. En caso de mugeres, no perdonava a matronas, a casadas, a vírgines ni biudas, sino que todas las que bien le parescían, o las alcançava o las infamava. En el comer y cenar no tenía orden ni tiempo señalado, sino que muchas vezes pedía de comer en quebrando el alva y otras vezes puesto ya el sol. En el bever era también desordenado a causa que unas veces bevía vino, otras agua, otras cerveza,

---

[84] *Salabona* is Guevara's version of *Salambonem*, actually connected with the Adonis-rites; Guevara's additions are of an imaginary nature.

otras sidra, otras agua cozida, otras agua dorada, otras agua estilada, y aun otras vezes no bevía sino cozina. En la manera del comer ni tenía auctoridad ni guardava gravedad, porque unas vezes comía assentado en silla, otras en vanco, otras andándose passeando, porque dezía él que de aquella manera comía y digería. Naturalmente dormía poco, a causa que era flaco de cabeça, y lo que dormía, dormíalo a do se le antojava, es a saber, en el templo, en el senado, en la huerta, en el vaño, en la cama y aun en la plaça, de manera que a ninguna cosa se sabía hazer fuerça de todo aquello a que la sensualidad le inclinava.

Inventó Heliogábalo en Roma una manera de fiesta que llaman *festum vindemiarum*, que quiere dezir "la fiesta de las vendimias," la qual fiesta fue tan dissoluta y tan vergonçosa al parescer de la república que jamás después se consintió celebrar en Roma. Era muy amigo de jugar a la pelota, y quando tenía enojo de algún senador viejo o de algún romano anciano y honrrado, embiávale a llamar para jugar, con el qual algunas vezes jugava tanto que se yva después el triste a su casa cansado, sudado, brumado y aun a las vezes de sus dineros despojado. Era muy amigo de jugar a la vallesta, en especial que hazía conveniencia con los truhanes en que a tantos passos le esperassen en sus traseras tantos tiros, a los quales él embiava bien pagados y bien lastimados. Pocas vezes yva a los templos; no era amigo de hombres sabios; jamás le veýan leer en los libros; aborrescía mucho los negocios; era descuydado de pagar ni aun corregir los exércitos; dávase poco por tener amigos ni enemigos; finalmente, era amicíssimo de su opinión y mortal enemigo de la razón.

CAPITULO .x.

De cómo su abuela del emperador Heliogábalo
le escrivió al nieto una carta muy lastimosa.

La gran matrona Mesia, como supo en Asia los muchos vicios a que se dava su nieto Heliogábalo en Roma, escrivióle una carta en esta manera:

"Quando tú, hijo mío Heliogábalo, partiste de Asia para Roma, tales nuevas pensé yo oýr de ti que alegraran a tu república y a mí dieran muy gran gloria; mas según lo que oyo acá y me escriven de allá, allá das a todos que murmurar y a mí acá bien que llorar. Sesenta y seys años ha que en este mundo nascí, en los quales enterré y lloré a mi padre Torcato y a mi madre Aristima y a mi hermana Philys y a su marido Tharso. También enterré y lloré a mi marido Aristipo y a mi hijo Lucio Franco y a mi hija Dolobela y a su marido Marciano. También enterré y lloré al buen emperador Marco Aurelio y a la emperatriz Faustina mi señora, en cuya casa yo nascí y en cuyo palacio yo me casé. También enterré y lloré al emperador Cómodo y al emperador Pertinax y a Annio Pastor mi tío y a Mirtha mi tía y a Camillo mi nieto y a Jojana mi bisnieta. También enterré y lloré al emperador Juliano y al emperador Severo, mi único señor y famoso emperador. También enterré y lloré al infelice de tu padre, mi muy caro y muy desseado hijo, cuyo nombre no oso ni me osan mentar, porque en nombrándolo, me tomo a llorar. He querido, hijo, traerte a la memoria a todos estos tus antepassados para que veas quán poca razón ay que llore yo a los que soys bivos, pues he llorado toda mi vida a tantos muertos.

"Quando tú naciste a hurtas e yo te abscondí y encubrí, quando yo te saqué de Roma y te truxe a Grecia, quando yo te hize aprender las letras griegas y criarte con hombres sabios, quando yo te offrescí al dios Heliogábalo y te hize ser sacerdote en su sagrado templo, pensé yo, hijo, que todo esto era para más descanso de mi vegez y no para llorar tus moçedades. En esto conozco quán desplomados son los juyzios de los dioses del parescer de los hombres, en que los dioses determinan uno y los hombres tienen pensado otro, lo qual ha acontescido a ti y a mí, O hijo Heliogábalo, porque las moçedades que hazes y los vicios que tienes no sólo pensava yo que no los avías de cometer, mas aun que ni por el pensamiento te avían de passar.

"Quando yo te puse con el gran sacerdote Gorgias y te hize vestir de la vestidura talar y tú oravas cada día a los dioses y cada semana offrescías los sacrificios en los templos, pensava yo que avías de ser un dechado de virtudes y no como agora eres, un prodigio de todos los vicios. Si tú quisiesses mirarlo, muchas cosas te combidan y aun te obligan a ser bueno, y ninguna a ser malo, es a saber, ser hombre racional, aver sido sacerdote, ser tu nascimiento en Roma, ser agora emperador, averte criado en mi casa y descender de sangre tan generosa y limpia, porque mucho combida a los hombres a hazer lo que deven, acordarse de dó descienden. Créeme, hijo mío, que a menos costa y a más descanso serás virtuoso que no vicioso; porque los vicios aplazen al cuerpo quando se cometen y atormentan al coraçón después de cometidos, mas las virtudes no dan tanta pena quando las obramos quanto dan de plazer después que a los vicios resistimos.

"No sé yo qué fortuna adversa ha sido la tuya o qué tristes hados han sido los míos, pues te crié verdadero y sales mentiroso, te crié casto y sales impúdico, te crié sobrio y sales vorace, te crié recogido y sales traviesso, te crié vergonçoso y sales absoluto, y lo que es peor de todo, que ni temes offender a los dioses ni de escandalizar a los hombres. Ya que no fuesses bueno por no offender a los dioses que te criaron y por no escandalizar a los hombres con quien bives, devríaslo de ser por no enojar a mí, triste vieja de tu abuela, pues sabes que te compré el imperio a poder de dineros que saqué de mis arcas y a peso de lágrimas que lloré de mis entrañas. Bien sabes tú, hijo mío, que por hazerte a ti príncipe romano, di a los templos grandes dádivas, offrescí a los dioses immensos sacrificios, di a los pretorianos todos mis thesoros, hize a los sacerdotes grandes offertas, embié a los senadores riquíssimas joyas; y no es nada esto, sino que si fuera possible, yo diera mi sangre a los immortales dioses para que tú fueras uno dellos. Si erré en comprarte el imperio, mucho más errara en hazerte uno de los dioses, pues no ay virtud que en ti se halle ni vicio que en ti falte.

"Hiziéronte los dioses hermoso de rostro, elegante en cuerpo, rezio en fuerças, docto en las letras, diestro en las armas, animoso en el coraçón, delicado en el juyzio y en los peligros esforçado. Mas ¿qué aprovechan todas estas gracias, pues eres tan enemigo del parescer ageno y tan enamorado de tu parescer proprio? Sigues la vanidad como liviano, sigues la sensualidad como loco y sigues la edad como moço, las quales cosas puédense por algún tiempo dissimular, mas no se pueden mucho suffrir, de manera que o el imperio se ha de perder entre tus manos o tú has de morir dentro de breves días.

"La silla del imperio, como está consagrada a los dioses, no suffren mucho tiempo en ella estar malos príncipes, lo qual podrás ver en Thiberio, Calígula, Claudio, Nero, Galba, Otho, Vitello, Domiciano, Cómodo, Juliano, Bassiano, Nigro, los quales todos uvieron tan mal fin que por do entró el hierro de sus enemigos, por allí salió el ánima de sus carnes. ¡Ay de mi triste, sinventura hijo mío, Bassiano! Que desde agora lo tengo yo tragado, y también lo ten tú por dicho, que pues eres discípulo de sus malas costumbres, que también has de ser immitador de sus desastradas muertes. Siendo yo muy niña, oý dezir a Marco Aurelio, mi señor, que los immortales dioses más ayna matavan a los malos príncipes que no a los otros hombres que eran malos, porque un hombre malo es solamente malo para su casa y persona, mas un mal príncipe bive en daño de toda la república.

"Edad y abilidad tienes, hijo mío, para ser bueno; y si quieres, bien puedes dexar de ser malo, porque los dioses en nuestras manos pusieron el abraçar las virtudes o el tropeçar en los vicios. No por más te compré el imperio de porque en ti se resuscitasse la memoria del buen emperador Antonino Pío. Mas ¡ay de mí, ay de mí! que tengo miedo, y aun lo tengo por cierto, que como se acabó en Nero el generoso linage de los Césares, se acabará también en ti el limpio linage de los Antoninos. En los tiempos que estuve allá en Roma lo conoscí, y después que estoy acá en Asia lo he visto, que en dicha de un bueno se levantan muchos y en desdicha de un malo se acaban otros.

"Dízenme que en tu casa y cámara tienen mucha entrada y familiaridad hombres de mala vida y de poca prudencia, y tales hombres como éstos son en las casas de los príncipes muy peligrosos y muy perniciosos, porque los tales querrán que sigas los consejos que te dieren y que les dissimules los excessos que hazen. Si tú eres malo y los que cabe ti andan son malos ¿cómo ternás ojos ni osadía de castigar a ningún malo? Para reformar a los otros, primero has de reformar a ti, y para castigar a los otros, primero has de castigar a tus criados; porque de ser los privados de los príncipes dissolutos, vienen a ser los de su república absolutos. En tiempo de Marco Aurelio, mi señor, vi su casa llena de virtuosos, y en tiempo de su hijo Cómodo, vi su palacio poblado de viciosos; y séte dezir, hijo, que quales estavan sus casas tales andavan sus repúblicas. Si quieres bivir quieto y no andar siempre desassossegado y sospechoso, ten en tu casa y compañía hombres honestos, graves y cuerdos, porque los hombres honrrados y prudentes en las casas de los príncipes auctorizan con sus personas y aprovechan con sus consejos. Agora si no nunca te podrás alçar a tu mano para dexar de ser malo y obligarte a ser bueno, porque de todo lo passado echaríamos le culpa a la mocedad; mas si no lo hazes, echarla hemos a tu vanidad y liviandad. Mucho haze al caso ser el príncipe de buena vida para ayudarle a governar bien su república, porque los súbditos que tienen príncipes virtuosos immitan lo que veen y hazen lo que les mandan."

CAPITULO .xi.

De algunas leyes que hizo en Roma el emperador Heliogábalo.

Algunas leyes hizo el emperador Heliogábalo, de las quales algunas fueron buenas, otras razonables y otras ni buenas ni malas sino livianas; porque según él dezía, tanta auctoridad tienen los príncipes en sus reynos como los dioses en los cielos.

Hizo ley que ninguna virgen vestal hiziesse voto de castidad, sino que estuviesse en su libertad de se encerrar y de se casar, porque dezía él que las mugeres eran muy flacas para guardar votos y que cada hora estavan de varios paresceres y acuerdos. Hizo ley que ninguna muger biuda pudiesse casarse dentro del año que muriesse su marido, lo uno porque llorasse bien al que murió y lo otro porque pensasse bien en el que avía de tomar.

Hizo ley que ninguna carne ni pan ni vino ni fruta se vendiesse en Roma a ojo sino por peso o medida, porque dándose las cosas a peso y medida, dan por ellas lo que merescen y no lo que piden. Hizo ley que todos los sastres, al tiempo del hazer las ropas, las tomassen por peso porque no pudiessen hurtar ninguna cosa del paño.

Hizo ley que ningún mancebo que estuviesse debaxo de governación de padre o madre o ayo pudiesse dar ni tomar ni jugar dinero; porque se presumía que el tal, pues no avía heredado, que lo avía malbaratado o lo avía hurtado. Hizo ley que todas las donzellas se pudiessen casar después que uviessen cumplidos los veynte y cinco años, si sus padres no las quisiessen casar; porque dezía él que los buenos padres más cuydado avían de tener de remediar una hija que de criar diez hijos. Hizo ley que los días que en Roma fuessen festivos o uviesse públicos regozijos, no enterrassen públicamente los muertos, diziendo que era muy mal agüero para la república si al tiempo que reýan unos, començavan a llorar otros.

Hizo ley que ningún romano fuesse osado de echar de su casa a algún siervo, esclavo o cavallo o otro qualquier animal, aunque fuesse un perro, por causa que fuesse viejo o estuviesse enfermo, diziendo que para esso sirven los hombres dende que son moços, para que los socorran quando fueren viejos. Hizo ley que a los ladrones no les diessen la pena que mandassen los censores, sino la que quisiessen los dueños de los hurtos, diziendo que era tan gran delicto el que cometían los ladrones que por manos de todos merescían ser castigados. Hizo ley que ningún ciudadano romano fuesse osado de arrastrar, empozar, degollar o ahorcar a ningún esclavo suyo por delicto que hiziesse, diziendo que a los dioses y a los príncipes solos pertenescía matar, y a todos los otros no más de castigar.

Hizo ley que si alguna muger casada cometiesse adulterio con algún pariente o amigo de su marido, no la pudiesse castigar ni denostar, provando ella que el marido le avía algunas vezes traýdo a él primero a casa, diziendo que la muger naturalmente es de suyo flaca y que puesta en occasión, no tiene ninguna resistencia. Hizo ley que libremente todos los que morassen dentro de los muros de Roma se pudiessen apartar el marido de la muger y la muger del marido después que uviessen estado juntos seys años, diziendo que pues a un hombre se le haze largo tiempo mudar vestidura de año a año, no es mucho que mude muger de seys en seys años.

Hizo ley que en toda Roma no uviesse botica a do se vendiessen medicinas compuestas, sino que solamente se vendiessen materiales simples e yervas benditas, porque dezía él que las bodegas avían de ser boticas y las boticas bodegas, pues en las bodegas no avía sino vinos nuevos y en las boticas medicinas viejas. Hizo ley que todos los que uviessen de casar en Roma se casassen con sus yguales, es a saber, mercader con mercader, platero con platero, escudero con escudero y rústico con rústico, porque dezía él que por casarse los hombres con sus desiguales, se esfuerçan a más de lo que pueden y gastan más de lo que deven. Hizo ley que quando en Roma se quemasse alguna casa, fuessen todos los circunvezinos a socorrerla so pena que al vezino que se le provasse no la aver ydo a socorrer, contribuyesse después para ayudarla a tornar hazer.

Hizo ley que en caso de amores, si alguna muger se dexasse servir y se diesse a rescebir, tornasse lo que avía rescebido o cumpliesse con su enamorado. Hizo ley que las alcahuetas fuessen ásperamente castigadas si las tomassen hablando con las donzellas, mas que si se provasse que de voluntad le dieron tres vezes la puerta, que la tal alcahueta quedasse sin culpa; porque dezía él que la muger que huelga de oýr y se dexa servir, indicios son para presto caer.

Otras muchas leyes hizo Heliogábalo, según ponen sus hystoriadores, indignas de escrevir y no muy púdicas para leer.

CAPITULO .xii.

De cómo se casó tres vezes y hizo casar a los dioses.

Después que Heliogábalo vino de Asia, un año estuvo sin se casar en Roma, el qual passado, se casó con una romana hermosa en rostro y generosa en sangre; y bien paresció que se casó con ella más por ser hermosa que generosa, porque apenas passó un año quando con ella hizo divorcio. No sólo le quitó la honrra y la echó de su casa y le tomó todas las joyas y ropas, mas aun la constriñó que a hilar y texer públicamente ganasse su vida.

Repudiada la primera muger, enamoróse de una de las vírgines vestales, y sacóla del templo y casóse con ella públicamente, del qual hecho el senado se entristesció y toda Roma se escandalizó; porque aquellas vestales estavan offrescidas en el templo a los dioses y tenían jurado y votado de ser perpetuamente vírgines. De que supo averlo todo el pueblo tanto sentido y los senadores dello murmurado, subió un día al senado y díxoles que no estuviessen tristes por averse casado con la virgen vestal, que aquél, si era peccado, era peccado humano, y que pues él era sacerdote, no le convenía tomar sino muger sacerdotisa, y que si esto no abastava, abastasse que él era supremo príncipe y emperador, a la grandeza del qual pertenescía hazer las leyes y que no tenía obligación de guardarlas. Más de un año y menos de dos estuvo casado con esta virgen vestal, a la qual no menos que a la del primero matrimonio dio libello de repudio, y vino la triste muger a tanta miseria y pobreza que si la otra lo ganava a hilar, ella lo ganava a adulterar, por manera que de virgen consagrada y de emperatriz generosa vino a ser muger pública.

Casóse la tercera vez con una matrona romana y biuda, y para esto, tomó occasión diziendo que descendía del linage de Cómodo y que ya no quería tomar muger sino que fuesse en sangre muy alta y en hermosura única y en condición discreta. Muchas vezes dezía Heliogábalo como algún príncipe podía acertar en el primero matrimonio; porque si la muger que tomava era en condición baxa, teníala en poco; si era fea, aborrescíala, y si era nescia, matávale.

A tanta demencia vino Heliogábalo que no sólo burló de los matrimonios humanos, mas aun burló de los matrimonios divinos, porque se determinó de casar públicamente a su dios Heliogábalo y que con otra diosa celebrasse y consintiesse matrimonio. Fue pues el caso que la cosa que los romanos tenían en Roma más guardada y reverenciada era la ymagen de la diosa Pallas, la qual dezían aver caýdo del cielo sobre los muros de Troya; y a esta ymagen mandó Heliogábalo sacar del templo do estava abscondida y llevarla a su casa; y desde el día que se truxo de Troya, nunca ojos humanos la vieron hasta aquel día. Hizo hazer un carretón de plata todo sobredorado, y encima mandó poner a la diosa Pallas, vestida de ropas muy ricas y cargada de joyas preciosíssimas; y los bueyes que llevavan el carro, el uno era blanco sin tener mancha de negro y el otro era negro sin tener mancha de blanco. Yva Heliogábalo con una vara o aguijada delante del carro guiando los bueyes, y llevava buelta la cara hazia el carro de manera que por tener siempre a la diosa delante, caminava hazia atrás. Como sabían los romanos que Heliogábalo avía de ser aquel día el carretero, proveyeron en que desde las casas imperiales hasta el templo, se hiziesse un ancho y arenoso camino, porque, caminando hazia atrás, ni hallasse en que tropeçar ni menos pudiesse caer.

Llegados todos al templo, toman al dios Heliogábalo y a la diosa Pallas y cásanlos y júntanlos en uno como a marido y muger, y hiziéronles en medio del templo una cama muy rica, en la qual durmieron juntos la noche toda. Mucho pesar tomaron todos los romanos de ver hazer a Heliogábalo estos desatinos, porque presumiendo ellos, como presumían, de ser tan grandes cultores de los dioses, parescíales que en hazer aquellos casamientos, era hazer burla dellos, y que podría ser que lo que él hazía de burla pagassen ellos de veras.

Ya que los dioses eran casados, quiso Heliogábalo regozijar los casamientos, y para esto mandó que se hiziessen o jugassen los juegos circenses lurules, en los quales mandó matar infinitas bestias; y ora fuessen buenas, ora malas, constriñó a todos que comiessen dellas, por manera que comieron carnes de leones, ossos, lobos, pardos, tygres, rinocerontes, onças, cavallos, asnos, perros, bueyes, búffanos y otros animales, excepto de puercos, y esto no porque no los mataron, sino que en Fenicia, do él se crió, no los comían. Ya que las fiestas eran acabadas y todos los juegos hechos, quiso Heliogábalo mostrar la grandeza de su ánimo y la riqueza de su persona, y fue en que, subido encima de las gradas más altas del templo, derramó entre los que le miravan gran muchedumbre de dineros, y arrojóles también muchas joyas de sus thesoros; y por tomarlas los unos antes que los otros, hiriéronse y ahogáronse y matáronse muchos, y no fue tan pequeño el daño que no fue muy mayor la tristeza que uvo en Roma y en toda Ytalia por los muchos que murieron que no el plazer que uvieron por los dineros que cobraron.

CAPITULO .xiii.

De cómo vendía los officios y de muchas liviandades que hizo.

Todos los officios de justicia y del senado, assí como censores, ediles, pretores, tribunos, centuriones, todos los vendía y baratava, por manera que no el más virtuoso sino el que dava más dineros llevava mayor officio. Era costumbre en Roma que no se eligiessen los senadores si no fuessen en linage patricios y en edad por lo menos de cincuenta años; y eligió él los más dellos de personas baxas assí como de hortolanos, olleros y sastres, y otros que eran tan mancebos que no passavan de veynte años. No sólo vendió los officios de la república, mas aun los de la governación de su casa, assí como officio de porteros, mayordomías, cozineros, despenseros, camareros y contadores; y de aquí se siguió que después, él los quería muchas vezes despedir porque le hazían mal servicio, y ellos poníanselo a pleyto, diziendo que se lo avían comprado por dineros. Siendo él sacerdote en Fenicia, tenía dos carreteros que le trayán piedra para el templo, los quales se llamavan Protógenes y Gordio, y a estos dos, después que fue emperador, sacó de carreteros y los llevó consigo a palacio, y fueron muy acceptos a su servicio.

5   Embió Heliogábalo personas que por toda Ytalia y Roma le truxessen los más generosos y hermosos mochachos que se hallassen en ella y que viniessen con ellos no sólo los padres y madres, mas aun los tíos y abuelos y abuelas. Juntos pues gran muchedumbre de mochachos en Roma, mandó que
10 los llevassen al templo del dios Heliogábalo y que los sacrificassen allí todos; y assí fue hecho que los degollaron cabe las aras de los dioses, y después abriéronlos y sacáronles las entrañas, estando presentes los padres que los engendraron y la madres que los parieron. Mucho se indignaron todos
15 los del pueblo de ver la crueldad que hizo con aquellos niños Heliogábalo, porque según dezían ellos sacrificar a los dioses tan crueles sacrificios más pertenescía a la crueldad de los bárbaros que no a la clemencia de los romanos. Presciávase él que antes del imperio immitó a Apieron, varón virtuoso,
20 y después que vino al imperio immitava a Nero, príncipe que fue muy vicioso, diziendo que la mitad de la vida se avía de despender en virtudes y la otra mitad en vicios; porque de otra manera, estando siempre en un ser, no seríamos hombres racionales sino animales brutos.

25   Mandó que se jugasse el juego de las suertes, y para ponerlo en effecto, hizo que echassen en las suertes uno siete camellos, otro siete moscas, otro siete libras de oro, otro siete cavallos, otros siete perros, otros siete búffalos, otro siete arañas, otro siete grullas y otro siete lechugas; y mandó
30 que cada cosa déstas se partiesse en quatro partes, de manera que a ninguno pudiesse caber una parte entera, es a saber, un cavallo o un búffano, sino un quarto. Llegado el día que se avían de echar las suertes mandó que se hiziessen pedaços todos los animales assí grandes como pequeños, y cúpole a
35 él por suerte un quarto de cavallo y otro cuarto de mosca y otro quarto de araña y otro quarto de lechuga y otro quarto de perro, mas no le cupo ningún oro ni plata ni plomo. El primero que inventó este juego de suertes, dizen que fue Heliogábalo, y después passaron muchos tiempos en Roma

que no se jugó aquel juego, porque les paresció a los romanos que era juego en que aventuravan a las vezes mucho, y el plazer y provecho era poco.

Por maravilloso y muy subtil artificio hizo hazer unos vaños de vino, y mandó traer cient cueros henchidos de viento, y subieron él y otros cient mancebos encima de los cueros y allí jugavan y peleavan unos contra otros; y como el vaño estava hondo, aunque no era de agua, y los golpes que se davan passavan de burla, fue el caso que dellos ahogados y dellos mortalmente heridos, allí quedaron más de los treynta muertos. Supo Heliogábalo que los sacerdotes de Marsella sabían tomar y encantar serpientes, aunque fuessen grandes y ponçoñosas, y luego embió por ellos; y como tomassen dellas muchas y muy ponçoñosas, mandó juntar todo el pueblo en unos juegos, y echólas entre todos, las quales mordieron a muchos de tal manera que les costó la vida. Muchas mugeres delicadas y otras señoras preñadas que no pudieron huýr, fue no pequeña lástima ver lo que les acontesció aquel día, es a saber, que apenas quedó ninguna que no fuesse mordida o espantada o muerta o que no malpariesse la criatura de que estava preñada.

Era Heliogábalo muy amigo de truhanes, y holgávase y conversava mucho con ellos; y acaesció que en una fiesta que se celebrava por mayo, como truxessen la víspera antes veynte carros de rosas y las echassen en una cámara para la fiesta de otro día, hizo a los truhanes echar entre aquellas rosas, y como fuessen muchas y ellos no pudiessen ressollar entre ellas, allí perdieron los tristes las vidas. No poco después de la muerte déstos, le vinieron a Heliogábalo otros truhanes algo desgraciados, y mandó atarlos a una añoria y traerlos arriba y abaxo como arcaduzes de agua, y de seys que eran, los quatro escaparon descalabrados y los dos quedaron allí ahogados.

Públicamente burlava de los senadores, de los quales dezía él muchas vezes que no eran senadores romanos sino esclavos bien vestidos. Quando era passada gran parte de la noche y pensava él que estavan los romanos en lo más profundo del sueño, embiava a llamar a los que eran más viejos y regalados, y esto más lo hazía él para desvelarlos que no para aprovecharse de sus consejos, porque era de su natural condición amigo de dar un gran sinsabor al que sentía que estava en algún gran plazer.

Las camas en que él dormía, todas eran de plata pura, y quando venía el invierno, mandávalas afforrar de pellejos de liebres, y las colchas que le echavan encima de la cama eran de plumas de perdiz, y las plumas solamente se tomavan de las que nascían so las alas, porque le dezían los médicos que el calor de aquellas era apropriado para confortar el celebro y resistir la perlesía. Como una vez, estando Heliogábalo comiendo, se moviesse plática del trabajo y peligro que tenían los potrosos, mandó registrar quantos avía en Roma y llamarlos a todos, diziendo que tenía çurujanos griegos para curarlos, a los quales, después de venidos, mandó que se desnudassen y delante dél se vañassen; y como de hazer tal cosa se excusassen y a hazerlo por fuerça los constriñessen, muchos dellos que eran generosos y vergonçosos se echaron de cabeça en el vaño vestidos, y los sacaron después ahogados. Avía un lugar en Roma diputado para todos los que querían tomar plazer, dentro del qual tenía cada uno libertad de jugar lo que tuviesse y burlar de quien quisiesse, y en aquel lugar mandava muchas veces Heliogábalo aderçar una cama, en la cual se estava todo el día echado no para corregir a los burladores sino para incitar o inventar algunas burlas.

CAPITULO .xiiii.

De muchas maneras de combites que hazía
y de las burlas que en ellos inventava.

Dionisio el tyrano, Apio el tribuno y Miscenas el romano fueron en sus tiempos muy notados de glotones en el comer y de muy derramados en el bivir, a los quales tres sobrepujó Heliogábalo en todos los géneros de vicios, en especial en el vicio de la gula, porque naturalmente fue en el comer curioso, costoso y goloso. [85] Nunca comía sino en mesas de plata ni se assentava sino en sillas labradas de plata y de oro y de unicornio, y el aparejo de ollas, caços, assadores, cuchares y otras cosas de cozina, todas eran de plata, y todos sus cozineros andavan vestidos de seda. Tenía muy grandes artificios para que le adereçassen manjares en todo tiempo muy sazonados. En especial fue muy curioso en comer los manjares muy calientes en invierno y bever el vino muy frío de verano.

Muchas vezes usava comer crestas de gallos assadas y lenguas de pavones fritas y lenguas de ruyseñores cozidas, y destas cosas avía de aver en su mesa tanta abundancia como si no pidiera más de carnero o vaca; por manera que ni parescía ya ruyseñor por los sotos ni se hallava pavón en los pueblos. También comía otras vezes una pepitoria compuesta de cabeças de papagayos, de sesos de tordos, de huevos de perdiz, de higadillos de pavones y de pechugas de faysanes, y para comer deste manjar, tomavan sus officiales todos los papagayos que sabían hablar y todos los tordos que en jaulas sabían cantar. Combidó una vez a unos embaxadores y con ellos otros muchos senadores, a los quales dio a comer no otra cosa sino veynte differencias de manjares todos hechos de barbas de barbos; y fueron tantos los barbos que para aquel combite se pescaron, que se loava él a la mesa dar manjar que nunca en Roma se avía comido ni después se podría comer, y esto dezía él porque no se hallarían más a pescar. Truxeron a Heliogábalo unos perricos presentados de Mauritania, y comían con él a la mesa y dormían en su cama, y no les dava a comer otra cosa sino higadillos de ánsares bravas y mollejas de abutardas, y esto hizo él por vengarse de un enojo que le hizieron sus caçadores, dándoles malos días y noches en caçar para los perros.

Quando era alguna gran fiesta o tenía algunos notables combidados, al mejor tiempo que estavan comiendo o beviendo o dançando, hazía por su palacio soltar a los leones

---

[85] "Apio el tribuno" is Marcus Gavius Apicius, a famous gourmand of the days of Augustus and Tiberius. Maecenas' lavish banquets are mentioned in Suetonius (*Vit. Horat.*) as an object of censure by Augustus.

y a los ossos y a algunos toros bravos, y aunque la cosa se hazía por burla, muchas vezes parava en veras, porque algunos de los combidados, como estavan más afforrados de vino que no cargados de hierro, o caýan muertos o quedavan mortalmente lisiados. Queriendo celebrar la fiesta del dios Genio, que era el dios de su nacimiento, combidó al senado, y obligóse a darles de comer palominos criados dentro del agua de la mar y darles también por manjar el ave fénix, que es sola ave y única en el mundo; y para esto obligóse a darles estas aves o cient libras de oro en recompensa dellas, y al fin, dio los palominos marinos, mas no dio el ave fénix. Tenía en su huerta una muy grande alverca de agua algo honda, y muchas vezes después que avía comido, hazía nadar a los que le venían a visitar o con él negociar o que con él avían comido; y como dixessen algunos que no sabían nadar, hazíalos entrar en el agua y traer nadando por la barba; y al mejor tiempo, hazía señas que los soltassen, de los quales algunos se ahogavan y otros llenos de agua escapavan. En todos los veranos hazía traer a su palacio gran muchedumbre de nieve, y ésta era en tanta cantidad que no parescía lo uviessen de la sierra traýdo, sino que allí avía nevado; y puédese esto creer, porque al tiempo que venían los calores y se començava la nieve de su casa a derretir, tan ferozes arroyos llevava por las calles de Roma que no dexava casa ni torre ni pared fuerte que no derrocava.

Quando los príncipes romanos celebravan algunas fiestas, al tiempo del cenar, si era de noche, no encendían velas ni hachas de cera sino muchos candiles de azeyte; y Heliogábalo, por ser extremado en todo, en lugar de azeyte hazía quemar en los candiles bálsamo, y a las vezes hallóse por verdad valer sin comparación más el bálsamo que se quemava que los manjares que dava. Dentro del ámbito de su palacio hizo un hedifficio ni muy costoso ni muy curioso, con una puerta falsa, y poblóle de malas mugeres, para que allí acudiessen sus amigos y criados; y no sin falta de malicia fueron al senado las otras mugeres públicas, al qual pidieron licencia para hazer de su ramería palacio, pues Heliogábalo hazía de palacio ramería. Quando estava cabe la mar, no comía pescados sino de los ríos, y quando estava cabe los ríos, no comía pescado sino de la mar; y esto, más lo hazía él por curiosidad que no por necessidad. En el gasto de las cenas y en la muchedumbre de los manjares y en la curiosidad de los servidores y en los géneros de los vinos, sobrepujó Heliogábalo a Vitello y a Apio y a todos los otros golosos, porque se escrive dél que en la más pobre cena gastó doze mil sextercios, que pueden valer mil ducados.

Para burlar a los combidados, hazía traer en lugar de vancos, fuelles de herreros, y como se assentassen innocentemente en ellos, al mejor tiempo que estavan comiendo los combidados, hazía muy subtilmente que se deshinchassen para que ellos en el suelo cayessen, por manera que muchas vezes començavan la comida assentados a la mesa y la acabavan echados en el suelo. Hizo Heliogábalo unas conveniencias con sus criados, y fue que buscassen todas las arañas que avía en Roma y todas las telas dellas, y que por cada libra les daría cierta summa de dinero; y en muy breve espacio le truxeron diez mil libras de arañas y de telas, y dezía él que avía hecho esto para que viessen todos quánta población avía en Roma, pues se hallavan diez mil libras de arañas en ella.

Secretamente mandó Heliogábalo caçar cincuenta cántaros de moscas, las quales traýdas a su palacio, combidó a unos romanos a comer; y como fuesse verano y tiempo de gran calor, al mejor tiempo que estavan comiendo, hizo desatapar las moscas, las quales, como estavan hambrientas y se vieron en libertad, dieron sobre los combidados como sobre real de enemigos, por manera que los combidados echaron a huýr y las moscas se assentaron a comer. El día de la gran fiesta de su dios, estando todo el sacro senado y todo el pueblo romano offresciendo sacrificios en el templo, hizo soltar de súbito entre la gente cient gatos y diez mil ratones y cient galgos y mil liebres, y proveyó que se cerrassen por de fuera las puertas del templo porque no se fuesse ninguno; y fue tan grande la pelea que truxeron los gatos con los ratones y los galgos con las liebres que más paresció aquel día yr allí a burlar de los dioses que no a offrescerles sacrificios.

Combidava muchas vezes Heliogábalo a sus truhanes y aun a otros chocarreros, y después que se assentavan a la mesa, hazíales poner panes y carnes y frutas y otros manjares presciosos; y estos eran no verdaderos para que los pu-
5 diessen comer, sino pintados en tablas por los poder ver y tocar, y lo que es más, que a cada manjar que les ponían pintado, avían de bever y se lavar las manos como si de comer estuvieran suzios. Hizo una vez un combite público en el Campo Marcio, para el qual hizo venir ocho hombres
10 calvos y ocho gotosos y ocho vizcos y ocho tuertos y ocho negros y ocho gordos y ocho flacos y ocho gigantes y ocho enanos; y a los gotosos hazía comer en pie; a los gigantes ponía las mesas baxas y a los enanos muy altas; y a los tuertos ponían el manjar hazia el ojo tuerto; y a los gordos
15 hazía, estando en pie, que comiessen en el suelo; y a los negros mandava que, atadas atrás las manos, comiessen con las bocas, por manera que a cada combidado le entrava lo que comía en mal provecho.

Concertaron él y otros romanos viciosos un género de
20 combite muy monstruoso; y fue que se pusieron seys dellos encima del Capitolio y seys en su palacio y seys en el monte Celio y seys en la torre de Adriano y seys tras Tyberín y seys a la Puerta Salinaria; y tenían sendas trompetas en las manos, y todos comían de un manjar y avían de bever de un
25 vino y a un mesmo tiempo; y entre manjar y manjar avían de lavarse las manos y adulterar con sus amigas; y porque supiessen los unos lo que avían de hazer los otros, tocavan entre sí las trompetas e instrumentos. Heliogábalo y otros doze de sus amigos, los quales eran todos casados, ordenaron
30 por orden de comer cada día unos en casa de otros, y al que cabía la suerte, avía de dar doze manjares que comiessen y doze géneros de vinos de que beviessen y doze mugeres hermosas con que holgassen; y el día que le cupo a Heliogábalo, dio los doze manjares y los doze vinos, y como los
35 tenía ya borrachos, hízolos acostar ascuras con unas esclavas negras, feas, pobres y muy viejas.

CAPITULO .xv.

De otros vicios que tuvo y de cómo tomó
a su primo Alexandro por compañero en el imperio.

Era Heliogábalo muy barbado, y nunca se hizo la barba
a navaja ni a tigera, mas tomava un ungüento que se llamava
tilotro, con el qual untándose la barba, se caýan los pelos,
y quedava como si la rayera con navaja. La cámara do él
dormía y el corredor do se passeava y la sala do comía y
un cenadero do negociava, no lo avían de barrer con esco-
bas de esparragueras ni de palmas sino con una escoba de
hilos de oro, y al que dava aquel officio era uno de los
principales de su palacio. Quando alguna vez quería andar
o passearse un poco a pie, avía de ser no sobre tierra dura
sino sobre arena dorada. No se contentava Heliogábalo con
que sus çapatos fuessen de seda ni de brocado ni de tela
de oro ni de oro de martillo, sino que las suelas eran de
unicornio y de oro de Nilo, y las capelladas eran de perlas
y piedras riquíssimas, por manera que valían más los çapatos
de Heliogábalo que las coronas de Julio César ni de Augusto. Era muy amigo de traer anillos en los dedos, y unas vezes
los traýa de hierro, otras de cobre, otras de plomo, otras de
ámbar y otras de cuero, por manera que para mostrar este
príncipe más su demencia, los çapatos traýa de oro y los
anillos de cordován. Viniéronle una vez diez naos de Alexandria cargadas de muchas y de muy presciosas riquezas, y
como supo que eran al puerto de Hostia surgidas, mandó a
los marineros que las barrenassen en secreto, con fin que se
fuessen a lo hondo; y como le retraxessen esto en el senado,
respondióles que en esto verían su poca cobdicia, en que las
riquezas de la tierra gastava y las que venían por la mar
anegava.

Era Heliogábalo pródigo y curioso no sólo en lo público,
mas aun en lo secreto y lo necessario, porque el orinal era
de unicornio y el servidor de oro fino. Quando le acontescía
salir de Roma, no salía con menos de seyscientos carros, los
quales todos no yvan cargados de arcas ni baxillas ni ropas

ni de otras cosas a las personas reales necessarias, sino de mugeres, de truhanes, de músicos, de caçadores, de pescadores, de vinos exquisitos y de vituallas inauditas, porque él nunca salía de Roma a visitar los pueblos o a conquistar enemigos, sino a buscar algunos lugares muy deleytosos do con más libertad se pudiesse dar a los vicios. Como le dixesse un senador que por qué gastava tanto, respondióle él, "Amigo, hágote saber que ninguno hereda a otro sino en la muerte; y por esso, quiero yo hazer heredero a mí mismo de mismo en la vida." Queriendo Heliogábalo en todo y por todo bivir al revés de todos los otros hombres del mundo, acordó de hazer del día noche y de la noche día, y fue el caso que quando amanescía, cerravan las puertas de su palacio, y se yva él acostar, y quando anochecía, las abrían y le dava a él de vestir.

Muy arrepisos estavan todos los del exército en averlo por emperador eligido, y también lo estavan los del senado por aver su election acceptado y aprobado, porque era tan voluntarioso en todas las cosas, que no se contentava con ser vicioso en todos los vicios humanos, sino que se presciava y desvelava por inventar otros nuevos. Mesia, abuela que era de Heliogábalo, la qual le avía procurado, o por mejor dezir, comprado el imperio, harto le avisava y persuadía a que fuesse bueno; mas estava ya él en la maldad tan ostinado y a los vicios tan hecho que se dava muy poco por lo que sus amigos le aconsejavan ni por lo que dél sus enemigos dezían. De que vio su abuela Mesia que ni aprovechavan palabras buenas que le dezía ni grandes amenazas y miedos que le ponía, acordó de poner los ojos en otro nieto que tenía, que se llamava Alexandro, para que muerto el uno, succediesse el otro, porque ella por dicho se tenía que según los muchos vicios del Heliogábalo, muy en breve se acabarían los días de su imperio. Como era Mesia anciana, aguda y experimentada, tales palabras dixo a Heliogábalo que le persuadió a que tomasse a su primo Alexandro por compañero en el imperio, la qual election aprobó de muy buena voluntad el senado y fue muy grata a todo el pueblo, y dende en adelante, aunque obedescían a Heliogábalo, el amor todo lo tenían con su primo Alexandro.

Por parte de los egipcios vinieron unos embaxadores a Roma, con los quales vinieron ciertos sacerdotes nigrománticos y adevinos, y con éstos habló Heliogábalo en muy gran poridad, rogándoles le dixessen qué tanto duraría su vida y qué tal sería su muerte; porque bien sospechava él que eran muy pocos a los que era grato y eran infinitos los que le tenían odio. Bien alcançaron los sacerdotes egipcios la infelice e infame muerte que Heliogábalo avía de aver; mas no quisieron o no osaron públicamente se lo dezir, sino que solamente le dixeron que lo que ellos hallavan por sus artes era que, qual fuesse su vida, tal sería su muerte. Con lo que él sospechava de antes y con lo que oyó de aquellos nigrománticos entonces, tuvo creýdo que su vida sería breve y avría muerte muy desastrada. Púsose Heliogábalo a pensar entre sí qué géneros de muertes le podrían dar sus enemigos; y halló que o le avían de degollar o de ahorcar o de despeñar o de empozar o darle con que muriesse ponçoña; y con determinación que una destas muertes le darían sus enemigos, acordó de hazer él mismo los instrumentos. Fue pues el caso que hinchó una alverca de agua rosada, para si le uviessen de ahogar; y al pie de la torre de su casa puso arenas de oro, para si le uviessen de despeñar; y hizo hazer sogas de seda retorcida para si le uviessen de ahorcar; y mandó hazer espadas y puñales de oro, para si le uviessen de degollar; y hizo una buxeta de unicornio en que tenía ponçoña, para con que, al tiempo de la necessidad, se uviesse de matar; porque según él dezía, poco se le dava de morir si con tales y tan generosos instrumentos le uviessen de matar.

Muy al contrario de sus pensamientos le succedió todo esto a Heliogábalo, assí en morir quando no quería como en darle el género de muerte que él no pensava; porque cosa es muy notoria a todos que ni podemos alargar la vida quanto desseamos ni menos desviar la muerte que aborrescemos.

CAPITULO .xvi.

De la enorme muerte que uvo el emperador Heliogábalo.

Después que Heliogábalo tomó por compañero en el imperio a su primo Alexandro, fue muy arrepiso de averlo hecho a causa que veýa muy a la clara que todos amavan al otro y aborrescían a él, y determinóse muy determinado de privar a Alexandro de la honrra y, como pudiesse, quitarle la vida. Mamea, madre que era de Alexandro, como sintió que Heliogábalo tenía gran odio a su hijo, traýa sobre él muy gran guarda, para que no anduviesse solo ni trasnochasse fuera de casa ni se acompañasse con hombres sospechosos ni comiesse de los manjares presentados ni passasse por lugares peligrosos, porque sabía ella que para matarle Heliogábalo, no buscava occasión, sino que esperava oportunidad. De que vio Heliogábalo la mucha guarda que la abuela y la madre tenían sobre Alexandro, fuese un día al senado y persuadióles con dulces palabras, y después mandóles so graves penas, que quitassen a Alexandro el nombre de César que le avían dado, la qual demanda oýda por todos los del senado, abaxó cada uno la cabeça, y no le respondieron ni sola una palabra. De que vio que el senado no quiso hazer lo que él quería, escrivió una carta a los prefectos y más principales de los exércitos, para que supiessen que dende en adelante, a Alexandro ni le avían de honrrar ni menos de servir como a César; mas los exércitos, visto que aquello procedía no de aver culpa en Alexandro sino de sobrar en él malicia, no sólo no obedescieron a sus mandamientos, mas aun ni respondieron a sus cartas. De que no pudo persuadir a los senadores ni constreñir a los exércitos, acordó de sobornar a los criados y officiales de Alexandro, a los quales prometió muchas mercedes y dio muy grandes esperanças si quisiessen darle en los manjares que comía ponçoña, con que muy en breve se le acabasse la vida. Habló también Heliogábalo con los ayos y maestros de Alexandro, para ver si podría acabar con ellos que le sacassen a passear a algunas huertas o que buscassen manera para que le dexassen a solas, y a éstos prometió no sólo de darles grandes riquezas, mas aun de promoverlos a grandes officios.

Visto por Heliogábalo que ni podía corromper a los unos ni persuadir a los otros a causa que Alexandro era muy quisto de todos, mandó que le quitassen las estatuas públicas y que las echassen en el suelo y que las hinchessen

de lodo, la qual cosa era entre los romanos tenida por tan gran injuria como si de hecho quitaran a uno la vida. El día que Heliogábalo mandó derrocar y arrastrar y enlodar las estatuas de Alexandro, apercibió también de secreto a
5 ciertos amigos suyos, para que si por caso sobre el quitar de las estatuas se levantassen algún alboroto y saliesse a él Alexandro, le matassen allí luego, porque era tan grande el odio que con él tenía concebido que no veýa la hora de verle ya muerto. Un día antes que esto se uviesse de effec-
10 tuar, salióse fuera de Roma Heliogábalo a tomar plazer a una huerta, y como se començaron a derrocar y enlodar las estatuas de Alexandro, acuden a estorvarlo todos los pretores del exército, y levantóse en breve espacio un tan gran escándalo que no sólo impidieron que no se hiziesse a Ale-
15 xandro aquella injuria, mas aun fueron a buscar a Heliogábalo para matarle en la huerta. Puesta pues toda Roma en armas, la madre y la abuela de Heliogábalo van con mucha presteza a la huerta do él estava y persuádenle que tome a Alexandro consigo en una litera y se vayan juntos a passear
20 por toda Roma, y desta manera, viendo que ambos a dos son amigos y van juntos, luego los exércitos serán deshechos.

Muy descuydado estava Heliogábalo en la huerta de todo el escándalo que passava en Roma; antes aguardava cada
25 hora con muy grande alegría quándo le vernían a dezir que las estatuas estavan en el lodo y que Alexandro era ya muerto. Quanta determinación tuvo Heliogábalo de hazer matar a Alexandro, tanta tuvieron los exércitos de matarle a él, y para poner esto en execución, fueron con gran ímpetu
30 a buscarle a la huerta, a los quales salió a hablar no él sino la abuela, y acabó con ellos que por entonces no le quitassen la vida, lo qual ellos le concedieron con tal condición que corrigiesse a su persona y que reformasse su casa y que visitasse la república. Luego otro día echaron
35 de casa de Heliogábalo a Herodes y a Gordio y a Murio, los quales eran sus muy grandes privados y compañeros en los vicios y que de loco le tornavan muy más loco.

Dende a un mes que passó esto y que estava ya assossegado el tumulto, como vinieron las kalendas de Jano, que

eran en principio de enero, no quiso Heliogábalo yr aquel día al senado ni embiar en su lugar a Alexandro, de lo qual los senadores se tuvieron por muy injuriados, y quedaron dél muy sospechosos. Ya era muy noche quando los sena-
5 dores salieron aquel día del senado y allí a las puertas les notificaron un mandamiento de Heliogábalo en que les mandava, so pena de la vida, que sin bolver ninguno a su casa, saliessen luego a la hora todos de Roma; y como dellos eran enfermos y dellos viejos, y por tener las casas cerca no tenían
10 allí cavalgaduras, era lástima verlos yr con la obscuridad por aquellos campos tropeçando y muy de coraçón con los ojos llorando. Desterrados los cónsules y senadores, quedava en Roma un romano que fue mucho tiempo cónsul, que avía nombre Sabino, varón doctíssimo, y a quien el gran
15 jurisperito Ulpiano dirigió sus libros y de quien tomavan consejo los romanos en todos los graves negocios. Este Sabino no salía ya de casa por ser muy viejo, y paresciéndole a Heliogábalo que no le quedava ya otro enemigo, llamó a uno y díxole a la oreja que fuesse a casa de Sabino y le
20 cortasse la cabeça; y fue la dicha que, como el centurio era sordo, no entendió que le mandava matar sino, como a los otros senadores, desterrar, por manera que de ser el centurio sordo, vino a escapar la vida Sabino.

Sabido por los pretorianos y gente de guerra que Helio-
25 gábalo avía desterrado a los cónsules y senadores y que avía mandado matar al buen viejo Sabino y avía degollado a Silvio, maestro de Alexandro, y quitado de censor a Ulpiano, van con muy gran furia a palacio, y quebradas las puertas, matan a Heliogábalo y a la madre que le avía parido; y
30 matan no sólo a todos sus criados y privados, mas aun a los gatos y perros y papagayos y cavallos y pavos y monos, por manera que dentro de su casa no dexaron cosa viva. Quando Heliogábalo sintió quebrantar las puertas y que por su casa andavan cortando cabeças, pensando de salvar su persona,
35 fuese a los corrales y abscondióse en una privada, y estando allí metido hasta la garganta, le cortaron la cabeça, de manera que conforme a la vida torpe, uvo la muerte suzia. Juntamente con Heliogábalo mataron también a su madre, aunque es verdad que ella tuvo mejor coraçón que no él,

porque ella murió en la cámara como señora, y él murió como covarde en la privada.

Muerto Heliogábalo y su madre, tomaron sus cuerpos desnudos y despedaçados y lleváronlos arrastrando por toda Roma, echándoles lodo y dándoles con piedras, y assí los llevaron hasta el río Tyberín, en la profundidad del qual los echaron, para que los peces los comiessen y jamás hombres más los buscassen ni hallassen. Muchos príncipes de los que le precedieron y de los que le succedieron fueron muy malos y de muy mala vida y muy perniciosos a la república; mas entre todos, Heliogábalo, assí como él solo fue en el qual no se halló ninguna buena obra, assí él solo fue el que caresció de sepultura. En este príncipe deven tomar exemplo todos los príncipes, para que no sean tan voluntariosos ni a sus pueblos tan odiosos, porque no siendo amados en la vida, no merescerán ser sepultados en la muerte.

No se contentaron los romanos con matarle y con arrastrarle y con empozarle, sino que le derrocaron y apedrearon las estatuas que estavan en el Capitolio, y rayeron su nombre de doquiera que estava escripto; y por mostrar más el odio que le tenían, no sólo mataron a todos los amigos y privados que tenía, mas aun quemaron todas las ropas y joyas que tenía, por manera que no quedó dél otra memoria en Roma sino que en nombrando su nombre, escupían todos en tierra. Imperó Heliogábalo seys años y tres meses y diez días, y bivió treynta y dos años y cinco días y quatro meses, los veynte y seys años de los quales fue mancebo muy virtuoso y sacerdote muy recogido, y los otros seys años fue el emperador más absoluto y vicioso que uvo en el Imperio Romano, porque los vicios que estuvieron por todos derramados se hallaron en éste juntos. [86]

F I N

---

[86] Heliogábalo was born in 204 and was killed in 222; he was eighteen at his death and had ruled less than four years.

COMIENÇA LA VIDA del buen emperador Alexandro Severo, hijo de la buena matrona Mamea, copilada por el señor don Antonio de Guevara, obispo de Mondoñedo, predicador y chronista y del consejo de su magestad.

CAPITULO PRIMERO

De la criança y naturaleza del emperador Alexandro Severo.

Aurelio Alexandro, fue su nación de Assiria, y llamóse su padre Vario y su madre Mamea, y fue primo carnal del emperador Heliogábalo, porque las madres fueron hermanas; y aunque nasció en Assiria, crióse en Roma a causa que en aquellos tiempos su abuela, que se llamava la gran matrona Mesia, governava a Severo y a su casa y aun a toda la república.

Fue Alexandro alto de cuerpo, los cabellos negros y entorcijados, la cara flaca y morena, los ojos grandes y rasgados, la garganta corta y llena, las manos secas y nerviosas, las piernas delgadas y los pies algo estevados, y en la complissión cúpole poca cólera y mucha flema, lo qual mostró él después en el discurso de su vida, porque fue en la conversación manso y en la governación piadoso.

Nasció Alexandro en la ciudad de Arcena, siendo emperador Septimio Severo, y crióse los quatro años primeros en Assiria, y después truxéronle a poder de su abuela a Roma, la qual, después que le tuvo otros tres años consigo en Roma, hízole tornar a Assiria, lo uno porque no se criasse en palacio con regalo y lo otro porque no se le matasse Bassiano, el hijo mayor de Severo. [87]

Los pressagios de su imperio fueron estos: Hallóse por verdad que en tal día como en el que murió el magno Alexandro, nasció este Alexandro Aurelio, y quando su madre estava en días de parir, vino ella a visitar el templo do estava sepultado Alexandro, y allí le tomó el parto, y parió este hijo; y lo que más es, que el nombre que le pusieron fue Alexandro y el ama que le crió se llamó Olimpias y el ayo que tuvo se llamó Philippo, los quales dos nombres tuvo el padre y la madre del magno Alexandro. El mismo día que nasció este Alexandro, vino una muger vieja a su casa y offresció a su madre un huevo colorado que avía puesto en aquella hora un palomino, y dixo la vieja a la madre que no era otra cosa aquel huevo colorado sino pressagio que sería emperador aquel niño.

Mamea, madre que fue deste príncipe, era muger muy hermosa, sabia, prudente y cuerda, y lo más porque meresce ella ser tan estimada y honrrada es porque ninguna muger romana le excedió en la honestidad de su persona y ni se ygualó con ella en el recogimiento y guarda de su casa. Como esta matrona Mamea era naturalmente buena e inclinada a bien, tuvo muy gran solicitud en criar y doctrinar a su hijo Alexandro en buenas costumbres y que deprendiesse provechosas sciencias; y porque no olvidasse en compañía de otros mancebos lo que deprendiesse de sus ayos y maestros, tenía puestas guardas por defuera de su casa, para que a ninguno dexassen entrar a hablarle en palacio si no fuesse hombre anciano, prudente y docto. Desde que supo Alexandro andar, le enseñó su madre a ser templado en el comer, limpio en el vestir, reposado en el andar y corregido en el hablar. Fue él tan comedido en todo lo que requiere la buena criança y tan limpio en todos los vicios que aquella edad acarrea, que dezían todos los que le co-

---

[87] Alexander was born in 208, *urbe Arcena* (Arcé). The other details of his youth and the chronology are deduced by Guevara from Herodian; actually Alexander probably did not go to Rome until Heliogábalo became emperor.

noscían que era tanto de ver a Alexandro quando era niño como ver a Tullio quando era viejo. No se halla que en todo el tiempo que le tuvo so su governación la madre, le dexasse passar ni estar un día occioso, que no se occupasse o en
5 deprender letras o en exercitarse en las armas, de los quales exercicios ambos a dos merescen perpetuamente ser loados, es a saber, la madre por mandarlo y el hijo por obedescerlo. Muchos hijos avría buenos si sus padres los supiessen doctrinar, y tampoco avría tantos malos si los hijos quisiessen
10 a sus padres obedescer; y por esso dezía el divino Platón en los libros de su *República*, que aquella era bien aventurada familia do en los padres avía prudencia y en los hijos obediencia. A todas las cosas que Alexandro quería como moço, a todas le yva su madre a la mano, por manera que
15 nunca se hazía lo que el hijo quería, sino lo que la madre mandava. Supremo cuydado tuvo Mamea de guardar a su hijo no sólo de los comunes vicios, mas aun de los hombres viciosos, porque muchas veces se corrompen las inclinaciones buenas con las compañías malas.
20 En su infancia tuvo por preceptores que le enseñassen a leer a Valerio y a Gordio y a Veturio; y este Veturio fue el que después estuvo más extimado en su casa, y escrivió el discurso de su vida, la qual hystoria se perdió quando los godos entraron en Roma. [88] Fue su maestro en la gramática
25 Nebón el griego, y en la philosophía Estelión el primero, y en la rethórica Serapio el bueno; y después que vino a Roma tuvo también por maestros a Escario y a Julio y a Macrino, varones muy graves para doctrinar y muy doctos para enseñar. Deprendió Alexandro todas las sciencias, a las quales
30 él se dio bien, y ellas a él, aunque es verdad que en el arte de la orathoria no tuvo muy limada la lengua; y esto no se entiende porque no sabía él bien hablar, sino que no tenía alto estilo en el dezir.
Sobre todos los príncipes romanos fue Alexandro amigo
35 de hombres sabios, a los quales él buscava aunque no le

---

[88] His first teacher were (1) Valerius Cordus ("a Valerio y a Gordio"), (2) Titus Veturius, and (3) Aurelius Philippus, who wrote the biography of Alexander Severus. Nothing is known of these men or of the biography.

buscassen y los enriquescía si eran pobres y los honrrava quando le hablavan y los rescebía quando a él venían y los creýa quando le aconsejavan y les dava lo que le pedían; finalmente, nunca hombre sabio oyó dél mala respuesta ni halló en su casa la puerta cerrada. Preguntado Alexandro que por qué era tan extremado en favorescer indifferentemente a todos los sabios, como fuesse verdad que entre ellos avía de buenos y malos y de doctos y no tan doctos, respondió, "Amolos por lo que saben y hónrrolos por lo que pueden, porque al fin, en los siglos advenideros, debaxo de lo que escrivieren en sus escripturas se esclarescerán o resplandescerán mis famas."

Fue Alexandro en el tiempo de su niñez muy malquisto de su primo Heliogábalo; y causava esto no la condición áspera de Alexandro sino las costumbres malas de Heliogábalo, es a saber, no querer ser su compañero en los vicios como era deudo en la sangre. Jamás se vieron en el mundo dos príncipes tan conjunctos en el parentesco y tan vicinos en la successión y tan differentes en las vidas como fueron Heliogábalo y Alexandro, porque en Heliogábalo no uvo ni sola una virtud que loar, ni en Alexandro se halló un solo vicio que reprehender.

CAPITULO .ii.

De cómo Alexandro fue promovido al imperio, y de sus muy buenas costumbres.

Dos años antes que los pretores matassen al emperador Heliogábalo, estava ya Alexandro electo en Augusto, y esto en muy gran conformidad y gracia de todo el pueblo romano, y de aquí vino que el mismo día que mataron al infelice de Heliogábalo, le dieron a él las insignias del imperio. En un mismo día y por unas mesmas calles yvan los unos alçando por emperador a Alexandro e yvan los otros arrastrando el cuerpo de Heliogábalo, y uvo entre los romanos entonces muy grandes apuestas sobre quál era mayor, el regozijo que tomavan de la promoción al imperio de Alexandro o con la muerte y mal fin de Heliogábalo.

Quando Alexandro começó a imperar era muy moço y por esso Mesia su abuela y Mamea su madre se encargaron de la governación del imperio, las quales, aunque en la condición eran mugeres, por cierto en la governación ellas se mostraron varoniles. Eligiéronse luego doze varones que assistiessen en todos los negocios del imperio, los quales se tomaron de entre los ancianos los más expertos y de entre los doctos los más sabios, y sin parescer y determinación de todos estos, ni se oýa cosa que viniessen a pedir ni se determinava cosa que uviessen de hazer. Lo primero que Alexandro y Mesia su abuela y Mamea su madre con sus doze consiliarios ordenaron fue entender en reformar los templos, es a saber, reparar los que estavan caýdos, alimpiar los que estavan suzios, dotar a los que estavan robados, poblar a los que estavan yermos; y esto se hazía a causa que en tiempo de su predecessor Heliogábalo, no sólo las cosas humanas estavan perdidas, mas aun las de los dioses estavan profanadas.

Reformadas las cosas divinas, luego entendieron en dar concierto en las repúblicas, y antes de todas cosas, quitaron y privaron a todos los malos hombres que tenían officios en ellas, y no se contentaron con castigarlos de los delictos y privarlos de los officios, sino que les hizieron restituyr todo lo que avían robado y que dende en adelante biviessen de su sudor proprio. Las cosas de justicia no se tractavan sino por varones muy doctos, los negocios de la guerra no se encomendavan sino a capitanes muy expertos, cosas de república no se platicavan sino con los muy expertos en ella; por manera que no proveýan a las personas de officios, sino a los officios de personas.

Reformóse también toda su casa de Alexandro, assí lo que tocava a los ministros como a los gastos, lo qual todo en tiempo de Heliogábalo andava muy desordenado y aun desonesto, y a esta causa púsose tassa en el gasto, y eligiéronse officiales fieles que lo gastassen, por manera que en casa de Alexandro ni avía gasto desordenado ni hombre que no tuviesse officio. Aunque en los gastos ordinarios avía

mucho concierto en su casa, no por esso dexava de estar muy harta toda su familia, según que convenía a su imperial grandeza; y muchos estrangeros que venían a Roma loavan a Alexandro de que en sus gastos ni le podían accusar de
5 pródigo ni notar de avaro.

Reformados los templos y la república y su casa, acordó el buen príncipe de reformar su persona, y esto no sólo en ordenar los tiempos cómo los avía de gastar, mas poner tassa en la forma y manera de cómo se avía de vestir; por-
10 que según él dezía, si los dineros que gastan los príncipes en ropas superfluas y el tiempo que consumen en ataviarse y vestirlas, lo gastassen en provecho de sus repúblicas, ellos serían más amados de los dioses y menos aborrescidos de los hombres. Era Alexandro tan humilde en su condición
15 que mandó públicamente que ninguno le llamasse *señor* por palabra ni por escripto, sino que los sacerdotes le llamassen *hermano*, los del senado *hijo*, los del exército *compañero* y todos los comunes *amigo*; y esto hazía él porque tenía en tanta reverencia a los dioses, que a ellos solos quería
20 que llamassen señores. En los sobre-escriptos de las cartas que le traýan los embaxadores o le embiavan de las provincias, poníanle títulos muy superbos e inexquisitos, y lo que proveyó en esto fue que no le pusiessen otro sobre-escripto más de dezir *A nuestro hijo* o *A nuestro hermano* o *A nuestro*
25 *compañero* o *A nuestro amigo Aurelio Alexandro, emperador romano*.

Heliogábalo, su predecessor que fue, tenía muchas piedras presciosas en los pies, muchos clavos de unicornio en la caperuça y muchos botones de oro en la ropa, de las
30 quales cosas jamás usó ni se presció traer Alexandro, porque según él muchas vezes dezía, no han de conocer a los príncipes sus vassallos por las ropas ricas que traen sobre sus personas sino por las buenas obras que hazen en sus repúblicas. Comúnmente se vestía de ropas blancas en un
35 tiempo y en otro, y en invierno de una blanqueta de Bretaña y en verano de una cotonina que le traýan de Asia, y otras vezes hazía sayos que eran texidos de algodón y lino, y dezía él que se holgaba de traer esto porque era poco costoso y era muy ligero y porque se podía lavar muchas vezes en

el verano. Muchas vezes se yva por Roma passeando y hablando con un amigo y con dos; y en el passear andava passo y traýa las manos atrás, y de que se sentía cansado, entrávase en casa del primer vezino y assentávase en un
5 poyo de tierra, y a las vezes allí se dormía, por manera que tanta familiaridad tenía con todos como si él fuera uno dellos. Costumbre era a los emperadores romanos quando caminavan caminar siempre en litera, y Alexandro holgávase de yr descubierto y hablar y que le hablassen todos, la qual
10 familiaridad ni se hazía ni se podía hazer, porque ninguno era osado de hablar al príncipe si primero el príncipe no le hablaba o le llamava. Era manso, piadoso, suffrido, callado y en todas las cosas muy bien comedido, y lo que más es, que jamás le vieron demasiadamente turbado ni dezir
15 palabras de hombre furioso, y a esta causa nunca hombre quiso mal a Alexandro por el mal que le hazía sino por el odio que con él tenía.

Entrando un día en el templo de la Diosa Prenestina a orar a los dioses y a rogarles que le librassen de las manos y
20 acechanças de Heliogábalo, como estuviesse puesto de rodillas y derramando muchas lágrimas, vio en un pilar del templo escriptas estas palabras:

Si qua fata aspera rumpas,
tu Marcellus eris.

25 Las quales son de Marón, y en sentencia quieren dezir, "Tú serás otro Marcello si prevalesces contra los hados de que estás cercado." Según él después contava a muchas personas, no sólo en el templo se le quitó todo el temor que tenía y cobró nuevo coraçón para contra qualquier adversa
30 fortuna, mas aun desde aquel día se tuvo por dicho que no sólo no avía de venir a manos de Heliogábalo su enemigo, sino que también le avía de succeder en el imperio.

CAPITULO .iii.

De cómo en tomando el imperio Alexandro,
visitó y reformó la república.

En el segundo año que començó Alexandro a imperar,
5 murió su abuela, la gran matrona Mesia, en la muerte de
la qual mostró él mucho sentimiento, y aun todo el pueblo
romano, y hiziéronle tan honrroso enterramiento y tan solennes
obsequias quales pertenescían a persona que avía
tenido por cuñado al emperador Severo y por nietos al em-
10 perador Heliogábalo y a Alexandro. Muerta Mesia, cargó
toda la governación sobre Mamea, madre que era de Alexandro,
a la qual tenían todos en possessión de casta, sobria,
cuerda y suffrida, excepto que era algo avara y cobdiciosa,
y de aquí vino que amanesció una mañana en las puertas
15 de palacio escriptas estas palabras: "Si Mamea no tuviera
cargo del dinero de la república, nunca tal romana se uviera
criado en Roma."

Grandes tiempos avía que no se avía visitado el senado,
y Alexandro acordó de visitarlo, y esto no sólo inquiriendo
20 cómo los senadores bivían y cómo en la governación de la
república se avían, mas aun cómo sus casas governavan y
sus familias regían, porque dezía él que el hombre que no
sabía a su muger mandar y a su casa proveer y a su familia
governar, no podía el príncipe hazer mayor locura que era
25 poner al tal en governación de la república. Llamavan en
Roma cavalleros veteranos a los que avían servido mucho
tiempo en la guerra y estavan ya en sus casas retraýdos, y
a éstos dávanles de comer de la república, y eran previlegiados
de no ser puestos ante justicia; y como Alexandro fuesse
30 informado que muchos dellos eras descomedidos y reboltosos
y viciosos, mandólos desterrar de Roma y que no les
diessen de comer más de lo de la república. Quando firmó
la sentencia de su destierro, puso en ella estas palabras de
su propria mano: "Tan justo es que al vicioso de libre le
35 tornen esclavo, como al virtuoso de esclavo le tornen libre,
porque do ay corrupción de costumbres no han lugar las

libertades". Fueron por cierto estas palabras como de tan alto príncipe dichas.

Visitó también a los officiales del erario público, como si dixéssemos a los contadores que tienen cargo de la hazienda del reyno, y como en la visita hallasse que los tales llevavan muchos cohechos y que avía entre ellos muchos officiales sobrados, mandó castigar a los que cohechavan y despedir a los que sobravan. Fue Alexandro muy afficionado a las cosas de las repúblicas, y con aquel zelo que tenía, ponía muy gran diligencia en que los bienes públicos se cobrassen y que por manos de malos no se robassen y que en cosas útiles se gastassen; porque según él dezía, los buenos príncipes no han de consentir que de las entrañas de los pueblos bivan los hombres vagamundos.

Escrivió a todas las provincias que en todas las causas ceviles procediessen los juezes según la orden del derecho excepto con los que fuessen ladrones, con los quales, dentro de tres días que fuessen presos, los castigassen o los matassen o por esclavos de otros los diessen o para las obras públicas los condennassen, y que por ninguna manera los soltassen; porque según él muchas vezes dezía, nunca hombre que provó a saber qué cosa era hurto se pudo hasta la muerte apartar de aquel vicio. Visitó a los officiales que tenían cargo de pagar a la gente de guerra y halló contra ellos que pagavan en mala moneda y que hurtavan muchas pagas y que contavan a los muertos como a los bivos y que apresciavan más de lo que valían los bastimentos, a los quales Alexandro mandó públicamente açotar y para siempre desterrar. Estableció por público edicto que qualquiera que ossase dende en adelante hurtar algo de las pagas de la guerra perdiesse por ello la vida.

Todas las cosas que se avían de mandar y proveer en la república, primero las comunicava con los que le parescían a él tener dellas sciencia o experiencia, y assí dezía él que de seguir su parescer proprio, nunca se le avía seguido sino trabajo y de allegarse al parescer ageno, siempre avía sacado fruto. Muchos y muy notables hombres tenía él en su casa, de los quales siempre andava rodeada su persona; mas entre todos, a quien él más amava y de quien más sus secretos confiava era Ulpiano, el qual Ulpiano, allende de ser varón doctíssimo, era hombre tan virtuoso que dezía dél Alexandro que antes se atrevería a hazer una obra fea delante de los dioses que no a dezir una mala palabra delante Ulpiano. Quando yva al campo a caça de cetrería o yva a las sierras a montería o a algunas riberas a hazer alguna pesca o quería yr a comer o a cenar en alguna floresta, nunca yva sin llevar consigo una o dos personas de las más ancianas en edad y más graves en costumbres, y esto dezía él que hazía, lo uno por tener cabe sí quien le diesse consejo si se le recresciesse algún negocio de súbito y lo otro por tener delante sí de quien uviesse vergüença de hazer cosa que fuesse desonesta ni fea.

De todas las naciones y reynos de su imperio tenía hombres letrados en su corte y casa con los quales se comunicavan los negocios graves y arduos que a él venían, mandando a cada uno que entendiesse en lo que pertenescía al bien de su reyno, por manera que en dicho ni en hecho ninguno entendía en negocios de reyno estraño. Su predecessor Heliogábalo avía ordenado muchas leyes en favor del fisco, las quales eran en gran perjuizio del pueblo; porque dado caso que la hazienda se augmentava, por otra parte la república cada día se disminuýa, y a esta causa mandó Alexandro que todas aquellas leyes se reveyessen y reformassen, porque según él dezía, mejor le está al príncipe que la república esté rica y su casa pobre que no que la república esté pobre y su casa rica.

Quando él començó a imperar, estava el pueblo muy dissoluto en las costumbres, por cuya occasión hizo algunas leyes rigurosas y otras piadosas; mas al tiempo que las hizo pregonar en público, dixo a los ministros de justicia que las avían de executar en secreto, "No miréys vosotros a lo que mando, sino a la intención con que lo mando, es a saber, que las leyes rigurosas no son más de para espantar y las piadosas para executar, porque los príncipes no hazemos las leyes para quitar a los hombres las vidas sino para extirpar los vicios de las repúblicas."

Ninguna cosa que tocasse a la governación de la república quería que los del senado determinassen si por lo

menos no estavan cincuenta senadores juntos; y el día que se proponía alguna cosa, no se determinava hasta que cada uno tuviesse tiempo de en ella mucho pensar y se determinar. Quando los senadores votavan en graves negocios, no
5 se contentava con que dixessen su parescer por palabra, sino que lo diessen por escripto, y tanpoco se contentava con que lo diessen por escripto, sino que también avían de poner allí las razones que le movían a dar aquel voto; y esto dezía él que hazía porque ninguno se atreviesse a votar lo
10 que el affecto o passión le moviese sino lo que la razón y virtud le ditasse. Naturalmente era enemigo de lisonjas y de lisongeros, y si alguno le dezía alguna lisonja, assí se affrentava como si le dixera una injuria. Muchas vezes dezía él que los buenos príncipes por mayores enemigos han de tener
15 a los que los engañan con lisonjas y mentiras que no a los que se entran a occupar sus tierras, porque los unos no les toman sino la hazienda, mas los otros róbanles la fama.

Públicamente mandó pregonar que ninguno le saludasse con otras divinas ni humanas palabras más de dezirle, "Dios
20 te guarde Alexandro." Heliogábalo su predecessor públicamente se avía hecho adorar en un templo, y como los romanos quisiessen también adorar a Alexandro, respondióles él, "Si yo fuesse cierto que no avía de morir, yo me dexaría adorar; y por esto no es justo que tomemos los hombres con
25 soberbia lo que a los dioses conviene por natura."

Nunca hizo ni crió a ninguno en senador si no fuesse con parescer y voluntad de todos los senadores, porque si después saliesse malo, no echassen la culpa a él por averlo eligido, sino a ellos por averle señalado. Todas las vezes
30 que se hablava de la elección de algún censor o senador, le oýan dezir a él en el senado estas palabras, "Si como tengo presentes a los hombres, estuviesse yo en presencia de los dioses y no de vosotros, tomaría el parescer dellos para eligir senadores y censores, porque eligir governadores de
35 república más paresce elección divina que humana."

Si por descuydo algún estrangero o ygnorante se allegava o se assentava cabe él, no consentía a los de su guarda que le maltractassen ni le quitassen; antes le hablava y más cabe sí allegava, por manera que jamás hombre fue affrentado de su presencia ni oyó de su boca mala palabra.

CAUITULO .iv.

De la condición mansa y agradable que tenía Alexandro.

5 Fue Alexandro muy amigo de sus criados, a los quales él visitava estando enfermos indiferentemente, es a saber, assí a los menores como a los mayores y privados; y en pago de la tal visitación, les rogava que le dixessen qué dezían dél en la república; y si le dezían alguna cosa que
10 hiziesse o uviesse hecho digna más de emmendar que de loar, tantas gracias les dava por aquel aviso como en otro tiempo les solía dar por algún notable servicio.

El cónsul Unco Jassón dixo un día a Alexandro en gran secreto, "Maravillado estoy de ti, O sereníssimo príncipe,
15 porque te dexas gobernar de tu abuela Mesia y de tu madre Mamea y de tu muger Meania, las quales han hecho a tu condición tan mansa a que te tengan en poco y que tu imperio sea menospreciado, porque la condición baxa es occasión para que tengan en poco a la persona." A esto le
20 respondió Alexandro, "A mi abuela devo reverencia porque me crió, y a mi madre obediencia porque me parió, y a mi muger buena compañía, pues comigo se casó; y pues esto es assí, de ninguno con razón devo ser mal notado y juzgado, pues no hago más de pagar lo que devo."

25 Desde el día que fue por emperador declarado hasta el día que le metieron en el sepulchro, nunca día passó en el qual no hiziesse alguna cosa notable y exemplar, es a saber, oýr de justicia, visitar los templos, estar en el senado, reparar los muros, perdonar delinqüentes, hazer bien a pobres
30 y despachar otros semejantes negocios. Todos los derechos y servicios extraordinarios con que las ciudades servían a los príncipes, todos los convertió y aplicó para las fábricas y muros de las mismas ciudades. Tenía muy corregidos a los officiales del fisco, y a esta causa se aplicavan muy pocas
35 penas para su cámara; mas las que una vez se aplicavan

siempre se executavan. Era largo en el dar a los embaxadores y estrangeros y muy corregido en los gastos ordinarios, y sobre todo tenía muy gran cuenta y aviso con los officiales del erario público, para que uviesse siempre dinero sobrado en el thesoro. Muchas vezes dezía él que el príncipe pobre y necessitado, ni le servían de coraçón los suyos ni podía resistir con armas a los estraños. A los que eran sanos y tenían fuerças para trabajar y no tenían dineros para tractar, mandávalos socorrer de los bienes del erario, con condición que de los frutos que cogessen le tornassen a pagar, andando el tiempo; y desta manera evitó de aver pobres y ladrones y vagamundos en el imperio.

El prefecto del pretorio solía ser officio por sí en Roma, y mandó que el tal fuesse juntamente pretor y senador, por manera que dende en adelante, después del censor y tribuno, el pretor se assentava en el tercero grado. A todos los que de su casa llevavan gages y salario, los tenía assentados en un libro, y allí estava escripto qué edad avían, de que linage eran, qué condiciones tenían y de qué le servían; y muchas veces, de que estava solo, leýa en aquel libro, por manera que assí hablava y nombrava y tenía noticia de todos como si no fuera más de uno.

El trigo del depósito que el pueblo tenía para el tiempo de las hambres, todo lo halló gastado quando començó a imperar, y dado caso que su predecessor Heliogábalo lo avía desperdiciado, él de su casa lo mandó pagar y restaurar. La casa del azeyte pública que Severo avía hecho y dotado, también Heliogábalo la avía destruydo, de manera que ya no avía gota de azeyte en el pueblo, y proveyó Alexandro que de nuevo se rehedifficasse y se dotasse, por manera que en su tiempo uvo tanta abundancia de azeyte para comer como avía de agua para bever. Quitó muchos derechos que estavan puestos sobre los que compravan y vendían, y dio muchas libertades a los que traýan a vender pan, vino, cevada, centeno, azeyte, carne y ropa; mas a los que vendían frutas y golosinas y cosas superfluas, mandó que pagassen los tributos doblados, es a saber, que assí pagava el que lo comprava como el que lo vendía.

Los judíos que estavan en Ytalia eran de todos muy mal tractados, y los christianos también eran perseguidos y desterrados, y como los unos y los otros se quexassen, mandó Alexandro que biviessen en sus leyes, con tal que hiziessen sus cerimonias y ritos secretos.

Honrrava mucho a los presidentes de las provincias, y quando yva camino, ellos solos yvan con él en el carro o cabe la litera, y esto hazía él, lo uno porque viessen todos quanto honrrava a los ministros de justicia y lo otro por informarse dellos del estado en que estava la república de aquella tierra, porque era naturalmente tan amigo de lo que tocava al bien común que no sólo tomava en lo proveer y hablar plazer, mas aun mostrava tenerlo por vicio. A ningún género de gentes hazía tantas y tan largas mercedes como a los censores y tribunos y pretores que tenían cargo de justicia y eran limpios en administrarla; y como un día se lo dixessen en el senado, respondióles él, "Como el príncipe no deve ni con razón puede llamarse príncipe sino quando administra justicia, sed ciertos que si halla un ministro que en administrar justicia sea justo, con ninguna cosa puede ser el tal pagado; y por esso, do yo más a éstos que no a otros de los que están en mi servicio, y aun porque haziendo a éstos que sean ricos, les quitaremos la occasión a que no hagan a otros que sean pobres."

Por parte de la república le hizieron relación que estavan las carnes en Roma muy caras, y como preguntasse qué carnes eran las que les vendían muy caras y le fuesse respondido que las de vaca y las de puerco, mandó que por espacio de dos años no fuesse ninguno osado de matar ternera que mamasse ni lechón que se criasse, lo qual fue occasión a que dentro de dos años la libra de carne que valía a ocho no valía después sino a dos.

Como se le quexassen los cavalleros que los tractavan mal los tribunos, mandó Alexandro que viniessen a juyzio ante él los unos y los otros, y a los cavalleros que sin tener razón se quexaron del castigo de los tribunos, mandó que fuessen otra vez castigados, diziendo que el culpado que se agravia y se quexa del castigo que justamente le fue dado, no menor pena meresce que si levantasse a otro falso testimonio. De los hombres que a su parescer eran graves, prudentes y verdaderos, siempre se informava y tomava el parescer de lo que avía de hazer y proveer en los graves y dubdosos negocios, y no siempre se fiava ni comunicava con unos, porque según él dezía, quando ya sabe el pueblo que el príncipe siempre se aconseja y se rige por uno, fácilmente el tal con dones o ruegos puede ser corrompido.

CAPITULO .v.

De los hediffícios que hizo y de otros que reparó Alexandro.

En todo el tiempo que imperó Alexandro nunca quiso hazer a ninguno que de libre fuesse siervo, y según él dezía, lo que le movía a no lo hazer era porque no tenía mayor peligro la república sino quando los que en algún tiempo fueron siervos venían a ser señores. Los que eran siervos y los que eran libres no sólo se conoscían en las libertades que tenían mas aun en las ropas que trayan, porque hizo ley muy rezia que el siervo no anduviesse en hábito de libre ni el libre en hábito de siervo. En los tiempos passados avían sido los eunucos en Roma muy favorescidos, mas en tiempo de Alexandro fueron muy maltractados, a los quales echó de palacio y mandó que no sirviessen más a matronas, y los privó de todas sus libertades, y déstos dezía él que valían más que bestias y menos que hombres.

Tenía Alexandro un criado que avía nombre Belón, y éste prometió a un cavallero que despacharía cierto negocio con Alexandro en que a él le yva mucho, diziendo que era del príncipe muy privado, y para remuneración de su trabajo rescibió del cavallero gran quantidad de dinero; y como Alexandro fuesse desto avisado, y que lo que prometía alcançar dél era cosa injusta y no poco en daño de la república, mandóle crucificar, diziendo que ninguno ha de ser osado vender la privança de los príncipes en perjuyzio de los pueblos. Do mandó justiciar a este su criado fue en un passo de una cantonada por do era el passo más público y freqüentado para entrar todos en palacio, y no quiso que quitassen del palo el cuerpo hasta que se cayó a pedaços porque tomassen todos exemplo en aquél, que ninguno avía en casa del príncipe pensar de prometer ni alcançar cosa injusta.

Avía en Roma burdel assí de hombres como de mugeres, y assí ellos como ellas pagavan muchos tributos a los templos, los quales dende en adelante aplicó para las obras públicas, y dio para los templos otras rentas, diziendo que con dineros tan torpemente ganados era tener en poco a los dioses servirlos con ellos. Intentó de quitar el burdel de los hombres y fue aconsejado que no lo hiziesse, porque si quitava aquel que era público, en cada casa o calle avría otro secreto, mayormente que la malicia humana es inclinada a amar las cosas illícitas y procurar de alcançar las cosas prohibidas.

Del tributo que pagavan los plateros, carpinteros, vidrieros, pellegeros, carreteros, pintores y doradores y otros offiçiales, hizo unos muy generosos vaños, y fueron éstos los primeros en que se vañaron los romanos sin pagar tributo. Hizo traer de España un género de árboles que se llamavan álamos, con los quales en breve espacio adornó y hermoseó los vaños de árboles y bosques, que si yvan muchos a vañarse a los vaños, yvan muchos más a recrearse a los bosques. En todos los vaños de Roma puso lámparas que ardiessen de noche, porque antes dél, ninguno se podía vañar a causa de la mucha obscuridad desde que se ponía el sol hasta que otro día salía.

Muchos quisieron infamarle de cruel y llamávanle no Alexandro sino Severo, y éstos eran los cavalleros pretorianos que andavan en el exército, los quales se movían no por las crueldades que en él avían visto, sino porque en el robar les avía ydo a la mano.

Todas las obras viejas de los príncipes passados que se yvan a caer y a perder, renovó y reparó, y otras muchas de nuevo hizo, en especial los vaños que de su nombre llamó Alexandrinos, los quales duraron hasta los tiempos de los godos. Hizo en Roma dentro de su palacio un nuevo patio que llamó Alexandrino, en el qual los mármoles eran de pórfido y la piedra toda de Lacedemonia, y a todas las esta-

tuas famosas y antiguas hizo mármoles sobre que se pusiessen, y para hazer todas estas obras truxo los más primos y
famosos maestros que avía en todas las provincias. En su
tiempo no consintió que se esculpiesse y hiziesse moneda
si no fuesse de oro o por lo menos de plata, la qual moneda tenía en la una parte esculpido su rostro al natural y
en la otra a la diosa Ceres.[89] Muchas vezes mandava juntar
a los principales del pueblo, y los hablava y amonestava a
que fuessen virtuosos, animosos y con los populares piadosos, diziéndoles que fuessen ciertos que a los buenos avía
de tractar como a hijos y a los malos como a enemigos. Tres
vezes dio al pueblo romano gran cantidad de trigo en tiempo
que no tenían de do lo traer ni con que lo comprar. Assí
mesmo otras vezes dio a los cavalleros veteranos y militares
muchos dineros graciosos, porque supo que estavan los más
dellos alcançados y adeudados.

Avía en Roma muchos hombres que no bivían sino de
logros y usuras, a cuya causa estavan muchas haziendas
perdidas y muchas casas tributarias, y mandó Alexandro con
suprema diligencia que se reveyessen aquellos contractos y
le diessen por memoria los notables agravios, los quales por
él vistos, castigó a los logreros que los avían hecho y libertó
a los pobres contra quien los avían inventado. Mandó por
edicto público que ningún censor ni cónsul ni tribuno ni
senador ni otro qualquier official de su corte y casa fuesse
osado de dar a logro, por poco ni por mucho, so pena que
perdiesse el officio y el dinero que uviesse dado.

Las estatuas de los más notables y antiguos romanos, que
por diversas partes estavan derramadas, mandólas recoger y
traer a Roma a la plaça de Trajano, y allí las colloçó y renovó, en el qual hecho Alexandro alcançó para sí gran fama,
y todo el pueblo tomó dello mucha alegría. Entre el Campo

---

[89] Many of Severus Alexander's coins show figures of Abundantia, Concordia, or Libertas with such attributes as a horn-of-plenty or ears of wheat.
The coins which show Annona, "A woman standing before a modius, with
corn ears in her right hand and cornicupiae in her left," might be taken for
Ceres. Seth William Stevenson, *A Dictionary of Roman Coins, Republican
and Imperial.* (London, 1889), p. 50.

Marcio y los Setos Agripinos hedifficó una basílica de cient pies en ancho y de mil en largo, el qual hedifficio estava todo pendiente sobre colunnas; y era la obra tan generosa y superba que ninguno de los que la vieron començar alcançaron a verla acabar. Avía en Roma dos theatros, al uno llamavan Ysis, porque se llamó assí el dios a quien fue offrescido, y el otro se llamava Serapis, los quales por la mucha antigüedad estavan tan caýdos y arruynados que apenas se parescían dellos los cimientos, y ambos a dos hedifficó Alexandro y puso en ellos cosas muy ricas y vistosas. Dentro de su palacio hizo dos muy aplazibles y graciosos hedifficios que eran más viciosos que costosos, a los quales puso por nombre las dictas mameas, que quiere dezir "retraymientos de Mamea," porque el uno dellos servía a su madre Mamea de estufa en invierno y el otro de cenador en verano. Hizo hazer para recreación de su madre una huerta muy grande a la qual salían por la Puerta Salaria, y truxeron para la regar una fuente de agua dulce, y hizo en medio della un estanque tan grande y tan hondo que no sólo podían en él nadar mas aun medianos navíos navegar. En el campo bayano hizo también hazer una huerta grandíssima para recreación de sus parientes y amigos, y dentro del cerco della hizo hazer un bosque para puercos y venados, y dentro de aquella huerta truxo tanta agua para regar los árboles que sobrava agua para moler unos molinos. Las puentes y fuentes que el buen Trajano hizo en los confines de Roma e Ytalia, todas las hizo reparar y adobar, renovando los letreros no en nombre suyo sino de Trajano.

Estuvo determinado de ordenar que todos los officiales del senado y los del pueblo truxessen differenciadas vestiduras, para que en la differencia del vestido fuesse conoscido cada uno, mas los dos sus jurisconsultos, es a saber, Ulpiano y Paulo, se lo desaconsejaron, diziendo que aquella novedad traería entre los vezinos muchos enojos y de allí vernía en la república a nascer grandes escándalos.

CAPITULO .vi.

De las gracias naturales de que fue dotado Alexandro
y de cómo occupava el tiempo.

Sayo ni jubones de cuero no se podían traer en Roma, y Alexandro dio licencia para que los viejos, a causa del frío, los pudiessen traer, porque la vestidura que era de camino no se podía traer por el pueblo. Las matronas romanas usavan traer unas ropas de cuero de abortones de ciervos muy costosas y curiosas, y mandó Severo a los officiales que no las hiziessen y a ellas que no las truxessen.

Fue muy eloqüente en la lengua griega, mucho más que no en la latina; y en metrificar y componer versos, fue promptó en los dezir y polido en los escandir y ordenar. Diose mucho al arte de la astrología, y salió tan bien con ella que en una disputa venció a los astrólogos de España y Francia y de Ungría, los quales en aquellos tiempos eran doctos y famosos. En la geometría también se le entendía todo lo que se podía y devía entender, y assí platicava con los grandes artífices en las cosas subtiles y proporcionadas como si en aquella arte y no en otra cosa se occupara. Fue inclinado a pintar y diose mucho a la pintura, en la qual ni merescía ser retraýdo por hazerlo mal ni tampoco merescía ser loado por hazerlo bien. En ninguna arte fue él tan primo y tan único como en la música, porque desde niño se dio a ella, y fue en la boz muy extremado y en el tañer órganos, flautas, vihuelas y dulçaynas muy diestro. Sabía tañer muy bien trompetas y ministriles, mas después que fue emperador holgava de los oýr, mas no los quería tañer, porque le parescía que para príncipe era grandeza tenerlos y era poquedad y de poca auctoridad tocarlos. Siendo mancebo tuvo muy buenas fuerças, y conosciéronselas en luchar y echar barra y bolear a la bola y tirar a quien más tira una piedra. Deprendió también siendo niño a jugar de armas y a cavalgar a cavallo, y holgávase de correr los cavallos en pelo.

Vino de las partes de oriente un correo y derramó por Roma unas nuevas no buenas, las quales, después de sabida la verdad, salieron ser falsas, y mandó Alexandro que le cortassen la lengua con que lo avía dicho, diziendo que en daño de la república ninguno avía de ser osado de dezir mentira aunque la dixesse de burla. Muchos libros leyó y mucho tiempo se occupó Alexandro en buscar los antiguos linages de Roma para ver si descendía dellos su genealogía, y la causa que le movió fue que como él era natural de Assiria, supo que los anthiocenses, alexandrinos y egipcios, en las comedias que hazían y farsas que representavan, le motejavan ser estrangero de Roma y que fue primero sacerdote que emperador; y comoquiera que ellos lo dezían en cosas de burla, a él le pesava de veras.

Tenía en su casa un apartamiento, a manera de oratorio, do tenía pintados a los príncipes que tuvieron fama de más virtuosos y a los dioses que él pensava ser más poderosos; en especial tenía allí puestos a Christo y a Abrahán y a Orpheo. En el sacrificar y offrescer y reverenciar a los dioses, guardava la orden de los antiguos; y quando estava en Roma, no se le passava noche que no entrava a orar en su oratorio, y por lo menos a tercero día visitava un templo.

En las tardes del verano casi siempre se salía a espaciar, y a las mañanas muchas vezes se yva a pescar, y otras a caçar; mas en estos passatiempos fue tan cuerdo en los tomar que ninguna recreación de su persona le estorvó a dexar de entender en los negocios de la república. Quando él venía de fuera o de nuevo llegava a una provincia y veýa que el tiempo era poco y los negocios muchos, acostávase temprano y madrugava de medianoche abaxo, y luego començava a entender en despachar a los negociantes, por manera que a este buen príncipe muchas vezes le acontescía sobrarle tiempo y faltarle negocios. En el modo del negociar avíase desta manera: era paciente en el oýr, manso en el responder, cauto en el conceder, piadoso en el negar; por manera que si no dava lo que le pedían, a lo menos consolava con lo que dezía.

Después que salía del senado y avía expedido los negocios y negociantes, siempre tomava un poco de tiempo para

leer, y lo que leýa, más era griego que latín; y entre todos los libros que él más leýa eran los libros que hizo Platón *De republica* y los de Cicerón *De officijs*, y a Oracio y a Quinto Curcio y a Sereno y la vida de Alexandro Magno,
5 al qual el trabajava mucho de immitar y de los vicios que le notaron se deffender. [90] Después que estava cansado de estudiar y leer, algunas vezes se occupava en jugar a la pelota, otras vezes se yva a los vaños a vañar, y esto era no en los naturales sino en los artificiales, y quando esto hazía
10 era muy secreto y que de todo un día no occupava en vañarse más de una hora.

Tenía el estómago muy cálido, y a esta causa en verano se atrevía muchas vezes a bever en ayunas un gran jarro de agua fría. Quando salía del vaño salía hambriento, y usa-
15 va comer migas en leche y bever clarea que es vino estilado con miel, y si esto le acontescía tomar a la mañana, dilatava la comida hasta la noche. De mes a mes usava tomar un condito, que era una medicina compuesta de muchos confortativos, de la qual usó mucho el emperador Adriano. [91]

20 Fue muy amigo de las obras de Virgilio, al qual tenía pintado entre los varones illustres dentro de su oratorio, y llamávale "Platón de los poetas," que quería dezir aver sido príncipe de los poetas como lo fue Platón de los filósophos.

Nunca de la boca deste buen príncipe sus officiales y
25 criados oyeron ninguna mala palabra que fuesse injuriosa y lastimosa, porque según él muchas vezes dezía, quando el príncipe viere que algún official o criado haze lo que no deve, menos mal es que le despida en secreto de su casa, que no dezirle alguna pública injuria. Si veýa que alguno
30 de sus officiales por viejo o por enfermo ya no podía servir, llamávale o visitávale y dávale muchas gracias por lo que avía servido, y rogávale tuviesse por bien de tomar todo el

---

[90] Guevara omits Cicero, *De re publica*. "Sereno" is Serenus Sammonicus, a poet who may have written a medical treatise in verse attributed to Quintus Serenus. Quintus Curtius is not mentioned in the source; he wrote a biography of Alexander the Great.
[91] The "medecina" of Hadrian was the *tetrapharmacum*, a dish of pheasant, sow's udders, ham, and pastry.

salario en su casa y se fuesse a descansar y que se pusiesse otro en su lugar para aquel officio servir. Las mercedes que hazía eran dar tierras, viñas, huertas, trigo, hierro, madera, mármoles y otras cosas semejantes, mas oro ni plata nunca dava sino para pagar la gente de guerra, porque según él dezía, no es razón que dé el príncipe a los criados de su casa lo que los pueblos dan para sustentar la república.

Para mugeres públicas hizo casas públicas do se juntassen, y para los taverneros hizo tavernas do el vino encerrassen, y para los armeros hizo herrerías do labrassen, y para los niños hizo escuelas do aprendiessen, y lo que más es, que nunca hizo ni fabricó algún hediffício sobre el qual consintiesse echar algún tributo. A los truhanes y a los inventores de farsas y a los vagamundos nunca les dio oro ni plata ni ropa, y quando más les mandava dar, les mandava dar de comer; y las ropas presciosas que halló en poder de los tales, las quales les avía dado el emperador Heliogábalo, hízoselas todas tomar y en los templos repartir.

A los cavalleros y continos de su casa dava cada año librea, la qual era más vistosa que costosa; y como le dixessen que los príncipes antepassados avían traýdo a los que andavan en su corte muy cargados de oro y seda, respondió él, "La grandeza del imperio no consiste en que ande la corte del príncipe muy rica y costosa sino en que esté de vicios y cohechos muy corregida." Respuesta fue ésta digna de tal príncipe.

Los primeros cónsules romanos usaron traer unas ropas de lino y lana texidas y largas, las quales añudavan encima las gargantas y abotonavan al cabo de las muñecas, y les llegavan hasta los carcañales de los pies; y como Alexandro viesse a unos cónsules antiguos con estas ropas pintados, hizo luego para su persona hazerlas y en todo el senado usarlas, porque según él dezía, eran ropas honestas y que quitavan mucho a las personas de ser viciosas.

Algunas pieças buenas de plata tenía en que comía, mas pieça que fuesse de puro oro, nunca la uvo en su casa ni se puso en su mesa, porque dezía él que el oro no le avían descubierto los dioses sino para que hecho dinero, los pueblos entre sí se comuniquen y los templos con ello se adornen. Comía dos vezes al día, y en el comer, más era limpio y curioso que costoso, porque no reñía él con sus officiales a causa que no le davan manjares inexquisitos y muchos sino porque no se los davan limpios y sazonados.

CAPITULO .vii.

De muchas buenas cosas que hizo en la república
y de otras que tocavan a su persona.

Dio licencia a algunas ciudades que para sus regozijos y fiestas pudiessen llevar hombres que les diessen plazeres y hiziessen regozijos, assí como bayladores, dançadores, cantores, tañedores y juglares, con tal condición que los tales fuessen pagados no con lo de la república sino que cada uno contribuyesse de su casa y que después de passadas las fiestas, se tornassen todos a sus casas. A muchos que se andavan por Roma e Ytalia perdidos, como les mandasse que aprendiessen officios y ellos se desdeñassen de aprenderlos, dio licencia a todos para que sin más auctoridad los tomassen por esclavos y que si no quisiessen como esclavos servir, libremente los pudiessen matar. Mandó por edicto público que todas las mugeres solteras se registrassen en Roma y declarassen si querían ser honestas o dissolutas, con apercibimiento que si dende en adelante la que se registrasse por buena en lo público se atreviesse a ser mala en lo secreto, de tal manera le castigassen aquel delicto como castigan a las casadas por el adulterio.

A ningún criado ni privado suyo permitió vestirse ropa de brocado ni de bordado ni de tela de oro ni de plata, porque según él dezía, los vicios secretos y los trages públicos destruyen a los cortesanos. Nunca yva a los combites sin que llevasse consigo a Ulpiano y con él a otros dos hombres doctos para que allí hablassen cosas graves y honestas y se excusassen de hablar palabras enormes y dissolutas. Muchas vezes dezía este buen príncipe que más se recreava en oýr hablar a los sabios que no en gustar manjares presciosos. Quando algún eloqüente orador o famoso poeta venía a Roma y quería hazer alguna oración delante el senado para mostrar su eloqüencia al pueblo, ningún negocio estorvava a Alexandro para que no fuesse a oýrlo; y de aquí vino a loarse él delante los embaxadores, que no avía hombre sabio en el mundo a quien él no uviesse hablado o por lo menos escripto.

Avía en la casa de Alexandro uno que se llamava Veturio Turino, al qual él amava, y para entrar y salir en su cámara, no avía puerta cerrada; y este Turino era muy tramposo y mentiroso, y hazía en creyente a todos los que venían a negociar con Alexandro, que con él comunicava más que con otro todos los negocios del imperio. Fue pues el caso que siendo avisado Alexandro desta vanidad y liviandad y que Turino engañava y cohechava a muchos, hizo a un forastero que rogasse a Turino le despachasse un negocio con Alexandro, el qual, como entrasse y saliesse muchas vezes de la cámara del príncipe y cada vez dixesse al negociante, "Esto dixe, y hablé en tu negocio, y esto me respondió Alexandro," conosció el buen príncipe ser verdad lo que de Turino le avían dicho y los cohechos que avía hecho. Proveyó luego que Turino fuesse preso y que en su presencia fuesse de los testigos a quien él avía burlado convencido, assí de lo que avía prometido como de lo que avía robado; la qual pesquisa hecha, mandóle atar a un palo muy alto en un lugar de Roma público, y debaxo dél hizo traer leña verde rebuelta con paja, la qual leña y paja encendida, dávale grandíssimo humo a las narizes, mas no le quemava las carnes. No fue tan pequeño el humo que en breve espacio no muriesse con él el mísero Turino, diziendo a bozes un pregonero, *Fumo punitur qui vendidit fumum.* Que quiere dezir, "El que vendió humo acabe en humo."

Quando comía, mostrava mucha gravedad en el callar y en el escuchar a los sabios que hablavan, y ninguno era osado de hablar a su mesa, si no eran los sabios que disputavan o él que preguntava. Quando le combidavan o él a otros combidava, tenía costumbre de dar siempre de su mano alguna cosa a los combidados, y al cabo de la comida, la prostrera vez que todos avían de bever, en memoria y reverencia del magno Alexandro la avían de bever. En los días

muy festivales, es a saber, en la fiesta de Jano o de la madre Berecinta, por excellencia ponía en su mesa dos ansarones y dos faysanes; que en los otros días no semejantes a estos, no comía sino vaca, carnero, ternera y liebres y legumbres.
5 En verano bevía algunas vezes un poco de vino curado con rosas, lo qual dezía él que era más brebajo de enfermos que no regalo para sanos.

En el vicio de la carne fue príncipe tan templado que nunca su muger tuvo occasión de pedirle çelos, ni las matro-
10 nas agravios. En todas las famosas ciudades hizo hazer casas de depósito, las quales servían no más de para guardar en ellas los bienes y riquezas de los vezinos que temían ser robados. Hizo en Roma de nuevo calles muy principales en las quales hedifficó de nuevo casas muy generosas y dely-
15 tosas, y déstas hizo merced a sus criados y amigos, especialmente a los que eran cuerdos y virtuosos. Hizo en su tiempo hazer moneda menuda, de la qual avía muy gran falta en Roma, por manera que la que en una pieça valía y pesava diez dineros, la dividió en pieças que después valían treynta,
20 y fue esto cosa muy útil para la república.

Ropa que fuesse toda de pura seda, nunca la vistió ni compró, y si por caso se la davan o presentavan, dávala a los sacerdotes de los templos, con que se vistiessen para offrescer los sacrificios. Ni era embidioso ni cobdicioso de
25 los bienes agenos, y en este caso solía él dezir que el príncipe cobdicioso no puede parar sino en tyrano.

Naturalmente era compassivo de los pobres y mucho más de los pobres envergonçantes, es a saber, que en un tiempo se vieron en honrra, y después vinieron a summa pobreza,
30 porque según él dezía, no ay tan infelice género de infortunio como acordarse hombre que algún tiempo fue bien fortunado. Todo lo que se tomava y confiscava de los malhechores, mandávalo dar a los pobres envergonçantes, y antes que les diessen ninguna cosa, pesquisava si avían venido
35 a pobreza por aver sido viciosos o por acontescerles desastrados casos, porque según él dezía, al que con vicios se hizo pobre, crueldad es tornarle a hazer rico.

Usavan los romanos poner ropas de sedas y brocados en sus thesoros, y Alexandro hizo sacarlas todas y venderlas, y no permitió que dende en adelante se pusiesse en el thesoro público si no fuesse plata y oro; y por occasión desto solía él muchas veces dezir que los thesoros no eran para dar que roer a la polilla en tiempo de paz sino para substentar a la república en tiempo de guerra. Nunca dio cosa que primero no la viesse ni firmó carta que primero no la leyesse. Preguntado por qué hazía esto, respondió, "Leo lo que firmo por no firmar cosa contra justicia, y miro lo que doy por no dar cosa de que después aya vergüença."

En los hedifficios que hazía nunca permitió que sobre piedra ni madera se pusiesse oro, sino que trabajava que la obra fuesse muy subtil y prima, y si era de madera, no quería aun que fuesse pintada sino que quedasse blanca. No fue amigo de vestirse de púrpura, mas era muy inclinado a tener ropa blanca, es a saber, sávanas, manteles y camisas, y a este propósito solía él dezir que más provechosa le era una camisa limpia que no una ropa de púrpura. Solo tres meses del año trayá calças, y los otros nueve çarahueles, y éstos no eran teñidos en colores sino solamente blancos. En calçado ni vestido nunca le vieron traer piedras preciosas ni perlas, y las que trayán de las minas o le presentavan algunas personas, hazíalas vender en pública almoneda, y el prescio dellas se ponía en la república. A las matronas romanas no consentía traer piedras presciosas, y quando más, a las que eran generosas, dávales licencia para que truxessen sendas perlas colgadas de las tocas, y para entrar en los templos a offrescer sacrificios podían entrar muy ricas.

El servicio de la casa real y los officiales de la república, redúxolos a número de pocos, por manera que a las vezes sobravan officios y faltavan officiales; y como un cónsul que avía nombre Petreo le redarguyesse esto, respondió, "Lo que conviene al príncipe es que en su casa y en su república no se occupe ningún criado suyo más de en una cosa, porque si tiene uno dos officios, por ninguna manera los puede servir, y si muchos están en un officio, es imposible sino que han de robar."

Tenía Alexandro por muy gran passatiempo ver burlar a los perricos con los erizos y a los gaticos pequeños con páxaros atados a las colas, y ver a los páxaros cómo subían con los picos los cubilicos en que avían de bever y cómo nunca paravan en las jaulas de rebolear. Hizo en su palacio una jaula de hilo de hierro con diversos senos y era muy grandíssima, en la qual tenía pavos, papagayos, tordos, perdizes, faysanes, francolines y palomas y otros infinitos géneros de aves. Tenía un corral de muchas gallinas, y porque no paresciesse que agraviava a la república, hazía vender los palominos y los huevos, y los dineros que de allí se sacavan compravan el grano que comían las aves.

CAPITULO .viii.

De las buenas costumbres que introduxo en Roma y del zelo que tenía a la justicia.

Mandó por edicto público que ninguno fuesse osado tomar officio de correo si no fuesse naturalmente siervo, porque según dezía él, no conviene a los hijos dalgo correr si no es quando van a los sacros palios a jugar. Panaderos, barrenderos, cozineros, vañadores, ortolanos, cavallerizos, nunca quiso que en su casa le sirviessen si no fuessen siervos; y si algunos se le yvan o se le morían, hasta que comprava otros, tenía suspensos aquellos officios. En todo el tiempo de su imperio no tuvo salariado más de a un médico, y a él ni a otro jamás dio el pulso, ni de médico tomó consejo, y a aquel su médico dezía como burlando algunas vezes, "No pienses que te doy de comer porque me cures, sino porque no me cures." Ni fue amigo de tomar medicina ni de que uviesse médicos en Roma, y para defender su opinión en esto, dezía él que como las grandes enfermedades no venían sino de grandes excessos, señal es que el príncipe que anda arrodeado de médicos deve estar cargado de vicios.

A los presidentes de las provincias, quando los embiava a presidir, no sólo los instruýa de lo que avían de hazer, mas aun los proveýa de lo que avían menester, es a saber, que por lo menos llevassen dos cavallos, dos azémilas, dos pares de ropas, dos frascos, dos esclavos, un cozinero y cada cient ducados. Quando los tales se bolvían a sus casas, si avían hecho bien sus officios, hazíales mercedes de nuevo, y si lo avían hecho mal, pagavan lo que les avía dado todo al doblo. A todos los pretores y censores y presidentes que tenían cargo de justicia, si por ventura no tenían mugeres, compelíalos a tomar concubinas que tuviessen en sus casas, porque no anduviessen empós de las mugeres agenas; porque según él dezía, no es cosa justa ni conviene a la honrra de Roma que los que han de ser juezes, de adulterios sean accusados de adúlteros. Permitió a solos los cónsules y a los senadores que pudiessen andar en chirriones plateados y dorados, y esto hizo él porque viessen los embaxadores estrangeros quánta era la grandeza de los officiales romanos.

Ciertas ferias que solía aver en algunas ciudades de Ytalia y unos mercados que solían tener cada semana en Roma, hízolos renovar y libertar y pregonar. Estuvo determinado de dar en cada un año treynta días de comer a todo el pueblo, la qual grandeza le vieron todos poner en plática y nunca se pudo saber quién le estorvó de cumplirla.

A Christo quiso en Roma hazer un templo y ponerle en el número de los dioses, y lo mismo se dize que quiso hazer Adriano, mas los sacerdotes de los templos le fueron a la mano, diziendo que ellos tenían respuesta del oráculo que si hazía aquello que avía pensado, todos los otros templos perescerían y todos christianos se tornarían. Fue Alexandro en las burlas muy gracioso, en las fábulas inventivo, en los combites compañero, en allegar oro agudo, en guardarlo cauto, en buscar minas solícito, en el dar largo y en especular cosas nuevas demasiadamente cobdicioso.

En burlas ni en veras, por palabra ni escriptura quería que le llamassen sino romano, y para esto hizo dos o tres vezes una estema, que era una escriptura de su genealogía, por la qual provava y demostrava descender de los Fabios Metellos, que fueron nobles y muy antiguos romanos. Truxo a Roma varones doctíssimos para que leyessen todas las sciencias, y para este effecto hedifficó muchos estudios, y junto con esto hizo y dotó ciertos colegios do fuessen enseñados de balde no otros sino los hijos de los pobres, con tal condición que fuessen los tales pobres hidalgos y no siervos o pecheros. Quando avía de yr a la guerra, mandava apercebir muchos días antes a los exércitos, y quando señalava el tiempo y día en que avía de partir, siempre dezía en sus edictos, "Partiremos, si fuere voluntad de los dioses, para tal día," por manera que sin la voluntad divina no pensava poder hazer ninguna jornada.

Castigava gravíssimamente a los governadores de las provincias que avían delinquido, en especial a los que eran notados de algún cohecho; mas si por acaso alguno dellos era accusado no por culpa sino con malicia, la pena que el tal merescía, dava al que le accusava. Este buen príncipe con todos los que delinquían fue piadoso, excepto con los ladrones y con los falsos testigos, y preguntado por qué a los otros y no a éstos perdonava, respondió, "No podemos perdonar los príncipes otros delictos sino aquéllos que son sin perjuyzio de terceros; y como los ladrones y falsos testigos redunden no tanto en perjuyzio nuestro como de otros, ni devemos ni podemos los príncipes perdonarlos, porque los unos hurtan las haziendas y los otros roban las famas."

Fue muy liberal con los que hallavan thesoros, porque dado caso que por antigua costumbre le pertenesciesse el quinto, hazía merced al que lo hallava de todo.

Tenía en su cámara un libro do estavan escriptos los señalados servicios que se le avían hecho, y también tenía allí puesto las grandes mercedes que avía dado; y si por caso alguno le avía hecho algún servicio y en recompensa dél no le avía pedido ninguna cosa, llamávale y dezíale estas palabras: "¿Qué es la causa porque no me pides ninguna cosa? ¿Por ventura quiéresme tener por tu deudor, aviéndome servido, no queriendo rescebir paga del servicio? ¿Paréscete bien que quieras tú tener fama de siervo fidelíssimo y que por tu causa alcançe yo renombre de príncipe ingrato? ¿Cómo se animarán a servirme otros, si veen que a ti no he pagado los servicios passados? ¿Y tú no sabes que si es justo que los siervos por la trayción que cometen sean muertos, es también justíssimo que los príncipes por la ingratitud que tienen sean aborrescidos? Presupuesto que me quisiste servir y no quisiste de mi grandeza te aprovechar, hágote saber que me tengo más por offendido que no por servido, porque todas las vezes que loaren lo mucho que tú hiziste por mí, blasfemarán del olvido que yo tengo de ti. Si lo dexas de pedir por pensar que tengo muchas necessidades y no puedo cumplir con todas, vano es el tal pensamiento, porque no teniendo el príncipe otra cosa con que pagar, es tan obligado a la paga del servicio que lo ha de quitar del comer ordinario. Conforme a tu estado, pide lo que quisieres, que pues tú siendo siervo tuviste ánimo para servir, justo es que siendo yo príncipe, le tenga para mercedes te hazer." Estas y otras semejantes palabras dezía Alexandro a los que se acordavan de servirle y se olvidavan de pedirle.

A éstos que le servían y a otros que le pedían nunca hizo merced de officio de justicia, para que se pudiesse con verdad dezir que en pago de algunos servicios les dava governaciones de pueblos, sino que si le avían servido, les pagava sus servicios en casas, en joyas, en heredamientos o dineros. Por importunidades que le diessen ni por servicios que le hiziessen ni por joyas que le empresentassen ni por privados suyos que fuessen, nunca dio a ninguno officio de governación de justicia, si no viesse en el tal habilidad en la persona y méritos en la vida.

Nunca permitió que contador alguno estuviesse en el officio más de por un año, y deste officio de contaduría dezía él que era un mal necessario en la república, porque por una parte allí deprendían todos a robar y por otra parte sin él no podían los príncipes bivir. Pagava de diez y siete en diez y siete días a la gente de guerra, y quando salían fuera de Ytalia a conquistar alguna tierra, ayudávales con bestias en que fuessen y con dineros que gastassen, porque no llegassen los cavallos cansados y ellos gastados. Quando yva camino, a todos los que yvan con él pagava las posadas do posavan y hazía también la costa a los que enfermavan.

Unos christianos y unos bodegoneros vinieron delante dél a pleyto sobre que los christianos dezían que querían hazer una casa de oración para adorar allí a Christo su dios; y por contrario los bodegoneros dezían que avían menester aquel sitio para hazer allí un bodegón para servicio del pueblo, en el qual negocio dio esta sentencia Alexandro: "Las cosas divinas siempre se han de anteponer a las cosas humanas; y por esso digo y mando que la casa hagan los christianos para Christo su dios, porque dado caso que este su dios sea uno de los dioses ignotos, más honrra meresce él que no los bodegoneros."

CAPITULO .ix.

De una guerra que se le offresció en Asia a Alexandro y de lo que en Asia dixeron a sus embaxadores.

En el año onzeno después que començó a imperar Alexandro, repentinamente le llegaron cartas de Asia en las quales le hazían saber los officiales romanos que estavan en ella como Artaxerge, rey de los persas, avía vencido y muerto a Arthabano, rey de los parthos, y que no contento con aquella victoria, començava a occupar a Assiria y a Mesopotamia, que eran provincias subjectas a Roma. No poca turbación mostró Alexandro rescebir en oýr esta nueva, lo uno por ser la guerra en Asia, la qual siempre fue al pueblo romano peligrosa y costosa, y lo otro porque en todos los diez años passados nunca avía visto contra sí armas de enemigos, y aun porque los successos de la guerra no consisten en llevar gran hueste armada sino en ver a quién le dirá bien la Ventura. Desde niño se avía Alexandro criado en paz, y avía governado el imperio en paz y aun era naturalmente inclinado a paz, y por esso no es mucho se le hiziesse de mal la guerra, porque los desassossiegos y bullicios que trae consigo la guerra más son para hombres inquietos y descontentos que no para hombres pacíficos e ingenios reposados.

Mandó que sus privados que estavan deputados para su consejo se juntassen con los del senado, para que juntamente allí se leyessen las letras que le avían escripto y determinassen lo que a ellas se avía de rescrevir, porque dado caso que el descuydo en todas las cosas graves dañe, en la guerra mata. Leýdas pues las letras, aunque uvo diversos paresceres sobre ellas, al fin viniéronse a resumir que primero que hiziessen a Artaxerge guerra, le requiriessen con la paz, porque dado caso que agora destruýa él las tierras de los romanos, no convenía a la grandeza y pureza de Roma emprender ninguna guerra sin que primero fuesse la tal guerra muy justificada. Con mucha brevedad despachó Alexandro embaxadores para Asia, y escrivió con ellos a Artaxerge, rey de los persas, una carta en esta manera:

"Alexandro Severo, emperador romano, a ti, Artaxerge, rey de los persas: Salud y paz en los dioses pacíficos.

"Saludámoste con la salud porque te la desseamos, y saludámoste con la paz porque la amamos. No tengas en poco saludarte con paz y desseante salud, porque a los príncipes que no tienen salud, enojoso les es el bivir, y a los que no tienen paz, el menor mal es morir. ¿Por ventura no le abasta al hombre la guerra que tiene contra su sensualidad propria, sin que en tierra estraña invente otra guerra? No puede el hombre subjectar al coraçón que tiene dentro de su cuerpo encarcelado ¿y piensa de enseñorear a todo el mundo, que está en tanta libertad puesto? Si en tiempo de paz aun no podemos bivir pacíficos ¿qué haremos si contra nosotros despertamos enemigos nuevos? No puede un príncipe persuadirse a que conforme su querer y parescer con el parescer de uno solo ¿y piensa de constreñir a todos a que conformen con solo su parescer proprio? Gran trabajo tiene el pobre que no tiene nada, mas muy mayor le tiene el príncipe que con ninguna cosa se contenta.

"Acá hemos sabido que aventuraste tu persona, gastaste tus thesoros, empleaste tus amigos, destruiste a muchos pueblos por ser señor de los parthos; y bien creemos que no tienes agora más contentamiento que tenías quando eras rey de los persas, porque no consiste el contentamiento en conquistar y tomar reynos estraños sino en domeñar y moderar los desseos proprios. Ni los parthos allá en Asia ni los romanos acá en Europa te avíamos hecho obras mediante las quales a ellos destruyesses y a nosotros amenazasses; mas podrá ser que ellos venguen su injuria y nosotros destruyamos tu potencia, porque por la mayor parte, nunca nascen los grandes peligros de los enemigos que tenemos sino de los amigos que offendimos. Los romanos y los parthos buenos amigos te fueron en todos tiempos, y tú has tomado por em-

presa de offenderlos. Pues yo te juro por los immortales dioses que si a ellos no restituyes lo que tomaste y a nosotros no dexas lo que tenemos, de tal manera te hagamos guerra los romanos que de mandar como rey en Asia vengas a
5 servir como siervo a Roma.

"Aý te embiamos a nuestros embaxadores, los quales te declararán nuestras voluntades. Oyelos y créelos, y si no quisieres dar fe a las palabras que te dixeren, darla has después a las armas que te embiaremos.

10 "No más, sino que nuestros dioses contigo y los tuyos comigo siempre sean."

Los embaxadores romanos que fueron con esta letra a Asia, según después ellos contavan, al tiempo que dieron su embaxada y el rey Artaxerge leyó la carta, dezían que la
15 leyó una y dos y tres vezes, y que les dixo estas palabras: "He leýdo, y más de una vez he leýdo, y aun tengo de tornar otra vez a leer la letra de vuestro príncipe; y bien paresce en el estilo della que ha espendido más tiempo en las achademias estudiando que no en los campos peleando, porque
20 los príncipes guerreros que tienen los pensamientos altos, en las palabras son cortos, mas en las armas son denodados. Yo doy por dada la embaxada y por explicado el crédito, pues el fin de vuestro príncipe es que yo dexe lo que tomé a los parthos y no me occupe en occupar lo de los romanos;
25 y a esto respondiendo, yo digo que la ley que ordenó 'esto sea tuyo, esto sea mío' procedió de coraçones baxos y apocados y que no osavan emprender grandes hechos, pensando de deffender con los libros lo que no osaron ganar con las armas.

30 "Las leyes que hizieron los pobres filósophos no han de perjudicar a la grandeza de los príncipes, porque los dioses determinaron que todas las cosas fuessen proprias excepto los reynos, que fuessen entre los príncipes comunes, el derecho de los quales está no en los que los heredan sino en los
35 que los ganan. Los príncipes heroycos y de altos pensamientos no se han de contentar con lo que heredaron de sus passados, y mucho menos conviene a su grandeza pedir por pleyto lo que les tomaron sus enemigos, sino que por conservar lo que heredaron gasten la hazienda y por ganar y

adquirir más reynos aventuren cada hora la vida. Y pues esto es assí, que no ay rey tan virtuoso que no tenga embidia del reyno ageno; yo estoy determinado de conservar lo que tomé a los parthos y de tomar lo que pudiere a los romanos; y si me fuere en esta jornada contraria la Fortuna, a lo menos loarán todos mi ánimo y grandeza."

Estas y otras semejantes palabras dixo Artaxerge a los embaxadores romanos, los quales, según después contavan en Roma, no se espantaron tanto de lo que dixo como del ánimo con que lo dezía, porque les parescía que no hablava con la lengua sino que peleava con las manos. Ya que los embaxadores se salían despedidos de su palacio, tornólos a llamar y díxoles, "Dezid a Alexandro, vuestro príncipe, que no se me passará de la memoria responder a su filosóphica carta, para la qual escrevir le señalo el campo por papel y la lança por péñula y la sangre por tinta y las obras por palabras."

Bueltos pues los embaxadores a Roma y contado todo lo que con Artaxerge les avía acontescido, sintiéronlo mucho los del senado e indignáronse todos los del pueblo, y juraron de quebrantar a Artaxerge la soberbia y de vengar las palabras que avía dicho contra Roma.

Era este Artaxerge príncipe muy amado de los suyos y muy temido de los estraños, y lo que más se notava en él fue que si en tomar lo ageno se mostrava tyrano, después de tomado, lo governava como príncipe muy justo.

Muchos romanos rogaron a Alexandro que llamasse a los magos y adevinos para que le declarassen el successo de aquella guerra, la qual cosa ni la quiso hazer ni aun mostró plazer de querarla oýr, diziéndoles, "Si los magos y adevinos, como tienen arte para saber las cosas advenideras tuviessen también potencia para remediarlas, justo sería hablarlos y aun servirlos; mas pues soy cierto que no puedo huyr de do los hados me quisieren hechar, más me atengo a lo que los dioses hizieren que no a lo que los magos y adevinos dixeren."

CAPITULO .x.

De una muy prudente plática que hizo a su gente de guerra.

Oýda por Alexandro la respuesta que Artaxerge dio a sus embaxadores tan superba, determinóse de hazerle guerra, y para esto embió sus mandatos a todas las provincias y ciudades subjectas y confederadas con el Imperio Romano, para que le socorriessen con dineros y le embiassen los hombres más bellicosos. Onze años avía que todo el imperio estava en summa paz y tranquilidad, y como les llegó la nueva que avía nueva guerra en Asia, todos se espantaron y escandalizaron, lo uno por echarles nuevos tributos y lo otro por pedirles a sus maridos y hijos. Con grato ánimo y voluntad todos los del imperio rescibieron a Alexandro, diziendo que eran contentos de darle sus dineros y emplear en su srevicio sus personas y hijos, porque tenían creýdo dél que ni por su culpa se avía levantado aquella guerra ni le faltavan méritos para que en ella le fuesse contraria Fortuna. Durante el tiempo que los dineros se recogían y la gente de guerra se juntava, mandó Alexandro llamar a todos los capitanes y centuriones y a todos los más principales que estavan en sus guarniciones y huestes, y puestos en un campo y él subido en alto, les habló desta manera:

"Hermanos, compañeros y amigos míos, a los immortales dioses ruego, den a mi lengua suave eloqüencia para lo que ha de dezir y pongan en vuestros coraçones congrua atención para lo que avéys de oýr, porque gracia de persuadir en el que habla, y dexarse persuadir el que escucha, dones son éstos que los piden muchos y los alcançan pocos. Es la inclinación que tenemos tan superba y es tan sagaz la malicia humana que no ay ninguno que se tenga por tan simple que no piense saber lo que sabe otro; y por esso me paresce a mí que poder uno persuadir a muchos es don que dan los dioses solos. Con la severidad de Demóstenes y con la prudencia de Pithágoras y con la sabiduría de Platón y con la eloqüencia de Cicerón no pueden aun muchos acabar de persuadir a uno. ¿Y piensa uno de persuadir a muchos? Esto que agora yo quiero deziros no es para querer que hagáys lo que yo quiero sino para saber qué es lo que vosotros querréys, porque en los grandes y graves negocios, uno los ha de proponer, mas muchos los han de determinar.

"Viniendo pues al caso, ya sabéys y avéys visto que ha onze años tenemos la governación del Romano Imperio, en los quales hemos trabajado de conservar a todos en justicia y de evitar las occasiones para que no nos hiziessen guerra; y es razón que desto demos muchas gracias a los dioses, pues merescimos gozar en nuestros tiempos lo que nunca alcançaron ver nuestros antepassados. Aunque sea el príncipe en la condición saturnino y en la vida no muy recatado y en la conversación dessabrido y en el tener cobdicioso y en el estimarse superbo, todo se le ha de suffrir y dissimular si tiene paz con los estraños y sin accepción de personas haze justicia ygual a los suyos. Común es a todos vosotros que Artaxerge, rey de los persas, ha destruydo a los parthos y ha maltractado a todos nuestros confederados y amigos, y aun está tan poderoso en Asia que no ay lança contra él enhiesta; y considerados vuestros hechos tan heroycos y vuestros coraçones tan animosos, no pensamos que desto os espantaréys ni menos temeréys, porque la grande admiración procede de poca prudencia y el temor de mucha covardía. Los varones heroycos y que entre todos quieren ser señalados, con ygual coraçón han de suffrir las cosas adversas que rescebir las prósperas, porque a los tales, de la prosperidad les es incierta la alegría y de la adversidad les es muy cierta la gloria.

"Dexados los dioses y hablando de los hombres, ninguna cosa se puede con verdad llamar grande sino aquélla que consigo trae grandes inconvenientes, y entonces vale más uno que todos, quando haze uno lo que no hazen todos, porque no consiste la grandeza en tener desseos superbos sino en hazer hechos heroycos. Desde Roma embiamos a Artaxerge nuestros embaxadores que le rogassen y persuadiessen, dexasse las provincias que avía tomado y se abstuviesse de las que quería tomar, el qual no sólo no lo quiso hazer, mas aun apenas lo quiso oýr; y por esso conviene que la grandeza romana se emplee en quebrantar su soberbia, porque no es de menos virtud humillar a los soberbios que ensalçar a los humildes.

"Muchos de los que aquí estáys fuistes criados y os hallastes en muy illustres hechos que hizieron Antonino y
5 Severo, mis progenitores de immortal memoria; y dado caso que por la antigüedad de los años y por la fatiga que tuvistes en las guerras, ya no podáis pelear, a lo menos aprovecharéys de nos avisar y aconsejar, el qual officio no es en la guerra poco necessario ni menos provechoso, porque en tal coyun-
10 tura se puede allí dar un consejo que valga por mil de cavallo. Tened esperança que los romanos seremos vencedores y los bárbaros quedarán vencidos, lo uno porque ellos levantaron la guerra y lo otro porque les hemos rogado con la paz; son en esto tan justos los dioses que muy pocas vezes
15 permiten que goze de la victoria el que fue occasión de levantar alguna guerra.

"No os espante tampoco que nuestras armas estén tan viejas y del orín tan tomadas, porque no consiste la felicidad de la guerra en armas luzidas sino en coraçones denodados.
20 Muchos de los que andan en la tierra traen las armas luzidas y son vencidos, y todos los que andan en la mar traen las armas mareadas y son vencedores, por manera que las guerras no se hazen con armas de hierro sino con hombres de azero. También os escandalizaréys de ver que avéys de
25 pelear so vandera de príncipe moço y que en guerras no ha sido experimentado; y de esto tampoco como de lo demás devéys temer, porque voy determinado de en el hecho de pelear, pelear como uno de vosotros y en cosas de consejo, dexarme al parescer de los ancianos. Aver falta en los basti-
30 mentos, tampoco lo avéys de sospechar, que ya hemos puesto en la canal de Bizancio trigo de Sicilia, vinos de Candia, tocinos de Campania, azeytes de España, sal de Capua, cecinas de Cerdeña y havas y garvanços de Normandía. Otras cosas sabrosas y deleytosas, ni las he mandado buscar ni
35 aunque se hallassen las dexaría llevar, porque en las guerras muy mal vencerán a los enemigos los que son vencidos de los vicios. Scipión Affricano, quando fue sobre la muy nombrada Numancia, halló treynta mil romanos que avía catorze años que tenían cercados a los numantinos, y halló a los

romanos cercados de dozientos mil vicios; y él como diestro y sagaz capitán desterró los vicios y viciosos de sus exércitos, lo qual hecho, luego fueron vencidos los enemigos. [92]

"En esta jornada tan prolixa, tan peligrosa y tan costosa no quiero más que hagáys de lo que me vierdes hazer, porque en el andar del camino, en el navegar de la mar, en guardar los passos, en acometer a los enemigos, en el regalo de la mesa, en el tractamiento de mi persona, hallarme heys compañero affable y no príncipe esquivo."

Estas y otras semejantes palabras dixo Alexandro a los de su exército, las quales oýdas por ellos, dixeron a grandes bozes que los dioses conservassen su vida y que ellos estavan aparejados de yr y morir con él en la guerra. Acabada esta plática, dividió mucho dinero entre los exércitos, según tenían de costumbre los emperadores romanos, y esto no se les dava para en pago de los gages que se les devían sino para animarlos a que con mejor voluntad suffriessen los trabajos de la guerra.

CAPITULO .xi.

De cómo los romanos fueron vencidos de los persas.

Después que Alexandro habló a los del exército y proveyó todo lo necessario para su camino, mandó pregonar públicamente guerra contra Asia y señalar el día de su partida, antes del qual hizo grandes sacrificios en los templos y muy costosos votos a los dioses, porque tenían en costumbre los buenos príncipes romanos de aplacar primero la yra de los dioses antes que tomassen armas contra los enemigos. Llegado el día que uvo de salir de Roma, acompañóle tres millas todo el pueblo y el senado, y fue cosa muy digna de notar en que ninguno le vio partir que no se tomasse a

---

[92] The siege of Numancia lasted on and off for 10 years (143-133 B. C.) during which it was directed by Scipio Aemilianus; Scipio had 60,000 men under his command (Wiseman, 24-25).

llorar, porque siendo como era príncipe tan piadoso, era de todos muy cordialmente amado.

Desde que partió de Roma, no reposó hasta la ciudad de Alexandria, a la qual avía mandado yr a todas las guarniciones que estavan en el Illírico, para que allí todos se juntassen y en las armas militares los que no sabían se exercitassen y las cosas necessarias para la guerra se proveyessen. En llegando Alexandro a Alexandria, parescióle a él y a los graves romanos de su consejo que yvan con él de embiar otra embaxada a Artaxerge, rey de los persas, para que de nuevo le combidassen con la paz, y si no, que le desafiassen para la guerra.

El rey Artaxerge, sabida la passada de Alexandro en Asia y la venida de sus embaxadores a su tierra, ni mostró temer a la gran potencia de Roma, ni menos se alteró con la nueva embaxada, y dixo a los embaxadores romanos que no les dava otra respuesta más de que él embiaría en breve otra embaxada. No seys días después desto, embió Artaxerge quatrocientos de cavallo por embaxadores a Alexandro, y éstos eran de los más nobles y más esforçados y ataviados y dispuestos que andavan en sus exércitos; y el fin de embiar tantos y tan adornados fue para que se espantassen los romanos de la grandeza de los persas. La embaxada que estos quatrocientos llevavan no era sino pocas palabras, y éstas yvan escriptas en esta manera: "El gran rey Artaxerge, señor de los persas, manda a ti, Alexandro, rey de los romanos, que te salgas de Asia y desocupes a Assiria y no cures de entrar en Jonia ni Caria ni tener que ver con Pontho ni el mar Egeo ni passar por ninguna tierra o provincia que confine con Europa, porque de otra manera, no queriendo esto cumplir, será necessario de te castigar."

Vista por Alexandro la superba embaxada, mandó prender a todos los quatrocientos embaxadores, y hecha merced de todas las ropas que traýan y de las joyas que tenían, embiólos a Frigia desterrados, y allí les dio campos que labrassen y bueyes con que arassen. Algunos aconsejavan a Alexandro que no los desterrasse sino que los ahorcasse, a los quales él respondió, "Al que no dize más de lo que le mandaron dezir en la embaxada, y al que pelea por la defensión de su patria injustamente le quitan la vida."

Luego que la guerra se començó, unas guarniciones de Alexandro que le avían venido de Egipto y otras que estavan en Assiria intentaron de se yr y no querer en la guerra permanescer, a los quales todos hizo Alexandro de tal manera castigar que ni ellos más lo osaron hazer ni otros pensar. Como se halló Alexandro con poderoso exército, acordó de dividirle en tres partes, es a saber, que el uno embió por la vía de Armenia, y el otro por la parte de Tigris y Eufrates, y la otra parte tomó él consigo para entrar por las tierras y campos de los enemigos, con fin que viéndose los persas por muchas partes combatidos, viniessen en el servicio de los romanos.

En aquellos tiempos no buscavan los persas gente forastera para la guerra ni sabían ordenadamente dar una batalla, sino que todos juntos a tropel peleavan y assí vencían o morían, y lo que es más de admirar, que no menos yvan las mugeres que los maridos a las guerras, y ni a ellos ni a ellas davan los príncipes ningún sueldo por yr a la guerra más de lo que cada uno en ella robava. Aunque los persas no eran diestros en tener orden en las guerras, eran por otra parte muy acostumbrados a las armas, porque desde niños se abezavan a correr cavallos y a tirar las flechas. El exército pues que estava con Alexandro determinóse de entrar por las tierras de los persas, quemando y robando muchos castillos y fuerças, y los persas como astutos y sagazes, dado caso que los pudieran resistir, dexáronlos entrar hasta do se pudiessen mejor dellos aprovechar, y assí fue que después que entre ellos se començó la pelea, en poco espacio fue destruyda la potencia romana.

Al tiempo de encontrarse los persas y los romanos, no se halló Alexandro en la fuerça de la batalla, porque su madre Mamea, a peso de lágrimas, avía alcançado dél que se quedasse en la tienda, diziéndole que él al fin no podía pelear más de por uno y que si por caso moría, ponía en peligro el estado del Imperio Romano. Grandíssimo fue el daño que aquel día rescibió el exército romano, y no fue por cierto porque en los romanos faltó fuerças para pelear ni ánimo para morir, sino que los persas, como sabían los passos estrechos, metieron a los romanos en unos riscos muy peligrosos, y aun porque en los successos de las cosas mundanas, quando Fortuna es contraria, poco aprovecha esfuerço ni diligencia. De ver Alexandro tan gran calamidad en su exército, cayó de pura tristeza malo, y por contrario el rey Artaxerge con el gozo de tan gran victoria, si de antes era superbo, después se tornó superbíssimo, por manera que en esto se verá quán mísero es el estado de los príncipes, pues de la infelicidad de los unos depende la felicidad de los otros.

Las guarniciones illíricas más que todas las otras peligraron, no por pelear sino por enfermar; que como no estavan abezados a la humedad de la tierra ni al sereno del cielo ni a caminar a pie ni a dormir armados, y aun también porque en el comer y bever eran poco sobrios, fueron tantos los que murieron dellos que no escaparon la centena parte bivos. Visto por Alexandro que él estava malo y su exército desbaratado y que se venía ya el invierno, determinó de retaerse a Antiochía, y deste consejo y parescer fue su madre Mamea. Buelto pues Alexandro en Antiochía, en breve espacio convalesció de su enfermedad y recreó a los sanos y curó a los enfermos y socorrió a los necessitados, y esto hizo él con tanta largueza como si ellos le truxeran de los persas la victoria. Los otros dos exércitos que no estavan con Alexandro, aunque no fueron del todo desbaratados, fueron en diversas vezes y por diversas maneras muy destruydos, por manera que en toda aquella guerra le fue a Alexandro muy contraria la Fortuna.

CAPITULO .xii.

De otra guerra que tuvo en Germania
y de cómo dizen unos que murió Alexandro.

Estando Alexandro retraýdo en Antiochía, vínole nueva como la mayor parte de Germania estava revelada; y la occasión desta rebelión fue que supieron los germanos como en Asia Alexandro avía sido vencido y todo su exército muerto y desbaratado. Los romanos y los germanos desde tiempos muy antiguos fueron siempre en todas las cosas contrarios, y si algún poco tiempo mostravan querer paz con los romanos, era no por su libre querer sino por más no poder, porque regla general es que nunca sirve de grado el que por fuerça es a otro subjecto. Lo que escribieron a Alexandro fue que gran hueste de Alemania avía passado el río Ryn y el gran Danubio y entrado por las riberas del Illírico quemando, robando, matando y saqueando muchas ciudades confines a Ytalia y subjectas a Roma, por manera que de súbditos y feudatarios se avían tornado crudelíssimos enemigos.

Los pocos que estavan con Alexandro que eran del Illírico y avían escapado de la guerra de Asia, mucho más que todos los otros sintieron y lamentaron aquella nueva, por ver que a los padres avían muerto los persas y que a sus mugeres y hijos destruýan de nuevo los germanos. Suprema fue la tristeza que cayó en el coraçón de Alexandro de ver con quánta priessa le llamavan para la guerra de Germania, mayormente que le escrevían ser necessario que se hallasse en ella su propria persona, porque de otra manera los que estavan en Roma no acudirían y los que venían desbaratados de Asia todos se yrían. La mayor congoxa que su coraçón cruciava era de pensar que a la hora que se divulgasse la fama por el imperio como en Asia avía infelicemente peleado y que en Germania era de nuevo desobedecido, los que no le tenían buena voluntad en Roma intentassen de alterar contra él la república, porque natural cosa es a los plebeyos querer cada día mudar nuevos señores. Determinóse el emperador Alexandro personalmente de yr a la guerra de Germania, y por otra parte escrivió al senado cartas muy amorosas y embió a Roma para offrescer en los templos grandes sacrificios, y también embió naos de trigo y azeyte para repartir en los pueblos, y junto con esto proveyó de secreto todas las fuerças de vituallas y todas las fronteras de gente, por manera que este buen príncipe con la persona quiso hazer la guerra a los enemigos y con la hazienda ganar los coraçones de los súbditos.

Aunque estavan por toda Ytalia muchos lastimados de ver que en Asia avían perdido unos a sus hijos, otros a sus padres y otros a sus parientes y amigos, todos se assossegaron y callaron después que Alexandro les escrivió aquellas cartas tan amorosas y les embió tan buenas vituallas, porque según cada día nos muestra la experiencia, es de tal calidad y condición la gente del vulgo que con tal que ellos sean bien tractados, poco se les da vençan sus príncipes o sean vencidos. No con pequeña presteza caminó Alexandro de Asia para Germania, el qual, luego que llegó al río Ryn, hizo hazer una puente de varcas sobre él, por do ligeramente pudiesse su exército passar y a sus enemigos combatir, porque el Danubio, que riega el reyno de los de Pannonia, y el Reno, que riega a Germania, por la gran distancia que ay de ribera a ribera y por la immensa profundidad del agua, aunque tienen nombre de ríos navéganse como mares.

Allende que estos dos ríos son en la abundancia del agua grandes, en la profundidad investigables, en la anchura incomparables y en las corrientes furiosos, tienen de propriedad que en los inviernos se yelan tanto sus aguas que los vezinos que beven dellas no sólo andan y baylan y negocian y se passean sobre los yelos, mas aun caminan a pie sobre ellos asidos a unos palos herrados. Como las aguas son tan delgadas y los fríos tan continuos, házese tan gran costra de yelo sobre el agua a que no sólo los hombres pueden seguramente sobre los ríos caminar, mas aun los cavallos furiosamente correr; y de aquí viene que los aguadores que van por agua no llevan cántaros para traerla sino hachas con que quiebran los yelos y bestias sobre que llevan en lazos aquellos pedaços, por manera que los instrumentos que han menester para yr al monte por leña, aquéllos mesmos sirven para yr al río por agua.

Alexandro pues yendo de camino para la guerra de Germania, concertóse con unas gentes que llamavan los mauros, que bivían en los campos osrroanos cerca de Thracia, los quales peleavan con unas lanças muy largas y de a cada dos hierros; y son tan diestros en la guerra y traen los cavallos tan a la mano hechos que no sólo cogen desde los cavallos las lanças caýdas, mas aun también hieren con ellas quando huyen como quando acometen. Muchos destos mauros eran también muy diestros vallesteros, y como naturalmente los germanos son en los cuerpos altos y en las carnes pesados, y los mauros por el contrario eran diestros en el tirar y ligeros para huyr, ni más ni menos se avían con los germanos que se han con el blanco en un terrero los vallesteros, es a saber, que sin rescebir ellos peligro, queda el blanco despedaçado.

Prósperamente les començó a succeder las cosas de la guerra a los romanos, aunque eran pocos, e infelicemente peleavan los germanos, aunque eran muchos; y la causa desto era porque los romanos venían entonces de guerrear a los persas, mas los germanos no estavan abezados sino a labrar sus campos. No obstante que a los germanos les desplazía aver la guerra començado y a Alexandro no le pesava de aver personalmente a ella venido, acordó el buen príncipe de requerirles y aun rogarles con la paz; y para esto embióles embaxadores muy prudentes que de su parte les dixessen muy buenas palabras, y les offresciessen muy grandes dádivas, y como él les perdonava todas las injurias; y esto hizo él no porque no les tenía perdido el temor sino porque son varios los acaescimientos de la guerra y en ella menos que en otra cosa corresponde la Fortuna. Muchas vezes los germanos comiençan las guerras con cólera y las persiguen con furia, y a los fines déxanse persuadir con ruegos y vencer con dineros. Durante el tiempo que fueron los embaxadores y andavan los tractos, pusiéronse treguas entre los unos y los otros, de las quales treguas toda la hueste de los romanos se espantaron y escandalizaron, porque como ya estavan ellos encarniçados en los germanos, quisieran vengar las injurias y aun robarles las haziendas.

En el exército de Alexandro andava un capitán que avía nombre Maximino, nascido en Thracia, de linage obscuro, en condición bárbaro, en las inclinaciones vicioso y en officio matador de hombres y salteador de caminos. Por ser hombre animoso, denodado, astuto, atrevido y bellicoso, vino por todos los grados de cavallería a tener cargo de gente de guerra, y fue cosa maravillosa la vida deste Maximino, es a saber, que quan contraria le fue Naturaleza en privarle de las virtudes naturales, tanto le fue favorable Fortuna en las cosas fortuytas, porque entonces muestra su grandeza Fortuna quando a los que valían y tenían poco les haze que valgan y tengan mucho.

Como vieron los romanos que Alexandro hazía apuntamiento de paz con los germanos y que durante las treguas él se dava a plazeres y vicios y que ellos no podían tomar ni robar nada de los enemigos, concertaron entre sí de criar en emperador a Maximino y de matar a Alexandro. Fue pues el caso que estando Maximino en el campo enseñando a unos mancebos a jugar de armas, lléganse a él los que concertaron aquella trayción, y tomado en medio Maximino, vístenle la insignia del imperio, él no lo sabiendo y aun (pensando que era de burla) lo resistiendo. Ya que Maximino vio que su promoción era no cosa de burla, acordó de matar al verdadero emperador de veras, lo qual todo, como fue dicho a Alexandro, que estava descuydado en su tienda, él se començó a demudar y la madre a llorar. A los generosos y esforçados cavalleros que consigo tenía Alexandro, rogóles y persuadióles quisiessen al traydor de Maximino resistir y sobre este caso como buenos vasallos y amigos con él morir, lo qual ellos le prometieron, mas después no lo guardaron.

Otro día pues quando amanesció, dixeron a Alexandro que Maximino venía y todo el exército le acompañava; y como Alexandro pidiesse las armas para salir contra él a pelear, no uvo hombre que con él quisiesse salir, porque la gente de guerra avíase toda passado a Maximino, y los más de sus criados avían aquella noche huydo. Luego que Maximino llegó a vista de la tienda imperial do estava Alexandro, paró y estuvo quedo, y mandó a ciertos capitanes que fuessen do estava Alexandro, no a prenderle sino a matarle, y que por ninguna manera le diessen lugar a cosa que quisiesse hazer ni se parassen a palabra le escuchar, porque muchas vezes la dilación en semejantes casos haze que el que avía de morir mate a quien le avía de matar. Quando los capitanes de Maximino llegaron a la tienda de Alexandro, estava él arguyendo a su madre que por su avaricia y por su cobdicia perdía él la vida y la honrra; mas poco aprovecharon las quexas dél ni las lágrimas della, porque juntamente mataron al hijo y despedaçaron a la madre.

Herodiano, en la *Historias romanas*, esta muerte y esta occasión de morir dize que acontesció a Alexandro; mas según otros historiadores no menos graves y verdaderos que él, aunque dizen que murió en Germania, no dizen que fue vencido en Asia, y aun la occasión de su muerte cuentan de otra manera, porque Herodiano no supo con qué excusar la trayción que cometió el tyrano de Maximino si no fue con dezir que por aver Alexandro sido vencido estava odioso a todo el exército romano.[93]

CAPITULO .xiii.

De una solenne plática que hizo Alexandro a la gente de guerra.

Quando Alexandro partió de Roma para yr a la guerra de Asia, muy gran vigilancia traýa sobre toda la gente de guerra, assí en lo que tocava a ellos, para que no peligrassen, como en lo que tocava a las tierras por do passavan, para que no robassen, porque tan natural cosa es a la gente de guerra robar a los vezinos como matar a los enemigos. Quando comía siempre tenía la tienda abierta para que viessen y conosciessen todos los que en su hueste yvan que los manjares que comía más sabían a la aspereza de la guerra que no a los regalos de Roma. Cada noche visitava las estancias de su campo, y algunas vezes dava rebatos fingidos para ver con qué presteza tomavan las armas y si huýan o acudían a las vanderas. Si alguno se desmandava de la vandera, ora fuesse para robar o con intención de se passear, considerada la calidad de la persona, le dava mayor o menor pena.

---

[93] It is quite true that Herodian tries to show that the army's discontent over defeats was partly responsible for Severus Alexander's downfall, but at the end of this same chapter, Herodian states that the basic reason was his mother's avarice. We now turn back to the version that Guevara believes has a more reasonable explanation of events.

Si alguno era rixoso con los huéspedes o mal suffrido con los compañeros o desobediente a sus officiales o que tomava algo por fuerça o descomedido en su lengua, llamávale y dezíale esta palabra; "¿Querías que te hiziessen lo que hazes o que te dixessen lo que dizes? ¿No sabes el proverbio de los christianos que dize, *Quod tibi non vis, alteri non facias*, que quiere decir, 'Lo que para ti no quieres, a otro no lo hagas'?" [94] Dezía Alexandro que este proverbio avía oýdo dezir, no se acordava si a los christianos o a los judíos, e imprimieron en su coraçón tanto estas palabras que no sólo muchas vezes las repetía y las dezía, mas a sus governadores las escrevía, y lo que más es, que en las vanderas de la guerra las hizo escrivir y en todas las obras públicas esculpir.

Estando Alexandro en tierra de Antiochía, supo que un militar avía injuriado a una muger anciana, assí de palabra como con obra y llamados ambos a dos en su presencia, mandó que le despidiessen a él de la capitanía y que le privassen de las libertades que le avía dado en Roma, y lo que más es de todo, que se le dio a la vieja por esclavo y mandó que en el officio de carpintero a su ama sirviesse y mantuviesse.

Tenía tanta severidad y reziura con la gente de guerra que muchas veces le acontesció despedir y deshazer una capitanía entera, porque no podía suffrir que entre ellos uviesse dissensiones y entre los vezinos hiziessen escándalos. Todos los príncipes romanos tuvieron temor a sus exércitos excepto Alexandro; y la causa que él dezía porque no los temía era porque él les pagava muy bien todo lo que les devía, y ellos no tenían que reprehender a él de su persona ni vida, que al fin ninguno tiene verdadera libertad en el castigar si no es limpio en el bivir. Estando el exército en Antiochía, supo que los de su exército se davan a mugeres y se occupavan en vaños y perdían mucho tiempo en juegos; y mandó prender a todos los capitanes, tribunos y centuriones y echarlos con hierros presos; y levantóse sobre este caso tan gran escándalo entre ellos que osaron públicamente dezir

---

[94] Alexander's do-unto-others speech actually says, "Quod tibi fieri non vis, alteri ne feceris."

a Alexandro que si aquel día no soltava los presos, se passarían otro día a los enemigos.

Avisado Alexandro de lo que la gente de guerra avía dicho y de lo que dezía que avían de hazer, mandó llamar en su presencia a todos los que estavan presos y a los principales de los que estavan sueltos, y díxoles estas palabras:

"Hermanos, amigos y compañeros míos, esto que agora quiero deziros más es por el amor que os tengo que no por el temor que os he, porque los príncipes que por temor dexan de hazer justicia, o es porque son injustos o porque los súbditos dissimulan a ellos otros mayores vicios. ¿Cómo queréys que suffra yo a vosotros, siendo como soys nobles romanos, lo que los tyranos crueles no suffren a sus súbditos? ¿Por ventura no sabéys que por tyrano que sea uno, aunque constriñe que le suffran a él los vicios, no consiente en su governación a hombres viciosos? No ay ninguno tan malo que aunque no se esfuerce a ser virtuoso, no le parezca lo bueno bien; y de aquí se sigue que muy peor es para la república el príncipe que siendo virtuoso suffre a hombres viciosos, que no el que es vicioso y no permite en la república vicios.

"Al príncipe que consiente vicios y dissimula con los hombres viciosos, no le pueden llamar padre piadoso, sino péssimo y cruel tyrano, porque dado caso que al presente él no los quiera castigar, los unos a los otros se han de destruyr. Un vicioso con otro vicioso, no puede durar entre ellos la amistad mucho tiempo, porque luego que los vicios empalagan, luego las amistades se destruyen. Siendo yo vuestro príncipe según justicia, y en amor vuestro hermano ¿cómo queréys que os suffra forçar las huéspedas, jugar las pagas, talar las huertas y otras semejantes y aun peores cosas? Dado caso que agora yo quisiesse esto passar y dissimular, por cierto vosotros antes que otros os pusiéssedes a lo afear y condenar, porque este tributo tienen los buenos sobre los malos, en que si al malo le pesa del castigo que le dan, al fin ha de loar algún día al que se le dio.

"¿No sabéys que soys cavalleros romanos y que el día que uno toma el nombre de romano, se obliga a ser virtuoso?

Porque este nombre de romanos no le engrandescieron tanto nuestros antepassados con los enemigos que mataron en Asia quanto con los vicios que estirparon de la república. Llamamos a los persas bárbaros porque nos tomaron lo nuestro. ¿Por ventura, de romanos no nos llamarán tyranos, tomando lo ageno? Yo me llamo Alexandro y querría immitar el nombre del Magno Alexandro, del qual y de su padre el rey Philippo se dize que quando sacavan sus huestes a pelear, más parescían senado de república que no gente de guerra. Si ellos hizieran lo que vosotros hazéys, nunca aquellos príncipes alcançaran de sus enemigos tantas victorias ni los escriptores escrivieran dellos tan altas hazañas ni aun yo los loara con tan buenas palabras, de lo qual se sigue que mucha parte es para vencer a los enemigos tener los exércitos bien disciplinados. Muchas victorias suelen perder los príncipes no por falta de ser la guerra justa sino por ser su gente de guerra mala; y dado caso que alguna vez los malos sean vencedores, al fin, al fin han de ser vencidos; y si no fueren de los hombres vencidos, serán de los dioses castigados.

"Ténganse por dicho todos los presentes y absentes que si alguno quisiere ser malo, o se ha de tornar a su casa o le hemos de castigar si permanesce so nuestra vandera, porque no es justo que viniendo a recuperar lo que está usurpado a la república, infaméys con vuestras obras a nuestra madre Roma. Si suffrimos tantos trabajos, si nos ponemos en tantos peligros y si gastamos nuestros thesoros, no es porque nos falta azeyte, trigo, vino, plata ni oro, sino por engrandescer el renombre del Imperio Romano; y pues esto es assí ¿cómo es possible permitan los dioses que por manos de hombres infames alcancemos nosotros fama? Numma Pompilio, Quinto Cincinato, Marco Marcello, Paulo Emilio, Quinto Fabio, Gneo Fabricio y Scipión Affricano, los quales hizieron acerca de los dioses el Imperio Romano ser accepto y que por todo el mundo el nombre de Roma fuesse temido, no leemos en las hystorias destos illustres varones que ellos en sus personas fuessen tyranos, ni menos que consintiessen en sus exércitos algunos vicios. Creedme, amigos y compañeros, que los príncipes que quieren conservar la buena fama de príncipes y no cobrar renombres de tyranos tanto han de guardar a que no entren en sus exércitos los vicios como a que no les acometan a trayción los enemigos, porque mayor peligro corren los hombres en los vicios secretos que no en los enemigos públicos.

"O lo que vosotros hizistes es bueno o es malo; y si robar los campos, levantar ruydos, forçar mugeres tenéys por bueno, luego a essa cuenta honrrar los templos, deffender los huérfanos, sacrificar a los dioses, tener en justicia a los pueblos ternéys por malo, pues las leyes que condennan lo uno apruevan lo otro, lo qual, de vosotros ni es de creer ni menos de pensar, porque dado caso que del mal no podemos dezir sino mal, muy peor es al mal deffenderle que hazerle. Y si los insultos que hemos contado y vosotros avéys cometido tenéys por malo ¿por qué el castigo que se da por ellos no tenéys por bueno? Si el premio y el galardón son primos ¿quién negará que la pena y la culpa no sean hermanos? El que ordenó que al triumphador le metiessen en un carro triumphando por la puerta ¿no ordenó también que al ladrón le pusiessen en la horca? Queréys la paga adelantada, aun de lo no servido, y no queréys pagar ni restituyr lo que avéys robado. Con quanta libertad tienen los príncipes en la república, aun no son libres de no estar subjectos a la justicia; y quiérese esentar della la gente de guerra.

"Essas palabras que avéys dicho y essas amenazas que avéys hecho, ni las tomo por injuria ni me ponen ninguna tristeza, porque matándome a mí, no matávades más de a uno; y al fin no faltaría en el imperio quien a mí succediesse y a vosotros castigasse.

"Lo que al presente yo os ruego y mando es que emmendéys lo passado y seáys pacíficos y cautos en lo advenidero; y si no lo quisierdes assí hazer, serme ha forçado de lo castigar, porque yo no tengo de substentar mi imperio con substentar hombres viciosos en la guerra sino con mantener a todos en justicia".

Estas y otras semejantes palabras dichas, todos se amansaron y apaziguaron, y lo que más es, dexadas las armas en señal de obediencia y baxas las cabeças en señal de tristeza, se fue cada uno a su estancia; y de aquí se coligió la grande auctoridad que tenía Alexandro en el mandar y la fuerça que tenían sus palabras para persuadir. La capitanía que del todo avía deshecho y despedido, passados treynta días los perdonó y admitió, porque vio en ellos arrepentimiento de lo passado y grande ánimo para servirle en lo advenidero; y assí fue que después ellos fueron los que más se señalaron en la batalla y a quienes se atribuyó toda la gloria de la victoria.

CAPITULO .xiiii.

De la victoria que Alexandro uvo contra los persas y de su triumpho, según otros los cuentan.

Quando Alexandro partió de Roma para la guerra de Asia, era ya passado gran parte del verano, y a esta causa fuele necessario tener en Antiochía el invierno; y aunque de la dilación se le recresció más costa, fuele provechoso para la guerra, porque en aquel tiempo reformó los exércitos, proveyóse de bastimentos, reparó los caminos, occupó los passos peligrosos y aun quitó a los enemigos muchos de sus confederados.

A la boca del verano, caminó Alexandro con su exército, el qual entrado en las tierras de los persas, hizo lo que se suele hazer en semejantes jornadas, es a saber, quebrar puentes, derrocar fuerças, quemar casas, saquear lugares, talar los panes, matar los hombres, prender las mugeres; y desto no nos maravillemos, porque dado caso que la guerra esté muy justificada, aunque sea justo lo que por ella se pide, siempre es injusto lo que en ella se haze. Después de passados algunos días y avidos entre los romanos y persas algunos peligrosos recuentros, de concordia de Alexandro y Artaxerge, cometieron ambos su fortuna a méritos de una batalla, en la qual los persas fueron vencidos y los romanos quedaron vencedores. Mejor le estuvo este partido a Alexandro que no a Artaxerge, y la causa es que como él se estava en sus tierras y apoderado de sus fuerças, fuera buen consejo que dexara a los romanos a que ellos mesmos se gastaran y cansaran, porque los exércitos que por algún tiempo se detienen en tierras estrañas, sin que nadie los destruya, ellos mismos se consumen.

Muy grandes fueron las riquezas que en aquella batalla se tomaron e infinitos los captivos que se prendieron; y como los persas tenían por muy grande injuria servir a ninguna nación estraña, Artaxerge, aunque estava pobre y vencido, recogió muchos dineros y rescató a todos los captivos, por manera que ni quedó en Persia dinero ni vino a Roma captivo. Cobró Alexandro de aquella guerra nombre de esforçado y de magnánimo y de no cobdicioso; y fue justamente llamado esforçado por lo bien que peleó, y magnánimo por lo mucho que dio, y no cobdicioso por lo poco que tomó.

Despachadas las cosas de Persia, tornóse Alexandro a Roma, do entró con muy gran triumpho y gloria, porque conforme a las gentes que avía vencido fueron las riquezas que truxo para el herario. Al tiempo que subió al alto Capitolio, habló en esta manera a los del senado:

"Padres conscriptos, por yo venir fatigado del camino y vosotros estar cansados del rescebimiento, no es razón de hazer larga plática ni menos de inventar nueva eloqüencia, porque no ay cosa tan elegantemente dicha que si es sin tiempo y sin sazón dicha, no sea a los que la oyen enojosa. El que ha de hablar y persuadir a otros no sólo ha de mirar lo que dize, mas aun a guardar tiempo y coyuntura para lo dezir, porque la mar en un tiempo se dexa acocear y en otro aun no se dexa tocar.

"Con lo que avéys oýdo de antes y con lo que avéys visto oy podréys conoscer quan peligrosa aya sido la guerra y quan copiosa fue la victoria; que como sabéys, padres conscriptos, no se saca gran miesse sino de la sembrada bien barbechada. Es pues el caso que tuvieron los persas en su favor ochenta mil peones, seys mil de cavallo, setecientos elephantes, dos mil carros herrados y diez mil esclavos mancebos, la mitad para llevar bastimentos y la mitad para adobar los caminos. El día que los unos y los otros salimos en campo a darnos batalla no uviera hombre que no pensara estar allí todos los del mundo juntos o aver resuscitado de los sepulchros los muertos. De los peones matamos veynte mil y otros tantos captivamos; de los de cavallo, dos mil murieron y tres mil se rendieron; de los elephantes, dozientos traemos y trezientos matamos; los carros y los esclavos y los captivos, a dineros los rescatamos, por manera que les tomamos las tierras, vencimos las personas y les truximos las haziendas.

"Yo vengo sano, el exército rico y el rey Artaxerge queda desterrado y el nombre de Roma engrandescido; los cavalleros militares están pagados, a los confederados embiamos contentos y con todos estos trabajos, aunque estamos gastados, no venimos fatigados, porque es tan dulce cosa la victoria que haze olvidar toda la pena passada."

Dichas por Alexandro estas palabras, començaron los del senado a dezir a altas bozes, "¡Los dioses te guarden, Alexandro! ¡Los dioses hagan immortal tu fama, pues con immortal honrra honrraste oy a Roma! A los persas venciste, a los parthos visitaste, a los reyes subjectaste, a los exércitos enrriquesciste y a nosotros honrraste; y por esso no immérito te llamaremos Padre de la Patria, tribuno de pueblo, pontífice máximo, cónsul primero y único señor y emperador del mundo."

Hechas pues éstas y otras semejantes exclamaciones por el senado, al tiempo del salir de la puerta del Capitolio dixo Alexandro a todos los que le estavan allí esperando, "Padres, hijos, hermanos y compañeros, a los padres del senado hemos dado cuenta de todo lo que hemos hecho; ellos os darán razón, como es razón, de todo lo que les hemos dicho. Para oy abasta el triumpho passado; mañana visitaremos los templos y otro día offresceremos grandes sacrificios; el quarto día daremos libertad a los presos, y el sexto día occuparemos en repartir de la presa a los pobres, biudas y huérfanos, y en el séptimo començarse han los juegos pérsicos y circenses, porque considerada la grandeza de nuestra victoria, queremos primero cumplir con los dioses que nos la quisieron dar que no con los hombres que nos la ayudaron a ganar."

Ya que Alexandro salió del Capitolio, subió encima de un cavallo para yr a su palacio, del qual a la hora le descendieron los más ancianos y generosos romanos y le pusieron encima de sus hombros, diziendo a grandes bozes todo el pueblo, "¡Bendita Mamea tu madre; bendito tú, Alexandro su hijo! ¡Bendita Roma que te crió; bendito el exército que te eligió; bendito el senado que te consagró; porque en suerte te cupo la felicidad de Octavio y la bondad de Trajano! Llevaste a esta guerra a nuestros maridos, a nuestros hijos y amigos; a todos traes sanos, a todos traes ricos y a todos traes contentos; por lo qual te dizimos que si oy ponemos tu persona sobre nuestros hombros, para siempre pornemos tu memoria en nuestras entrañas." En estas exclamaciones se occupó el pueblo mucho espacio, en que atrás ni adelante por término de quatro horas no podían caminar hasta que los quatro elephantes con el carro triumphal hizieron lugar.

Todo lo que dixo al pueblo que avía de hazer, todo por orden lo mandó cumplir; y al cabo de los juegos y fiestas, instituyó en un templo vírgines que allí sirviessen y permanesciessen, a las quales llamaron *mameas* en reverencia de su madre Mamea. En este tiempo le vinieron nuevas como en Tángar, ciudad que es en Affrica, Furio Celso avía avido una victoria, y en Armenia Junio Palmato avía avido otra, y en el Illírico Vario Macrino tenía a toda la Berbería subjecta; y los correos que le truxeron las cartas le truxeron también tres tablas laureadas.

Passadas las fiestas del triumpho quísose informar de los officiales de la república, es a saber, cómo en su absencia con el pueblo se avían avido y de cómo la justicia avían administrado; y a los que no lo avían hecho bien, quitólos; y a los que avían sido buenos, remunerólos, dando a unos más honrrados officios y a otros heredades y dineros. Muchas vezes dezía Alexandro que tanta gloria merescían los que en tiempo de guerra governavan bien la república como los que en la guerra alcançavan la victoria.

CAPITULO .xv.

De las cosas que hizo en Roma
y de como el tyrano Maximino le mató en Bretaña.

Después que Alexandro venció a los persas y triumphó
dellos, algunos días se detuvo en la governación y reformación de la república, porque las largas absencias de los príncipes siempre causan algunas injusticias en las repúblicas. De todas las riquezas que truxo de la guerra de Asia, no tomó más para sí de un cavallo, un carro, quatro elephantes, un topazion, una espada, una copa de yedra y un papel de agugetas, las quales cosas avían sido del rey Artaxerge, porque según él dezía, preseas de príncipes, no las han de traer sino príncipes.

A los cavalleros veteranos, que eran los que estavan ya jubilados, dio casas en que morassen y tierras en que labrassen, y esto con apercebimiento que si sus hijos y successores siguiesen la cavallería, que las heredassen, y si no, que a la república se tornassen. Fue Alexandro muy enemigo de hazer mercedes sino de por vida, porque dezía él que no echava otra cosa más a perder a los hijos de los buenos que aver heredado mucha hazienda de sus antepassados. La guarda de las fronteras peligrosas nunca la cometía sino a los que tenían propria hazienda en ellas, y si no la tenían, él se la dava, de manera que por conservar la fidelidad que devían y por deffender la hazienda que tenían, les era forçado guardar la tierra o morir en la demanda.

Dentro de su palacio ninguno posava, si no eran sus criados y officiales, excepto el prefecto que governava a Roma y el gran Ulpiano, que en su consejo presidía; y la causa que le movía a hazer esto era porque según dezía, a la hora que uno posava en palacio, luego se tenía y pregonava por privado, para a él engañar y a los otros importunar. Quando le dezían que algún pariente suyo muy propinquo o algún amigo antiguo estava dél enojado, respondía, "El está enojado porque no apruevo su mala vida o porque no le doy de mi hazienda; y ni tengo de consentir lo uno ni hazer lo otro, porque darles la hazienda es en perjuizio de la república, y consentirles que sean malos es en detrimento de mi honrra."

Avía en aquellos tiempos en Roma un matemáthico que avía nombre Thrasibulo, al qual preguntó Alexandro qué muerte avía de morir; al qual respondió Thrasibulo, "Morirás en tierra estraña, siendo no viejo, y a cuchillo barbárico." No sólo no se turbó Alexandro de oýr esto, mas aun con sobrada alegría, echados los braços sobre Thrasibulo, dixo, "Si los dioses a otros príncipes concedieran perpetuamente bivir y a mí me mandaran morir, yo confiesso que sintiera mucho el morir; mas siendo como es la vida tan breve y la muerte tan necessaria, más quiero morir en el campo, a manos de mis enemigos, que no en la cama rodeado de médicos. A la grandeza de los príncipes pertenesce no sólo hazer buena vida, mas aun eligir muerte honrrosa; y para esto te digo, Thrasibulo, que toda la felicidad del príncipe está en governar bien la república y en emplear después la vida por ella. ¿Qué fama ni qué gloria ni aun qué descanso se le sigue a la vida, venir a morir un príncipe siendo ya viejo y enfermo, en la qual edad, por la mayor parte, son los viejos mal servidos de los suyos y menospreciados de los estraños? Quien tuviere por bueno que el sacerdote muera en el templo no terná por malo que el príncipe muera en el campo, porque el officio del uno es orar y el del otro pelear.

"A muchos aquí en Roma he visto morir de la manera que el vulgo tiene por bien morir, es a saber, cargados de años, echados en las camas, acompañados de hijos, honrrados de parientes, rodeados de yernos, visitados de médicos y servidos de nietos, a la muerte de los quales yo no tengo embidia, pues conoscí dellos que antes que a sus cuerpos los comiessen gusanos, a sus coraçones los desentrañavan cuydados. Gran trabajo me paresce a mí que es morir en la cama, pues se vee uno llorar antes que se vee morir. Harto trabajo tiene el enfermo en suffrir el amargor de la purga sin que no junta sino a pedaços se la hazen bever toda, por lo qual quiero dezir que muchas vezes muere el que rodeado de muger y hijos muere. El cavallero que se vee morir no puede en la muerte honrra ganar, porque no ay ninguno tan denodado ni del querer bivir tan aborrescido que llegado en aquel estrecho, no muestre covardía en el morir o no procure con infamia bivir.

"Bien sabes tú, Thrasibulo, que Alexandro y Dario y Héctor y Pompeyo y Gayo y Tulio y Séneca y Demóstenes fueron varones en sus personas illustres, en sus doctrinas sabios y en sus hechos heroycos; mas todos éstos y aun otros muchos con ellos murieron no acompañados de amigos sino a poder de sus enemigos, y ni por aver tan siniestros fines fueron affrentados ni menos en menos tenidos, sino que con aquellas muertes crueles se hizieron muy más gloriosas sus famas.

"El que profundamente quisiere considerar como no otra cosa sino los medios son diversos para morir (que el morir todo es al fin uno) no se afligirá qué muerte ha de morir sino qué son las cosas que en su vida ha de emmendar. Y dado caso que estas consideraciones sean más para los philósophos que no para los simples, a los unos y a los otros digo que assí como no fue en nuestra mano el nascer, assí no será en nuestra mano el morir, sino que llegada aquella hora, allí verá cada uno lo que le tienen guardada Fortuna." Todas estas cosas dixo Alexandro a Thrasibulo en secreto, las quales dixo él después a todos en público.

No pocos días después que esto passó, se partió Alexandro para la guerra de Germania, y esta guerra no se hazía en Germania sino en Gallia Transalpina, porque estando los franceses subjectos a los romanos, les fueron a hazer guerra los germanos. Estando pues Alexandro en el mayor hervor de la guerra, amotináronse contra él unos cavalleros veteranos, criados antiguos que fueron de Heliogábalo, y criaron en emperador a un capitán llamado Maximino; y esto hizieron ellos porque no les dava lugar a que del exército se absentassen ni por la tierra robassen. Estando pues en Bretaña la menor, en un lugar llamado Cilicinia, acordaron Maximino y los otros traydores de sus compañeros de matar a su señor Alexandro, y esto antes que la trayción se divulgasse por el exército, porque dado caso que algunos dellos temían su reziura, por otra parte todos amavan su justizia.

Estando durmiendo y reposando la siesta después de comer, concertaron los traydores con un truhán que le entrasse en la tienda a matar, el qual, como entrasse y Alexandro despertasse, cayó sobre el truhán tan gran espanto que no sólo no le osó acometer, mas aun echó a huyr. Fuese el truhán para Maximino y sus compañeros y díxoles que fuessen luego a matar a Alexandro, que estava solo, que de otra manera él descubriría lo que ellos le avían mandado; y esto dixo él porque era ley de guerra que qualquiera que osasse entrar en la tienda del príncipe sin licencia no pagasse menos de con la vida. Maximino y los otros, visto que el truhán los avía de descubrir, determinaron de a Alexandro matar; y assí fue que todos juntos arremetieron a la tienda y mataron a él y a su madre y a todos los que les quisieron hazer alguna resistencia o se atrevieron a dezirles alguna fea palabra.

Murió Alexandro a doze de julio; imperó treze años y nueve días; bivió veynte y nueve años y tres meses y siete días, y fue el príncipe que más en Roma fue amado en la vida y más llorado en la muerte. Los émulos de Alexandro notávanle que se despreciava ser de nación assirio, que era amador de oro, que inventava nuevos tributos, que era severo con los militares, que procurava parescer al magno Alexandro y que era algo sospechoso. La cosa que más culpan y en que más digno de culpar era Alexandro fue que siendo ya hombre y en la governación del imperio experimentado, estava subjecto a su madre como quando era niño; y en este caso abastara que la reverenciara y honrrara como a madre, y por otra parte pensara que su consejo al fin era de muger. Fue Alexandro tan universalmente amado de todas las naciones del imperio que acontesció en su muerte lo que no se lee acontescer en la muerte de príncipe del mundo, es a saber, que a los que llevavan la nueva de su muerte matavan y a las provisiones y mandamientos de su successor no obedescían, diziendo que príncipe tan virtuoso, era blasfemia dezir que fuesse muerto, porque si avía dioses immortales, Alexandro avía de ser uno dellos. Fueron sus huessos traýdos a Roma y aun con tantos llantos sepultados como si a todos se les uvieran aquel día muerto sus hijos.

F I N

AQUI SE ACABA la década de las vidas de los diez Césares y emperadores romanos, en las quales se contienen muy peregrinas hystorias, muy varios casos y muchos y muy buenos avisos. Fueron copiladas, traduzidas y corregidas
5 por el illustre señor don Antonio de Guevara, obispo de Mondoñedo, predicador y chronista y del consejo de su magestad. Imprimiéronse en la muy leal y muy noble villa de Valladolid por industria del honrrado varón impressor de libros Juan de Villaquirán, a veynte de mayo. Año de mill
10 y quinientos y treynta y nueve.

POSUI FINEM CURIS:
SPES ET FORTUNA VALETE.